新基点商务英语专业本科系列教材·商

跨文化商务交流案例分析

（第三版）

Intercultural Business Communication: Cases and Analyses

(Third Edition)

窦卫霖　主编

对外经济贸易大学出版社
中国·北京

图书在版编目（CIP）数据

跨文化商务交流案例分析：英文 / 窦卫霖主编. —3 版. —北京：对外经济贸易大学出版社，2024.1
新基点商务英语专业本科系列教材. 商务知识子系列
ISBN 978-7-5663-2562-4

Ⅰ. ①跨… Ⅱ. ①窦… Ⅲ. ①商务工作–案例–分析–英文②商业管理–公共关系学–案例–分析–英文
Ⅳ. ①F715

中国国家版本馆 CIP 数据核字（2023）第 257604 号

跨文化商务交流案例分析（第三版）

Intercultural Business Communication: Cases and Analyses (Third Edition)

窦卫霖　主编
责任编辑：陈培风
助理编辑：邱　悦

出版发行：对外经济贸易大学出版社
社　　址：北京市朝阳区惠新东街 10 号
网　　址：www.uibep.com
资源网址：www.uibepresources.com
邮政编码：100029
邮购电话：010－64492338
发行部电话：010－64492342
E-mail：uibep@126.com

成品尺寸：185mm×260mm
印　　张：20
字　　数：450 千字
ISBN 978-7-5663-2562-4
印　　刷：三河市少明印务有限公司
版　　次：2024 年 1 月北京第 3 版
印　　次：2024 年 1 月第 1 次印刷
定　　价：68.00 元

新基点（NEW BENCHMARK）
商务英语专业本科系列教材编委会

出版说明

新基点（NEW BENCHMARK）商务英语专业本科系列教材由对外经济贸易大学出版社联合对外经济贸易大学、广东外语外贸大学、上海对外经贸大学、东北财经大学、上海财经大学等学校的骨干教授编写而成。

2007年，国家教育部批准设立了商务英语本科专业。为促进商务英语学科建设，适应教学改革和创新的需要，对外经济贸易大学出版社特组织编写了"新基点"系列教材。本系列教材体现商务英语专业最新教学特点和要求，是面向二十一世纪的一套全新的立体化商务英语教材，主要适用于全国高等院校商务英语专业本科学生。

本系列教材旨在培养具有扎实的英语基本功，掌握国际商务基础理论和知识，具备较高的人文素养，善于跨文化交流与沟通，能适应经济全球化，具备国际竞争力的复合型英语人才。本系列教材由语言技能、商务知识、人文素养三个子系列组成。

语言技能子系列包括《商务英语综合教程》1—4册、《商务英语听说》1—4册、《商务英语写作》1—4册、《商务英语翻译》1—2册。

商务知识子系列介绍商务基础理论和商务实践的具体知识，主要包括《经济学原理》《管理学原理》《商法导论》《跨文化交际导论》《国际贸易实务》《营销学》等主干教材。

人文素养子系列主要包括《语言学导论》《英美国家概况》《欧洲文化》《英美文学选读》《英美散文选读》《大学英汉翻译》《大学汉英翻译》等核心教材。

上述的每套子系列教材都自成体系，合在一起又形成了有机的整体。本套教材不是封闭的，我们会随着教学模式、课程设置和课时的变化，不断推出新的教材。对外经济贸易大学出版社旨在广泛调动社会智力资源，与时俱进、推陈出新，推出一套适合新兴商务英语专业本科学生的系列教材。

编撰者们不仅具有丰富的语言教学经验，而且获得工商管理、经济学等商科专业的硕士、博士学位，具备商务活动的实践经验。他们集教学经验和专业背景于一身，这正是本套商务英语系列教材编撰质量的有力保证。

对外经济贸易大学出版社
外语图书事业部
2023年11月

第三版说明

《跨文化商务交流案例分析（第三版）》在其第二版的基础上进行了修订，替换了三分之一左右的案例，不仅补充了之前关注较少的文化案例，如非洲文化、芬兰文化、韩国文化等，而且增加了中国背景下发生的跨文化案例。参加修订的作者包括：刘向阳、李文辉、何秋燕、王珑和周芳，在此一并表示感谢。由于作者水平有限，书中案例分析属个人己见，难免有不足之处，敬请读者批评指正。

主　编

2023 年 11 月于上海

导　　言

习近平总书记在党的二十大报告中指出:“加强国际传播能力建设，全面提升国际传播效能，形成同我国综合国力和国际地位相匹配的国际话语权。”新时代的中外人文交流是一项全方位、多层次、立体化的事业，涉及各地区、各部门和各领域，对统筹全局、形成合力提出了很高的要求。当下经济全球化的趋势和国际商务活动的日益频繁越来越显示出理解多元文化的必要性和具备跨文化交际能力的重要性。可以说，跨文化意识和跨文化交际能力意味着直接的经济效益。如果一个企业想使自己的产品在国际市场上占有一席之地，一个跨国公司想在其他国家或地区取得经济效益，那它不仅需要具备雄厚的经济实力、发达的专业技术和高超的管理水平，而且需要深刻了解对象国的文化。随着跨国贸易的不断增长，贸易摩擦也不断增加，这其中主要是利益冲突，但文化冲突、文化误解也是一个重要方面。

跨文化交际学就是“研究人们在跨文化交际过程中产生的问题和冲突以及如何解决这些问题和冲突的一门学问”[①]。跨文化交际学兴起于美国，因为美国是一个移民国家，来自欧洲、非洲、亚洲、拉丁美洲和大洋洲的各国移民有着各自不同的文化传统、价值观、思维方式和风俗习惯，在相互交流中难免会产生误解和冲突。处于多元文化格局的美国社会，如何在各个政府部门、企业、学校、民众团体中处理这些文化差异成了不可忽视的问题。自爱德华·霍尔（Edward Hall）1959 年出版《无声的语言》（*The Silent Language*）一书以来，跨文化交际学已发展成为一门涉及人类学、心理学、语言学、传播学、社会学、哲学、文化学的显学，成为高校开设的一门重要课程和研究热点，也是对大批政府官员、商务人员、留学生和移民进行培训的一个重要课题。除了美国，世界上许多大公司在国际商务活动中都十分重视跨文化交际的研究和培训，许多经贸类大学都把跨文化商务交流课程作为必修课。

跨文化交际研究在我国起步较晚，20 世纪 80 年代才首先由外语教师结合语言教学，引进介绍国外跨文化交际的理论和研究成果。把跨文化交际理论应用到商务活动的实践研究中则更晚，但发展很快。21 世纪的中国是走向国际广泛合作的中国。自中国加入 WTO 以来，国际著名跨国集团公司、金融机构、工商企业都纷纷来中国设立分支机构和分公司，招聘大量的中国雇员。同时，中国工商贸易企业也在不断加大出口力度，在国内外建立跨国公司，雇佣来自不同文化背景的雇员。文化合作已成为当代中国商务合作的重要内容。不管是走进来还是走出去，不同文化背景的商务人员之间的文化冲突

① 胡文仲. 超越文化的屏障［M］. 北京：外语教学与研究出版社，2004.

现象也日益增多，中外双方在经营与管理中由于文化隔阂产生的矛盾也日趋突出。许多事实表明，几乎所有合资企业多多少少都会出现源自文化差异的合资综合症，而其中很多的合资企业在面临合资综合症时却束手无策，在中国已有数家合资企业在合资几年甚至十几年之后由于文化冲突分道扬镳。正如著名跨国公司文化差异研究专家戴维·A·利克斯（David A. Ricks）所总结的，凡是跨国公司大的失败，几乎都是因为忽略了文化差异所导致的结果。因为合作双方都以各自的价值观念、行为准则、思维方式参与管理和交流，所以他们对企业管理中的决策和行为会产生不同的理解或持相反的观点，从而难以达成共识。所以，文化合作已成为当代中外商务合作的重要内容，是中国企业走向全球的必然要求。

一、跨文化交际能力是当代国际化人才的核心能力

全球化的趋势激励商务英语教学加速培养复合型的经贸外语人才，不仅要掌握跨学科的专业知识，而且要具备跨文化交往的技能。根据一些学者就用人单位对商务人才需求信息的研究表明，当今社会对商务英语人才的整体需求包括：英语能力、经验、专业技能知识、跨文化交际能力和综合素质等几个方面。样本单位对跨文化交际能力提出要求的比例几近六成[①]。高等学校外语专业教学指导委员会英语组2000年修订的《高等学校英语专业教学大纲》（以下称《大纲》）第四条教学原则中要求，要注重培养学生的跨文化交际能力，即在专业课程的教学中，除了强调培养学生运用语言的准确性，还要注重培养学生对文化差异的敏感性、宽容性以及处理文化差异的灵活性，以适应日益广泛的国际交流的需要。目前，在外语教学中把跨文化交际能力的培养放在十分突出的位置已经成为普遍共识。

那么在培养复合型人才的战略中，如何根据《大纲》的要求培养和提高跨文化交际能力呢？在我国，经贸学校一般都开设有关跨文化交际的课程，跨文化交际专著、论文等也不断涌现。学者们对文化影响语言交流的问题进行了多角度、多方位、多层面的研究，取得了丰硕的成果。但从总的情况来看，跨文化商务交流在我国商界和相关专业的教学中比较薄弱，与发达国家相比还有较大的差距，尤其是如何把跨文化交际理论与商务活动实践结合起来，如何把国际商务文化与中国本土文化结合起来，如何在商务英语或国际贸易专业知识的教学中加强跨文化交际能力的培养等，还是一个难题。

二、案例教学是培养跨文化交际能力的最佳途径

随着人们对跨文化交际能力培养意义认识的不断提高，国内外许多经贸类大学和专业都开设了跨文化商务英语交流课程，相关教材也纷纷出版。然而，现有教材大多以理论阐释为主，对于缺乏商务经历的广大学生来说，要真正理解、体会和掌握跨文化交际的原理和技巧，仍有水中捞月之感。美国教育家杜威（John Dewey）说过，最好的一种

① 江春，丁崇文. 商务英语交流能力需求分析及其对课程设置的启发［C］//中国国际贸易学会国际商务英语研究会第五届全国国际商务英语研讨会论文集. 北京：高等教育出版社，2004.

教学，就是牢牢记住学校教材和实际经验二者相互联系的必要性，使学生养成一种态度，习惯于寻找这两方面的接触点和相互的联系。跨文化商务交流是一门实践应用性很强的学科，虽然理论学习可以帮助学生提高认识，但是交流能力不是靠听讲座、看书就可以提高的，而必须通过不断的实践操作总结从而不断地积累提升。在教学中要强调理论联系实际，体现以学生为中心、在“做中学”和“合作互动”等现代教育原则，力图培养学生满足国际型商务人才所需要的跨文化意识、知识和能力。案例教学法就是探索一种理论与实践、知识与能力、态度与习惯恰当结合的有效教学方式，是商务英语教材与商务实际经验相互联系的纽带。案例不仅仅可以用来阐明某一理论，而且可以用来研究在某一特定场景下，哪些方案有效，哪些方案无效，并提出问题。我们通过对现有的案例进行分析，可以从中找出其他有效的措施。对于教学来说，案例可以使抽象的理论变得生动直观，并促进学生通过对案例的分析提高把握全局的能力。另外，案例分析能锻炼学生多角度分析问题的能力，因为它不主张选择唯一的“最佳解决方案”。即使是看起来简单的案例也会有复杂的情况隐藏于其后，而且在每种解决方案的实施过程中也会出现一些问题。案例研究方法能培养学生独立思考、辩证分析问题的能力，并在职业生涯中不断锻炼他们在国际贸易活动中的灵活应变能力。所以，案例教学也是提高跨文化交际能力的有效途径。

所谓案例，是指包含有问题或者疑难情境的真实发生的典型性事件。一个案例就是一个实际情境的描述，在这个情境中，包含一个或多个疑难问题，同时也可能包含解决这些问题的方法。正如格珂（Gragg C. I.）在论述工商管理案例时所说的，“案例就是一个商务记录。是管理者面对困境作出决策所依赖的事实、认识，甚至某些偏见。通过向学生展示这些真实而具体的事例，促使他们对问题进行相当深入的分析和讨论，并考虑其后采取什么样的行动。”①为此，案例本身的故事、情境、典型、描述等是关键。一个好的典型案例应具备真实性、典型性、故事性和目的性。

案例教学法最早可以追溯到古希腊、古罗马时代，但它真正作为一种教学方法使用起源于 1910 年美国哈佛大学的法学院和医学院，它有效地把理论与实践、理性与情感、普遍规律与个人风格等有机地结合起来，不仅有助于学生掌握教学内容，也有助于改进教学形式，形成学生自主学习、合作学习和研究性学习的良好氛围。20 世纪初，案例教学开始被运用于商业和企业管理学，其内容、方法和经验日趋丰富和完善，并被成功地运用于医学、法学、管理学 MBA 等领域的教学和培训中，其效果如同剧院的“彩排”、军事上的“演习”、医学院的“临床”一般。案例教学实际、生动，富有吸引力、仿真性和启发性，能有效地提高学生运用理论分析问题、解决问题的能力。经过几十年的不懈努力，案例教学已在美国各院校得以普及，发展成为日趋成熟的教学内容和手段，并在其他国家得到承认和推广。

然而，案例教学在我国的应用时间较短，是伴随改革开放而逐步发展起来的。1980 年，我国国家科委、国家经委和教育部与美国政府合作，在辽宁省设立了大连高级管

① GRAGG C I. Because wisdom can't be told [M]//MCNAIR M P. The case method at the Harvard Business School. New York: Mcgraw-Hill Book Company, 1989.

理人员培训中心，由美国六所大学共同组成的教师团任教，教学效果显著。随着我国改革开放的深化，案例教学渐渐被我国教育界接受和推广应用。但由于经验、观念和条件的限制，相关的教材建设还处于比较薄弱的初级阶段，与发达国家相比还有较大的差距，如何把国外成功的案例教学法与中国传统教学有机结合起来，我国高校更为缺乏成熟实践。

三、案例分析是进行案例教学的有效形式

案例分析的最大优势在于它的现实性。在现实生活中，经贸人员面对的一个主要问题，往往是在信息掌握不全面的情况下作出抉择。他们需要做的是充分利用已有的资料与信息进行辨别分析，突破自己或他人对人对事已有的思维定式，再做出判断。随着案例分析能力的加强，处理案例经验的增多，便会逐渐驾轻就熟。但要达到这种熟练程度是很不容易的，需要经过大量的案例分析练习。在这一过程中，学习案例分析方法是最重要、最有效的途径，同时也是教学的关键环节。一般来说，案例分析过程主要包括三个步骤：

1. 阅读案例，明确问题

阅读案例的目的是了解和懂得案例的内容和所提供的情况，一般先粗读而知其梗概，后精读而知其究竟。具体做法是：首先快速浏览案例，了解案例的大概内容、案例中涉及的问题以及背景知识，先不要尝试去仔细分析问题，不要对问题本质形成固定思维，不要一开始就寻找解决问题的方案。浏览完案例后就把案例置于一旁，尽量不要思考案例内容。过一会儿以后再读案例，把握案例描述的事实与提出的观点。在这一阶段，总结并重新整理资料，做些笔记，列出表格或按时间先后顺序列出事实，这些工作都非常有用。一旦找出了案例的关键问题即主要矛盾冲突所在，并找出与关键问题有关的重要问题，从冲突双方的角度较为清晰地总结出各自的表现或事实，就可以进入下一个分析阶段了。

2. 分析案例，找出原因

分析案例时要注意把观点和事实分开。案例中提出的观点一般是指对行为与行为产生的结果之间的因果关系的陈述。在这一阶段，我们应该仔细考查因果关系的合理性。某一特定因果关系所暗示的原因非常有助于解决案例揭示的问题。许多因果关系本身就是事实。但是，大多数的因果关系不容易被证实。

案例分析还要注意基本角度，一方面要从当事人的角度出发，站在案例中主要角色的立场上去观察与思考问题，设身处地地去体会当时的情景和处境，而不是完全站在局外人和旁观者的角度，“纯客观”地学究式地去分析和评价，这样才能更真实、更确切地理解案例情节，才能达到预期的分析和学习的目的。另一方面，案例分析还要从主管者的角度出发，才能更好地把握全局，才能更全面、综合地分析问题和解决问题。

3. 制订方案，解决问题

在以上分析的基础上，提出解决文化冲突、加强文化沟通的建议。在跨文化商务交

流中，既有冲突的一面，又有融合的一面。对于案例分析学习者来说，关键就在于研究如何跨越文化差异的障碍，在两种文化的结合点上寻找和创立一种双方都能认同和接纳的、发挥两种文化优势的交往模式，从而减少或避免今后类似文化误解或冲突的再次发生，更有效地达到交流的效果。

当然，我们在充分认识到案例教学的特点、分析方法和学习步骤的同时，也要看到案例教学具有相当的随机性和相对性。一方面，案例教学的结果往往是以一个或几个案例作为典型，从中概括出某些一般性的结论，其有效性是有限的；对案例的分析、研究结果很难通过实践得到验证，对实践的指导和借鉴作用也是相对的。另一方面，由于研究者在认知结构、价值观念、判断标准方面存在差异，其评价也会有差异和偏见，因此，案例教学会因研究主体的不同而带有相当的主观性。

四、课堂讨论是案例教学的中心环节

课堂讨论是案例教学的重要形式和中心环节。如何有效地进行跨文化商务案例的课堂教学是一件棘手之事，笔者在多年跨文化（商务）交流的研究和教学实践中不断尝试案例教学的方法，建立了一些案例档案，并吸取了国外已经发展成熟的教学方法和教学手段以及行之有效的规范操作理论和操作模式，尝试适合中国教育特点的案例教学模式，以弥补当前教学中的不足，体现以学生为中心、在“做中学”“合作互动”等现代教育理念，培养学生作为未来国际型高级商务人才所需要的跨文化意识、知识和能力。讨论以班组为单位进行。以小组讨论为例，可按以下基本步骤摸索案例教学的有效模式：

1. 教师作专题知识讲座，介绍基本理论、学术观点和争议问题，然后借助学校的多媒体教学网络平台，留给学生一个精心挑选的案例让学生课后仔细阅读，同时提出一些有针对性的引导性问题供他们独立思考；

2. 在有准备的基础上就案例展开分组讨论，分析案例中的疑难问题和最重要的信息，解决问题的方法，做出决策的标准，什么样的决策是最适宜的，应制订怎样的实施计划，什么时候将计划付诸行动以及如何实施，如何进行整体评价。讨论结束以后先让学生从案例讨论中引申出一定的结论，学生和教师共同概括总结，发现案例中的关键点以及该案例讨论中存在的成功和不足之处；

3. 以小组为单位自选一个与专题相关的问题进行调查研究（教师也可提供选题指南），组员分工寻找资料，一起设计调查表，分头分发、收集数据，集体讨论分析调查结果，从中得出结论并提出建议；

4. 最后，各组向全班汇报调查目的、方法、过程、结果等。通常会利用表演、论坛、多媒体课件等多种形式生动活泼地呈现相关内容，然后接受同学和老师的提问和评价。最后再对课题做修改，完成最终的调查报告，从而完成一项案例的分析合作任务。

以上基本步骤结合了案例教学法和任务式教学的特点，取得了较好的教学效果。然而，最大的问题还是缺乏好案例；如何更紧密地衔接、更合理地安排以上教学模式的各个阶段和步骤，如何弥补案例教学的不足等，也有待继续探索研究。

例如，在文化价值观专题的教学中，教师首先从文化层次的讨论中引出价值观在跨文化商务交流中的重要性，讲解价值观的定义、特点和形成过程等，并就各种价值观的重要性（Priorities of Cultural Values）排序当场做了一个小测试，将同学们的测试结果与学者对不同文化人群（包括中国人）的调查结果进行对比，观察价值观在不同文化人群、同一文化人群及其不同代际人之间的变化现象。接着具体介绍学者们对价值观的研究，其中重点介绍了人类学家克莱德・克拉克洪（Clyde Kluckhohn）和弗雷德・L・斯乔贝克（Fred L. Strodtbeck）、心理学家吉尔特・霍夫斯特（Geert Hofstede）和迈克尔・邦德（Michael Bond）对于价值观的长期深入研究及其衡量价值观的尺度。在比较个体主义—集体主义这一最重要的价值维度时，笔者引入了一段发生在美国经理和日本雇员之间的对话案例，让学生们分析东西方文化价值观的差异：

(*The American manager praises one Japanese employee in front of his group.*)

American: Mr. Sugimoto, I have noticed that you are doing an excellent job on the assembly line. I hope that the other workers notice how it should be done.

Japanese: (*He is uneasy.*) Praise is not necessary. I am only doing my job. (*He hopes that the other Japanese workers do not hear.*)

American: You are the best, most excellent and dedicated worker we have ever had at the Jones Corporation.

Japanese: (*He blushes and nods his head several times, and keeps working.*)

American: Well, are you going to say "Thank you", Mr. Sugimoto, or just remain silent?

Japanese: Excuse me, Mr. Jones. May I leave for five minutes?

American: Sure. (*He is annoyed and watches Sugimoto exit.*) I can't believe how rude some Japanese workers are. They seem to be disturbed by praise and don't answer you... just remain silent.

讨论：美国经理为什么在公众场合表扬一位日本工人？他期待对方如何回答？那个日本工人为何没说声"谢谢"，反而当听到经理用最高级的形容词"最杰出的、最优秀的"来表扬他时，脸变红了，接着便埋头干活，不再说一句话，仅仅点了几下头？经理对此为何感到迷惑不解，甚至无法忍受？什么原因导致了双方交流的失败？应该如何解决这样的文化冲突？还有什么旁证来证明美国和日本在价值观方面的这种差异？

同学们对以上问题展开了热烈讨论，他们发现当那位美国经理表扬那位日本工人时，美国经理几乎没有考虑到日本文化的特点。在日本，不可以把某一个人从他所在的小组中挑出来单独表扬。当美国人在宣扬他们的个人主义时，日本人则坚信他们的集体主义，这种精神已深深地融入日本人的心里。假如这位美国经理对此有所了解，就不会责备那位日本工人表现"无礼"了。所以，在国际商务交流过程中了解异国文化是有效交流的必要条件。

继而，引导学生将视野扩展到中外合资企业的广泛领域，分析中西方价值观对中西方交流模式差异的影响。各组经过讨论纷纷确立了研究对象，有选择中美、中英、中德、中法等合资企业作个案的，有通过我校的毕业生、留学生以及外商进行问卷访谈的，也有通过网络、文献收集案例资料的。教师在整个案例分析过程中随时通过EMAIL或学校教辅平台给予学生一定的方法指导和帮助，尽可能地成为助学者、任务的组织者和完成任务的合作伙伴。

事实表明，学生一旦对跨文化交际与价值观的关系有了认识，一旦其积极性被调动了起来，有机会运用所学的文化交流理论知识，就能发现和找到大量的中西文化差异实例，对文化交流冲突进行分析研究，并提出对策和建议。这种案例—任务教学法的效果可以从学生们多种生动活泼的汇报中得以体现：有的小组把调查的案例编成短剧表演出来，有的小组采用电视对话节目的形式报道“记者”对中外雇员的采访录，有的小组则把整个调查研究过程制作成多媒体课件向全班演示说明，有的小组采用模拟商务谈判反映中外企业中价值观的不同所造成的误解与冲突等。通过许多案例分析调查研究，同学们能更清楚地认识到价值观是文化中最深层的一部分，它支配着人们的信念、态度和行动，也是文化中相对稳定的部分。师生分享各组的学习实践成果，相互间进行评价打分，老师最后做点评，这样不仅可以加深学生对理论知识的理解和对学习研究方法的掌握，也可以加强师生间和同学间的互动沟通，在实践中提高交流合作能力。

五、分析文化冲突的表现及其原因是案例教学的重点

我们通常把文化看作具有多层结构的有机系统。作为一个整体，它可以涵盖人类有史以来所进行的全部社会性活动及其成果。如果对这个系统的内部结构进行不同角度的透视，它又会呈现出各种形态。从形态入手对文化加以划分，我们一般可以将它分为精神文化、制度文化和行为文化等不同层次。若从意义的层面对文化进行剖析，我们又可将文化区分为表层文化现象——文化产品、文化行为、文化学术等，和深层文化现象——如价值观念、思维方式、文化心理等，其中后者显然处于更核心的位置，虽然它不会以直接呈现的形式出现，而只能交织渗透于表层文化现象之中。

国内外不少学者在广泛调查研究的基础上，证实了不同民族的文化之间确实存在着很大的差异性，而且这种差异性根植在人们的头脑中，很难被轻易改变。在跨文化商务交流中，客观存在的不同文化差异必然会在种种商务活动中相互对立和相互排斥，不同文化的性质、特征、功能和力量释放过程中由于差异引起互相冲撞和对立的状态，即文化冲突。跨文化冲突是指不同文化及亚文化之间相互对立、相互排斥、相互矛盾和相互否定的状态。跨文化冲突的结果可能是文化的融合，也可能出现文化的取代与被取代，还可能是两种或两种以上文化脱离接触，宣告文化接触失败。所以，文化冲突处理得不好，可能会带来巨大的损失；但如果文化冲突处理得好，则会给企业或是组织带来好处，也能促进各民族文化的发展，实现文化的交融，使人类不断取得进步。文化冲突是一种客观现象，谁都无法回避也无法制止，文化冲突一般先由沟通失误引起，沟通失误同时会导致沟通误解，这时如果双方不及时消除，误解便会由此而生。沟通会产生冲突，但同时又是解决冲突的唯一途径，通过沟通实现文化融合。文化冲突与文化融合是统一的

不可分割的两个方面，文化融合是化解文化冲突的必然逻辑，是实现人类进步的阶梯。

本书把分析文化冲突表现及其原因作为跨文化交际案例教学的重点，即通过跨文化商务交流中的文化冲突事件，真实生动地反映出物质文化、精神文化和制度文化对主要商务活动（如跨文化商务谈判、商务礼仪习俗、营销和广告、商务伦理和法律、人力资源管理和跨国公司企业文化和并购等）的显性和隐性影响，并在此基础上探讨背后的深层原因。本书的目的不仅是要分析文化冲突的表现及其原因，还要探讨如何跨越文化差异的障碍，在两种文化的结合点上，寻求和创立一种双方都能认同和接纳的、发挥两种文化优势的沟通模式。

东西方文化的起源不同，历史背景不同，发展历程不同，导致了东西方文化的巨大差异。这种差异在国际商务交流中首先表现在表层的言语和非言语行为文化差异上，其次表现在经营方式、管理方式、契约方式等中间制度层次的差异上，但更深层的表现则是在价值观和思维方式的精神文化差异上。从以上的例子中我们也可以看出，在两种文化的交流中，往往正是文化价值观和思维方式的差异给跨文化交际造成困难或导致冲突。因为由一种文化价值观和思维方式组织起来的一套语言信息发出后，接收者以另一种思维方式去破译或者重新组织，就可能会发生歧义或误解。所以本书从精神文化冲突的案例分析入手，以帮助读者一开始就能理解其深层原因。

每个案例都是一个综合性矛盾的表现，很难确定一个案例反映出的文化冲突是属于哪个文化层次的矛盾。但是，为了方便读者更好地理解掌握文化冲突的对立性，我们根据案例中反映出来的主要矛盾冲突进行了分类，分成精神文化冲突、制度文化冲突和行为文化冲突三个部分。读者在学习过程中，可先后融会贯通，灵活全面地理解分析每个案例。书中提供的案例分析首先指出矛盾冲突所在，然后展开分析其冲突原因，最后建议通过文化沟通减少或解决冲突的方法，供读者参考。

各文化层次的案例尽量考虑国别差异程度和代表性，虽然国外文献中记载了不少不同文化间商务活动成功和失败的案例，但其中反映中外商务活动的特别少，即使有一些也大多是从外国学者的观察视角反映的多年以前的中国国情。在国内，跨文化商务交流案例的搜集、整理与分析相对于跨国商务活动深化发展的需求来说，存在着相当的滞后性，合资企业对自身成功的经验或失败的教训缺乏系统性分析总结，对文化差异所造成的中外商务活动失败的事件反映比较凌乱，这些都给我们的案例收集工作带来了不少困难。尽管如此，课题组成员通过报纸、杂志、书籍、网络、访谈和自身经历等途径，收集和编写我国在国际商务交流中的真实案例，尽量真实反映近三十年来中国发生的天翻地覆的变化。

该教材具有以下几个主要特点：

1. 新颖开创性。本书把跨文化交际理论运用于跨国商务语境下的具体案例分析中，把国际商务文化与中国本土文化结合起来，把案例分析与案例教学结合起来，弥补目前国内跨文化商务交流案例教材稀缺的状态。

2. 真实广泛性。案例覆盖中外跨国商务活动的主要方面，涉及多个国家，从经典案例到当今案例，来源有国内外近期出版的相关专著、教材、报刊、杂志、网络、实地调查等渠道。

3. 生动可操作性。本书既收集了大量的失败案例，又有成功的典型案例，具体分析处理文化冲突失败的原因或成功的经验；既有理论依据，又有分析步骤方法、启发性思考讨论题，便于在案例教学的实践中使用。教学理念上强调师生的互动关系，强调提高学生分析问题、解决问题的能力。

4. 多层次适用性。本书可供英语、贸易、管理等相关专业的学生使用，也可作为外资企业管理人员、国际贸易人员或出国留学人员的参考阅读书。考虑到读者的不同水平，英语案例及其补充的英文注释和讨论问题有利于学生提高英语阅读理解分析能力，案例的中文叙述可帮助英语阅读困难者更好地理解案例，参与案例分析和讨论。

总之，《跨文化商务交流案例分析》对增强学生的跨文化意识和文化差异的敏感性，提高跨文化商务交流能力，不仅具有一定的理论学术研究价值，而且更具有实践和运用价值。

作为“跨文化商务交流成败的案例研究及理论分析”课题的成果，该书获得了教育部人文社科项目的资助，并得到了对外经济贸易大学“教育实验课题项目”的支持，在教学中广泛使用，受到广大学生和培训人员的好评。

在此，我们非常感谢本书所引用资料的众多作者，无论是中国作者还是外国作者，知名的或不知名的，正是他们编写的案例使得我们能有分析的文本。同时还要感谢课题组的全体人员在收集、分析案例过程中所付出的巨大努力，他们通过各种渠道收集案例，有些案例是根据自己的亲身经历或从访谈他人的实践中整理而成。课题组成员有温建平、秦琴、董继荣、唐健、毕小飞、许慧敏、张晓莹、吴善姬、苏丹、郭金金、秦雄、付冬、董颖霞等，在此一同表示感谢。

《跨文化商务交流案例分析》第一、二版出版以后，受到市场的欢迎和好评，现根据读者的反馈意见和市场需求，对案例进行了修改和删减，使该书更加精练实用。由于作者水平有限，书中案例分析属个人已见，难免有理论应用欠妥、分析不够深刻之处，敬请读者批评指正。

主 编

2023 年 11 月于北京

目　　录

第一部分
精神文化冲突

一、价值文化冲突

文化的分类可以有多种角度，常见的做法是把文化分成精神文化、制度文化和行为文化。其中，精神文化主要包含价值观念、思维方式等深层文化现象，这些价值观念指导人们在矛盾冲突中做出选择，告诉人们什么是好的，什么是不好的，什么是应该做的，什么是不应该做的。

价值文化制约着人们的交际行为，在某一文化中习以为常的观念或行为在另一文化环境中可能就无法被人接受。在商务交际中也不例外。随着国际商务的全球化发展，人们越来越多地面临着如何处理好彼此之间的关系以达到商业利益最大化的挑战，但结果往往不尽如人意。其中，一个很重要的原因是价值文化观念的冲突。

东西方文化的起源不同，历史背景不同，发展历程不同，导致了东西方价值文化的巨大差异。在本书所收集的案例中，影响商务交际活动的价值冲突具体体现在以下几个方面：个体取向还是集体取向；集权取向还是分权取向；喜欢创新还是趋向保守；以男性为中心还是男女平等；重资历还是重能力；重长远利益还是重短期利益；习惯于综合、直觉、归纳思维方式还是分析、逻辑、演绎思维方式等。

个体取向与集体取向（Individualism vs. Collectivism）

在怎样理解和处理人与人的关系问题上，根据霍夫斯特的“个体取向和集体取向”的文化维度，在倾向于“个体取向”的国家，人们以个人利益为根本出发点，强调个人行为的自由、权利、竞争和独立等“自我”的概念；而在倾向于“集体取向”的国家，人们更看重人与人之间的群体性关系，强调人群的统一和协作，个人利益服从集体利益，即强调“我们”的概念，每一个人常常是和朋友、家庭联系在一起才成为“我”的。在霍夫斯特对 53 个国家和地区的调查中，西方的一些国家属于典型的“个体取向”国家，美国排名第一；而中国、日本等亚洲以及非洲和南美洲国家属于“集体取向”国家。

这种差异在商务领域中表现得非常明显，注重个体取向的国家更加强调个人的奋斗，以个人能力和业绩为基础来决定薪资和是否有提升的机会；而注重集体取向的国家强调的是一个集体要团结一致，个人的成绩是不能脱离集体的，等级观念和看重资历比较普遍。本书中，有几个案例都体现了商务领域的个体取向与集体取向问题，如“在工作场所当众表扬日本人”“意大利推行按绩取酬”“肇事者该受罚吗？”等。

集权取向与分权取向（Centralization vs. Decentralization）

集权取向与分权取向本来是一对政治术语，集权取向指国家实行高度集中的管理制度，而分权取向指政府以一种民主的方式管理国家，权力分散而不是集中在政府手里。

权力距离（Power Distance）是霍夫斯特提出的文化维度之一，是衡量人们接受权力不平等状况的程度。权力距离较大的文化认为权力差距是社会生活固有的一部分，上级和下级的地位是不同的。上级制定决策，下达命令，监督下级的执行。而权力距离较小的文化则认为权力只不过是为了提高社会效率而设立的不同社会角色，上下级之间是平等的关系。

在商务领域，集权取向与分权取向指不同的企业管理模式。集权取向的企业管理指自上而下的决策体系，而分权取向是一种自下而上的决策体系，指以一种民主的方式来管理公司，鼓励员工参与管理。这一管理模式的不同在以下案例中得以体现，如“为什么秘鲁工人离职呢？”“参与还是服从？”“‘不服从管理’的美国员工”“丹碧丝在中国的失败”等。

男性取向与女性取向（Masculinity vs. Femininity）

男性取向还是女性取向，指的是在该文化中代表男性的品质更多，还是代表女性的品质更多。男性文化表现出的是刚强、力量、自我表现、事业成功、竞争性和独断性等；女性文化的“柔”性特征是注重生活质量、感性、富有同情心、谦虚等。

不同文化对男性和女性的社会角色有不同的规定，特别是女性在社会或工作中的地位会因为本国文化不同而有区别。根据霍夫斯特的调查，在以男性为中心的文化中，男人和女人的社会角色差别大，比如在阿拉伯国家，女性很难有外出工作的机会，即使有工作机会，也很难在薪资和晋升等方面和男性取得平等的权利；而强调男女平等的文化中，男女的社会角色差别不大，在工作中女性也几乎拥有和男性一样的机会。

在“芭比娃娃的中东危机”“‘外派’就一定意味晋升吗？”这两个案例中，从侧面反映了男性与女性在不同文化中拥有的不同地位。

长期取向与短期取向（Long-Term Orientation vs. Short-Term Orientation）

长期取向与短期取向是指在某一文化中，人们是否崇尚节俭、是否追求生活的稳定性以及是否遵循传统等的两种截然不同的回答。长期取向的文化崇尚节俭、追求稳定、遵循传统；而短期取向的文化则反之。在商务领域中，注重长期取向的企业更愿意培养员工的道德理念以及归属感，以此取得长期的经济利益；注重短期取向的企业看重的是员工的能力而不是资历，注重取得短期的经济利益。

根据迈克尔·邦德（Michael Bond）对23个国家和地区的长期取向与短期取向的调查，中国排名第一，日本排名第四，属于注重长期取向的国家，而美国排名17，相对而言属于注重短期取向的文化。邦德的研究还发现，长期导向与经济发展速度之间的相关系数高达0.7，经济腾飞的亚洲四小龙（中国香港、中国台湾、韩国、新加坡）有一个共同的特点，那就是对传统的重视，而且有凡事都想到未来的倾向。“茶叶价格降还是不降?”“他是一个负责的工程师吗？”这两个案例集中体现了不同国家企业文化中短期利益与长期利益的冲突。

低不确定性规避与高不确定性规避（Low- vs. High-Uncertainty Avoidance）

不确定性规避指的是人们忍受模糊或者感到模糊和不确定性的威胁的程度。根据霍夫斯特的调查研究，不确定性规避度在不同的国家会有不同的体现。不确定性规避度高的国家，如亚洲国家，会尽量去避免不确定的和模棱两可的东西，制定更多的正式的规则，不喜欢非同寻常的想法和做法，寻求一致。人们认为生活中充满了可能发生的危险，对于书面的规定、计划、规则、仪式有着强烈的要求，依此来使生活有规则。

相反，在不确定性规避度较低的国家，如美国、瑞典、丹麦、芬兰等国家，人们会更容易地接受生活中的不稳定性，容易接受非同寻常的想法和做法。他们喜欢创新，喜欢冒险，不喜欢循规蹈矩，不喜欢等级分明的社会制度。

日本是不确定性规避度较高的国家，而美国是不确定性规避度较低的国家。“规则至上的索尼公司”“宜家在德国”这几个案例便和这一文化维度的认识有关。

竞争取向与合作取向（Competition vs. Cooperation）

在注重竞争取向的文化中，良好的竞争机制是保证个人能力得以施展的条件，每个人得为工作竞争，为成功努力工作。而在讲求合作取向的文化中，尽量避免与周围的人发生冲突和竞争，“和为贵”是人们追求的目标。

在商务领域中，竞争取向与合作取向对公司的用人原则、薪酬制度的制定有很大的影响。在“优势互补的T&A合资公司怎么垮掉了”这个案例中，阿尔法特是一个典型的法国公司，非常重视公司领导的教育背景，而TCL的择人标准则是要求新的公司领导具有事业心和冒险精神。TCL的员工不能和阿尔卡特原来的员工和谐地合作，为大家所看好的这起“跨国联姻”在一年不到的时间里垮掉了。

资历取向与能力取向（Ascription vs. Achievement）

不同的文化对于个人在工作岗位或社会中处于何种地位有着不同的判别标准。以个人工作业绩为衡量标准的文化（即能力取向）更加看重个人能力，只要个人业务出色，无论其年龄、出身如何，都一样可以获得晋升或加薪的机会；以年龄、经验、出身、受教育程度等因素为判断标准的文化（即资历取向）则更加看重个人资历，社会地位较高者和年长者受到尊重。

美国是典型的注重个人能力的国家，而传统的日本文化看重的是年龄和资历，年龄越长就越应该受到尊重。“这些是谁的主意？”“英国总经理在泰国”这几个案例中的管理者由于不了解这点就遇到了麻烦。

二、思维方式冲突

思维方式是一个民族或一个区域在长期的历史发展过程中形成的一种思维习惯或思维程序，是一个民族文化的深层内核。由于不同的地理环境、生产方式、历史背景、文化传统、哲学思想、语言文字等因素，东西方思维方式从总体上看具有不同的特征，即使是在东方国家或西方国家内部之间也会有不同特征的思维方式。

国内外学者总结了中西方思维方式的基本特征，其中包括伦理性与认知性、整体性与分析性、意向性与对象性、直觉性与逻辑性、求同性与求异性、归纳性与演绎性等。这些思维差异也造成了交际中的跨文化冲突。其中最明显的是，东方人多数偏好综合思维、直觉思维和归纳思维，而西方人多数偏好分析思维、逻辑思维和演绎思维。

综合思维与分析思维（Synthesis vs. Analysis）

综合思维是在思想上将对象的各个部分联合为整体，将它的各种属性、方面、联系等结合起来的思维。分析思维是将一个完整的对象分解为各个组成部分，或者将它的属性、方面、联系等区分开来的思维。

正如季羡林先生所说：“一言而蔽之，东方文化体系的思维模式是综合的，而西方则是分析的”。从“‘老谋深算’的日本人”“艰难的谈判”“社区教育委员会”几个案例中可以看出，在跨文化交际的过程中忽视这方面的差异给商务人员带来的遭遇。

直觉思维与逻辑思维（Intuition vs. Logic）

中国传统思维注重实践经验，注重整体思考，因而借助直觉体悟，即通过静观、体验、灵感、顿悟的知觉，从总体上模糊而直接地把握认识对象的内在本质和规律。儒、道、佛三家都注重直觉体悟宇宙本体。直觉思维对中国传统哲学、文学、艺术、美学、医学、宗教等的影响尤为深远。西方思维传统注重科学、理性，重视分析、实证，因而必然借助逻辑，在论证、推演中认识事物的本质和规律。古希腊哲学家亚里士多德开创了形式逻辑，提出了整个形式逻辑体系，对人类思维产生了深远的影响，也使逻辑性成了西方思维方式的一大特征。从“当规章遇到了法国人”和“婉拒”两个案例中，我们可以看出这个思维方式的问题解决不好所带来的麻烦。

归纳思维与演绎思维（Induction vs. Deduction）

归纳是从特殊、具体到一般、抽象的认识方法，而演绎则正好相反，是从一般到特殊的认识方法。归纳式思维与演绎式思维在文字表达时的一个显著区别在于作者何时明确提出其观点。如果采用归纳式思维，作者往往在最后明确给出观点；如果采用演绎式思维，作者在开始就明确表明观点或立场。尽管归纳和演绎作为两种互补的推理方法在中国和英语民族中都得到广泛的使用，但比较而言，中国更倾向于归纳式思维，而英美更倾向于演绎式思维。案例"中英文的经济评论为何如此不同？"对两篇选自英国《金融时报》和《中国日报》的经济评论的分析反映出中英经济评论在这对思维方式上的差异。

为了减少或避免以上方面的价值观文化和思维方式的冲突，我们应该增强文化意识，了解、理解并尊重对方的价值观，建立相互信任和合作的气氛。不能以一种价值文化作为评判的准则、衡量的标准。如果以本国的价值标准、思维模式去观察事物、评价工作、经营商务，不仅会使文化冲突难以调节，新的矛盾还会接踵而至。所以，要成功地进行跨文化商务交际，首先要克服民族中心论。

一、价值观念冲突

1 A Unique Localization Strategy Helps Disney Make Magic in China 从香港到上海，深耕本土化助力迪士尼越走越稳

2005年至今，华特迪士尼公司一直努力开拓中国市场，从香港到上海，迪士尼在管理模式、设计运营方面不断总结经验，推陈出新，深耕细作，取得了不错的效果。

案例

Case description:

Hong Kong Disneyland has had an unsatisfactory profitability since its opening in 2005, with a net loss of HK$2.7 billion for the 2020 financial year and six consecutive years of losses since 2015. It adopts a joint venture management approach. It is constructed and operated by Hong Kong International Theme Park Limited, a company jointly funded by the government of Hong Kong Special Administrative Region (SAR) of China and the Walt Disney Company, with a 57% stake owned by the former and the remaining 43% and a 5% franchise royalty owned by Disney. The government of Hong Kong SAR of China only shares in the ticket revenue, while the revenue of related products and services which accounts for more than half of the tourists' consumption belongs to Disney. The government of Hong Kong SAR of China has suffered huge losses in the construction and operation of Disneyland. The traditional management model gradually reflects its shortcomings, and the company's growth is weak.

Meanwhile, Shanghai Disneyland which opened in 2016 adopts a unique localization strategy also called the "Shanghai model" where the state-owned Shanghai Shendi Group owns 57% of the stake and is actively engaged in the design, operation and management of the Disneyland. The Shendi Group and the Walt Disney Company co-founded three joint venture companies. Park operations are tasked to a management company called Shanghai International Theme Park and Resort Management Company Limited where Disney has a 70% stake and the Shendi Group 30%. The company is responsible for the design, operation and management of the resort. The chairmen of the other two companies—Shanghai

International Theme Park Company Limited and Shanghai International Theme Park Associated Facilities Limited are Chinese and the major issues are determined by the board of directors. The Chinese side appoints the deputy general manager and a number of senior managers to participate in the management of the resort. As an investor, the Shendi Group shares revenues of operations, entertainment and resort facilities as well as ticket revenues. This "Shanghai model" fully considers and respects the actual situation of China and Shanghai, enabling the interests of China and the United States to be more closely linked and their advantages more complementary, thus achieving win-win results.

The design and operation of Shanghai Disney Resort also reflects its localization strategy. The unique blend of Disney magic and China's cultural spirit is what Disney chairman Bob Iger refers to as "authentically Disney and distinctly Chinese" and it has been the guiding principle of Shanghai Disney Resort.

Connection to Nature

The design of Shanghai Disney Resort carefully reflects the desire for peaceful surroundings and family bonding time that are so important in the Chinese culture. Shanghai Disneyland, Gardens of Imagination is the first land at a Disney park designed as a garden, with 15 acres of lush, green space for families to gather and relax. Wishing Star Park, just outside the main entrance to Shanghai Disneyland, evokes the native landscape and historic legacy of China's Yangtze River Delta. The park offers guests a chance to escape the busy pace of modern life to enjoy vibrant and thriving natural habitats, including woodlands and gardens with both Chinese and Western roses.

A Familiar Language

Classic Disney storytelling comes to life in new ways at Shanghai Disney Resort, as many familiar songs and stories are presented in Chinese. On Seven Dwarfs Mine Train, the song *Heigh-Ho* was recorded in Chinese especially for the attraction. At the Walt Disney Grand Theatre in Disney town, guests can enjoy the first-ever Chinese production of the Broadway hit *THE LION KING* and in a first for any Disney park; guests may have their names embroidered on Mickey Mouse ear hats in either Chinese or English!

Art and Architecture

Design and art play a major role in creating the distinctly Chinese experience throughout Shanghai Disney Resort. Chinese artists sculpted and painted 62 magnificent, flying horses on the Fantasia Carousel. In Disney town, traditional Shikumen architecture reproduces the unique heritage of Shanghai, and Liuli glass—a traditional Chinese art form—is represented in seven large Mickey Mouse sculptures crafted by a local Chinese artist.

An International Blend of Talent

Disney's world-class entertainment team has worked closely with renowned Chinese directors, choreographers and designers to bring classic stories to life at Shanghai Disneyland. Chinese acrobats perform in *Tarzan: Call of the Jungle*, adapted by choreographer Li Xining, with intricate costumes created by designer Li Rayding. The magical musical, *Golden Fairytale Fanfare*, presents spectacular moments from Disney stories, directed by Chinese stage director and filmmaker Chen Shizheng with an original song written in Chinese by Keith Chan and Peter Kam.

（***Source:*** 1. 上海迪士尼合资模式、企业名单：揭秘 6 大真相（图）·闽南网（mnw.cn）http://www.mnw.cn/news/china/1179398.html.

2. 邓燕琴. 跨文化传播下迪士尼乐园本土化运营策略的研究[D]. 广州：暨南大学，2017.

3. Authentically Disney and Distinctly Chinese: Shanghai Disney Resort Blends Magic of Disney with Spirit of China (2016-06) [2021-08-18]. https: //disneyparks. disney. go.com/blog/2016/06/authentically-disney-and-distinctly-chinese-shanghai-disney-resort-blends-magic-of-disney-with-spirit-ofchina.）

Case in Chinese:

香港迪士尼乐园自 2005 年开园以来，尽管有着宽广的客源市场，但是盈利状况并不令人满意，2020 年香港迪士尼财政年度净亏损达 27 亿港元，自 2015 年起已连续六年亏损。香港迪士尼采取合资经营管理方式，由香港特别行政区政府以及华特迪士尼公司联合经营的香港国际主题乐园有限公司建设及营运，该公司 57%的股权归香港政府拥有，其余 43%的股权以及 5%的特许经营权使用费归迪士尼拥有。香港特别行政区政府只能获得门票分成，而占游客消费额一半以上的相关产品和服务的收入全归迪士尼所有，迪士尼公司“旱涝保收”，而香港特别行政区政府在迪士尼乐园的建设、经营上亏损巨大，传统的经营管理模式逐渐体现出弊端，公司增长乏力。

与此同时，2016 年正式开园的上海迪士尼首创性地提出了“上海模式”，由国有企业申迪集团与华特迪士尼公司共同投资、建设和运营。以企业作为投资主体，而不是由政府直接投资，此举让投资主体更加清晰。申迪集团与华特迪士尼公司共同投资设立三家合作企业（见图 1），即上海国际主题乐园有限公司、上海国际主题乐园配套设施有限公司、上海国际主题乐园和度假区管理有限公司。前两家公司是业主公司，申迪集团持有 57%的股份，迪士尼持有 43%的股份；第三家公司是管理公司，不同于巴黎和香港 100%由迪士尼独资的安排，上海管理公司持有迪士尼 70%的股份，申迪集团持有 30%的股份。管理公司接受业主公司的委托，负责项目的创意、设计、开发和日常运营管理工作。在两家业主公司中，中方担任董事长，项目的重大事项由董事会决策，同时中方向管理公司委派副总经理及若干高级管理人员参与项目的日常经营管理，实现中美双方合作共同管理迪士尼乐园项目。作为投资方的中方不再局限于从门票收入来分成，更能从园区经营、配套的娱乐设施和度假设施获取利润。“上海模式”充分考虑和尊重了中国和上海的实际情况，在这一模式下，中美双方的利益联结更加紧密，优势更加互补，从而实现互利共赢。

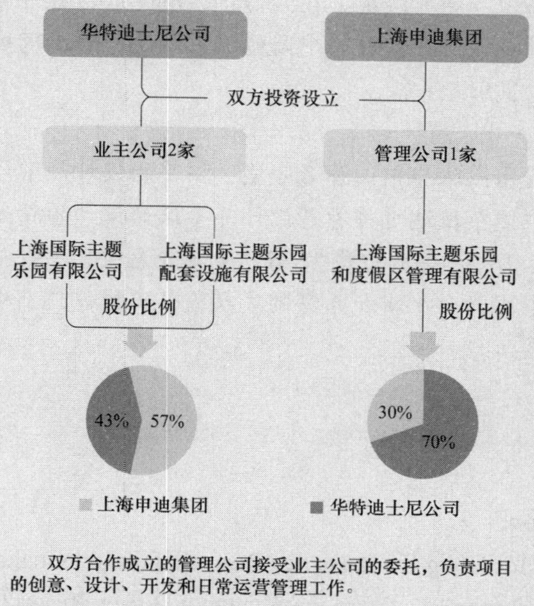

（***Source:*** 上海迪士尼合资模式、企业名单：揭秘 6 大真相（图）· 闽南网（mnw.cn）［2021-08-18］. http://www.mnw.cn/news/china/1179398.html.）

图 1　上海申迪集团与华特迪士尼公司的合作

上海迪士尼的本土化不仅体现在经营管理上，其文化与设计方面也体现出迪士尼主席鲍勃·艾格所说的“原汁原味迪士尼，别具一格中国风”的指导原则。

交融于自然

上海迪士尼度假区的设计反映了中国文化中对和谐环境和家庭美好时光的向往。上海迪士尼乐园首次应用了花园设计，建立了“奇想花园”主题区，占地 15 英亩，景色宜人，为家庭聚会和放松休闲提供了绝佳场所。星愿公园位于上海迪士尼乐园的主入口外，与中国长江三角洲的自然景观和历史风貌浑然相成。该公园让游客可以远离现代生活繁忙节奏，享受充满活力和繁荣的自然之景。

亲切的语言

在上海迪士尼度假区，经典的迪士尼故事将以新的方式出现，许多熟悉的歌曲和故事都以中文呈现。在七个小矮人的矿车景点上，专门为歌曲 *Heigh-Ho* 录制了中文版本。迪士尼小镇的华特迪士尼大剧院，游客可以欣赏到百老汇名剧

《狮子王》。该剧首次以中文演出，游客还可以在米老鼠耳帽上绣上中文或英文名字，此举在所有迪士尼乐园中尚属首次。

艺术与建筑

为了呈现上海迪士尼度假区的独特中国体验，设计与艺术至关重要。中国艺术家在幻想曲旋转木马上雕刻并绘制了62匹宏伟的飞马。在迪士尼小镇，传统的石库门建筑再现了上海的独特遗产，作为中国传统艺术设计的琉璃被应用于中国艺术家制作的七个大型米老鼠雕塑中。

国际化团队

迪士尼世界级娱乐团队与中国著名导演、编导和设计师密切合作，将经典故事搬上迪士尼舞台。中国杂技演员将身着设计师李瑞鼎设计的精致服装，带来由编舞家李西宁改编的《泰山：丛林的呼唤》。音乐剧《金色童话》将呈现迪士尼故事中的精彩瞬间，该剧由中国舞台导演和电影制片人陈世正执导，剧中曲目均为陈基思和金彼得的原创中文歌曲。

讨论

Questions for discussion:

1. What are the reasons for Hong Kong Disney Resort's failure to make profits?
2. What are the reasons for the success of the Shanghai Disney Resort?
3. What Chinese values does the design of Shanghai Disney Resort reveal?

分析

➡ 矛盾冲突

香港迪士尼沿用了迪士尼在巴黎的合资管理方式，香港特别行政区政府只能获得部分门票收入，高附加值的衍生品收入全归迪士尼所有，园区的设计、开发、管理由迪士尼主导，缺少本地团队的积极参与，多年来缺乏创新，公司业绩连续多年亏损，暴露出这种模式的弊端。

➡ 原因分析

上海迪士尼的成功得益于经营管理和设计开发方面的高度本土化战略，申迪集团与华特迪士尼公司共同投资设立了三家合作企业，还成立了中方创作团队，对园区不断开发并生产更多的本土化新产品。在两家业主公司中，中方担任董事长，项目的重大事项由董事会决策，同时中方向管理公司委派副总经理及若干高级管理人员参与项目的日常经营管理，实现中美双方合作管理。本国员工十分熟悉中国的经济形态，在这种“上海模式”下，所有机构的设置、人员的安排以及业务情况都可以遵循本国的特点，合理地利用人力财力，同时可以适当地避免双方在文化上的差异和冲突，而这些对迪士尼的成功都起着决定性的作用。

首先，设计开发方面，上海迪士尼乐园的花园设计体现了中国文化对人与自然和谐共处的追求。根据克莱德·克拉克洪（Clyde Kluckhohn）与弗雷德·L·斯多特贝克（Fred L. Strodtbeck）提出的价值取向理论，人与自然之间存在着三种潜在的关系：人征服自然、人与自然和谐共处、人服从于自然。儒家人性观从天人合一的角度阐释了人与自然的关系，认为人与自然合一是人性的必然，也是人应该追求的目的。

其次，在建筑设计中，使用传统的石库门建筑，再现了上海的独特遗产，中国传统艺术设计的琉璃也得以点缀于其中，这一切都指向了中国文化中的过去取向。以上提及的价值取向理论指出，过去取向文化会对历史、传统、成就持尊崇态度，会从过去的事件中汲取经验，指导当下。在迪士尼的设计中，融入了许多中国传统建筑艺术，可以起到吸引游客的作用。

再次，上海迪士尼的设计定位为家庭、朋友乃至陌生人之间共同享受休闲的场所。中国是一个集体取向文化较强的国家，所以首次引入花园主题设计，建造了一个开放温馨的公共区域，有利于群体的形成与交流，加之融入了大量中国元素、使用中文等举措，在乐园内营造了浓郁的中国文化氛围，给予了中国游客一定的文化归属感。

最后，迪士尼首次推出可以为游客在米老鼠耳帽上绣上中文或英文名字的服务，也反映了权力距离维度上的适应。在权力距离大的文化中，会比较关注社会身份地位，不同的社会阶层会通过消费行为来体现自己的社会地位，处于高社会阶层的消费者对于商品的品牌非常在意，他们会选择能够代表地位的著名品牌。相比国内其他游乐园，上海迪士尼的定价较高，而这样一种独特的商品，对消费水平较高的游客来说，是身份地位的反映，而对一部分消费水平一般或较低的游客来说，会产生身份地位提高的心理作用。

文化沟通

受短期取向影响，过去许多跨国公司采取“一刀切”的方法，即把一种产品、服务或商业模式不加调整地出口到其他地区。从成本和效率的角度来看，这种方法很有吸引力，但采取该方法的美国企业多数面临着海外销售收入“螺旋式下降”的问题。香港迪士尼沿用迪士尼在巴黎的合资管理方式，缺乏创新，连续多年亏损。而上海迪士尼实现了全球化与本土化的深度融合，“上海模式”带来丰厚商业利润的同时，也使得中美两种文化交融共生，实现了中美的互利共赢。从香港到上海，迪士尼公司从短期取向转变为长期取向，考虑了中国集体取向文化的特点，坚持“原汁原味迪士尼，别具一格中国风”的设计指导原则，深耕本土化助力迪士尼越走越稳。

2 The Most Mysterious $10 Billion Company of China—SHEIN
中国最神秘的百亿美金公司——希音

号称“中国最神秘的百亿美金公司”，蛰伏 14 年，一举超越 ZARA、亚马逊等国际顶级品牌，希音凭借什么征服了美国年轻人？

案例

Case description:

On May 11, 2021, App Annie reported that SHEIN became the most popular shopping app on Android in the US and topped the list on iOS six days later. As of May 17, 2021, SHEIN ranked #1 on iOS shopping apps in 54 countries and ranked #1 on Android devices in 13 countries, surpassing Amazon, which had a GMV (Gross Merchandise Volume) of $490 billion in 2020. In the “China Unicorn Enterprise Research Report 2021” released on April 27, SHEIN was ranked among the super unicorns with a valuation of over $10 billion in 2021 with a corporate valuation of $15 billion, ranking first in the new retail industry and riding high among a host of well-known companies in cross-border e-commerce. As “China’s most mysterious $10 billion company”, founded in Nanjing, China in 2008, this company is still little known in China, but its business has spread all over the world. It has four R&D facilities in Nanjing, Shenzhen, Guangzhou and Hangzhou; six logistics centers in China’s Foshan and Nansha, Belgium, US East, US West and India; seven customer management centers in Los Angeles, Liege, Manila, Dubai, Mumbai, China’s Yiwu and Nanjing, and a global distribution network.

The success of SHEIN is inextricably linked to its comprehensive and multi-faceted cooperation. Hundreds of factories surround the Panyu Building where SHEIN’s Guangzhou headquarter is located, creating an industrial cluster similar to the small town of La Coruna, the headquarters of ZARA production in Spain. Unlike Spain, China has one of the most complete apparel production supply chains in the world, with an uncountable selection of fabrics and accessories, which allows SHEIN countless possibilities for rapid new product introductions. In turn, SHEIN’s global distribution capabilities can support the continued operation of hundreds of factories. In addition, SHEIN started using influencers marketing to gain customers as early as 2011. It cooperated with various types of influencers on a large scale, in a way that the third-tier influencers responsible for the traffic and outreach, the second-tier influencers responsible for selling goods by live streaming, and top-tier influencers responsible for the brand promotion. Even buyers are the target of SHEIN's cooperation. By means of affiliate marketing, SHEIN encourages users or affiliates to promote products and then give commissions to affiliates according to the percentage of sales, thus getting a lot of referral traffic.

Case in Chinese:

2021 年 5 月 11 日，App Annie 报道，希音成为美国安卓应用市场上安装次数最多的购物应用程序，六天后在 iOS 上也登顶。截至 2021 年 5 月 17 日，希音在全球 54 个国家 iOS 购物应用程序中排名第一，在 13 个国家安卓设备中排名第一，下载量超越了 2020 年 GMV（商品交易总额）为 4 900 亿美元的亚马逊。在 2021 年 4 月 27 日发布的《中国独角兽企业研究报告 2021》中，希音以 150 亿美元的企业估值位居 2021 年估值超百亿的超级独角兽之列，占据新零售行业首位，在一众跨境电商知名企业中一骑绝尘。作为“中国最神秘的百亿美金公司”，这家 2008 年成立于中国南京的公司在国内至今仍鲜有人知，但它的业务已经遍布全球。它拥有南京、深圳、广州、杭州四个研发机构，佛山、南沙、比利时、美东、美西、印度六个物流中心，洛杉矶、列日、马尼拉、迪拜、孟买、义乌及南京七个客管中心，以及覆盖全球的末梢配送网络。

希音的成功与它全方位同时开展的多方合作密不可分。在希音广州总部所在的番禺大厦周边围绕着数百家工厂，构筑了一个类似西班牙 ZARA 生产总部拉科鲁尼亚小镇的产业集群。和西班牙不同，中国有全球最完备的服装生产供应链，面料辅料选择无法计数。这让希音在快速上新款时有无数可能，而希音的全球销售能力也反过来支持数百间工厂的持续经营。此外，希音早在 2011 年就开始利用网红营销来获取流量，与各种类型的网红进行大规模合作，做到了小网红做流量和外链，中部网红带货[1]，头部大网红做品牌推广。甚至连买家也是希音的合作对象。通过联盟营销的方式，希音鼓励用户或者联盟客推广产品，获得销售额后根据销售额的比例给联盟客返佣金，从而获得大量的引荐流量。

(***Adapted from***: 揭密 SHEIN：中国最神秘百亿美元公司的崛起［EB/OL］.（2020-08-03）［2021-05-27］. https://www.sohu.com/a/411269855_104421.)

[1] 带货：网络流行词，是指明星等公众人物对商品的带动作用。现实社会中，明星们对某一商品的使用与青睐往往会引起消费者的效仿，掀起这一商品的流行潮。——编者注。

讨论

Questions for discussion:

1. What are the main reasons for the success of SHEIN?
2. What cultural values can be reflected from this practice?
3. How is the cooperation model of SHEIN different from others?

分析

➡ 矛盾冲突

疫情蔓延全球带来的经济政治格局的转变，单从“宅生活”的居家生活模式看，重创了线下餐饮、旅游、零售等服务行业，却给线上电商、电子通信、网络会议等开通了飞速发展的“云通道”。线下知名品牌被迫关店退出和线上电商迅猛挺进的并存场景，随着疫情在世界各地的蔓延而轮番上演，美国自然也不例外。大浪之下，这是挑战也是机遇，当国内众多巨头还在国内战场鏖战时，已有一匹隐形的黑马瞄准了前景更为广袤的海外市场——希音。

线下支付模式挺进困难的美国消费界，疫情之下迅速实现了由传统购物方式向新时代网络购物方式的转变，在实现了消费者购买力跟随眼球的迅速集中后，无论是国内消费还是跨境消费，群体集中消费带来的购买体量扩张使得零售行业呈现出“马太效应”。无数线下门店倒闭的同时，希音却一骑绝尘，一举超越亚马逊登上各大排行榜榜首。

➡ 原因分析

希音于 2008 年在南京成立，它是中国第一批做跨境电商的“国际 B2C 快时尚电商平台”。该公司的主营业务是快时尚服装，包括服装、首饰、美妆、包包、鞋子、家用纺织品等类别，主要面向欧洲、美洲、中东、印度等国外市场。希音总部位于南京，并在中国其他主要城市以及美国、比利时和阿拉伯设有办事处。从知名度来看，希音的体量远远超出了其知名度，这或许就是我们古人常说的“善战者无赫赫之功”。除了对原有电商销售模式的复制创新，真正反映出来的是希音低调背后的隐形实力。

希音为什么征服了美国年轻人？总结起来其实只有一个秘诀：合作。通过大规模的合作，希音实现了三点其他企业难以企及的独特优势。

1. 低价优势

亚马逊之于美国人，就像淘宝、天猫之于中国人。希音则是中国版快时尚的 ZARA。ZARA 产品售价是非常实惠的，但希音仅仅是它的零头。对于希音刚注册的新用户，会享受高达 70%的价格抵扣。一件女士 T 恤仅需 6 美元，一件连衣裙不超 12 美元，折成人民币也是平价之光。哪个消费者能拒绝低价又有设计感的产品呢？这样低的价格，就是通过与周边数百家工厂的紧密合作实现的。

2. 供应链的响应速度

在希音官网上，上新量按周计，这周全品类上新量高达 29 210 款。这种快速上新策略，离不开希音对其供应链的整合。目前，希音已经形成自己的全流程供应链体系，包括面料开发、样衣开发、大货生产、品质管理、仓储管理和物流配送。同时，希音对广州多家服装供应商有严格的要求：要求设计样品转给供应商之后，订单量一般在 100～500 件，供应商最快在七天内完成，对比 ZARA 的 3～4 周，希音算是碾压级选手。在产品质量上，希音会按照交货时间和残次品概率对供应商进行评估，排名靠后的供应商会被直接淘汰，而占据前排的供应商则会有诸如投资的奖励。这样的“合作—评估—淘汰/奖励”模式，是希音的合作规模能不断扩大，同时又不被劣质合作商拖累的重要原因。

3. 商业化推广模式

希音入驻 TikTok、Pinterest、Instagram、Facebook 等平台，同时也做广告投放。但不同于其他品牌的是，希音在网红社交上不使用 KOL（Key Opinion Leaders，主要意见领袖），而是选择了 KOC（Key Opinion Consumers，主要意见消费者）。一位来自南卡罗来纳大学的 22 岁女孩 Laura 告诉路透社的记者：她拥有 36 000 名大学生粉丝，如果她把自己在希音买的东西发布到个人账号，希音每个月将给她六件商品的免费额度。据悉 KOC 在各大社交媒体上发帖，每月还可以获得免费产品配送或推广佣金。

总之，创立于中国南京的希音公司成功的最大秘诀可以归纳为“合作”。不像亚马逊公司一贯坚持的竞争取向，希音公司并不追求打压竞争对手，而是在价格、供应链、商业推广等各个方面都追求尽量与更多的公司或个人合作，这正是中国人的合作取向在美国取得成功的榜样。

文化沟通

在低价跨境电商风口的竞争中，希音公司充分利用了中国文化合作取向的优势，在美国寻求多方合作，取得了亮眼的成绩。希音选择了比较有针对性的单一品类（时尚女装）自营，专门针对这一品类顾客的消费需求，提供了低价能享受的最愉悦的购物体验。国内电商应该向希音学习的还是出海之前要充分做好调研、尽量拓展合作渠道，巩固高效互利的合作关系，筛选清退劣质的合作伙伴，这样才能在电商崛起的大潮中立于不败之地。

3 Praising Japanese in Public Workplaces
在工作场所当众表扬日本人

琼斯先生（美国经理）当众表扬苏奇木柘（日本员工）工作做得很棒，本以为苏奇木柘会高兴地接受，却不料……

案例

Case description:

American: Mr. Sugimoto, I have noticed that you are doing an excellent job on the assembly line. I hope that the other workers notice how it should be done.

Japanese: (*He is uneasy*). Praise is not necessary. I am only doing my job.(*He hopes other Japanese workers do not hear.*)

American: You are the finest, most excellent and dedicated worker we have ever had at the Jones Corporation.

Japanese: (*He blushes and nods his head several times, and keeps working.*)

American: Well, are you going to say "thank you", Mr. Sugimoto, or just remain silent?

Japanese: Excuse me, Mr. Jones... May I take a leave for five minutes?

American: Sure.(*He is annoyed and watches Sugimoto exit.*) I can't believe how rude some Japanese workers are. They seem to be disturbed by praise and don't answer you... just silent.

（***Source:*** 徐宪光. Business Communication（商务沟通）[M]. 北京：外语教学与研究出版社，2001.）

Case in Chinese:

美国人：苏奇木柘先生，我发现你工作干得很出色，希望其他员工能知道你是怎么做到的。

日本人：（*有些不安。*）表扬就不必了，我只是做了自己该做的而已。（*他真希望其他同事没有听到他们的对话。*）

美国人：你是我们公司所见到的最优秀、最杰出、最勤奋的员工。

日本人：（*他脸红了，不住地点头，仍然埋头工作。*）

美国人：苏奇木柘先生，你是该说"谢谢"呢，还是只保持沉默？

日本人：对不起，约翰先生，我可以离开五分钟吗？

美国人：当然可以。（*他有点不悦地看着苏奇木柘走出去。*）真不明白有些日本人怎么这么没礼貌，你表扬他们，他们好像会很不安，也不回答你，只是静静地听着。

讨论

Questions for discussion:

1. Why was the conversation between Mr. Jones and Mr. Sugimoto not so pleasant?
2. If you were Mr. Sugimoto, would you accept praise from Mr. Jones in public workplaces?
3. If you were Mr. Jones, how would you deal with the situation more appropriately?

分析

矛盾冲突

从对话中可以看出，琼斯先生认为在其他工人面前表扬苏奇木柘先生是对他工作的肯定，也是对他个人的认可，苏奇木柘先生应该高兴地接受，不必遮遮掩掩不好意思，更不应该一句话不说就走了。但琼斯先生只是从美国强调个人的概念出发，却不熟悉日本人是如何看待个人和集体的关系，不知道如何向日本同事表示欣赏和赞扬，结果适得其反。琼斯先生和苏奇木柘先生交流失败的原因主要在于对双方的文化了解不深，特别是双方对个人与集体关系的看法不同。

原因分析

在霍夫斯特的“个体取向与集体取向”53个国家和地区的列表中，个体取向方面美国排在第一位，而日本排在第22位，这就意味着美国是非常强调个人主义的国家，而日本更注重的是集体。美国人鼓励个人创新，提倡竞争，个人会因业绩优异而受到上司表扬，这是一种典型的美国式做法。特别是如果在同事面前受到表扬，个人会觉得很自豪，因为成绩得到了上级的认可，同时也在同事中间表现了自己，实现了自我价值。在美国，受到表扬的人往往会说“谢谢”以作回答。所以，案例中的琼斯先生认为苏奇木柘先生也应该以这样的方式接受表扬。出乎他意料的是，那位受到表扬的日本工人对他的表扬感到不安，没把表扬当回事。美国经理接着用更肯定的语气继续表扬他，如用英语中的最高级形容词“最优秀的”“最杰出的”“最勤奋的”等。使他更吃惊的是：他的这番赞扬之词使那位日本工人更显尴尬，脸一下红了起来，只是埋头干活，不再言语，仅仅点了两下头。对于这样的回避或拒绝表扬，美国经理实在是无法理解，也无法忍受这种沉默不语，于是直截了当地向他发问道：“你打算说声谢谢呢，还是要选择继续保持沉默呢？”责备他“没礼貌”。他所不知的是，日本是典型的集体主义国度，在日本个人要忠实于集体，集体内部的成员要团结一致，不倾向于突出个人业绩，而是强调集体协作。所以当苏奇木柘先生在同事面前受到表扬时，他非常地局促不安，只是低头干自己的事情，甚至要求离开五分钟，没有正面给琼斯先生任何答复，因为他觉得这样把他和所属的集体分离开了，使他在同事面前失去了面子。另一方面，美国经理由于对日本文化特点的无知，公开表扬不仅把那位日本工人逼得无言以答，而且会失去其他日本工人对他的尊敬。

从对话中也可以看出苏奇木柘先生不接受当众表扬，却只是保持沉默，甚至要走开，没有把他的不满当众表达出来。这样的行为使得琼斯先生认为日本员工不礼貌。这一交际失败和日美两国交流方式不同有很大关系。根据霍尔（Hall）的“高语境”和“低语境”理论，日本是典型的“高语境”国家，交流方式含蓄委婉，不会轻易在众人面前表达不满，会更多地依赖于非言语交流，如苏奇木柘先生不作回答保持沉默，只是干自己的工作，以此表示对当众表扬的不满。而美国属于“低语境”国家，习惯直接的语言交流方式，当苏奇木柘先生显得不安时，琼斯先生却说“你打算说谢谢呢，还是要选择沉默？”当苏奇木柘先生要求离开时，琼斯先生认为没有任何回答就离开是不礼貌的。

➡ 文化沟通

双方应该对彼此的文化有所了解，应该清楚两种文化对个人的不同看法和不同的交流方式，不要总是从自己的出发点看问题。琼斯先生应该知道最好不要当众表扬某个日本人，而是应该私下单独表扬，或者公开表扬某个集体或团队；要清楚日本人的交流方式比较委婉间接，为了集体的和谐他们通常不会在公开场合表示不满。而苏奇木柘先生也应该了解美国对个人的重视，公开表扬个人是对他能力的认可；美国人更喜欢直接的语言交流，有什么想法要说出来，而不是保持沉默或是回避。

4 Pay-by-Performance in Italy
意大利推行按绩取酬

约翰逊在意大利推行新的按绩取酬的激励机制，第一季度效果喜人，而第二季度业绩却一落千丈……

案例

Case description:

Mr. Johnson finally managed to compromise on the representation issue by allowing each national office to send up to three people, if they wished, but no more. This decision had not been voted on. Everyone had agreed. Now he could start to tackle the introduction of pay-by-performance, bonuses and merit pay for next year.

He started, as usual, with an overview of the situation in the USA. It had been three years since the system was first introduced. In general, he explained, they could detect a link between the use of this system and computer sales, although it had to be mentioned that a similar system had failed miserably in the manufacturing department. It was a different type of achievement-based revised system."In summary," Johnson said, "we are strongly convinced that we need to introduce this system worldwide."

The northwest European representatives voiced their carefully considered but positive comments. Then the Italian representative, Mr. Gialli, began describing his experience with the system. In his country, the pay-for-performance experiment did much better than he had expected during the first three months. But the following three months were disastrous. Sales were dramatically lower for the salesperson who had performed the best during the previous period. "After many discussions," he continued, "I finally discovered what was happening. The salesperson who received the bonus for the previous period felt guilty in front of the others and tried extremely hard the next quarter not to earn a bonus."

The Italian manager concluded that for the next year of this experiment, the Italian market should be divided into nine regions. All sales representatives within one region should be allowed to allocate the bonus earned in their region either to individual performers or to share it equally. The blunt Dutch manager's reaction was: "I have never heard such a crazy idea."

(***Source:*** J. W. Mann. *Johannesburg* [M]. Witwatersrand University Press, 1965.)

Case in Chinese:

约翰逊先生最后决定每个国外代表处最多只能派出三个代表。这一决定成功解决了代表权问题。虽然没有进行投票，但这一决定得到了所有人的同意。现在他的任务是在接下来的一年里引进按绩取酬和奖励的激励机制。

与往常的做法一样，他从介绍按绩取酬激励机制在美国公司的执行情况开始入手。美国公司三年前引进了按绩取酬激励机制。他解释说，虽然不能不提到相似的体制在生产部惨遭彻底失败，但总体上来讲，他们观察到这一体制能促进电脑销售的增长。这是一种经过改进了的按绩取酬的激励体制。"总之，"约翰逊表示说，"我们强烈认为应该把这一体制推广到其他国家的代表处。"

西北欧代表对这一提议提出了谨慎但肯定的意见。然后，意大利代表加里先生开始描述这一体制在意大利的推行情况。在意大利，这一体制在头三个月的效果大大超出了他的意料。但是接下来的三个月，业绩急剧下降。在前一阶段业绩最好的销售员的销售额迅速下滑。他说，"经过多次讨论，我最后找到了原因。拿到奖金的销售员在其他销售员面前感到内疚，所以在下个季度里极力减少自己的业绩，避免拿到奖金。"

意大利区经理最后建议，下一年应该把意大利市场分成九个区域，按照区域颁发奖金，并把自主权下放给区域内的全体销售代表，由他们决定是平分奖金还是按业绩分发奖金。坦率的荷兰代表说："我从来没听到过这样不可思议的建议。"

讨论

Questions for discussion:

1. Why does the new salary system fail in Italy?
2. What kind of salary system do you think should be applied in Italy?
3. What do you think of the difference between Italian and American culture?

分析

➡ 矛盾冲突

从案例中可以看出约翰逊认为按绩取酬在世界各国都是有效的激励机制，这种制度将会提高员工工作的积极性和公司的销售业绩。但约翰逊的这种看法是从美国这个典型的个人主义国家的情况出发的。他不清楚世界上还有很多像意大利这样注重集体主义的国家，在那里按绩取酬这种造成员工间薪酬不平等的做法是不受欢迎的。约翰逊新的薪酬制度在意大利失败的原因是他对意大利文化缺乏足够的了解，尤其是在个人主义和集体主义方面。

➡ 原因分析

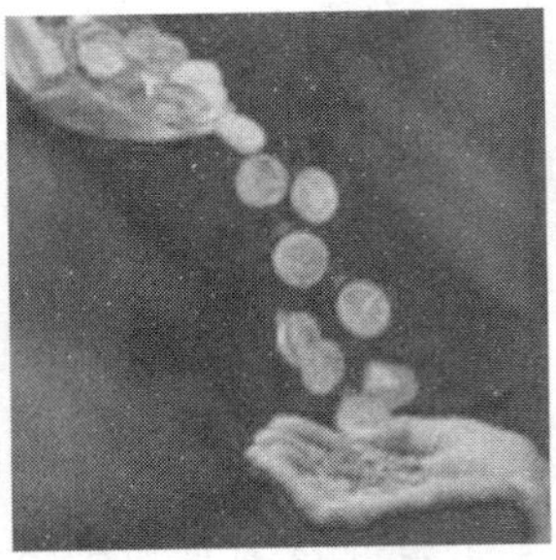

按绩取酬作为一种新型的管理理论和激励机制在美国获得了巨大的成功，并被众多美国公司相继采用，有效地提高了员工工作的积极性，提升了公司的业绩，被普遍认为是一种先进的管理思想。然而任何理论都有其适用范围和应用的先决条件，管理学作为一门社会科学，更需要注意理论产生和应用的条件和环境。认为一种管理思想在一国取得成功，便可放之四海而皆准并取得相同的效果是幼稚和无知的。本案例中按绩取酬在意大利应用的失败正是忽视了该理论所要求的文化环境和价值观。可以说，正是意美文化的差异造成了新的按绩取酬制度的失败。在霍夫斯特的“个体取向与集体取向”53 个国家和地区的列表中，个体取向方面美国排在第一位，而意大利排在第七位，这也就是说美国是非常强调个人主义的国家，而意大利相对来说更强调集体主义。在像美国这样的个人主义国家里人们鼓励竞争而不是合作，强调个人的努力和成就。个人的财富被当作成功的体现，会得到人们的尊重。而在意大利这种相对重视集体主义的国家，人们非常注重家庭和社会关系，对集体有情感上的依附。人们需要集体的照看，并因此忠于集体。这种文化强调人与人之间的和谐、合作、互惠互利。案例中，当按绩取酬的制度在意大利实施后，虽然在头三个月取得了比预想要好的业绩，但在接下来的三个月却遭受了很大的损失。那些拿到奖金的销售员在同事面前感到内疚，以致在下一个季度里尽力避免拿到奖金。他们感到内疚是因为其所在的文化强调集体的协作而不是个人的业绩，他们自己拿到奖金会显得其他同事无能，并拉开了与其他同事的距离，造成了与其他同事之间的不平等，破坏了团队的团结和同事之间和谐的关系，如果继续拿奖金就会被同事们孤立起来。

➡ 文化沟通

一个国家在推行新的管理制度前，首先应对该管理制度要求的环境有基本的了解，其次还要了解应用国的文化价值观，只有在对人们对新制度的反应有了准确预测后才可以推行。本案例的失败正是由于对理论认识不够深刻，且没有调查应用国的文化价值观。按绩取酬在美国是有效的员工激励手段，而在意大利则适得其反。在意大利，约翰逊应该批准加里关于采取更加灵活的奖励制度的建议：让销售员们自行决定是个人领取奖金还是由集体来平均分享奖金。只有结合制度的合理性和当地的具体情况才能有效地达到目的。

5 Should the Culprit Be Punished? 肇事者该受罚吗？

如今，很多跨国公司都采用团队式管理模式。团队精神已经成为一个时髦的名词。但是，不同的文化对团队有不同的理解。杰恩管理一家美国企业在日本的分公司。由于一个工人的失误，产品组装过程被严重耽误，但整个小组主动承担起了责任，这令杰恩非常困惑。

案例

Case description:

Jean Safari was investigating a serious error made by a Japanese worker at the Japanese subsidiary of a US multinational. A component had been inserted upside down and the entire batch had been pulled out of production to be reworked. The cost of this was high.

Jean asked the Japanese plant director about which employee had made the error. Had she been identified? What action was being taken against her? She was amazed when the director claimed not to know. "The whole work group has accepted responsibility," he told her. "As to the specific woman responsible, they have not told me, nor did I ask. Even the floor supervisor does not know and if he did, he would not tell me either."

But if everyone is responsible then in effect no one is, Jean argued. They are simply protecting each other's bad work.

"This is not how we see it." The plant manager was polite but firm. "I understand the woman concerned was so upset when she went home. She tried to resign. Two of her co-workers had to coax her back again. The group knows that she is new and that they did not help her enough, or look out for her or see that she was properly trained. This is why the whole group has apologized. I have their letter here. They are willing to apologize to you publicly."

"No, no. I don't want that," said Jean. "I want to stop it happening again..." she wondered what she should do.

(***Source:*** Trompenaars, Fons & Charles Hampden-Turner. Riding the Waves of Culture[M]. 2nd Ed. New York: McGraw-Hill, 1998.)

Case in Chinese:

杰恩·萨弗里被美国公司总部派到日本子公司调查一位日本员工所犯的严重失误。一个部件被插倒了，导致整批产品都得回炉重做，所造成的损失重大。

杰恩问日本工厂主管有没有查出是哪位员工造成的失误，有没有对她采取任何措施？当那位主管告诉她说不知道时，杰恩很吃惊。“整个工作组已经接受了事故责任，”他说，“至于那个肇事的员工，他们没有告诉我，我也没有问他们。车间监工对此也毫无所知，即使他知道，他也不会告诉我。”

但如果每个人都有责任，那实际上是谁也不负责任。他们简直是互相包庇。这让杰恩很气愤。

“我们可不这样认为，”工厂经理礼貌而又坚定地说，“我知道那个犯了错误的员工回去的时候非常沮丧。她试图辞职。她的两个同事极力挽留了她。工作组知道她是新来的员工，他们没有给她足够的帮助，也没有关心她或关注她是否得到适当的培训。所以整个工作组都道歉了。他们的致歉信还在这里。他们也愿意公开向您道歉。”

“不，不，那不是我想要的，”杰恩说。“我是想阻止此类的事件再次发生……”她在想她该怎么做。

杰恩应该坚持调查出是谁犯的过失吗？犯过失的人应该得到惩罚吗？

讨论

Questions for discussion:

1. Should Jean insist on identifying the woman who made the error?
2. Should the woman be punished and leave the work group?
3. What do you think is the best solution to Jean's dilemma?

分析

➡ 矛盾冲突

美国管理者和日本员工对团队和集体的不同理解导致了彼此的不理解，归根结底是东西方文化在团队问题上不同的侧重点成了矛盾的焦点。

➡ 原因分析

这个案例充分展现了拥有不同价值观的东西方人在个人和集体问题上的分歧。在个人主义社会，员工被视作“经济人”，他们只是为了自己的利益工作；而在集体主义文化中，员工属于公司的一部分，他们应维护公司的利益。因此，两种文化对团队和责任有着不同的理解。

在美国文化中，人们都是独立的个体，他们应该照顾好自己的利益，没有必要为了别人牺牲自己的利益。人们更强调竞争而不是合作，个人目标先于集体目标。他们认为权利和义务是并存的，因此，公司多采用奖惩制度管理员工。工作出色就会受到奖励，工作失误就要受到惩罚，这是比较有效的激励机制。由此可见，美国的团队是任务导向型的。

在日本这样典型的集体主义国家，团队与组织之间的关系不同于美国。虽然也有较强的自主性，但团队本身自愿终身依附于组织，而组织也有将其视为自己保护和照顾对象的强烈倾向。因此，团队和组织之间有类似“亲子”的关系。团队是为了保护成员的利益和权利而存在的。当其中的某个人犯错时，整个团队要承担起责任。

在集体主义文化中，人们把内群体（ingroup）和外群体（outgroup）划上清楚的界线。在人际交往时，他们的态度往往内外有别。对待内群体，他们强调内部和谐，与群体的其他成员保持良好的关系，彼此相互信任，乐于为他们提供帮助。而对待外群体，他们的态度要相对疏远，外来人很难融入他们的内群体中，取得他们的信任。对于日本员工来说，那个造成失误的女工是他们中的一员，她的困难就是大家的困难，他们有责任帮助她，愿意为她的失误承担责任，希望能通过和平的方式在内部解决这个问题。为了保护她不受责罚，他们选择保持沉默，并愿意集体公开道歉。而杰恩对他们来说是外人，不属于他们的内群体，很难通过取得他们的信任了解事情的真相。另一方面，作为员工和杰恩之间的协调人，工厂经理既不愿意追查谁是肇事者，也不想与上司发生冲突。

在日本，面子是一个很敏感的问题。大家都知道那个女工会因犯了错误而非常难过。为了照顾她的面子，他们不会把这件事公开。而对于美国人来说，承认自己所犯的错误是理所当然的，并不是什么丢脸的事情，每个有责任感的人都应该这么做。所以就这一点而言，杰恩也不能接受他们处理问题的方式。

➡ 文化沟通

要想避免类似的冲突和误解，双方都需要去试着了解对方的文化，了解对方的思维方式和看问题的角度。杰恩应该与日本同事多做沟通，了解他们的管理之道。日本商业的成功与其独特的管理方式是分不开的。她应该尊重日本的管理习惯，学会宽容日本员工的沉默，避免与他们发生直接冲突。在了解日本文化之后杰恩就会知道，其实他们并不是想使犯错者免受惩罚，而只是想公平地对待，避免她受到太大的伤害。而日本员工也要理解杰恩的个人负责制的思想并加强和杰恩的交流，消除误解，共同解决问题。

6 Participation or Order-Taking?

参与还是服从？

一个希腊人夜以继日工作了十五天，却还是没有按照他和美国老板的约定完成报告，最后他提交了辞呈。是他的工作能力有问题，还是美国老板的要求过高呢？

案例

Case description:

Verbal Conversation	***What Each Is Really Thinking***
American: How long will it take you to finish this report?	I asked him to participate.
Greek:	His behavior makes no sense. He is the boss. Why doesn't he tell me?
Greek: I don't know. How long should it take?	I asked him for an order.
American:	He refuses to take responsibility.
American: You are in the best position to analyze time requirements.	I press him to take responsibility for his own actions.
Greek:	What nonsense! I'd better give him an answer.
Greek: Ten days.	
American:	He lacks the ability to estimate time; this time is totally inadequate.
American: Take fifteen. Is it agreed you will do it in fifteen days?	I offer a contract.
Greek:	These are your orders: fifteen days.
In fact, the report needed thirty days of regular work. So the Greek worked day and night, but at the end of the fifteenth day, he still needed one more day's work.	
American: Where is the report?	I am making sure he fulfills his contract.
Greek:	He is asking for the report.
Greek: It will be ready tomorrow.	
Both silently acknowledge that the report is not ready.	
American: But we had agreed it would be ready today.	I must teach him to fulfill a contract.
Greek:	The stupid, incompetent boss! Not only did he give me wrong orders, but he does not even appreciate that I did a thirty-day job in sixteen days.
The Greek hands in his resignation. The American is surprised.	
Greek:	I can't work for such a man.

Case in Chinese:

对 话	真实想法
美国人：你什么时候能完成这份报告？	我在要求他的参与。
希腊人：	他为什么问这种问题？他是老板，他应该告诉我需要多长时间。
希腊人：我不清楚。应该用多长时间？	我在问他的要求。
美国人：	他拒绝承担责任。
美国人：这一问题应该由你来回答。	我敦促他承担自己的责任。
希腊人：	真是没道理！我最好给他个答案吧。
希腊人：十天	
美国人：	他真没有时间预测能力，十天根本不够。
美国人：十五天。你认为你十五天内能完成吗？	我给他一个协议的机会吧。
希腊人：	这是他给我的命令：十五天。
实际上，按照日常工作量，这份报告需要三十天。尽管希腊人夜以继日地工作，到第十五天的时候，他还需要一天才能完成报告。	
美国人：报告在哪？	我确认一下他是否履行了协议。
希腊人：	他在问我要报告。
希腊人：明天就完成了。	
知道报告没有完成，双方都沉默了。	
美国人：但是你答应说今天会完成的。	我必须要让他懂得要说到做到。
希腊人：	这个老板真是又愚蠢又无能。不仅给我错的命令，而且我在十六天做了三十天的工作，他竟然不理解。
希腊人递交了辞呈，美国人很惊讶。	
希腊人：	我受不了给这样的人做事。

讨论

Questions for discussion:

1. Why did the American ask the participation of the Greek?
2. What is more important to the American, the report or the contract between him and the Greek?
3. Do you think there is a better way to handle the problem? Do you favor participation or taking the order?

分析

矛盾冲突

在上述案例中，美国人鼓励希腊人参与工作决策，而希腊人则认为作为老板的美国人不愿承担责任。虽然希腊人说报告需要十天，但双方都知道报告需要三十天的工作量。美国人给了希腊人一个重新考虑的机会，希腊人却同意十五天之内完成报告。十五天过去后，报告没有完成。美国人责怪希腊人不遵守协议，而希腊人却认为自己十五天做了三十天的活，美国老板却不理解。由此可见，美国人认为双方是合作关系，而希腊人则认为双方是上下级关系。双方对权力结构定义的差异导致了双方的分歧。

原因分析

美国人和希腊人对权力结构定义的差异来源于他们不同的民族文化。霍夫斯特在《文化的重要性》（*Cultural Consequences*）一书中提到了四个文化维度，其中一个是权力距离（Power Distance）。权力距离较大的文化认为权力差距是社会生活固有的一部分，上级和下级的地位是不同的。上级制定决策，下达命令，监督下级的执行。而权力距离较小的文化则认为权力只不过是为了提高社会效率而设立的不同社会角色，上下级之间是平等的关系。上级往往咨询下级的意见，寻求下级的支持与合作。根据霍夫斯特的调查研究，在 53 个国家中，权力距离方面希腊排在第 27 位，而美国排在第 38 位，也就是说希腊文化的权力距离比美国文化的权力距离要大。这是因为美国是个很年轻的国家，两百年前欧洲殖民者来到美国这块荒凉而广袤的大陆时，他们必须相互合作帮助才能在恶劣的环境下生存。在拓荒时期，人们只要依靠自己的努力就可成功，没有社会等级制度的束缚，造成美国社会等级之间流动性比较大，等级差距不是很明显，因而人们的等级观念也比较弱。而希腊是欧洲文化的起源，有着悠久的历史和灿烂的文化，历史对当前希腊社会的影响也比较大，长期的历史形成了相对稳定的社会结构，人们接受人与人之间的不平等，并认为人们的行为应当与他们的地位相符，地位高的人发布命令，地位低的人服从命令。因此，在工作中，希腊人习惯于接受命令，而美国人倾向于鼓励下级参与。

案例中，美国人和希腊人是上下级关系。美国人认为双方是单独的平等个体，因此他采取了双方合作的态度，征求希腊人的意见，并希望希腊人能够遵守承诺。但是希腊人认为他只是下级，他的职责只是接受命令，决策的正确与否与他一点关系没有。美国人希望希腊人通过这件事能明白参与的重要性，而希腊人则认为美国人决策失误，却推诿责任到下级身上。

文化沟通

随着经济全球化的发展，公司员工的文化背景日益多元化。怎样充分利用文化背景多元化的优势为公司服务而避免文化冲突所带来的劣势，成为每个跨国公司面临的一个重要问题。

首先要明确公司的规章制度，建立企业文化。制度在任何社会组织都起到第一位的保障作用。明确的制度使公司的日常运转有所依据。其次，强势的企业文化能为员工的行为，尤其是在日常行为准则方面提供导向，减少文化差异所带来的困惑。

在倡导公司文化的同时，要尊重员工的民族文化。允许来自不同文化背景的员工组织文化活动，促进不同文化之间的交流，并从不同文化中汲取对公司运作有益的方面。

针对这一具体案例，美国老板应该和希腊员工进行商谈，明确双方工作中出现的矛盾是因文化差异而引起的，希望双方能继续合作。为了增进企业中来自不同文化的人的了解，企业可以聘请跨文化方面的专家作为顾问，或让员工参加跨文化交际方面的培训，了解他人所处的文化和思维方式。企业还应在工作时间以外多组织一些集体活动或者联谊活动，使员工在这些活动中相互了解，增进友谊，消除隔阂。企业还可以安排员工一起进餐，并提供充足的休息时间，使员工在休息之余相互沟通了解，拓宽沟通的渠道。总而言之，要使员工之间、上下级之间沟通的渠道多样化，而不只是在分配任务和汇报结果时才联系。创造企业里和谐的人际关系是成功管理的要素之一。因为企业不仅要招聘员工，更要留住员工、激励员工，这样企业才能更好地运营。

7　Tampax's Failure in China
丹碧丝在中国的失败

产品技术领先，再加上公司实力雄厚，这些似乎都预示着这款产品即将成为国际市场上的宠儿，受到人们的大力追捧。但事实表明，要想在另一种文化特质的市场中取得成功往往并不一帆风顺。有时你自以为精准有效的营销策略在别国市场上对你的产品竟没有多大帮助。在这一点上，许多经验丰富的国际企业给我们带来的教训宝贵而深刻。

案例

Case description:

Product equipped with cutting edge technology failed.(Johnson & Johnson Co. and Tambrands Company)

Although "there are good-quality tampons in the market, only three percent women in Hong Kong use this product, which was introduced in 1946. But in many Western countries the consumption volume of tampon is almost the same as that of sanitary towel (ST)." This data came from a summary of a market research article in *Health Care Market Journal*, Sep.1996.

Companies, who want to take Hong Kong as a springboard to enter the broader Chinese market, were deeply confused by the vast unpopularity of tampons in Hong Kong. Among them there were two companies: Johnson & Johnson (J&J) and Tambrands, who already built plants in China in the middle of 1990s and hoped to dominate the women, sanitary product market.

From a few years after World War Ⅱ until the 1960s, Hong Kong women's demand for sanitary products were satisfied by cloth sanitary towel or toilet paper as well as unknown brands produced locally or in the Chinese mainland. These sanitary towels were wrapped in white or brown papers or newspapers, so the only way to compare the product was to rip the packing after purchase and compare it with other products.

At the same time research indicated that there was a very promising market for women sanitary products. And brands of women's sanitary product had been put onto market since the middle of 1960s in Hong Kong. There appeared a larger variety of products.

J&J and Tambrands were battling in the tampon market of Hong Kong. Both companies had years of domestic and international experience. Before entering Hong Kong market, research conducted by sanitary towel manufacturer held that the list of priorities of consumers in Hong Kong when choosing this kind of product were: first the security, then comfort, and sanitation.

Both J&J and Tambrands were very satisfied with their products. They thought that their products could provide many advantages to potential customers compared with traditional sanitary towel. Tampon is more comfortable than sanitary towel—people don't feel it when using it; tampon is much easier to carry and to deal with; it is also more biodegradable than sanitary towel.

In spite of all these advantages, tampon had never taken much market share in Hong Kong. J&J and Tambrands spent millions of dollars on advertising and on education campaign to adolescent girls by trained nurses. In 1981 the market share of tampon reached its peak: 3.2% in the market and dropped to 2% when I write this book.

Tampax's Fleeting Journey in Chinese Mainland

In the year of 1989 Tambrands Company launched Taxpax tampon in China. Its advertisement, featuring a girl who swam during a period, enjoyed great popularity. But it turned out to be a joke. Most people didn't know what was Tampax. In 1997 P&G acquired Tambrands. In 1999 new Tampax entered Nanjing in China.

...

To decide whether to continue the promotion of the product or not, P&G conducted an experiment sale of the product in the market of Nanjing at the beginning of 2000. Considering the market situation, P&G finally gave up the promotion of Tampax in China. (***Source:*** 迈克尔·D·怀特. 国际营销错误案例——公司原本不应该犯的错误[M]. 董俊英，译. 北京：经济科学出版社，2003.)

Case in Chinese:

尽管“市场上有着质量非常好的卫生棉条，但香港只有 3%的妇女使用这种产品（该产品是 1946 年引进香港的）。可在很多发达国家，卫生棉条的消费量几乎和卫生巾差不多”。该数据摘自《保健市场报》1996 年 9 月刊中一篇市场调查概要。

那些希望将香港作为进入中国大陆市场跳板的各大公司对卫生棉条在香港不受欢迎这一情况深感迷惑。其中有两家公司就是美国强生和坦姆布兰兹，这两家公司在 20 世纪 90 年代中期就在内地设厂了，它们希望占领中国妇女卫生用品市场。

二战后的几年里，直至 20 世纪 60 年代，香港妇女对妇女卫生用品的需求主要由本地或国内生产的布卫生巾或卫生纸来满足，另外还有不知名的杂牌产品。由于这些卫生巾外层包着白色、棕色的纸或报纸，比较产品质量的唯一方式就是盲目购买产品后撕去包装，与其他产品进行比较。

同时，研究显示妇女卫生用品有着很大的市场潜力。20 世纪 60 年代中期，品牌妇女卫生用品开始在香港市场销售，品种也更多了。

强生和坦姆布兰兹在香港争夺着卫生棉条的市场份额。两家公司都有着多年的国内和国际经验。在各公司进入香港市场前，由卫生巾厂商所做的研究认为，该地妇女卫生用品的消费者最重视的产品价值首先为安全，其次是舒适，然后是卫生。

强生和坦姆布兰兹对自己的产品感到十分满意，都认为自己的卫生棉条在技术上优于卫生巾而可以给潜在的客户带来诸多好处。两家公司都认为卫生棉条比卫生巾舒服——使用卫生棉条的时候没有内塞棉条的感觉；卫生棉条更易携带和处理；此外，卫生棉条的生物降解能力也优于卫生巾。

尽管好处多多，但在香港卫生棉条从来就没有占据过较大的市场份额——尽管强生和坦姆布兰兹都耗资数百万用于广告宣传和由培训过的护士对青春期女孩进行广泛教育。1981 年，卫生棉条市场份额达到了顶峰，占市场的 3.2%；到 1996 年该文撰稿时，该市场份额下降到 2%。

丹碧丝在中国的短暂旅程

1989年，坦姆布兰兹公司将丹碧丝卫生棉条推入中国市场。丹碧丝·游泳篇的广告影响巨大，可惜的是，这个广告最终成为一个笑话，因为很大一部分人并不知道这个品牌代表女性月经期用棉条。

1997年，宝洁公司全球性收购坦姆布兰兹，当然也包括丹碧丝品牌；1999年，全新丹碧丝卫生棉条进入中国南京市场。

……

为确定是否坚持该品牌，宝洁公司在2000年初在南京进行市场营销测试。

纵观整个市场的竞争态势，宝洁公司最终放弃丹碧丝在中国内地的市场推广。

讨论

Questions for discussion:

1. Many high-quality products with international brands succeeded in China. Why did Tampax fail?
2. Why did Tampax succeed in Western countries but fail in China?
3. In order to achieve success in China, what kind of measures should Tambrands take?

分析

➡ 矛盾冲突

在仔细审视案例后，我们将会发现还有一些文化因素的影响。中国的集体主义文化和高权力距离文化倾向的结合，导致了丹碧丝这样一款产品在中国市场的营销失败。

➡ 原因分析

在分析此案例前，笔者曾向十多位女士咨询，问他们是否知道丹碧丝这种产品。而她们无一例外地都回答说根本不知道。对于这样一款国际企业所拥有的世界知名产品来说，其在中国的遭遇用惨败来形容都不为过。下面的分析将有助于了解丹碧丝在中国失败的原因。

首先必须指出的是，在中国，女性卫生问题不适宜在公共场合被讨论。尽管中国社会，包括香港，在改革开放之后更为开明和宽容。但这个问题仍然是一个非常私人的话题。这一习俗使得那些国际公司在中国对丹碧丝公开及高调营销宣传的效果大打折扣。

因为这个问题不适宜公开讨论以及中国人的集体主义文化倾向，对于这款产品，“圈内人”，包括母亲、成年女性亲属及亲密朋友，往往是信息的主要提供者。在中国市场上，这些人对于女性在选择卫生用品时，发挥着巨大的影响和作用。特别是母亲对于她们青春期的女儿来说，在购买这样的产品时往往能决定她们的购买选择。这样，母亲就成了这款产品极其重要的意见领导者。而她们的亲身传播，其影响也注定大于传播媒介的影响。

青春期女孩及年轻女性在家庭里对母亲和年长女性亲属一般有着较强的依靠性。对于女孩来讲，在购买卫生用品时，母亲往往是最有说服力的和最经常的意见引导者。对年轻女性来讲，母亲、年长女性亲属以及女性亲密朋友是她们所信任的信息来源。这是一个极其封闭的信息系统。它一方面当然能保证对她们所购买的卫生产品的信任以及产品的安全。但另一方面也导致了第三方（即非圈内人）信息的进入困难，而且最终延缓甚至阻碍了对新的类似产品的接受。从案例中我们也可以看到，香港自二战后的十多年里，女性们使用的一直是国内生产的卫生巾或卫生纸。而在那期间，香港经济飞速发展，人们的经济条件也大为改善，丹碧丝从价格上讲对人们来说早已不是问题。但是因为母亲及年长女性亲属这些有影响力的意见引导者没有使用过卫生棉条，所以也就很难期望她们向她们的女儿以及其他年轻女性亲属推荐这样的产品。

在西方国家，母亲和年长女性也是这类产品的意见引导者。但是她们对于年轻女性没有像在中国那样大的影响力。而且，对于中国的母亲和成年女性亲属来说，她们不只是在女性卫生用品上，在其他许多方面，都是年轻女性的意见引导者。而这些与中国的高权力距离文化倾向是密切相关的。

权力距离文化价值能够影响人们之间的相互依赖程度。在高权力距离文化里，一些人对另一些人的依赖以及信赖往往在后者心中产生一种人们需要他们并视他们为理想的观念，强化他们在等级关系中的优势者地位。在高权力距离文化里，人们往往发现父母与子女之间、老板与雇员之间以及教授与学生之间都存在较强的依赖关系。而在低权力距离文化里，人们被视作是平等的。孩子从小就被教育要独立。人们总是会试图避免依赖他人，他们也不希望别人对他们十分依赖。

在高权力距离文化里，意见引导者的影响作用更为重大。而本案例就表明，在中国这样一个高权力距离的文化里，人们对意见引导者的强烈依赖会影响人们尝试新产品的主动性，从而也导致了新产品在这样的文化里的引进失败。

在案例中，强生公司和坦姆布兰兹公司“花费了数百万美元用来做广告和由护士们对青春期女孩的教育项目”。这两项措施在西方社会里取得了很好的效果。因为西方社会多数为个人主义文化，人们更关注个人，他们往往想方设法满足个人需求。在产品的选择上面，包括选择卫生棉条，他们可以很容易地信任从第三方广告与媒介中得到信息，以做出购买决定。再加上西方文化普遍的低权力距离文化倾向，当然也包括女性们对那些所谓的“权威者”依赖程度很弱，因而女性在选择购买卫生用品时也就更具积极主动性，也能更为独立地去尝试各种能满足她们需要的新产品。

文化沟通

根据上述分析我们可以看出，由于中国的集体主义和高权力距离文化倾向，母亲、年长女性亲属以及密友比起广告和护士的教育项目来说，更为人们（即这款产品的目标客户）所信赖。而西方公司无视中国文化的特色和习俗，对这样的产品大张旗鼓的宣传并求助于并不十分有效的信息传播渠道，最后导致了这款新产品在引进中国时的彻底失败。

8 Why Did Peruvian Workers Quit?
为什么秘鲁工人离职呢？

提起秘鲁，人们会想到金鸡纳树，会想到印加文明，甚至也会联想起秘鲁总统藤森的名字。作为拉美文化的一支，秘鲁文化也与拉美文化密不可分。在接下来这个案例里，美国经理在秘鲁子公司推行的民主管理方式发生了“水土不服”，产生了适得其反的效果。到底是什么原因呢？

案例

Case description:

An American, as a production manager, is working in a subsidiary company in Peru. He believes that American-type democratic management would enhance the enthusiasm of Peruvian workers for working, and therefore he invites specialists from headquarters to train people who are in charge of company workshops and inform them how to solicit opinions from workers and then put those appropriate opinions into action.

However, Peruvian workers in succession quit their jobs not a long time after the practice of the democratic management. As we know, in Peru or the whole Latin American culture, people respect authority, and subordinates not only obey their superiors but also treat them as their masters and further hope those superiors would be responsible for their life. Thus, workers believe that the solicitation of opinions from them indicates that their superiors don’t know what they should do. Since superiors are incapable, staying in the company is helpless and they choose to leave in advance so that they can find new jobs. But the production manager (possibly out of his cultural centralism) doesn’t understand all of this. His belief in American individualism and strong sense of participation doesn’t apply to Peruvian workers and finally results in the failure of their two-way communication.

(***Source:*** adapted and translated from: http://app2.learning.sohu.com/education/html/article-6648. html)

Case in Chinese:

一位美国人在秘鲁子公司担任生产经理，他坚信美国式的民主管理方法能够提高秘鲁工人的生产积极性。他从公司总部请来专家对子公司各车间的负责人进行培训，教他们如何征求工人的意见，对其中合理的部分加以采用。可是这种民主管理方法推行不久，秘鲁工人就纷纷要求辞职。在秘鲁以及整个拉美文化中，人们敬重权威，下属不仅服从上司，而且还把上司看作是自己的主人，并希望上司对自己的生活负责。工人们认为，征求工人的意见意味着上司自己不知道该做什么，反过来问他们。既然上司无能，公司就没有希望，不如提前离职，以便及时找到新的工作。但是生产经理对此不甚了解（或出于文化中心主义），以美国人崇尚的个体主义，参与意识较强的观念去揣度秘鲁的员工，导致双方沟通的失败。

讨论

Questions for discussion:

1. What is the feature of American-type democratic management?
2. Can you list out some characteristics of Peruvian culture?
3. How should the production manager smooth their communication?

分析

矛盾冲突

一个有着强烈美国传统文化意识的美国经理，一个不可避免受美国文化中心论影响的美国人，把他所推崇的美国式民主管理方式运用于秘鲁分公司时，发生了意想不到的结果：秘鲁员工纷纷离职。此问题源于集权取向与分权取向的不同管理风格。美国经理的民主管理方式在秘鲁适得其反，发生了“水土不服”。

原因分析

这个案例是典型的文化迁移现象。在进行跨文化沟通时，根据对对方文化的了解程度，可能出现三种情况：完全陌生；有一定了解，但不全面或不准确；比较全面的理解。第一种情况下产生的文化差异影响了文化沟通方式，这就是文化迁移现象。伴随着文化迁移现象，文化中心论就很容易产生。案例中，美国经理就坚信他所认为的优越文化，即美国文化所推崇的自由、民主、平等，进而崇尚个人主义，采用民主决策方式，主张营造参与、协作的工作氛围。从他的个人经历来说，这些管理方式能调动员工的积极性，充分发挥他们的潜力，不仅有助于员工个人事业的发展，也能促进整个公司的工作效率。此外，员工的谏言也为公司出谋划策，更利于适应市场竞争。于员工于公司都大有裨益的民主管理方式怎么就不能在秘鲁分公司发挥其应有的作用呢？这就要从秘鲁文化谈起。

作为拉美文化的一支，秘鲁文化与巴西、阿根廷等拉美大国的文化有许多相似之处，比如都敬重权威、服从上级、按上级指示办事。秘鲁属于权力距离较大的文化，说明秘鲁人普遍接受权力的不平等，把服从上级的命令当作天经地义的事。于是，当美国经理推行民主管理方式，培训各车间负责人如何征求工人意见时，秘鲁工人对此完全不适应，更谈不上理解经理的用心。他们受其自身的文化价值观影响，认为上级向下属征求意见意味着上级的无能，意味着上级面对抉择时的不知所措，由此，对上级的不信任，对公司的失望就随之产生了。员工的离职也就在所难免。

文化沟通

文化之间的冲突不能通过简单的强势文化对弱势文化的侵略来解决。一种文化对另一种文化的妥协也不能最终实现文化的整合，进而真正调动员工的积极性。

案例中，美国经理应该首先纠正自己文化优越感的观念，在总公司卓有成效的民主管理方式并不能保证在另一种文化里运用自如。其次，美国经理应该以尊重本地文化的心态去切实了解秘鲁文化与美国文化的差异。最后，他应在征求秘鲁子公司负责人意见的基础上，制定出既不违背秘鲁员工敬重权威的价值观，又能发挥员工的创造力，调动员工积极性的管理体制。比如，车间负责人可以以“授权”的方式来征求意见，员工在上级赋予的权限范围内纳言；员工也可以以小组为单位向上级提供意见。这样，上下级的服从关系没有被打破，下级也不会感到失去方向，上下级之间的沟通也顺畅了。

9 Crisis of Barbie in the Middle East Countries
芭比娃娃的中东危机

美丽性感、时尚华丽的芭比娃娃在中东地区受到指责，人们认为它带坏了孩子而将其强行取下货架，而芙拉娃娃因其设计者赋予了她本土价值观却能大行其道，两个娃娃之间进行的其实是一场没有硝烟的文化大战，让我们去看个究竟……

案例

Case description:

Born in 1959, Barbie perhaps is the most famous girl over the past 40 years or so. As a profitable toy doll manufactured by Mattel, two Barbie dolls are being sold every second all over the world. Being blonde, tall, slim, buxom, leggy and beautiful with her trendy, swinging, independently wealthy lifestyle, Barbie is admired by hundreds of thousands of girls in different countries. To appeal to customers with different cultural backgrounds in different countries, nowadays Mattel Company designs Barbie with cosmetic changes and variable subjects according to local tastes.

For example, domestically Mattel introduced the black Barbie to cater to the segment of African-American market and later Hispanic and Asian-American Barbie to meet the needs of these ethnic markets. In Central and Eastern Europe, Mattel came up with an idea called “Friendship Barbie”, which was less elaborated than its Western European counterparts, with only sports clothes and accessories, which reflected the more basic lifestyle of children in this area. In India Barbie girl was painted with a forehead spot and dressed in a sari while the core image was unchanged.

However, in the Middle East countries, because of the totally diverse culture values, Barbie is seriously in trouble.

In Iran, the government condemned the forever young and childless-by-choice Barbie (and her long-time boyfriend Ken. No plans for marriage, ever.) as a threat to traditional culture. Barbie doesn't define herself in relation to children or families as Iranian women supposedly do. Then, the Iranian Ministry of Education marketed the twin dolls Sara and Dara as the national dolls. Unlike the Barbie doll, Sara and her twin brother Dara are on a mission to help others, and when the need rises, they consult their parents for guidance. That's the spirit behind the making of the modestly dressed twins. Meanwhile, Barbie dolls openly sell for $700 in Teheran stores. $700 is seven times the average monthly salary in Iran.

In Saudi Arabia, Saudi religious police were raiding toy stores and gift shops to seize Barbie dolls. One reason for banning Barbie is a belief that Jews own the American company, Mattel that makes them. Jews and Christians are not normally welcome in the kingdom. All potential visitors have to state their religion on their application forms and Christians are forbidden from holding services. Also, the Saudis feared an American presence there would stir up more Islamic radicalism.

In the past year or so, Barbie dolls have almost disappeared from the shelves of many toy stores in the Middle East. In their place is Fulla, a dark-eyed doll with, as her creator puts it, "Muslim values". Created by NewBoy Design Studio, which is based in Syria, Fulla roughly shares Barbie's size and proportions, but steps out of her shiny pink box wearing a black abaya and a matching head scarf. Although she has an extensive and beautiful wardrobe (sold separately, of course), Fulla is usually displayed wearing her modest "outdoor fashion". Young girls in the Middle East are obsessed with Fulla, and conservative parents who would not dream of buying Barbies for their daughters seem happy to shell out for a modest doll that has her own tiny prayer rug, rendered in pink felt. Children who want to dress like their dolls can buy matching, girl-sized prayer rug and cotton scarf sets, all in pink. Fulla is not the first doll to wear the hijab. Mattel has ever marketed a group of collectors' dolls that includes a Moroccan Barbie and a doll called Leila, designed to represent a Muslim slave girl in an Ottoman court. But Fulla is the most popular doll in the Middle East because she has a character that parents and children will want to relate to. The advertising is full of positive messages about Fulla's character. She's honest, loving and caring, and she respects her father and mother. Fulla also has two respected careers for women, a doctor and a teacher, that small girls can be encouraged to follow in the Middle East. On the children's satellite channels popular in the Arab world, Fulla advertising is incessant. In Damascus, a Fulla doll sells for 825 Syrian Lira, or about $16. The average per capita income hovers around $100 per month there.

(***Source:*** Adapted from http: //news. xinhuanet. com/world/2005-09/24/content_3534999. htm)

Case in Chinese:

诞生于 1959 年的芭比或许是过去四十年以来最出名的女孩儿。她为马特尔公司赚足了钱，全世界每一秒钟就卖出两个芭比娃娃。这个金发碧眼、高挑纤细、性感美丽的女孩，以及她时尚多变、独立富有的生活方式，一直受到世界上不同国家成千上万的女孩子的追崇。为了吸引不同国家文化背景各异的顾客，马特尔公司根据当地的口味改变了芭比的装束和其他的一些可以变化的要素。

比如，在美国，为了适应非裔美国人市场，马特尔引进了黑色皮肤的芭比，后来又分别根据拉美和亚裔美国人的需要进行调整。在中欧和东欧，马特尔提出一个"友谊芭比"的想法，没有华丽的服饰，而只配有简单的运动服装和配饰，反映出此地区孩子们基本的生活方式。在印度，芭比在保持核心形象的前提下，头上点了朱砂痣，着装也换成了莎丽。

然而，在中东，由于多元的文化价值观，芭比遇到了大麻烦。

在伊朗，政府指责这个芭比是对传统文化的威胁——因为她永远年轻、选择不要孩子、和固定男友阿肯从来没有结婚打算。芭比并不像伊朗的妇女那样，与孩子和家庭联系在一起。然后，伊朗教育部把双胞胎娃娃萨拉和达拉定为国家娃娃。和芭比不同，萨拉和她的双胞胎兄弟达拉以帮助别人为己任，如果需要，他们还会征求父母的意见。有着这样的精神，双胞胎的穿着也就不那么张扬。同时，芭比在德黑兰的商店的售价是 700 美元，这是伊朗人平均月收入的七倍。

在沙特阿拉伯，警察突然搜查玩具礼品店并没收芭比娃娃。原因之一就是生产芭比的美国公司是犹太人开的。在沙特，犹太人和基督徒是不受欢迎的。所有旅客必须在申请表上说明他们的宗教信仰，基督徒是不准入境的。而且，沙特人害怕美国人的形象会激起穆斯林激进主义。

在过去的几年里，芭比娃娃几乎从中东的玩具店中消失了。取而代之的是芙拉，这个娃娃有深色的眼睛和她的创造者所说的"穆斯林价值观"。芙拉娃娃的设计者是叙利亚的"新少年设计室"。"芙拉娃娃"和"芭比娃娃"同是青春女孩，两者身高与体型也差不太多，但芙拉与芭比的形象截然不同。不像芭比那么丰满性感，芙拉不穿那些时尚华丽和暴露的服装，她满脸恬静温柔，身穿中东女性传统的深色和素色长袍或职业长外套，头上还裹着大大的黑色或白色头巾，和中东地区传统女孩的形象完全一样。

中东地区的小姑娘们为芙拉娃娃着迷，那些保守的父母们也受到感染。他们都不喜欢夸张性感的芭比，却对端庄谦逊的芙拉赞赏有加。芙拉不但形象可爱，还有自己做祈祷用的垫子，孩子们模仿欲强，那些想打扮得像怀中洋娃娃一样的孩子可以购置芙拉的祈祷垫和纯棉头巾套装，这定会为促进儿女接受传统教育起到示范作用。“新少年”比他的竞争对手更了解阿拉伯市场和文化，“简单地让芭比娃娃穿上长袍不可能成功，你必须创造出父母和孩子都能接受的新形象，我们的推广也着重表现芙拉的性格，她诚实、有爱心和同情心，爱她的爸爸妈妈。”新少年工作室还将推出“芙拉医生”和“芙拉老师”，这两个职业在中东各国都受到尊敬，将会鼓励女童努力学习，实现这样的职业目标。

讨论

Questions for discussion:

1. Why was Barbie banned by the governments in the Middle East?
2. What values does Barbie contradict with in the Middle East?
3. What can Barbie do if it still wants to compete with its rival Fulla and regain the market?

分析

矛盾冲突

本案例的矛盾冲突非常明显，芭比娃娃在中东国家受到了抵制。主要表现在两个方面：首先是外表上，芭比性感暴露的打扮让恪守传统的父母大为不满，甚至还有人大声疾呼：“那些芭比娃娃穿着暴露的衣服，摆着令人羞耻的姿势，简直就是颓废的西方世界的象征。让我们小心警惕和防御她们给我们带来的危险！”芭比的打扮触犯了中东国家人们的穿衣审美禁忌，因此他们无法从心理上认可芭比娃娃。更深层次的冲突在于，芭比不仅是玩具，她代表的是个性张扬的美国文化，而这与保守克己的中东国家的传统文化相抵触。而且他们的宗教信仰不同，基督教与穆斯林的冲突由来已久。

原因分析

与前面的跨国公司走向国际市场的情况不同，虽然本文讲述的是马特尔公司的芭比进入中东市场所遇到的麻烦，但是体现的并不是企业文化与当地文化的冲突，而是国家文化之间的冲突。文化是建立在象征的基础之上的，反过来说，符号、象征具有了处于同一文化中的人们所认可的特定意义。通过这些符号和象征，如思想、书籍、图画、视频、计算机光碟等类似的东西，文化中被认为重要和值得保存的东西得以体现和保存下来，从一代传到另一代。芭比在中东地区的人们看来，是西方“颓废”世界的象征，她身上承载了美国的文化和价值观，对于极重传统、想保护自己的文化的中东国家人们来说，这被认为是一种文化侵略。

首先，从文化类型上来讲，芭比代表的是美国的个体主义文化，她打扮入时，美丽时尚，过着富有的生活，这正体现了美国人所倡导的核心文化和生活态度。在美国，个体主义占主导地位，他们认为个人是独一无二的，是不同于其他人的，是构成社会的细胞。因此，个人的利益是至高无上的，所有的价值观、权利和责任都来源于此。芭比的生活方式（选择不生孩子、有固定男友而不结婚）在美国人看来是很正常的，因为这是个人的选择问题，与其他人没有关系。而且物质主义也是美国生活中不可缺少的一部分，他们认为物质上富有、身体上舒适是一种权利，是自然的、正确的。这必然会受到以集体主义文化为主导的中东国家的抵制。中东国家的父母不喜欢个性张扬的芭比，却喜欢端庄谦逊的芙拉娃娃，因为她不仅具有中东娃娃的形象，而且诚实、有爱心和同情心、尊重父母，这与中东地区注重家庭的传统文化相吻合，因此芙拉娃娃非常成功。

宗教也是文化的重要因素，它可以影响整个文化的构成。不管是有意识的还是无意识的，宗教都不同程度地影响着商业活动、政治和个人行为。美国主要的世界观是基督教，正因为在基督教的教会社区中，个人入会资格对于基督教是最重要的，所以很多宗教学者有着这样一种观点——“基督教发现了个人”。所以，美国对于个人价值的重视也与基督教有一定的联系。阿拉伯世界的宗教从生活细节方面影响着整个生活方式。学生在学校学习宗教，语言中有大量的有关宗教的表述，人们用不同的方式公开地实行他们的宗教信仰。伊斯兰教是一部法典，包括了在所有情况下行动时的价值观和方式，从对孩子的抚养到吃饭、铺床，到对同性恋的态度，再到谦逊的观点，伊斯兰教对人们的思想和行为有着无可比拟的指导力量。

芭比在伊斯兰的世界同样也触及了女性问题。阿拉伯的女性必须同意结婚，因此芭比与她的固定男友没有结婚的打算在伊朗、沙特等国家的人们看来是无法接受的。女性在中东的地位比男性要低，虽然她们被教导说男人和女人有着同样的宗教权利和责任。女性的着装也体现了她们在阿拉伯文化的角色，如《可兰经》指导女性把饰品遮盖起来，让面纱盖过胸前。芭比在这方面又触犯了禁忌。

文化沟通

不同文明的冲突对我们来说是一个暂时无法得出答案的问题，但对于要走向不同国际市场的跨国企业来说，认识到不同文明之间的冲突，并去虚心学习研究当地文化，避免触犯文化禁忌，是企业在国际商务中取胜的基本条件。

对于马特尔公司，想要让芭比娃娃在中东地区得到认可，首先要从外形上改变她时尚性感的形象，就像在印度穿上莎丽点上朱砂一样，在中东地区让芭比戴上头巾，穿上传统的深色和素色长袍，从外观上得到人们的认可。然后像在中欧与东欧一样，让芭比去反映这一地区孩子们的基本生活方式，更偏重于对传统的尊重、对他人的帮助和对父母的听从。总之，在保有芭比核心形象的基础上，避开中东文化禁忌，来赢得中东孩子们的心。

10 Foreign Assignment Means Promotion?
"外派"就一定意味着晋升吗?

萨拉·斯琼在美国的一家银行工作。她工作认真负责，业务熟练，并被外派到墨西哥市工作。这本来是年轻员工能够得到提升的好机会，萨拉却遇到了始料不及的困难……

案例

Case description:

Sara Strong graduated with an MBA from UCLA four years ago. She immediately took a job in the correspondent bank section of the Security Bank of the American Continent. Sara was assigned to work on issues pertaining to relationships with correspondent banks in Latin America. She rose rapidly in the section and received three good promotions in three years. She consistently got high ratings from her superiors, and she received particularly high marks for her professional demeanor.

In her initial position with the bank, Sara was required to travel to Mexico on several occasions. She was always accompanied by a male colleague even though she generally handled similar business by herself on trips within the United States. During her trips to Mexico she observed that Mexican bankers seemed more aware of her being a woman and were personally solicitous to her, but she didn't discern any major problems. The final decisions on the work that she did were handled by male representatives of the bank stationed in Mexico.

A successful foreign assignment was an important step for those on the "fast track" at the bank. Sara applied for a position in Central or South America and was delighted when she was assigned to the bank's office in Mexico City. The office had about twenty bank employees and was headed by William Vitam. The Mexico City office was seen as a preferred assignment by young executives at the bank.

After a month, Sara began to encounter problems. She found it difficult to be effective in dealing with Mexican bankers—the clients. They appeared reluctant to accept her authority and they would often bypass her in important matters. The problem was exacerbated by Vitam's compliance in her being bypassed. When she asked that the clients be referred back to her, Vitam replied, "Of course that isn't really practical." Vitam made matters worse by patronizing her as "my cute assistant" and "our lady banker". Vitam never did this when only Americans were present, and in fact treated her professionally and with respect in internal situations.

Sara finally complained to Vitam that he was undermining her authority and effectiveness; she asked him in as positive a manner as possible to help her. Vitam listened carefully to Sara's complaints, then replied, "I'm glad that you brought this up, because I've been meaning to sit down and talk to you about my little game-playing in front of the clients. Let me be frank with you. Our clients think you're great, but they just don't understand a woman in authority, and you and I are not going to be able to change their attitudes overnight. As long as the clients see you as my assistant and deferring to me, they can do business with you. I'm willing to give you as much responsibility as they can handle and you are having. I know you can handle it. But we just have to tread carefully. You and I know that my remarks in front of clients don't mean anything. They're just a way of playing the game Latin style. I know it's frustrating for you, but I really need you to support me on this. It's not going to affect your promotions, and for the most part you really will have responsibility for these clients' accounts. You just have to act like it's my responsibility." Sara replied that she would try to cooperate, but that basically she found her role demeaning.

As time went on, Sara found that the patronizing actions in front of clients bothered her more and more. She spoke to Vitam again, but he was firm in his position, and urged her to try to be a little more flexible, even a little more "feminine".

Several months later, Sara had what she thought would be a good opportunity to deal with the problem. Tom Fried, an executive vice president who had been a mentor for her since she arrived at the bank, was coming to Mexico City; she arranged a private conference with him. She described her problems and explained that she was not able to be effective in this environment and that she worried that it would have a negative effect on her chance of promotion within the bank. Fried was very careful in his response. He spoke of certain "realities" that the bank had to respect and he urged her to "see it through" even though he could understand how she would feel that things weren't fair.

Sara found herself becoming more aggressive and defensive in her meetings with Vitam and her clients. Several clients asked that other bank personnel handle their transactions. Sara has just received an average rating, which noted "the beginnings of a negative attitude about the bank and its policies".

(***Source***: THOMAS D, DIANA R. Foreign Assignment[M]//Al Gini. Case Studies in Business Ethics. 5th edition. New Jersey: Prentice Hall, 2003)

Case in Chinese:

四年前萨拉·琼斯从美国加州大学洛杉矶分校取得 MBA 学位，毕业之后，她很快就在美洲安全银行找到了一份称心的工作，主要是处理与拉美各银行之间的关系。萨拉表现非常突出，三年之内得到了三次提升，她的工作得到了上级领导的认可，在每年的绩效考核中，总能得到很高的评价。

开始工作时，萨拉就曾经几次出差到墨西哥，每次都由男同事相伴，而在美国国内同样的工作她一个人就可以完成。几次出差之后，她发现墨西哥的同行们似乎很在乎她是个女的，对她比较客气，但并没有什么大的问题。

在银行业，成功的外派经历是能够得到快速提升的重要一步，于是萨拉申请外派到中美或南美的工作机会，当得知被外派到墨西哥市时，她很是高兴，美洲安全银行很多年轻的主管都愿意到那里。银行在墨西哥市的办事处大约有二十名员工，威廉·维塔是那里的主管。

在墨西哥市工作一个月后，萨拉遇到了麻烦，她发现墨西哥客户在处理一些重要的业务时总是设法绕过她。更让她生气的是，维塔对他们的这种做法视而不见。当萨拉提出这些客户在工作中应该尊重她时，维塔却说："那基本是不可能实现的。"

更可气的是，在墨西哥客户面前，维塔居然叫萨拉是"我可爱的助手"和"我们的女银行家"，但如果只有美国人在场，维塔就表现得完全不一样了。萨拉实在忍无可忍，她向维塔抱怨说他这样做否认了她的重要性并有损于她的工作效能，她要求维塔以一种积极的态度来配合她的工作。维塔认真地听着萨拉诉说苦衷，然后说道："我很高兴你能提出这个问题，因为我一直就想坐下来和你谈谈为什么我在墨西哥客户面前会那样对你。说实话，我们的客户认为你很能干，但他们不能理解一个女人怎么能在工作中担当如此重要的角色，我和你不可能在一夜之间改变他们的这种偏见。只有让他们认为你只是我的助手并服从我的领导，他们才会进行业务往来，我非常愿意让你承担更多的业务，我也知道你完全有能力负起这个责任，但我们必须要谨慎从事，你我都知道我在墨西哥客户面前说的那些话并不代表什么，那只是为了尊重拉丁式传统而玩的一种游戏。我知道你不喜欢这样，但在他们面前我确实需要你的配合，这并不会影响你以后的晋升，实际上你要做的工作还是很多，你只需要表现得好像那些都是我的事情而已。"听完维塔的解释之后，萨拉说她会尽力配合的。

可时间一长，萨拉越来越受不了维塔在客户面前对她的态度，她又找到维塔谈这个问题，但维塔的立场还是和以前一样坚定，并劝她要更灵活一点，甚至需要更"女性化"一些。

几个月后，萨拉终于盼到了她认为可以解决这个问题的一个好机会，银行副总裁汤姆·弗莱德来到了墨西哥市，萨拉刚到银行工作时，汤姆·弗莱德曾经在工作上给予了萨拉很多的指导和帮助。弗莱德来到墨西哥市后，萨拉和他私下里见了一次面，跟他讲了她的烦恼，担心这样的工作环境会影响她的工作效能，恐怕会对她以后的晋升产生不利的影响。弗莱德的回答也非常谨慎，他说有一些情况是公司必须接受的，比如，在拉美国家女性的社会地位和在美国是不一样的，尽管能够理解萨拉的心情，弗莱德还是劝她要想开点儿。

萨拉彻底失望了，她不知道如何解决这个问题。此后，她对维塔和银行客户的态度也变得强硬起来，有些客户甚至要求其他银行职员来处理他们的业务，结果在绩效评估时，她成绩平平，只得了"中等"，其中特别指出"对本行及其政策开始持有否定态度。"

讨论

Questions for discussion:

1. What problem did Sara encounter at the bank in Mexico City?
2. Why did the bank clients bypass Sara in important matters? What's Vitam's and Fried's reply to her complaints?
3. What should Sara have done to get an above-average rating and seize the opportunity for promotion?

分析

➡ 矛盾冲突

萨拉·琼斯申请并得到了批准外派到墨西哥市，这次她却遇到了一些自己无法理解的问题。墨西哥市银行的客户在处理重要的事情时总是绕过她，使她不能忍受的是维塔对此表示理解，而且在墨西哥客户面前总是叫她"我可爱的助理"或"我们的女银行家"，萨拉认为维塔这样做使她在同事和客户面前失去了面子，没有了权威。她多次和维塔谈过，但维塔解释说他必须这样做，这就是所谓的拉丁传统，希望萨拉能够配合，这样会对她以后的升职有好处，但她对此越来越忍受不了。

当汤姆·弗莱德来到墨西哥市时，萨拉向他讲述了自己所遇到的问题，她担心这样下去会对她以后的晋升不利，但汤姆对此却反应冷淡，只是告诉她有时必须接受现实。萨拉彻底失望了，她对维塔和银行客户的态度也变得强硬起来，有些客户甚至要求其他银行职员来处理他们的业务，结果在评估时，她成绩平平，失去了晋升的机会。

➡ 原因分析

萨拉遇到的困惑主要是由于美国社会和墨西哥社会对男性和女性有着不同的社会角色定位，特别是女性在社会或工作中的地位会因为本国文化不同而有区别。在被霍夫斯特调查的 53 个国家中，从男性维度与女性维度这一点来看，美国排在第 15

位，而墨西哥排在第 6 位，所以和墨西哥比较来说，美国的男性和女性社会角色差别不大，在工作中女性也几乎拥有和男性一样的机会，而在墨西哥男女社会角色差别较大，在工作中，女性面对很多障碍，很难和男性取得平等的权力，通常她们的工资低，提升的机会少，能够上升到公司高层的女性更少，男性很难接受要听从于女性的领导。

正是由于以上的文化差异，萨拉才会觉得在墨西哥无法工作，她认为应该像在美国一样受到重视，至少不应该有这样的性别歧视，应该有和维塔一样的地位和机会。虽然墨西哥银行的客户都清楚萨拉有可信的业务能力，但他们还是不愿意直接和她进行业务上的交往，而维塔文化沟通比萨拉现实一些，甚至从美国来的弗莱德也告诉她要接受女性在墨西哥和美国有着不同的社会角色。但萨拉最后还是无法忍受，对维塔和银行客户的态度并没有缓和，而是执意按照自己的想法行事，结果评估时只得了中等，这个结果不利于她以后的发展。

文化沟通

女性在美国和墨西哥有着不同的社会角色，这是由两国不同的历史和文化传统造成的，单凭一人的力量无法改变，所以萨拉在去墨西哥之前就应该对那里的文化加以了解，特别是墨西哥受拉丁文化的影响，女性在社会中的地位和在美国有很大不同。有了这样的思想准备之后，萨拉到了墨西哥即使遇到困难或觉得没有受到应有的重视，也不会一意孤行，也不会使得与维塔和银行客户的关系没有搞好，致使评估结果不理想，相反她应该适应当地的文化传统，用平和的心态去理解银行客户和维塔的想法，好好协助维塔把工作搞好，这样做也有利于她的发展。

对于维塔和弗莱德来说，他们应该非常清楚两国在男性和女性社会角色上的差别，在萨拉刚到墨西哥工作，或者至少在她对遭遇到的所谓不公平待遇表示不满时，维塔和弗莱德就应该直接告诉她为什么会这样，而不应该含糊其辞。

11 The IKEA Way in Germany
宜家在德国

瑞典的宜家家具连锁遍布全球很多国家，德国占到了整个集团销售额的30%，但德国的员工却对宜家的管理模式颇有微辞，这是为什么呢？

案例

Case description:

After firmly attaining leadership within Sweden, where it holds more than 20 percent of the overall market, IKEA has succeeded over the last 25 years in doing what no furniture distributor has ever attempted: to become a global player in an industry formerly considered by nature to be local.

Germany is the largest national organization in the IKEA group, accounting for about 30 percent of the total group sales through more than 20 stores.

Although IKEA has been established in Germany for more than two decades (its first store was opened in Munich in 1974), Swedish management is still perceived by German IKEA members as peculiar. As described by Thomas Larson, the store manager in Cologne, "Some senior coworkers still have problems addressing me by my first name, or using the German *du* (the informal equivalent for you)." "*Dutzen*", using the informal you, is often felt as undermining the respect and prestige of the boss. As Heike Oestreich, the personnel manager said, "There are two different *du's*, the IKEA *du* and the *du* which is used between friends."

The Germans are very disciplined and precise. They do exactly what the boss asks them to do and what is agreed or put down in writing. A problem is that the Swedish notion of "taking on responsibilities for yourself", the cornerstone of their work policy, is not perceived in the same way by the Germans, who have a tendency to adhere very closely to precisely defined rules and instructions. When IKEA translated the corporate brochure *the IKEA Way* into German, a need was felt to sharpen and make more explicit the original Swedish text which presented key IKEA concepts in sometimes vague terms in order to give freedom to people to adapt them and take personal responsibility for carrying them out. Once, Anders Moberg, Kamprad's (IKEA's founder) successor, suggested in a letter that certain merchandising displays could be used in a variety of places. In Germany, department managers interpreted this as an order and systematically set up the displays in every part of their stores.

In general, German employees feel that the Swedes are more result-oriented and treat every problem as a challenge that should be met. However, they believe that Swedish management does not sufficiently assess risks before taking action. According to Heike Oestreich, "The Swedes, to reduce bureaucracy, would like to dump all our office desks in the back yard." The lack of formality is also dismaying to Germans. To implement a decision "some notes on the back of a cigarette packet are often sufficient" for the Swedes. In contrast, Germans are more comfortable adhering to formal procedures, "We need procedures and forms. Germans love administration because it provides us with security." (***Source:*** www.ikea.com)

Case in Chinese:

在瑞典，宜家占有20%的市场份额，占据了家具销售的领导地位，而在过去的二十多年间宜家敢为天下先，成功地成长为一家跨国集团，在此之前，家具销售行业被普遍认为只能是一种“本地性的”产业。

德国是宜家最大的市场之一，拥有二十多家店面，销售额占到整个集团总销售额的30%。自从1974年在慕尼黑开了第一家店面以来，宜家进入德国市场已经有二十多年了，但德国的宜家员工仍然难以接受瑞典式的管理。托马斯·拉尔森是科隆分店的经理，他说：“一些资格较老的员工都不会直呼我的名字，不用德语 du（对“你”非正式的称呼），因为他们认为 du 是对上司的不敬。”当地的人事经理海克·奥斯特埃希也说：“有两种对‘你’的称呼，一种是宜家的‘您’，另一种是用于朋友之间的‘你’。”

德国人严格按照规章制度办事，他们服从上司的安排，只要是事先约定好的或者以书面形式规定的，他们都会认真去做，而宜家的企业文化核心却是“对自己负责”，不强调员工必须要严格遵守一定的规章制度。瑞典语版本的“宜家手册”中有一些模糊用语，目的是使员工在执行这些政策时可以有更多自由变通的余地，而为了适应德国人的工作习惯，在把宜家的企业文化翻译成德语时，大家认为有必要把瑞典语版本中的模糊用语变得更为清楚。有一次，宜家创始人坎普拉德的继任者安德斯·莫伯格建议有些地方可以设立促销橱窗，而德国的宜家经理们把莫伯格的这个建议当成了一道命令，于是促销橱窗在德国的宜家商店随处可见。

总的来说，德国员工认为瑞典人更加看重结果，会认真处理每一个问题，但他们觉得瑞典人在行动之前对风险不会进行充分的评估。海克·奥斯特埃希甚至说：“为了提高工作效率，瑞典人宁愿把我们的办公桌都扔到后院去。”瑞典人的随便也让德国人看不惯，他们甚至“可以在香烟盒背面做笔记”。而德国人更喜欢正式的规章制度，“我们需要办事程序和形式，因为严格的管理模式使德国人感到安全。”

讨论

Questions for discussion:

1. What kind of management style does IKEA have according to this case? Does it fit well in Germany?
2. Do you think the IKEA way should be adapted to the German conventions? If yes, what measures should be taken?
3. What training should the German employees take in order to accept the IKEA way?

分析

矛盾冲突

总的来说，瑞典宜家的工作方式比较随便，而德国人更习惯于正式严谨的层级管理，在以上案例中具体表现有以下几点。

德国员工习惯用比较正式的称呼以示对对方的尊重，就像托马斯·拉尔森说的一些同事还是不会直呼其名，在公司里德国同事更多的用“您”而不是“你”。

宜家的管理不像德国人那样正式严谨，瑞典宜家更喜欢用模糊的语言来制定规章，这样员工可以有更大的自由空间，宜家的企业文化核心就是“对自己负责”，而德国人习惯在工作中有严格的规章制度，他们会严格按照上司的命令有章可循地完成任务。瑞典人甚至可以在香烟盒的背面记东西，而德国人认为这样随便的做事方法是无法理解的，他们需要正式的办事程序和形式。

原因分析

瑞典人和德国人在公司管理理念上有很大的分歧，这和他们的民族文化有直接的关系。霍夫斯特在《文化的重要性》一书中提到了四个文化维度，其中一个是不确定性规避（Uncertainty Avoidance），一个民族的不确定性规避度的高低与其在工作中的管理风格有紧密的联系。根据霍夫斯特的调查研究，就不确定性规避度而言，在 53 个国家中德国排在第 29 位，而瑞典排在第 50 位，也就是说瑞典人的不确定性规避度要比德国人低很多，德国人对不确定的和未知情景感到威胁的程度更强烈，这种感觉会引起人们的紧张，为了降低这种紧张感，德国人在工作中更倾向于正式严格的层级管理制度，而瑞典人因为不确定性而感到威胁的程度要小得多，他们不会有像德国人那样要规避不确定性的紧张感，因此在工作中更倾向于非正式的或松散的管理模式。

正是对不确定性规避的不同看法，才导致了德国员工对宜家管理和工作方式的不满。为了规避不确定性，德国人更看重制度和纪律。就本案例来说，德国人认为：第一，在公司里同事或上下级之间称呼要得体以表示尊重，这样有助于维持严格的层级管理制度；第二，公司应该制定明确的规章制度，这样员工可以有章可循，而不只是含糊其辞，可以让员工自由发挥，下级应该对顶头上级负责，而不是“对自己负责”；第三，工作方式应该更认真一些，而不是敷衍了事，随便到可以用香烟盒的背面做笔记。但是在不确定性规避度很低的瑞典人看来，公司管理没有必要那么严格正式，德国人未免有些死板。

文化沟通

因为德国市场占到宜家集团整个销售额的 30%，要保住现有的业绩或有更好的发展就必须处理好在德国的管理问题。

这一问题的深层原因是两国的文化价值观不同，德国员工和宜家管理层首先都应该了解对方的文化，双方都应该接受关于对方国家文化的培训，这是成功的跨文化交际的第一步。不确定性规避等一些文化维度对一国公司的管理理念有很大的影响，因此要理解不同管理理念和工作方式必须对文化传统有所了解。

就宜家来说，可以适当根据德国本土的文化传统做些管理风格上的改变，如制定条例规定明确每位管理人员和员工的职责，严格奖惩制度，还可以实施管理人员本土化的策略，雇用德国经理来进行管理；就德国员工来说，在进入宜家工作初期就应该接受关于瑞典的国家文化和宜家企业文化的培训，这样在工作中就可以理解为什么会有不同于自己国家的管理模式，甚至还可以更好地融入宜家的文化中去，做一个真正的宜家人。

12 The Tea Price, to Cut or Not to Cut?
茶叶价格降还是不降？

一家美国超市从中国进口了一批茶叶，质量和包装都不错，广告宣传也做了很多，但是为了收回成本，定价较高，销售成绩不理想。中方想建议以低价销售打开市场，但始终没有引起美方的兴趣。

案例

Case description:

David Evenson, manager of a supermarket chain based in Milwaukee, was eager to establish trade ties with the People's Republic of China, one of the fastest growing economies in the world. Through a Chinese employee, Wu Xin, David reached an agreement to import 2,400 two-ounce packages of Chinese green tea from Xin Cheng, an agricultural and animal products importing and exporting corporation in China's Zhejiang Province.

The shipment came in just in time for the Thanksgiving Day sales peak. David, a tea lover himself, was impressed by the quality of the tea, and the packaging was better than he had expected. He anticipated good sales of the tea in his stores. He even took the trouble to have Wu Xin write some bilingual ads for the tea, which ran in major local papers and on radio stations. However, because of the small size of the transaction, the transportation per unit was quite high. In order to profit from this transaction, David's accounting department suggested that the Chinese green tea be priced a little higher than the domestic and imported brands of tea they already sold. Mr. Sheng Jiaoru, a representative from Xin Cheng, disagreed, suggesting that David cut the price to match other brands first; once the Chinese brand was established and recognized by the consumers, both sides could profit from economy of scale, selling a larger amount of tea at a lower price per unit. David, who was unwilling to start out selling at a loss, decided to go with his accounting department's price proposal.

Three weeks later, Sheng called David from China and learned that the green tea had not sold well at all and had been returned to the warehouse. Sheng again suggested that David try lowering the price, but David seemed to have lost interest in the project. Over the next several months, Sheng was unable to interest David in further deals, and he finally let things rest for a time.

(***Source:*** Wang, M. Mary. Turning bricks into jade: critical incidents for mutual understanding among Chinese and Americans[M]. Yarmouth: Intercultural Press, 2000.)

Case in Chinese:

大卫·艾弗森是密尔沃基（美国威斯康星州城市）的一家超市的经理。他很急切地想跟世界上发展最迅速的经济体之一的中国建立贸易关系。通过一名中国员工吴新，大卫达成一项协议，从中国浙江一家进出口公司进口2 400包两盎司包装的茶叶。

到货时正值感恩节的高峰期。大卫自己也喜欢喝茶，他对茶叶的质量很满意。茶叶的包装也比他期望的要好。他预计超市的茶叶销量会很不错。他甚至还让吴新为茶叶写了一些双语广告，在当地的报纸和电台上发布。然而，由于交易量小，每包的价格相当高。公司财务部建议大卫将茶叶的价格提高，比一般的国产和进口茶叶都略高一些。浙江进出口公司的代表盛先生却不同意，他建议大卫先降低价格出售，等到该中国品牌打响后，双方就可以薄利多销，收成更多的利润。大卫不想亏本出售，于是他决定按照财务部的建议来做。

三周后，盛先生从中国打电话给大卫，得知那批茶叶的销售并不景气，已被收回仓库。盛先生再次建议大卫降价出售，但大卫似乎已经对这个项目失去兴趣。几个月过去了，盛先生也没能引起大卫的合作兴趣，这件事情也就此告一段落。

讨论

Questions for discussion:

1. Why do you think David is unwilling to lower the price of the tea?
2. What alternatives do you think Mr. Sheng should have given so that David might accept?

分析

矛盾冲突

大卫是一家美国连锁超市的经理，他从浙江一家公司进口了一批茶叶。他对茶叶的质量和包装都非常满意。时值感恩节，他对销售情况非常看好。他还在当地报纸和电台都做了很多宣传。但是由于运费成本太高，财务部门建议他提高售价以收回成本，但中方代表却建议应该先低价出售，等占据市场后销量就会大大增加，双方都会从中获益。大卫不想做亏本生意，没有采纳中方代表的建议。三个星期后，中方得知茶叶的销售不好，于是又建议大卫降低价格，但他似乎已经失去了兴趣。

原因分析

这桩本来可以使双方都获利的交易却以失败而告终，主要是因为双方对于长期和短期利润的看法不同。中国商人倾向于着眼长远利益，他们愿意牺牲眼前利益或花很多精力来开拓新市场。而这对于美国人来说是不可理解的。这一根本分歧也导致了中美双方在商业合作中的不信任甚至合作失败。中国人认为生意上的合作关系也是一种友谊。信任的建立和互利互惠在合作中都是必须的。但美国人认为生意上的合作主要是为了获取利润。如果在一定时间内达不到获取利润的目的，这种关系的存在也就没有了意义。这两种文化对于在多长时间内获取利润的理解是不同的。如果短期内看不到盈利，美国人就不会像中国人那样有耐心等下去，而是会去寻找新的商业机会。对于大卫来说，获取短期利润的压力更为紧迫。他可是要向董事会和股东交代，每个季度都要申报利润，因此，他不像中方那样有那么多可以追求长远利润的余地。

中国自古就有卧薪尝胆的典故。人们也常说要“放长线钓大鱼”。中国商人更愿意投入大量人力物力开发潜在市场，因为他们相信等时机成熟了一定就能使他们收获更丰厚的利润。中国还有句俗语：买卖不成仁义在。他们把合作关系看作是个人情谊。因此，在合作中他们更看重相互信任和长期关系，而不是眼前的金钱利益，他们相信这最终会给双方带来更多的经济利益。中方代表想劝说大卫采取他们的销售策略，希望双方能建立长期合作关系，共同从中获利。但是大卫与大多数美国人一样，对于不能在短期内带来利润的机会很快失去了兴趣。开始他认为这桩生意肯定是能带来很多利润的，而且他也花了大量精力做广告宣传，但收效并不理想，于是他想放弃以寻求新的机会。中方却认为这只是合作的开端，他们应该做一些必要的牺牲，以获取更多的市场和利润。

文化沟通

行动的主动权在于大卫，如果中方不能引起他的兴趣，就没有继续合作的可能。中方应该考虑到美国人想获取短期利润的心理，不能单纯用长远利润来吸引大卫。他对产品本身是很满意的，但是在销售策略上他不能接受低价出售的方案。中方应该与美方加强沟通，共同想出一个更为可行的方案，使大卫不至于在短期内亏本，又可以维持他们的长远合作关系。

13 The Rule-First SONY
规则至上的索尼公司

日本的索尼公司高薪引进了一位英国高管。一次机不可失的收购机会出现时，这位英国高管没有等待高层指示，自行签署了收购协议。虽然收购大获成功，但索尼公司对这位高管做出了停职处理……

案例

Case description:

The Japanese company SONY wanted to broaden its European market, so it spent heavily to bring in a famous British executive—Shawn. Shawn has been in the UK digital product manufacturing industry for many years and has led investment planning, financing mergers and other important work in several other famous companies. SONY valued this British executive very much and appointed him as the Vice President of SONY Europe.

Coupled with years of working experience in the European market, Shawn was full of ambition in such a high position. As soon as he was appointed, he targeted a unicorn company in Europe. The company was founded less than ten years ago, and its market value has exceeded one billion US dollars, and its prospects are bright. However, due to the conflict among its major shareholders, the company had to sell a large number of shares in order to avoid bankruptcy. Shawn thinks this is a once-in-a-lifetime investment opportunity. He wants to acquire all the shares sold by the company, making SONY the absolute controlling party of the unicorn company. But at that time, the president of SONY Europe was attending an important meeting in the United States, and could not discuss with Shawn face-to-face in time. So Shawn immediately consulted Sony's Japanese headquarters hoping to make the acquisition as soon as possible.

This unicorn company has long been famous, and the news of the sale of shares quickly attracted the attention of many capitalists. Shawn believed that if the acquisition wasn't done at this time, this excellent investment opportunity would be handed over to others. Instead of waiting for a response from Sony's Japanese headquarters, he immediately signed an acquisition agreement with the unicorn company. After just a few weeks, the unicorn company's got back on track, which brought a lot of benefits to SONY.

But what Shawn did not expect was that a month later, SONY Japan's board of directors sent a notice stating that Shawn did not obey the company's rules and regulations, did not respect the collective decision-making right of the group, and made high-risk and huge investment decisions without arbitration. The board decided to temporarily remove him from the position of Vice President of SONY Europe and call him back to the Japanese headquarters to learn about SONY's corporate culture. A decisive and successful investment did not bring Shawn the promotion he once envisioned, but instead it led to a temporary suspension. Shawn felt very angry.

(***Source:*** Adapted from relevant reports about Sony Company and its marketing in Europe.)

Case in Chinese:

日本的索尼公司想要拓宽欧洲市场，于是不惜重金引进了一位著名的英国高管——肖恩。肖恩在英国数码产品制造业从业多年，在多家著名的公司领导过投资规划、融资合并等重要工作，为其所在的公司创造了十分可观的收益。索尼公司十分看重这位英国高管，任命他为欧洲区的副总裁。

肖恩初入索尼便身居高位，加上多年以来在欧洲市场的从业经验，他踌躇满志，一上任便盯上了欧洲的一家独角兽公司。这家公司创立不足十年，但市值已超过十亿美元，前景一片光明。但由于其内部主要股东爆发矛盾，导致重要投资方撤资，为避免破产，该公司不得不出售大量股份。肖恩认为这是一次千载难逢的投资机遇，他想要直接收购这家公司抛售的全部股份，让索尼成为这家独角兽公司的绝对控股方。但当时索尼欧洲区的总裁正在美国参加一项重要会议，无法与肖恩及时当面讨论。于是肖恩马上请示索尼日本总部，希望尽快进行收购。

这家独角兽公司早已声名在外，抛售股份的消息很快吸引了众多资本方的注意。肖恩认为，如果不当机立断马上进行收购，这个绝佳的投资机遇就将拱手让人。他没有等待索尼日本总部的回复，而是马上与这家独角兽公司签订了收购协议。短短几周之后，这家公司的经营状况就恢复正常，给索尼公司带来了不少收益。

但让肖恩没有想到的是，一个月后，索尼日本董事会发来通知，认为肖恩不遵守公司的规章制度，不尊重团体的共同决策权，擅自做出风险高、数额巨大的投资决定，决定暂时免去他欧洲区副总裁的职位，召回日本总部学习企业文化。一次当机立断的成功投资没有给肖恩带来想象中的提拔，反而是实际上的短暂停职处理。肖恩对此感到十分愤懑。

讨论

Questions for discussion:

1. How do you think of the decision made by the board of directors?
2. If you were Shawn, would you have waited for the decision of the board?
3. Do you think that rules are always of paramount importance? And why?

分析

➠ 矛盾冲突

案例中来自英国的高管肖恩认为自己做出的决定是为了公司着想，他认为自己抓住了难得的机会，结果也证明这个决定确实给公司带来了理想的投资回报。但索尼日本总部却认为规则高于一切。虽然此次投资确实取得了良好的成果，但他们不容许任何人违背规则，擅自做出决定，让公司承受巨大的风险。造成双方观念不同的根本原因在于英国文化和日本文化对不确定性规避的不同倾向。

➠ 原因分析

不确定性规避（Uncertainty Avoidance）是由霍夫斯特建立的区别文化间差异的维度之一，是指一种文化的成员在多大程度上感受到模糊或未知情况的威胁，并创造了试图避免这些情况的信念和制度。这种模糊性或对未知的恐惧导致了不同程度的焦虑和压力，这也塑造了不同国家和其他国家之间互动方式的不同。

在霍夫斯特的文化维度模型中，日本是世界上最希望避免不确定性的国家之一。其中一个主要原因是，日本一直生活在对地震、海啸、台风和火山爆发等自然灾害的恐惧中。由于这些恐惧和不确定性，日本人不仅学会了为自然灾害做准备，而且希望对任何可能发生的事情都做好准备。据说日本人为“从摇篮到坟墓”的每件事都准备了某种仪式。从学校的开学和结业典礼、婚礼、葬礼到日常社会活动，人们应该怎样做和不应该怎样做，日本都有详细的规定。

与日本人进行商务合作通常是一个耗时的过程，因为日本人要花大量的时间和精力来研究、评估和解决每一步的所有细节。像商业会议这样对其他国家来说简单的事情在日本往往要通过一套精心设计的程序。比如，日本人会花很长时间仔细检查小细节，并在会议结束时让各方签署详细的协议，确保没有人在会议结束时有任何误解。日本商业的另一个特点是提案的提交。这是另一个漫长的过程，因为日本人需要时间来做调查、风险评估和阐释，然后讨论下一步将采取什么行动。尽管这对于英国人来说可能难以理解，甚至在英美文化中被视为一个弱点，但它显示了一个强大的文化特征，即为了使每个决定有效，日本人会首先努力消除所有的不确定性。

这种强烈的不确定性规避倾向其实一直以来都是日本的优势，这使他们在产品质量方面全球领先。他们对细节的关注和对完美的追求塑造了他们如今的成功。曾经有一段时间，当你听到“日本制造”时，它象征着廉价和劣质的产品。但如今这种形象已经完全改变，现在它代表着“优秀的产品质量和可靠性”。

文化沟通

英国在霍夫斯特的不确定性规避评估中得分较低，这意味着英国人对创新和变化更加开放；承担风险的意愿和准备更加充分；人们从不同角度对待项目，对最后期限的态度更加灵活；倾向于灵活的规则和非正式活动等。这与日本尊重规则、崇尚集体决策的文化倾向是有冲突的。想要有效地跨文化工作，就需要了解不同文化的价值观以及对风险和不确定性的态度。肖恩应该尊重索尼公司长期以来形成的文化传统，他可以向公司强调这次机会十分难得，推动董事会尽快做出决定，而不能越过规则和管理层，擅自做出决定。而索尼公司也应该对自己高薪引进的高层管理多一些信任，适度放权，这样才能在瞬息万变的资本市场中抓住难得的增长机遇。

14 Is He a Responsible Engineer?
他是一个负责的工程师吗?

在索尼公司工作的薛先生修好了一个不合格的电路板，却因这件事被总经理叫到了办公室，并被严词审问。问题出在哪里？难道做个负责的工程师不对吗？

案例

Case description:

A Chinese electronic engineer, Mr. Xue, of Sony Corporation (BKK) Ltd. told his own experience. One day, he saw a broken PCBA, which was a circuit board for the multimedia computer. He picked it up and found there were many expensive components on it. As an engineer, he thought it was his duty to repair it. Otherwise, it would be discarded as useless. It took him two hours before he finally fixed it, and it worked perfectly when tested. As he felt so proud of what he had done, he signed his name on the card that was tied to the PCBA.

About an hour later, the PCBA was rejected by the QC Department, and he was called to the General Manager's office. When he arrived there, he was so surprised to find that Mr. Tsuyoshi Kondo, the Japanese general manager, and Mr. Frank, QC Manager from France, looked so cold.

"It is he who put the damaged PCBA on the production line," said the QC Manager to the GM with an aggressive voice. "Why did you repair that damaged PCBA and put it on the line? " Mr. Kondo asked him suspiciously.

"It's not a defected piece any more. I'm sure it works well." He answered with a confident gesture. "In order to save money for the company, I have done a hard but excellent job. It is good for the company. Why do you call me here and ask me in such a serious way? " He looked directly into the manager's eyes.

Instead of answering his question, the QC manager asked him a direct question. "Do you want to buy a multimedia computer with this seriously broken but well repaired PCBA inside? "

Suddenly, the Chinese engineer came to realize something—if he were a consumer, he definitely would not buy a computer like this one. However, there was something that pushed him to try to find some reason that he was not in the wrong. He remembered that when he was very young, his parents often told him that it would be a good habit to save everything and make use of it as much as possible. And he also remembered his teacher often taught him to "use something for three years when it looks new. When it looks old, it should be used for another three years. When it is broken or worn, have it repaired or mended, and then use it for another three years."

He suddenly understood there was a cultural difference between the GM, the QC Manger and him. So he said in an apologetic way, "Yes, well, Mr. Kondo and Mr. Frank. Saving the thing when it still has some value is our Chinese way. But from this case I understand what quality means to us now. It's true that if I were the consumer, I wouldn't buy a computer in a good working condition but with a broken PCBA inside it."

"It is a reasonable explanation, and that's a cultural difference." Mr. Kondo said with a satisfied expression on his face, and Mr. Frank's face also changed from cold to warm.

"You know, Mr. Xue. You tried to save 1,000 US dollars for Sony, but the goodwill of Sony is priceless. If the repaired broken PCBA passed our checks and went to the consumer, it would be a disaster for Sony's goodwill. And that's why we must throw away those seriously defected PCBAs." Mr. Frank said to him with a smile.

(***Source:*** Xu Xianguang. Business Communication[M]. Beijing: Foreign Language Teaching and Research Press, 2001.)

Case in Chinese:

一个在索尼公司工作的中国电子工程师讲述了自己经历的一件事。一天，他看到了一个坏掉了的印制电路板。印制电路板是多媒体电脑上使用的一种电路板。他把它捡了起来，发现上面有许多昂贵的元件。作为工程师，他认为他有责任把它修好。不然，这个印制电路板就会被当成废物丢弃了。他花了两个小时才把它彻底修好。测试表明，修好的电路板工作性能完全正常。他为自己所做的一切感到骄傲，并把他的名字签到了印制电路板边上的一张卡片上。

大概一个小时以后，经过修理的印制电路板没有经过质检部门的审核。总经理办公室通知他过去一下。当他到那里时，日方总经理迈藤先生和来自法国的质检部经理弗兰克都用冷冷的眼光看着他。

“他就是那个把报废的印制电路板放回生产线上的人，”质检部经理以一种咄咄逼人的口气对总经理说。“为什么你要修复已经损坏了的印制电路板，而且还把它放回到生产线上？”日本经理怀疑地问他。

他十分自信地回答说：“那个印制电路板已经不再是不合格品了，我敢保证它能正常工作。”他正视着经理的眼睛，又说：“为了帮公司节省成本，我费了很大的力气才把那块印制电路板修好了。这对公司是有益的。您为什么把我叫到这里而且还以这么严厉的语气审问我呢？”

质检经理没有回答他的问题，而是直接问道：“如果一个多媒体电脑使用的是修好的、但是曾经严重受损过的印制电路板，你会买一个这样的多媒体电脑吗？”

突然间，这个中国工程师好像意识到了什么——如果他是消费者，他是绝对不会买那样的电脑的。

然而，他心里又有什么东西促使着他去找出理由来证明自己没有错。他记得当他小的时候，父母常教育他要养成节约的好习惯；东西要尽可能地重复使用。他还记得老师也经常告诫他：“新三年，旧三年，缝缝补补又三年。”

他忽然间意识到他和日本总经理以及质检经理之间存在着一种文化差异。他带有歉意地说：“经理先生，对于中国人来说，节省是美德，一样东西只要还有使用价值就不要丢弃它。但是从这件事，我明白了质量对我们意味着什么。事实确实如此：如果我是消费者，我是不会去买一台有着一块工作性能良好、但曾严重受损过的印制电路板的多媒体电脑的。”

“你给了个合理的解释，这是个文化差异问题，”总经理满意地说。质检经理脸上的表情也从冷峻转为温和。“你知道，薛先生，你虽然想为索尼节省1 000美金，但是索尼的信誉是无价的。如果修理好的印制电路板通过了检验并到了消费者手中，这对索尼公司的声誉来说将是一场灾难。这就是为什么我们要扔掉所有严重不合格的印制电路板的原因。”总经理带着微笑对他说了上面这段话。

讨论

Questions for discussion:

1. Why did Mr. Xue repair the damaged PCBA and put it on the line?
2. Is Mr. Xue a responsible engineer? How does the manager like him?
3. How does Chinese and Japanese differ in perceiving responsibility?

分析

➡ 矛盾冲突

在本案例中，薛先生为了帮助公司节省成本，主动修好了一个不合格但造价昂贵的印制电路板。然而，这个电路板却没通过质检部门的检测。因为虽然修好的电路板能正常工作，但是索尼公司经理认为，在产品中使用曾经出现过严重问题的电路板是一种不负责的态度，会有损公司的声誉。

日本的电器制造业看重产品质量和企业声誉，而中国的传统观念提倡节约。薛先生在索尼公司的遭遇正是索尼公司的经营理念和中国传统美德之间冲突的体现。

➡ 原因分析

节约是中国人的传统美德。薛先生这代人，出生于20世纪70年代，那时中国正处于非常困难的时期，人民大众的生活非常贫穷，因而养成了勤俭节约的习惯。凡事能省则省。中国有句老话，“新三年，旧三年，缝缝补补又三年”。这正是薛先生那代人所接受教育的鲜活体现。中国媒体也不断推出各种企业节约的典型。受中国传统教育的影响，薛先生自然认为自己主动修好了造价昂贵的不合格印制电路板，这有益于索尼，也表明他是一个有责任心的工程师。但是索尼公司认为公司应该首先对客户负责，在产品中使用曾经出现过严重问题的电路板对客户不公平，是一种不负责的态度，会有损公司的声誉。可见二者虽然都强调责任，但是薛先生认为帮助公司降低成本是自己的责任，而索尼公司认为客户满意才是自己的责任。薛先生作为一个工程师，在视野上不如经理开阔，他只看到了做好本职工作节约成本的一面，而由于缺乏大局观没看到虽然在小处节约了成本，却有可能影响公司多年来建立起来的声誉，造成很大的损失。

另一方面，20世纪40、50年代，日本的产品质量问题严重，东洋货质量很不好。为了摘掉这顶帽子，日本政府提出“质量救国”的战略。现在日本产品的质量位居世界前列。只有质量好，才能得到顾客的认可，索尼公司才能得到长久的繁荣。质量不过关，失去顾客的信赖，这才是索尼公司最大的损失。

日本国土面积狭小，资源紧张，所以日本人也强调节约。在日本，有专门提倡节约的电视节目和报纸杂志，并且还有节约比赛等活动来增强人们的节约意识。但是在此案例中，索尼公司的经理并不是因为薛先生的节约意识而批评他，而是因为薛先生在考虑到公司利益的同时忽略了客户的利益。

文化沟通

薛先生最后意识到了问题的根源，并给了总经理一个合理的解释。双方意识到这是个文化差异问题，同时也说明双方在公司经营理念上存在着差异。怎样缩小这种差异，使公司的所有员工都能明白并支持公司的理念呢？

首先，表彰薛先生从为公司降低成本的角度出发，自觉修好了印制电路板，同时解释为什么这可能会损害索尼客户的利益，以避免中国员工对这件事的猜测和不解。

而且，可以成立有关质量管理的培训班，使所有员工都明白质量第一的公司理念，并借此机会宣传索尼公司对客户的负责态度。

15 An Awkward Negotiation 尴尬的谈判

中国某软件公司欲与美国某软件公司合作，后者派出格林等三人来华，但在后续与中方公司代表刘先生等人沟通协商过程中出现了问题，最终不欢而散。

案例

Case description:

A Chinese software company wanted to cooperate with an American software company, so they invited the American company to China to have a negotiation. The latter was very interested in this invitation because they all knew that nowadays China is the would-be largest potential market in the world. Therefore, the American company sent three persons to China, of whom Mr. Green was the group leader. On the other hand, Mr. Wang, as the group leader of fifteen people, was in charge of this matter for this Chinese company. When finally, Mr. Wang saw Mr. Green at the airport, he smiled, "You must be tired!"

Mr. Green was somewhat puzzled, but he didn't pay much attention to that. Then, when they arrived at the hotel, Mr. Wang treated Mr. Green a big dinner. Mr. Green was at a loss when he saw that so much food was served. "That is impossible to eat out all that food," said Mr. Green. But Mr. Wang said, "I'm very sorry that we have just prepared some poor food, and I hope you don't mind about it." Mr. Green was totally puzzled, "Who said that China is a developing country and Chinese are poor? If the poor live in this way, there must be no God!" He also considered Mr. Wang as an insincere guy apologizing for this big dinner.

Next day when Mr. Green suggested that they should begin the negotiation. Mr. Wang just laughed, "There is no need to hurry after all, and you come to China for the first time, so just see around our city for several days. First enjoy yourselves, and then talk about business. Would that be all right? "

But Mr. Green was a little unhappy, "If we don't begin our negotiation, what on earth did we come to China? "

"I know that our business is negotiation, but we also hope that you can enjoy yourselves. We can start our negotiation several days later," said Mr. Wang.

"Business is business; we really appreciate your good will, but we came to China not for ourselves but for the company," said Mr. Green.

Mr. Wang was a little embarrassed hearing this. But finally they began their negotiation. When they were all seated, Mr. Green felt very strange, and he just couldn't understand why the Chinese company sent so many persons to this negotiation. After all, this was just a business negotiation, not a big fight.

After Mr. Wang introduced all the members to Mr. Green, the latter finally found out that these persons included sales manager, technician and some other people. "I can't see why these people come," thought Mr. Green. Then he introduced his members to Mr. Wang, "This is my secretary, and this is the lawyer of our company." When hearing the word "lawyer", all Chinese people present felt somewhat disappointed and angry. Mr. Wang frowned and totally had no idea what to say. "Why lawyer? It's just like calculating family property in preparing a divorce at a time when we are just beginning to fall in love," thought Mr. Wang.

During the negotiation, Mr. Green recommended several articles, while Mr. Wang would just say, "Oh, that's very good, but I have to talk with my boss."

Mr. Green was very upset, for he couldn't understand why the company sent Mr. Wang if he couldn't make any decision. What's worse, sometimes Mr. Wang would give some puzzling answers, like "I can't fully understand this, but I'm afraid there are many problems about this. It's very complex."

"Then what are the problems? " asked Mr. Green. This made Mr. Wang embarrassed and he just kept silent.

At last, Mr. Green couldn't help losing his temper anymore, "I don't think that your company really wanted to cooperate with our company!"

Mr. Wang felt very angry, but he just said, "Take it easy. In fact, we do want to cooperate with you, but you can see that things are complex."

Mr. Green was so angry to these vague words that he said nothing and left the room.

The next day, he left China with his members.

(***Adapted from:*** *Why is Mr. Green so angry?* [2021-06-20] https://wenku.baidu.com/view/a8bb687b168884868762d6a0. html)

Case in Chinese:

一家中国软件公司希望同一家美国软件公司合作。所以他们邀请这家美国公司来中国进行谈判。后者对这一邀请非常感兴趣，因为他们知道，如今的中国是世界上最大的潜在市场。因此，美国公司派出三人前往中国，其中格林先生是组长。而王先生则作为15人中方团队的组长，负责中国公司的谈判事宜。王先生在机场看到格林先生后，笑着说："您一定累了吧。"

格林先生有些疑惑，但他并没有太在意这些。到达酒店后，王先生盛情宴请了格林先生一行人。格林先生看到这么多食物，感到很惊讶。"这么多食物，我们吃不完的。"格林先生说。但王先生回答道："哪里哪里，我们只是准备了一些简餐，还请您见谅。"格林先生十分疑惑："谁说中国是一个发展中国家，中国人是穷人？如果穷人都这样生活，那还需要什么上帝。"他心想，王先生居然为了这么丰盛的一顿饭道歉，一定也不是真心的。

第二天，格林先生建议双方开始谈判。王先生只是笑了笑："不用着急，您也是第一次来中国，不如这几天到处看看。先享受一下，然后再谈业务。这样可以吗？"

格林先生有点不高兴："如果我们不谈判，那我来中国到底是为了什么？"

"我知道我们的主要目的是谈判，但也希望您们能够愉快享受一下。我们可以过几天再开始谈判，"王先生说。

"生意就是生意。我们真的很感谢您的好意，但我们来中国不是为了自己，而是为了公司，"格林先生说。

王先生听到这话有点儿尴尬。最后谈判还是开始了。双方就座后，格林先生感到非常不解，他不明白为什么中国公司要派这么多人来参加这次谈判。毕竟，这只是一场商业谈判，而不是争斗。

王先生将所有成员介绍给格林先生后，格林先生才知道这些人包括销售经理、技术员等。"我不明白为什么这些人会来，"格林先生想。然后他向王先生介绍了他的成员："这是我的秘书，这是我们公司的律师"。当听到"律师"一词时，在场的所有中国人都感到有些失望和不悦。王先生皱着眉头，完全不知道该说什么。王先生心想，为什么要带律师，这就像在刚开始恋爱的时候，就准备计算离婚时的财产分割。

谈判过程中，格林先生介绍了一些条款，但王先生总是说："确实挺好的，但是我得和老板谈谈。" 格林先生非常生气，他不明白，如果王先生不能做任何决定，公司为什么要派他来？并且，王先生有时会给出一些令人费解的回答，比如"虽然我不能完全理解，但我觉得这里还有些问题，比较复杂。"

"那有什么问题？"格林先生问。王先生很是尴尬，只好保持沉默。

最后，格林先生忍不住发脾气了，"我不认为你们公司真的想和我们合作！"

王先生感到非常生气，但他只说："事实上，我们确实想与你方合作，但您可以看到，事情很复杂"。

格林先生对这些含糊不清的话非常生气，他什么也没说就离开了谈判场。第二天，格林先生一行人离开了中国。

讨论

Questions for discussion:

1. Why did Mr. Wang parry the questions asked by Mr. Green?
2. Why did the Chinese company send so many staff?
3. How would you reply if you were Mr. Wang when Mr. Green said “your company didn’t really want a cooperation”?

分析

矛盾冲突

在本案例中，王先生热情款待格林先生一行人，以表地主之谊，但由于文化背景不同，格林先生并没有体会到王先生的用意。格林先生一心想尽快开始谈判，而王先生则希望格林先生能够有愉悦的体验，以便建立良好的关系。在谈判过程中，面对王先生模糊、不确定的回答，格林先生认为王先生的公司并没有为协商做好准备，只是在拖延时间，而这对讲究效率的美国人来说，无疑是不尊重的体现，进而导致了矛盾的爆发。

原因分析

在个体取向与集体取向方面，特里斯迪安（Tristian）提出了个体对内群体和外群体区分程度的概念。内群体是指与个体有密切关系的群体，如家人、工作中的团队等。而外群体则是指与自己毫无关系的人。一般而言，个体取向的文化不强调内外之分，而集体取向文化则对内外群体有着严格区分。当集体取向的人与内群体成员谈生意时，也是从合作而不是竞争的角度出发。在本案例中，中方公司有意与美方公司合作，为了合作能够顺利进行，王先生热情款待，希望格林团队能够体验当地的风土人情，本质上是想拉近关系，试图进入对方的内群体当中。但是美国社会则处于个体取向文化当中，对于内外群体并无严格区分，无法理解王先生的用意。而美方公司派出律师与会，对于中方公司代表来说，无疑是将其作为外群体的表现，双方关系进一步疏远。

在本案例中，最突出的问题在于王先生回答模糊，以及无法立即做出决定。对此，需要结合权力距离以及不确定性规避进行综合分析。中国是一个权力距离较大的社会，上下级之间存在着明显的权力差距，人们习惯于上级制定决策下达命令、下级执行的模式。在本案例中，王先生虽然是公司代表，但没有拍板定案的权力。此外，中国文化具有高不确定性规避的倾向，所以在上述情况下，王先生无法立刻给予格林先生肯定的答复或绝对清晰的回答，压缩了规避风险的空间，事后出现问题，王先生需要负主要责任。这也解释了中方公司为何派出销售经理、技术员等多名工作人员参与谈判，因为高不确定性规避文化中的人们会注重专家的意见，通过系统综合分析来避免不确定事件的发生。

此外，美国属于低语境文化，低语境中的人倾向于采取对立和直接冲突的态度，使用非常直接的交流方式，目的在于获得大量信息并引导交流程序，提高信息的清晰度和可信度，以达成沟通目的。在本案例中，商务沟通的目的是达成最终的协议，协议所涉及的法律条款都需要专业人士在场，以便进行及时有效的沟通和调整。美方公司考虑的重点在于顺利达成有效的协议，而此举在王先生团队看来，则是不信任的表现，是为了规避不确定性事件，由于视角不同而产生了误解，最终导致了谈判的失败。

文化沟通

“横看成岭侧成峰”或许是对该案例矛盾的最佳总结。双方均是真诚地想进行谈判合作，但是看待问题的视角不同造成了双方之间的误解。在跨文化商务沟通过程中，应当互相了解对方的价值文化观念，当遇到类似情况时，主动从跨文化的视角理性分析其背后的出发点。

16 Whose Ideas Are These?
这些是谁的主意?

约翰初来上海工作，受到了中国主管的重视。他出于感激与同事们分享了自己的一些见解。可是在后来的会议上，主管将他的想法占为己有，这让约翰非常生气，他是否应该与中国主管断绝关系呢?

案例

Case description:

John Coleman was twenty-five and an ambitious businessman. He had recently graduated with an MBA degree from a prestigious American university. From the age of eighteen he had been interested in China and had become convinced that this extremely large country represented great potential for international investments. During his college years he had studied Chinese and become reasonably fluent.

After being hired by an American pharmaceutical company, John convinced his superiors that the company would be well served if he were assigned to China. One of John's superiors happened to know of some Chinese business people who wanted to look into the possibilities of expanding their line of nonprescription medicines. This superior contacted the Chinese business people, and they agreed to work with John out of their offices in Shanghai.

After arriving in Shanghai and settling in, John reported to work. He discovered that his supervisor in China would be Fang Dachun, a fifty-year-old businessman who had recently been able to amass considerable wealth working with American firms desirous of expansion in China. Mr. Fang was impressed with John's Chinese skills and immediately began including him in meetings with other Chinese. Grateful for this attention, John shared some of his ideas for the manufacturing of nonprescription drugs.

One afternoon, Mr. Fang invited John to a meeting with the executives of a Chinese pharmaceutical company. Mr. Fang presented some ideas about possible future joint ventures between himself and this company. John was pleased to hear Mr. Fang present some of John's own ideas, but he was not pleased after the meeting when he realized that Mr. Fang never made a connection between the ideas and the person who had developed them. John concluded that he could not work with Mr. Fang, and he began to consider drafting a letter to his company in the United States recommending the severing of ties with Mr. Fang.

If John asked your advice concerning whether he should send a letter to his American company, what might you tell him?

(***Source:*** Wang, M. Mary. Turning bricks into jade: critical incidents for mutual understanding among Chinese and Americans[M]. Yarmouth: Intercultural Press, 2000.)

Case in Chinese:

约翰·克里曼25岁，刚在美国一所著名的大学读完MBA，是一个很有抱负的商人。从18岁开始，他就对中国产生了兴趣，相信这个泱泱大国代表了巨大的国际投资潜力。大学时他学习了汉语，说得比较流利。

受雇于一家美国制药公司后，约翰说服了他的上司派他到中国。他的一个上司正好认识一些中国商人，他们正在寻找机会扩大非处方药生产线。这名上司联系了中国商人，他们同意让约翰到他们上海的公司工作。

到上海安顿下来以后，约翰就去报到工作。他在中国的上司叫方达淳，50岁，最近他通过帮助美国公司进驻中国积聚了大笔财富。约翰的中文水平给方先生留下了很深的印象。他立即开始让约翰跟其他中国同事一起开会。为了回报方先生对他的重视，约翰分享了他个人对生产非处方药的一些想法。

一天下午，方先生邀请约翰会见一家中国制药公司的高层管理人员。方先生提出一些将来与该公司合作的可能性。约翰很高兴听到方先生提到自己的那些提议，但会后他意识到方先生从没有将那些提议和他联系在一起，这让他很生气。他觉得自己不能再和方先生一起工作了。他开始考虑给美国总部写封信，建议与方先生断绝合作关系。

如果约翰征求你的意见，问你是否应该给总部写信，你会怎么建议他呢？

讨论

Questions for discussion:

1. Does a Chinese feel comfortable when his superior adapted his ideas without referring to his name?
2. Did Mr. Fang realize that those ideas were actually John's?
3. Would the letter be effective to solve the problem? What suggestions would you offer to John?

分析

矛盾冲突

约翰取得了一所美国名校的 MBA 学位，年轻有为，中文说得不错。他一直对中国非常感兴趣。他劝说公司将他派到中国开展业务。他在中国的主管方先生帮助美国公司在中国拓展业务并从中获利颇多。他很满意约翰的中文水平并邀请他与其他中国同事一起开会。会上约翰出于感激贡献了他对业务的一些想法。后来，在与一家中国制药公司的会议上，方先生提出了一些未来合作的建议。约翰很高兴自己的想法被采纳，但会后他才意识到方先生根本就没有提及他的名字，也没有把他和那些建议联系起来，这让他非常生气，觉得自己不能跟这种盗取别人想法的人一起工作。于是他开始考虑是否应该给美国公司写信与方先生断绝关系。

原因分析

在这个案例中，矛盾冲突的原因来自约翰和方先生各自文化的差异，他们对权力、地位和知识产权的理解不同，造成方先生认为自己是理所当然的代言人，而约翰却非常气愤。

中美文化在权力距离上差异很大。儒家文化是中国传统文化的重要组成部分，上下级之间的权力距离较大，社会地位高的人和年长者较受尊重。方先生作为年长的上级，觉得自己有权利和义务在会上将大家的意见以最有效的方式提出来。这比由年轻且经验较少的外国人约翰提出来要更容易被与会者接受。提到建议出自约翰可能会让他觉得自己受到了尊重，但在集体主义文化中个人的感受是相对次要的。

个人主义文化与集体主义文化对于个人贡献的期望也是不同的。来自个人主义文化的约翰觉得他的建议是自己的成果，应该和自己的名字联系起来，方先生没有提到他的名字无异于将别人的成果据为己有，这让他非常气愤。而来自集体主义文化的方先生认为个人对集体贡献出自己的成果后，集体就成了成果的所有人，他是代表集体提出建议的。约翰的建议被采纳就是为集体做出了贡献，他也会因此得到回报，如被引见给政府官员，或者得到其他美国人很难获取的投资信息等。

约翰觉得方先生"盗用"了自己的想法，而方先生却认为由自己提出建议是正确的，因为对于中国人来说，想法和知识是很抽象的概念，人们并不把它们当成具有实际价值的财产来看。约翰跟大家分享了他的想法后，他的想法就变成了大家所共有的，人们不会再将它与提出者的名字明确地联系在一起。方先生觉得在提出建议时没有必要提到约翰的名字，因为这些建议现在是大家共同所有的了。

文化沟通

如果约翰想在中国长期发展，写信向总部汇报的做法是解决不了问题的。他应该冷静下来，仔细想想在一个自己很陌生的文化环境里人们做事的方式是不是也应该有差异。他应该更多了解在中国这样的集体主义文化中人们之间的相互期望和义务。方先生邀请约翰与中国同事一起开会就已经显示出他比较赏识约翰。如果他发现约翰的建议很有用，可能以后会以某种形式向约翰的贡献表示感谢。例如，他可能将约翰介绍给其他生意上的朋友或政府官员，这可能会给约翰的公司带来利益。如果没有方先生的引见，约翰要自己认识这些人是很困难的。约翰应该认识到在中国人们的行为是基于集体的认可之上的。如果他为集体做出了自己的贡献，他也将最终因此得到回报。而且在中国这样的集体主义文化中，单靠个人的能力是不够的，他还需要多结识当地人，需要尽量融入本地商务文化，获取更多的信息和帮助。

17 A British General Manager in Thailand
英国总经理在泰国

一位英国总经理来到泰国上任，到任之初，没想到使用什么样的车上班这个小问题给他带来了不小的烦恼……

案例

Case description:

A British general manager (GM) upon arrival in Thailand refused to take his predecessor's car. The Thai finance manager asked the new GM what type of Mercedes he would like, then. The GM asked for a Suzuki or a Mini, anything that could be handled easily in the congested traffic in Bangkok.

Three weeks later the GM called the finance manager and asked about prospects for the delivery of his car. The Thai lost his reserve for a moment and exclaimed, "We can get you a new Mercedes by tomorrow, but Suzuki take much, much longer." The GM asked him to see what he could do to speed up the process. After four weeks the GM asked to see the purchase order for the car. The purchasing department replied that, because it would take so long to get a small car, they had decided to order a Mercedes.

The GM's patience had run out. At the first management meeting he brought the issue up and asked for an explanation. Somewhat shyly, the predominantly Thai management team explained that they could hardly come to work on bicycle.

(***Sources:*** FONS T, CHARLES H T. Riding the waves of culture: understanding cultural diversity in business[M]. London: Nicholas Brealey Publishing, 1997.)

Case in Chinese:

一位英国总经理刚到泰国上任，他拒绝使用前任的汽车。财务经理是泰国人，他问新来的总经理喜欢奔驰的哪一型号。总经理想要铃木或迷你。只要能在交通拥挤的曼谷街头容易驾驶就可以。

三个星期后，总经理给财务经理打电话，问汽车交付情况。泰国经理不再缄默，直言不讳地说："我们明天就可以给你买一辆奔驰，但是铃木就要花很长时间。"总经理请他看看能做点什么来加快进程。四个星期后，总经理要求看购买汽车的订单。采购部回答说，因为买一辆小型汽车要花太长的时间，他们决定定购一辆奔驰。

总经理的忍耐到了极限。在第一次管理层会议上，他提到了这件事并且要求解释。在管理团队中占大多数的泰国经理们有点不好意思地解释说，他们实在没有办法骑自行车上班。

讨论

Questions for discussion:

1. Why did the general manager have difficulties in getting a Suzuki or Mini?
2. Why did the management team say that they could hardly come to work on bicycle?

分析

矛盾冲突

在本案例中，来自英国的总经理不愿使用前任的车，要求公司购买相对小型的铃木或迷你，以便应付曼谷拥挤的交通。但他的泰国下属迟迟不能完成任务，反而坚持要给他买一辆奔驰。最后总经理在管理会议上要求下属对此做出解释。

原因分析

泰国是等级观念很强的国家，泰国传统文化价值观的核心，如家长制、权威崇拜、等级观念等是人们日常行为所公认的准则，甚至是一种“生活方式”。人们认为社会等级制度对人有好处，所以不会向社会等级制度挑战。泰国的社会生活强调等级观念，依赖于等级关系。而在公司等社会机构中，强调正式的组织结构，各个等级保持一定的稳定性。因此，在本案例中，最后泰国职员的解释是，如果总经理的用车降低水准，公司所有职员的用车要整体降级，最终有些职员必须要骑自行车上班，而这是他们不愿也无法做到的。在英国文化的价值观中，权力之间的距离很小，具体工作之外，人们之间是平等的，公司中的领导者用车是为了工作，为了提高业绩，因此在英国经理看来，交通工具的选用是为了提高工作效率，每个人都有选择的自由，自己选用什么样的车与公司其他人无关。

文化沟通

本案例中，如果英国经理坚持一意孤行，很容易引起泰国员工的集体反感，会有被架空的危险。在跨国组织中，遇到这种情况应从实际环境，即地理环境及当地文化习俗，占主导成员的文化背景出发，考虑大多数人的习惯和意见，做出不影响团队成员工作积极性和工作业绩的决策。

二、思维方式冲突

18 "Canny" Japanese
"老谋深算"的日本人

日本是具有独特文化和性格特征的民族，并善于将自己的文化融入商务交往的较量中，在谈判中转化为其特有的策略。而西方人如若对日本人知之不多或了解不深，则往往在这方面中了他们的"圈套"，被他们牵着鼻子走……

案例

Case description:

Japan Airlines International Co., Ltd. (JAI) decided to import 10 sets of Boeing airplanes from McDonnell Douglas. The chairman of the board was appointed as the leader of the negotiation team, the financial manager as major negotiator and the technical manager as assistant negotiator—the three of whom were together responsible for purchasing the airplanes.

McDonnell Douglas arranged the negotiation on the next day immediately after the JAI representatives arrived in the US by air. When the three Japanese gentlemen entered the conference room with a tired look, the leading negotiator of the American company considered it a good chance and stepped into the introduction part of the negotiation promptly. From 9:00 to 11:30 a.m., a huge number of graphs, data, computed designs, auxiliary materials and aviation pictures were well demonstrated by three projection machines, proving a perfect quality and pricing of its airplanes. When the introduction was finished, pulling the curtain confidently, the negotiation representative looked, full of expectations, at the Japanese and asked, "What do you think? " Seeming to be inscrutable, the Japanese guests gave a smile and said, "We don't understand." Greatly shocked and puzzled, the negotiation leader of the American side asked, "You don't understand? What do you mean? Which part?" The three Japanese apologized and asked them to repeat the introduction. Deeply depressed, however, the

American leader had no other choice. Their negotiation representative had lost the original passion and confidence while repeating the introduction that took two and a half hours, always feeling annoyed for the unexpected frustration.

In the following negotiations, the Japanese seemed stagnant to the Americans, making them feel the well prepared opinions, supporting data, deductions and carefully selected negotiation strategy didn't work for the "stupid" Japanese at all. After they finished the negotiation for the second day, the Americans didn't even arrange any recreation. They had been agitated and afraid of any other troubles, and the only wish for them was to end the negotiation as early as possible. So the Americans asked in a straightforward way, "Our airplanes are the best and the price is also reasonable. Do you have any different opinions?" Taking this opportunity, the Japanese offered a very low price and at last the deal was settled at the price proposed by the Japanese.

(***Source:*** 姜淑芹，张纹祯. 跨国商务谈判中的跨文化交际[J]. 集美大学学报（哲学社会科学版），2005（04）：62－66.)

Case in Chinese:

日本航空公司决定从美国麦道公司引进十架新型波音客机，指定常务董事任领队，财务经理为主谈，技术部经理为助谈，组成谈判小组，负责购买事宜。日航代表飞抵美国，第二天麦道公司便安排会谈。第二天三位日本绅士面带倦容地走进会议室。麦道方主谈把客人的疲倦视为可乘之机，迅速进入谈判介绍阶段。从上午 9 点到 11 点 30 分，三架放映机相继打开，铺天盖地地向日本代表展示了图表、数据、电脑图案、辅助资料、航行画面等，完全令人相信麦道的飞机性能及定价都是无可挑剔的。展示结束后，麦道公司的谈判代表自负地拉开窗帘，充满期待地望着对方问道："你们认为如何？"三个日本客人不为所动地笑笑说："我们不明白。"麦道领队顿时愣住了，大惑不解地问："你们不明白？这是什么意思？你们不明白什么？"三个日本代表抱歉地要求他们重新讲一遍。麦道的领队非常泄气，却又无可奈何。麦道公司的谈判代表重复那两个半小时的介绍时，已经失去了最初的热忱和信心，不时地为这种莫名其妙的挫折而感到烦躁。接下来的谈判中，日本人显得很迟钝，让麦道方的人觉得跟愚笨的日本人谈判，早已准备好的论点、论据和推理是没有用的，精心选择的说服策略也无用武之地。第二天的谈判后，麦道方也没有组织一些招待或娱乐活动。连日来，麦道方已经被搅得烦躁不安，实在担心再遇上缠搅不清的问题，只想尽快结束这种与笨人打交道的灾难，于是直截了当地问对方："我们的飞机性能是最佳的，报价也是合情合理的，你们有什么异议吗?"这个时候日方代表便抓住时机，把价钱压得很低，最后以日方提出的价钱成交。

讨论

Questions for discussion:

1. In your opinion, why did the Japanese say that they didn't understand when the Americans finished their introduction?
2. What do you think is the negotiation style of the Americans?
3. How was the American side forced to change their strategy?
4. How did the Japanese win their position in the negotiation? What is reflected of the Japanese characteristic from the negotiation process?

分析

矛盾冲突

在此案例中，美国人与生俱来的自信和优越感在谈判中清楚地显露出来，但相比之下，日本人的迂回和沉着冷静却更加令人佩服。美国人的直接、速战速决在面对日本人的谨慎、缓慢束手无策时，美日文化的差异在商务谈判中产生了激烈的碰撞。最终，看似狡猾的美国人只好在看似愚蠢实则很圆滑世故的日本人面前妥协了。可见，在商务谈判这个平台上，不同文化的不同群体通过他们的行为方式都表现出了他们文化中最本质的部分。

首先，美国人不太顾及对手而显得气势咄咄逼人，在一开始就不顾日方的疲劳。然后，他们又铺天盖地地对日本人进行材料轰炸，不断发表自己的意见和权益要求，他们相信对方在谈判方式上会做出重大修改，以适应这种他们自负地认为很有效率的速战速决，但事实证明，日本人根本没有买他们的账。无可奈何之下，美国人就完全显露出他们的急躁，给了日本人可乘之机。

原因分析

不管是美国谈判者，还是日本谈判者，他们在谈判中所表现出来的行为就是其不同思维方式的反映。从思维方式来讲，西方人更多地注重分析型思维方式，即从部分到整体，看重细节，在谈判中喜欢从具体事实出发，习惯于开门见山、直截了当。上述例子中，美国人在谈判一开始就直入正题，展示精心准备的产品介绍、数据等资料，这些都是美国人分析型思维的体现。而东方人倾向于综合型的思维方式，具体体现在凡事先整体后局部，商务谈判时一般是“先谈原则、后谈细节”，日本人即是典型的例子。在做出任何决定之前都要考虑再三，注重和谐、求同，在进行商务谈判时，日本人更喜欢先了解对方或互相建立良好的私人关系，再进入实质性的谈判，以此来减少双方合作的不确定性。

美国商人的哲学其实很简单，通过努力、速度、机会和权力，尽可能快地挣尽可能多的钱。日本人谈判往往要待确立信任后再进入实质性谈判。但很显然上述例子中，自负的美国人并没有意识到这一点。日本人做出决策的过程一般也较为缓慢，他们对美国谈判人员的雷厉风行视若无睹，在对方的压力之下仍可能心平气和、沉着冷静。所以与日本人谈判时，往往很容易形成使美国人为满足预先设定的谈判时间要求而在交易条件上做出较多让步的情形。在上面的案例中，日本人就是巧妙地抓住了美国人的这些特点，利用他们傲慢、急于求成的特点，故意拖延，使美国人失去耐心，最后不得不向他们妥协。

从双方的谈判风格来看，日本商人非常注重礼节，虽然美国人很明显地在他们疲劳的情况下开始了谈判，但是他们仍然出现在了谈判桌前。除此之外，也可以看出日本人更具有强烈的执着耐心和吃苦耐心。他们非常善于用迂回曲折的方式陈述自己的见解，据说在日语中大约有十六种避免说“不”的表达方式。此案例中，如果日本人真的不明白美国人在说什么的话，他们为什么不在美国人讲话的过程中打断他们，而是直到最后美国人完成的时候才提出？这一方面可以说明日本人很礼貌，但其实在礼貌中更重要的是他们迂回的谈判技巧。

➡ 文化沟通

对于上述案例中恼火的美国人而言，正视文化差异应该是他们冷静下来后要做的第一件事情。一棵树上尚且找不到完全相同的两片树叶，更何况是处在不同文化下的两个群体呢？在国际商务谈判这种特殊的跨文化交际中，文化差异是客观存在的，所以谈判者要学着去适应出现的文化差异，正视文化差异，要超越排斥原则，对文化差异采取积极、真挚的接受态度而不是简单的漠视。

第二件事情就是要建立跨文化的谈判意识。我们日常生活在自己国家特定的文化氛围内，所以我们并不能意识到，我们的某些行为其实已经深深地烙上了我们自己国家的痕迹。所以在上述案例中，美国人才会用他们的标准去要求日本人，以至于当日本人的行为与他们的行为不一致时，他们会表现得极其急躁。因此，为了能更好地驾驭谈判进程，谈判人员必须加强跨文化谈判意识，认识到不同文化类型背景的谈判者在需求、动机、信念上的不同，学会了解、接受、尊重对方的文化。

上述案例中的美国人显然是在谈判前没有做好充足的准备工作，才导致他们对日本文化的不适应。他们幼稚地以为在技术上和运作上都进行了很好的准备就足够了，这种做法在国际商务谈判中已经远远地处于落后地位了。虽然案例中没有提到，但据可靠资料显示，日本商人在谈判前都会全面动态地了解对手协议的期望，对方的民族习性、谈判手段和语言文化，对方的实际决策者及其在组织中所处的位置和职权范围以及将要接触的文化所特有的谈判技巧等，以在谈判中保持有利的地位。

19 Difficult Time—A Negotiation 艰难的谈判

文化冲突在两国谈判中尤为明显，文化的不同直接导致谈判风格、行为礼仪、思维方式、谈判策略的差异。当习惯松散的西班牙人遇上一贯严谨的德国人时，双方的谈判中会发生什么不愉快呢……

案例

Case description:

Martinez Construction is a well-established construction company in eastern Spain. A recent decline in contracts has revealed the need of expansion of the company into international market from local market. After some research and discussion, Diego Martinez, president and son of the founder of Martinez Construction, has come to the conclusion that the best approach will be through the acquisition of an existing company from the Thruhandanstalt (THA), a German company. Diego chose his brother-in-law and manager of the Barcelona branch of Martinez Construction, Juan Sanchez, to act as the negotiator for the company with the THA. Juan will be accompanied by Diego's nephew and project manager of the new German acquisition, Miguel Martinez.

From the time of arrival in Germany, Juan felt that he was having a difficult time just getting acquainted with the Germans. He felt pressured by the THA representatives. The Germans were all business. They didn't seem to have time to get to know Juan personally: rush and urgency to complete the sale was the focus of their approach.

The first meeting was scheduled for 9: 00 a. m. Juan and Miguel arrived at 9:15. Juan noticed that the THA representative, Helga Schmidt, seemed quite agitated when they arrived. She didn't even offer them coffee. He wondered what had upset her so much.

When he suggested that they be taken on a tour of the city this morning instead of immediately starting the negotiations, he was reminded of the necessity of proceeding with the negotiations. Even though this displeased Juan, he agreed to start negotiations for the sale.

The Germans presented their proposal to Juan. He was amazed. Every detail was in this contract; and yet the THA had not yet ascertained the financial status and position of the construction firm in Leipzig. For this reason, Juan had expected some sort of flexible agreement. This was especially important since there was no way to determine the extent of future problems given the dearth of available financial analysis. Didn't the Germans know this? If the THA was to be trusted, why bother with this type of contract? He told the Germans exactly what his thoughts were on this subject.

Helga was clearly uncomfortable with Juan's emotional outburst. However, she did see his point and decided to compromise by offering a phased contract, which made Juan more comfortable with the situation. However, the Germans felt lost without the technicalities represented in the original contract.

The negotiations proceeded smoothly from this point. The final contract stated that in two years they would review the original price and recalculate it based on new and presumably more reliable data concerning the true value of the firm. Although there were problems with the negotiations, one thing did impress Juan about the Germans. He really appreciated the way the negotiations were organized. When there was a question, Helga always knew whom to contact. She also knew what forms, reports, and so on, needed to be sent to which department of the THA. Helga, on the other hand, was very uncomfortable with Juan's relaxed manner. However, she did value his genuineness and practicality.

(***Source:*** HELEN D. International Management[M]. 4th ed. New Jersey: Prentice Hall, 2002.)

Case in Chinese:

马丁内斯建筑公司是西班牙东部一家不错的建筑公司。最近订单量下滑，表明公司需要从本地市场向国际市场扩张。经过研究和商讨，公司主席迭戈·马丁内斯，也就是该公司创建人的儿子，认为最好的办法是收购德国公司 THA 的一家分公司。迭戈选定了他的姐夫，即公司在巴塞罗那分公司的经理——胡安·桑切斯代表公司去同 THA 谈判。和胡安·桑切斯同行的还有迭戈的侄子，即这次收购项目的经理米鲁尔·马丁内斯。

从到德国起，胡安·桑切斯就感到和德国人打交道有些困难。THA 公司的代表总让他感觉到压力。德国人只讲生意。他们根本不花时间来私下了解一下胡安·桑切斯，他们做生意的主要方式就是速战速决。

第一次会谈安排在早上九点，胡安·桑切斯和米鲁尔·马丁内斯九点十五分到达。胡安·桑切斯注意到 THA 公司的代表海尔格·施密特似乎在他们到来的时候有些恼火。她甚至连杯咖啡都没有准备。胡安·桑切斯不知道是什么让她不满。

当胡安·桑切斯提议上午先参观一下城市，而不是立刻开始谈判时，德国人提醒他马上着手商讨收购事宜的必要性。虽然胡安·桑切斯有些不悦，但还是同意开始谈判。

德国人把建议书交给胡安·桑切斯。令胡安·桑切斯大吃一惊的是，合同中已经包括了所有的细节，但 THA 甚至连他们公司的财务情况和在莱比锡（德国城市）的地位都还没有进行调查确认。胡安·桑切斯希望先签署一些灵活的协议，因为现在还不能确定以后合作中的一些问题。难道德国人不明白这些吗？如果 THA 值得信任，还要这种合同做什么？他把自己关于这个问题的想法明确告诉给德国人。

胡安·桑切斯的情绪波动显然让海尔格·施密特不太舒服。但是，她明白他的想法，也决定让步，先签一个阶段性的合同。胡安·桑切斯对此感到比较满意。但最初的合同缺失详细的技术细节让德国人颇感不适。

以后的谈判比较顺利。最后的合同规定两年后双方会再次审查初始价格并根据关于此公司真正的价值更新更可靠的数据来对价格进行重新计算。虽然谈判出现了一些问题，但德国人有一点令胡安·桑切斯印象深刻，那就是谈判的组织。每当出现问题，海尔格·施密特总知道该找谁解决。她知道什么样的表格、报告等应该送到 THA 的哪个部门。而另一方面，海尔格·施密特对胡安·桑切斯的散漫很不习惯，但同时很赞赏他的诚恳和实际。

讨论

Questions for discussion:

1. Were the Spanish prepared for the problems faced in the negotiations? If not, what might the Spanish have done to better prepare themselves for the negotiations?
2. How did the Spanish interpret the actions of the Germans?
3. Do you think the Germans were aware of the cultural differences that came to the surface during the negotiations?

分析

矛盾冲突

这是一个典型的跨文化谈判案例，发生在西班牙和德国之间。由于国家文化的不同，使谈判双方在行为习惯、思维和做事方式上都有较大差异，这种差异在谈判的整个过程中不断产生碰撞而突显出来，首先妨碍双方融洽关系的建立，其次影响谈判的顺利进程。

从案例的描述中可以看出，自始至终比较明显的矛盾冲突大概有以下三处。

1. 首次会谈时间约在九点，胡安·桑切斯一行人九点十五分到达，发现对方，即海尔格·施密特流露出明显不快，待客也显得礼节不周。这使胡安·桑切斯非常迷惑，不知什么地方“惹怒”了对方。

2. 谈判开始时，胡安·桑切斯提议先四处游览一下，不必急着马上谈公事。而对方则希望开门见山，尽快步入正题，而不愿把时间浪费在其他与谈判无关的事情上。胡安·桑切斯虽然心中不满，但也接受了建议。

3. 当德国人把自己的意见书拿出来时，更是大大出乎胡安·桑切斯的意料。合同中事无巨细，几乎包括了所有的细节，而对于第一次谈判，胡安·桑切斯只是希望制订一个大概的合作计划，细节的问题以后再谈。胡安·桑切斯非常激动地直接表达了自己的想法，海尔格·施密特对胡安·桑切斯的反应并不是很适应。

经过沟通，德国人做出让步，同意改为阶段性的合同。但合同中没有了详尽的数据和细节，也令德国人感到不太舒服。

➡ 原因分析

为了了解为什么会有这些冲突，我们不妨对两国的文化和谈判风格做一下了解。

虽然都属于西欧国家，但是西班牙人和德国人的思维方式还是有些差异的。比如，德国人喜欢用分析型的思维方式来看待事物，在商务谈判中，他们更关心的是合同中的具体细节，就像案例中的德国人，在合同中几乎包括了所有的细节；而比较而言，西班牙人更倾向于用综合型的思维方式，在商务谈判中，他们首先关心的是双方能否就基本原则大概达成一致，至于具体的细节应该在以后慢慢谈，就如案例中的胡安·桑切斯一样，他本来只是希望制订一个大概的合作计划的。

西班牙人有着灵活的时间观念。在当地人看来，准时并不十分重要。在西班牙，建立良好的私人关系是非常重要的，面对面的私人接触在商务谈判过程中是十分重要的。这与北欧一些注重生意而不重视关系的国家有所区别。尽管与大多数的法国人和意大利人相比，西班牙人还算比较能够控制自己的情绪，但是与英国人、荷兰人、德国人或斯堪的纳维亚人相比，西班牙人却是容易激动的。西班牙的谈判者更注重议价过程中敏捷的思维和自主性，而不像德国人和瑞士人那样注重辛苦的准备和计划安排。

德国人非常重视时间，注意守时是在与德国人交往过程中至关重要的。德国人以理性、严谨著称，谈判中只注重利益本身，而不重视建立人际关系。德国人享有名副其实的效率和声誉，他们信奉的座右铭是“马上解决”，具有极为认真负责的工作态度，高效率的工作程序。

➡ 文化沟通

两国文化中具有这样明显的不同，产生案例中的冲突和矛盾也就不足为奇了。要尽量避免这些矛盾，使谈判能够顺利并卓有成效地进行，需要双方的共同努力，对彼此风格进行充分的了解和理解，在尊重的基础上适应，并可据此制定适当的谈判策略，在谈判中占据主动。如和德国人谈判时，要做好充分的准备工作，各种资料和信息要尽量完备，并有权威详细的数据做支持，比较容易得到对方的信任和认可。要建立良好的合作关系，致力于寻找双方的共同利益比建立私人关系更为奏效。

20 Community Education Commission
社区教育委员会

社区教育委员会（CEC）是由政府出资建立的非营利性机构，旨在对公众进行社会道德和公民责任教育。其中的员工来自不同的国家和文化背景。由于文化的不同，成员之间的合作并不令人十分满意。在一项新的培训课程开课之前，六个高级职员之间产生了分歧……

案例

Case description:

The Community Education Commission (CEC) is a non-profit-making organization funded by the government for educating the public on civic responsibilities and social ethics. It has a multicultural workforce consisting of 85% Chinese, 12% British, and 2%–3% Americans/Australians. Most of the Western staff are at the top of the bureaucracy. Although it is a multicultural organization, employees from different cultures prefer to socialize with their colleagues from the same culture. Social activities are only organized intraculturally, such as mahjong games for the Chinese colleagues and wine-tasting for the expatriates. Intercultural cooperation and teamwork are often unsatisfactory due to cross-cultural misunderstanding.

In a pre-course preparation meeting, six Senior Community Education Officers—one expatriate and five locals—briefed each other on the content and format of the sessions for a "Beginners" Course for New Community Educators. Originally, the Course Co-ordinator, Mr. Lai, intended to use the meeting as an information-sharing session, and all members except the expatriate staff member, Mr. Jones, accepted the agenda. Mr. Jones proposed discussing the objectives, content, and methodologies of every session in detail so as to make the necessary amendments before finalizing the syllabuses and timetable. Subsequently, the agenda was changed in line with Mr. Jones' suggestions.

For one particular session, some members found the level proposed by Mr. Wong to be too advanced. However, Mr. Wong was reluctant to make any change and defended his position by saying, "From my experience, I feel that all beginners should learn this subject thoroughly. I don't want to see them carrying out 'unprofessional' activities because of inadequate knowledge."

Mr. Poon, who disagreed with Mr. Wong, argued, “the new staff should only be frightened away by your complicated theories, and therefore a more basic concept of this subject is sufficient.” The argument went on for a while before the Course Co-ordinator attempted to arbitrate. Mr. Lai said, “Why don’t we compromise a bit and tailor the session at an intermediate level? ” The members at the meeting were quite happy to accept this suggestion. Mr. Poon and Mr. Wong looked at each other and stopped arguing. However, Mr. Jones objected to such an arbitrary decision and asked the meeting to review various factors such as the trainees’ background, needs, interests, and so on before making a final decision. Eventually, the decision was deferred to another date.

(***Source:*** SARA F T, ALMA M W. Management case studies in Hong Kong[M]. Hong Kong: Longman, 1991.)

Case in Chinese:

社区教育委员会是一个由政府出资创办的非营利性组织，旨在提高公民责任感和社会道德感。这一组织由一支多元文化团队组成——85%的中国人，12%的英国人，2%～3%的美国人及澳大利亚人。大部分西方员工处于管理高层的位置。尽管这是一个多元文化的组织，但员工们还是愿意与来自相同文化的同事在一起。一些社交活动也只限于本文化圈内部，比如，中国员工在一起打麻将，外国员工在一起品酒。跨文化的合作和团队活动经常因为不同文化间的误解而差强人意。

在一次课前预备会上，六位资深公众教员，即一位外籍教员和 5 位本地教员，各自简述了《新公众教员培训初级课程》的授课内容和形式。最初，负责课程协调的赖先生计划这次会议的主要内容是信息共享。当时，除了外籍员工琼斯先生，其他人都接受了赖先生的建议。琼斯先生建议会上应详细讨论每一次课的目标、内容和教学方法，以便在最后确定大纲和时间表之前做必要的修改。后来，会议议程遵照琼斯先生的建议。

在一次例行会议上，有些成员发现王先生提出的教学水准有点偏高。可是，王先生不愿意做任何的改动，坚持自己的立场。他说：“根据我的经验，我认为所有初学者都应该系统地学习这门课。我不想看到他们因为知识欠缺而有‘不专业’的行为。”

蒲先生不同意他的观点，争辩说：“新来的员工只会被你的复杂理论吓跑，因此，简单一些的概念就足够了。”争论持续了一段时间，后来负责课程协调的赖先生试图从中调解。他说：“我们为什么不能互相做一点让步，把课程定位在中等水平？”与会成员欣然接受他的建议。蒲先生和王先生看看彼此，停止了争论。然而，琼斯先生反对这样一个中庸的决定，要求会议先重新考虑各种因素，如受训者的背景、需求、兴趣等，再做最后决定。最终，决策时间被推迟。

讨论

Questions for discussion:

1. In what aspects is Mr. Jones' conflict-handling style different from that of the Chinese officers?
2. What cultural factors might have caused the differences in the conflict-handling behaviors?
3. If you were the head of the organization, how would you handle the conflicts?

分析

矛盾冲突

本案例中不同文化背景的成员之间出现了两次意见分歧。第一次在课前的准备会议上，中国负责人之一的赖先生提议会议的主要目的是共享信息，而琼斯先生提议应该对每次例会的目的、内容、方法进行具体讨论研究，以便能够对大纲和课程时间做出必要的修改。最后，大家接受了琼斯先生的提议。

第二次是王先生和蒲先生对课程难度水平设计有不同看法。王先生认为他设计的难度能使初学者更专业化，而蒲先生认为复杂的理论会吓跑初学者，基础的内容就足够了。而当双方听取赖先生的意见各让一步，拿出折中的方案时，琼斯先生对这种裁决方法再次提出不同意见，他认为与会者应该具体分析受训人员的背景、需要、兴趣之后再对培训内容做出定论。至此，会议无法进行下去，只能暂停。

原因分析

本案例的根本起因是不同文化背景的人思维方式和处理矛盾的方法不同。

首先，中国人与西方人有着不同的思维方式，中国人倾向于综合地看待问题，即从整体出发，再到具体细节；而西方人倾向于分析地看待问题，即从具体细节出发，再到整体。

本案例中，琼斯先生来自西方国家，注意的是细节，在分析解决问题的时候从目的、内容、方法等细节入手，再到范围更大的宏观性的整体计划，认为这些细节是形成整个计划的基础，而会议的目的就是制订计划，因此它的功能就是讨论形成计划的细节。在需要做出决策或有不同意见甚至发生争论时，注重最后的实际成果，强调要靠合理的逻辑和确凿的证据，用客观事实说服对方采取正确的方案。在琼斯先生看来用客观事实证明的正确性远比主观经验、人际关系重要。

而中国的委员会高层们都认为把会议作为一个交流信息的场所很恰当，中国人的特点是先制定总体的框架，再把细枝末节的东西填补进去，所以对会议上要做的事情不那么注重细节，这是双方产生冲突的原因。

另外中国文化主张和谐，尊重经验、年龄、地位，团队合作中强调求同。因此，中国人赖先生和王先生在决策时更加倚重自己的经验，当与别人意见相左时，更有可能趋向于折中的解决方案。

中国人极其重视维护与人的和睦关系，会努力塑造一个良好的形象并努力去维持，因此中国人特别注意通过维护面子来发展彼此的关系。赖先生为了不拂王先生的面子，不冒犯他的经验，又注意维持和蒲先生的关系，采取让两个人都退一步的折中办法来解决问题。关于会议功能问题方面，中国人也决定采取琼斯先生的建议。但琼斯先生的解决方式更为直接，因为在西方人看来，工作就是工作，他们会把工作与关系分开，更注重的是工作本身，怎么样去完成工作，因此他要求在最后做决定之前对学员的背景、要求、兴趣等进行了解。

文化沟通

两种文化的人在一起工作，需要相互理解，尊重对方的价值观和文化习惯，在这个案例中，冲突可以在此基础上采取合作性讨论的方法来解决。委员会中的中国成员要更多注意培训工作的目标、内容和方法，在工作的过程中要直接、切题；而琼斯先生需要明白中国人采取的方法是出于对面子和同事关系的考虑，他可以利用中国人对面子的注重采取合作的方式来解决他们之间的冲突。因为如果琼斯先生能够给予其小组成员直接的反馈信息，就是给他们面子的表现，他们觉得自己的观点得到肯定，也更愿意倾听对方的观点以及和对方共同讨论。基于共同的合作目标，找出一种双方都可以接受的方式。琼斯先生完全可以不说赖先生的决定太武断，而是这样说：大家的想法都有道理，可我们为什么不先看看学员们的情况再做决定呢？

21 When the Initiative Meets the French
当规章遇到了法国人

这是一件非常有趣的事情，美国总部出台的一项规章在比利时、英国、德国都行得通，但碰上了认真较劲的法国人，怎么就说不明白了呢……

案例

Case description:

The American Headquarter (HQ) of an international chemicals company produced a “quality chart” which included the following statement, “Each and every one of us will take responsibility for the quality of our products.” They sent the chart to the Belgian, French, German and UK subsidiaries, and asked them to sign it and send it back.

The Belgians, the British and the Germans compiled with the request straight away. But nothing was received from the French. Several e-mails were sent to chase it up, but these remained unanswered. Finally Harvey (the American boss) called Luc (the French manager) to find out what was going on. The conversation went something like this:

Harvey: I'm calling about the quality initiative. Did you get the chart we sent you last month?

Luc: Yes.

Harvey: Oh, you did get it. So could you get everyone to sign it and send it back to us? By the end of the week, if you can.

Luc: Well, no, I'm afraid I can't. I've discussed it with the team and none of us is willing to sign it.

Harvey: Not willing? Why not?

Luc: We don't agree with it.

Harvey: You don't agree with it?

Luc: No.

Harvey: But it isn't a question of agreement. All we're asking for is your buy-in.

Luc: Yes and, as I said, we can't do that. It is not logical. Production and quality control are in Belgium.

Harvey: What difference does that make?

Luc: How can we be held responsible for something we have no control over?

Harvey: No one's going to hold you responsible. We're just asking you to pledge yourselves to the global quality initiative.

Luc: But the document clearly says, "Each and every one of us will take responsibility for the quality of our products." We can't possibly sign it.

Harvey and Luc discussed this question again several times, without success. Luc and his colleagues refused to be moved and their relations with the Americans grew increasingly hostile. Eventually, the Belgian country manager intervened and suggested a compromise that both sides were prepared to accept. Luc and his colleagues would sign the quality chart if Harvey gave them a written assurance that they wouldn't be held contractually responsible for the aims that were stated in it. Harvey thought this was obvious and couldn't understand why they were being so difficult. The French were equally perplexed. "In that case", they said, "the chart is meaningless. So why are you issuing it? " Relations between the two parties remained hostile for some time.

(***Source:*** PENNY C, CHRIS F. Bridging the cultural gap: a practical guide to international business communication[M]. London: Kogan Page, 2004.)

Case in Chinese:

一家国际化学公司的美国总部出台了一项“质量规章”，包括以下要求：每个人都为我们的产品质量负责。他们把规章发到了在比利时、法国、德国和英国的分部，让他们签署并发回。

比利时人、英国人和德国人都直接接受了要求，但是法国分部却迟迟没有发回来。总部又发了几封邮件催促他们完成，但还是没有什么回应。最后（美国老板）哈维打电话给（法国经理）卢克想弄明白情况到底是什么样子的。他们的对话是这样的：

哈维：我打电话是为了质量规章的事情，你收到了我们上个月发给你的规章了吗？

卢克：是的。

哈维：哦，你确实是收到了。那你能让每个人都签名然后发给我们吗？如果可以的话，在这个周末之前。

卢克：嗯，不，恐怕不行。我已经和我们的员工讨论了这个问题，大家都不愿意签名。

哈维：不愿意？为什么？

卢克：我们对规章有异议。

哈维：你们对规章有异议？

卢克：是的。

哈维：但是这不是同不同意的问题。我们所要求的就是你们签署它。

卢克：正如我所说的，我们不能那么做。它是不合逻辑的，生产和质量控制部门在比利时。

哈维：那又有什么不同呢？

卢克：我们怎么可能对自己无法控制的东西负责任呢？

哈维：没人让你们为此负责任。我们只是让你们为全球质量倡议做出保证。

卢克：但是文件上清楚地写着：“我们每一个人都要为我们的产品质量负责。”我们不能签署它。

哈维和卢克为此问题讨论了很多次，但是都没有结果。卢克和他的同事们拒绝改变，他们与美国人之间越来越敌对。最终，比利时经理参与到此事中来，提出了一个双方都可以接受的建议。如果哈维书面保证他们可以不对规章所列的宗旨负契约责任，卢克和他的同事们才会签署此项规章。哈维认为这是不言自明的事情，他不明白为什么他们这么难以相处。法国人也是同样的困惑：“如果那样的话，规章不是丝毫没有意义了吗？那为什么你们要发布它呢？”他们之间的关系持续紧张了一段时间。

讨论

Questions for discussion:

1. There is no doubt in our mind that Luc and his team were as committed to product quality as Harvey was. So why did this corporate initiative lead to so much misunderstanding, frustration and resentment?
2. Why did not Harvey understand Luc's reluctance to sign the quality chart?
3. How do you explain the cultural roots that caused problems in their communication?
4. What are your recommendations to the two sides?

分析

矛盾冲突

整个案例围绕的是一家国际化学公司的法国分公司要不要根据美国总部的要求，来签署那份要求对产品质量进行承诺的“质量规章”。法国人认为，因为公司产品的生产和质量控制都是在比利时进行的，所以他们不应该对不在他们控制范围之内的事情负责；而美国人则觉得这并不是问题，只是要求大家对这个关于产品质量管理的规章有统一的认识，并不是让每个人都负法律责任。双方就此问题产生分歧，从一开始的误解发展到了后来的敌视态度。

原因分析

卢克很努力地去解释他的立场，可是哈维看起来并不明白他在说些什么。这是因为美国和法国两种文化的思维模式是不一样的。和注重逻辑推理的法国人相比，美国人似乎更多地依赖于直觉。逻辑型和直觉型的思维方式具体有如下体现：

逻辑型	直觉型
注重的是一种有逻辑的、综合性的、前后衔接的证明。即便从直觉上认为一项提议是正确的，也需要在负责之前验证证明中的每一步。	注重的是创造性和启发性，能引起情感共鸣的想法。如果从直觉上认为某项提议是正确的，不需要在负责之前验证每一个步骤。

在本案例中，在收到质量规章的时候，逻辑型的法国人就会马上验证一下别人要求他们做的事情有没有逻辑。正如规章上写的“每一个人都要对我们的产品质量负责”，依照法国人的逻辑推理，很显然，如果他们签了这个规章，就产生了合同的约束力，如果质量出了问题，他们就违约了，然后卢克和他的小组成员就会因此丢掉工作。但质量控制是在比利时，他们不可能为此负责。因为哈维不认可他们的理由，于是法国人立刻怀疑他的动机，认为这是他们为减员找的借口。

哈维对待质量规章的方式就更依靠直觉。让自己为产品质量负责无疑是一件非常正确的事情，当然，生产和质量控制是在比利时，所以很显然法国人不需要为在比利时产生的问题负责。但是这没有妨碍法国人关注客户的满意度，迅速有效地处理客户的投诉。这是他希望他们所做的事情。

双方是从两个相反的方面看问题，而且他们都认为自己的立场就是常规。所以对哈维来说，除了他自己的解释再也没有对规章的第二种解释。同样的，对卢克来说，如果美国人不执行这一规章，为什么费劲去发布这样的规章呢？

美国是以其极其好诉讼的文化而闻名的。只有律师制定了包括每一个可能发生的事件的详细合同之后，生意才能最后定下来。只有他们觉得此合同包含了可能的一切细节，而且不可能产生误解时才会签约。而且在整个交易过程中，美国人也会不断地去参照合约的规定，如果他们的合伙人不尊重合约中应负的责任，就会有法律上的麻烦，但是为什么哈维会不理解卢克不愿意签署那个质量规章呢？

从对话中可以看出，哈维并没有把这个所谓的公司质量规章当成是一个法律文件，对他来说，公开宣称对质量的责任就像宣誓“上帝庇佑下的一个国家，不容分割，人人由此享有自由与正义”一样。这也是当卢克不同意时他疑惑的原因。所以他在电话里会说“It is not a question of agreement. All we’re asking you is your buy-in. We are just asking you to pledge yourselves to the global quality initiative.”。但卢克的母语并非英语，所以词汇上的细微差别对他来说并不意味着什么。对他来说，哈维让他为一些他不能控制的事情负责任。

➡ 文化沟通

问题在于哈维并没有试着去找出卢克真正关心的是什么，他所关注的是他自己和他想要的东西，所以产生了一些不必要的敌对态度。美国人类学家霍尔（Hall）就说过：有效的跨文化交际的本质不仅是发送正确的信息，更重要的是得到正确的反馈。

因此要解决此问题，需要思想开放，站在别人的立场上看问题，真正地去听对方在说什么。哈维应该显示出想要理解对方的兴趣和意愿，来减少法国人的敌对，让双方的交流进行下去，在了解到他们是担心会丢掉工作之后，向他们解释这个规章并没有法律责任。

或许，哈维可以这样开始：

Harvey: I’m calling about the quality chart. Did you have a chance to discuss it with your people yet?

Luc: Oh, yes. We’ve discussed it in great detail.

Harvey: Ok... And how do they feel about it?

22 To Decline
婉拒

乔治·霍尔在一场贸易展览会上认识了李先生，为了和李先生的公司合作，双方口头约定了会面时间和地点，但是等到霍尔先生赴约，却没能见到李先生。

案例

Case description:

George Hall was attending a trade fair and looking for an opportunity to do business in China. He had been very successful in the US and prided himself on his ability "to get things moving". Finally, he approached Mr. Li's company which he thought would be most responsive to his products. Since he had read that Chinese find getting down to business immediately too abrupt and rude, he began a casual conversation, eventually leading up to the topic of his products and suggesting how Mr. Li's company might benefit from using them. George then suggested that he could arrange to get together with Mr. Li and provide more specifics and documentation on his products.

Mr. Li responded in fairly good English, "That would be interesting."

Knowing that he had only a few days left in Beijing, George wanted to nail down a time. "When can we meet? "

"Ah. This week is very busy," replied Mr. Li.

"It sure is," said George, "How about 10 o'clock? Meet you here."

"Tomorrow at 10 o'clock? " asked Mr. Li thoughtfully.

"Right," said George, "I'll see you then? "

"Hmm, yes; why don't you come by tomorrow? " was the reply.

"OK," responded George, "It was nice meeting you."

The next day at 10 o'clock he approached Mr. Li's company's exhibit only to find that Mr. Li had some important business and was not able to meet with George. He called back later in the day and was told that Mr. Li had already left.

(***Source:*** A Cross-cultural Study of Daily Communication between Chinese and American—From the Perspective of High Context and Low Context, [2021/06/20]. https: //www. researchgate. net/publication/41846188_A_Cross-cultural_Study_of_Daily_Communication_between_Chinese_and_American—_From_the_Perspective_of_High_Context_and_Low_Context.)

Case in Chinese:

乔治·霍尔正在参加一场贸易展览会，并试图寻求在中国做生意的机会。乔治在美国的事业十分成功，跟进推动项目的能力较强，他个人对此也十分自豪。最后，他找到了李先生的公司，认为李先生会对他的产品感兴趣。由于他之前读到过，中国人认为谈话中直接进入正题过于唐突和粗鲁，于是他一开始便进行了随意交谈，一直到最后才提起了有关产品的话题，称使用这些产品，李先生的公司将收益颇丰。然后，乔治提议与李先生进行一次正式会晤，以便提供更多有关产品的具体细节以及相关文件。

李先生用流利的英语回答说："听起来很不错。"

意识到自己在北京只剩下几天时间，乔治想确定会面时间。"我们什么时候可以见面？"

"啊，这周实在是太忙了。"李先生回答。

"确实如此，"乔治回答道，"上午10点怎么样？咱们在展区这里见面。"

"明天上午10点吗？"李先生若有所思地问道。

"没错，"乔治说，"那到时候见？"

"好吧，可以。那你明天再来吧。"

"好，今天谈得很开心。"

第二天上午10点，乔治走到李先生公司的展区，却被告知李先生有一些重要的业务，暂时无法与乔治见面。在当天晚些时候，乔治又来了一次，却发现李先生已经离开了。

讨论

Questions for discussion:

1. Which words show that Mr. Li didn't take the talk seriously?
2. Why did Hall take Mr. Li's words as an indication of allowances?
3. What are the differences in communication between Chinese and American cultures?

分析

➡ 矛盾冲突

本案例中，乔治了解中国人思维方式的"间接性"，所以一开始的时候他避免直接进入主题，而是在闲聊的基础上再介绍公司的产品。但是随着对话的进行，乔治在没有询问李先生对产品看法的情况下，便直接提出要进行进一步会谈，这显然是操之过急，而面对李先生不是很确定的回答，他也没有理解其中的隐含意义。

➡ 原因分析

本案例中，李先生所处的文化为高语境文化。在交流过程中，绝大部分信息或存在于物质语境中，或内化在个人身上，极少存在于编码清晰的信息中，且高语境文化中的人在谈判时呈现的是螺旋式思维，即从一般事情开始慢慢切入主题，表述相对模糊。

美国人乔治拥有一定的跨文化交际背景知识，交谈刚开始时，他并没有直接进入主题，即向李先生介绍自己公司的产品，但是之后乔治的措辞表述都直接表现出自己的交流意图。这让高语境文化中的李先生感到不适，而李先生在之后的回答中，使用了较为模糊的表述，以及语言停顿，这些都是间接性拒绝的表现。但是乔治并未理解高语境文化中“间接性”的重要作用，而是按照低语境文化中“直接性”的特点，按照字面意思去理解李先生的回答，所以当听到“听起来很不错”“那你明天再来吧”这类回答时，乔治的理解是李先生有合作的意向，并就会面时间征求乔治的意见。而李先生可能认为，乔治不会把他的话当真，因为自己的语气已经是委婉拒绝的表现。

文化沟通

处于高语境文化的人通常希望使用模糊的话语或借助其他手段来表达隐含的意思，此时，低语境文化中的人需要避免受直线型思维的影响，不能按照字面意思去理解，而应该总结所接收的信息，寻求信息发出者的确认。同时，当面对来自不同语境文化的人时，应该主动熟悉对方的交谈风格并进行调整，以达到预期的交流效果。

23 Why Are the Commentaries on Economic Issues So Different Between Chinese and English Writing?

中英文的经济评论为何如此不同？

归纳是从特殊、具体到一般、抽象的认识方法，而演绎则正好相反，是从一般到特殊的认识方法。归纳式思维与演绎式思维在文字表达时的一个显著区别在于作者何时明确提出其观点。如果采用归纳式思维，作者往往在最后明确给出观点；如果采用演绎式思维，作者在开始就明确表明观点或立场。尽管归纳和演绎作为两种互补的推理方法在中国和使用英语的国家都得到了广泛的使用，但比较而言，中国更倾向于归纳式思维，而英美更倾向于演绎式思维。请看以下两篇分别来自英国《金融时报》和《中国日报》的经济评论文章。

(1) American Posturing on China Is Short-Sighted

Suspicion of Chinese intentions is undermining a rational approach to doing business with China. CNOOC's Dollars 18.5bn (Pounds 10.6bn) all-cash offer for Unocal, the US oil company, has prompted concerns from some business leaders and politicians in the US, particularly those alarmed by China's rapid economic growth and growing power. Yet its offer is clearly good news for shareholders—since it is more generous from a financial point of view than competing offers. The rhetoric from Washington is increasingly shrill and several bills in Congress threaten arbitrary sanctions on Chinese products. This is short-sighted and wrong.

Given the size of our countries and the complexity of our bilateral agenda, individual issues will constantly arise. But it is not in US interests to allow these issues to detract from the overall relationship. America cannot advocate a global marketplace when it suits it and raise barriers when it does not. Consistency in both the conduct of foreign policy and the maintenance of economic relationships is essential to achieving our national objectives. A great nation practices what it preaches.

Not too long ago, Japan occupied a similar place to that of China today. Critics complained that Japan was buying real estate in the US at prices at which American companies could not compete. But look what happened. US companies bought back many of the same assets at a fraction of the price. The market ultimately determines economic values; governments typically cause distortions and inefficiencies in the free movement of capital.

Yet China is nowhere near where Japan was—or is—in acquiring US assets. In 2004, Chinese companies accounted for only Dollars 490m of US direct investment out of total foreign investment in the US of Dollars 1,500bn. US companies have nearly Dollars 350bn in cumulative direct investments in China, which far exceeds the amount that Chinese companies have invested in the US.

The benefits to the US of a healthy and constructive relationship with China are too important to be put at risk by a modest-sized commercial transaction such as the Unocal deal. America's relationship with China may be its single most important bilateral relationship in the world today. It encompasses a broad array of important economic and security issues. These include trade and currency valuations, the problem of the Democratic People's Republic of Korea and transnational threats posed by terrorism, environmental degradation and the spread of disease, among many others. Moreover, China encompasses one-fifth of the world's population and is an enormous, still largely untapped market for US goods and services.

China and the US need each other. China is an important creditor to our debt-laden economy, having purchased more than Dollars 230bn in US government securities. Without this, the US would have been forced long ago to raise interest rates, thereby choking off its own economic recovery. Significantly, Chinese manufactured goods have kept prices low for American consumers, helping to keep inflation in check.

China still has much to learn from the West. Chinese businesses need Western technology and expertise. And China needs to accelerate legal, regulatory and bureaucratic reforms to maintain economic growth and to realise fully the ambitions of its people.

But confrontation is not the right way to advance US interests. In 1975, I began what turned out to be a 17-year process of cultivation, negotiation and persuasion to secure an insurance licence in China for American International Group. As a result, in 1992, AIG was the first foreign insurer to open for business in that country and now is the one of the leading foreign insurers there. That success did not happen by accident. I studied the Chinese market, established strong personal relationships and came to understand the unwritten rules of dealing with China.

Three lessons stand out. First, we should resist the temptation to engage in "public diplomacy". The Chinese speak politely in public and save their most direct, outspoken comments for private meetings. In North America and Europe, we tend to do the opposite, posturing in public while being "diplomatic" in private conversations. That does not work with China.

Second, reciprocity is essential. Each side must acknowledge the other's interest. The Unocal bid, for example, reflects China's need to secure its energy supplies and its desire to invest prudently some of its large foreign currency holdings. There is nothing inherently wrong with either objective and we must be careful in ascribing nefarious motives to what should be considered a routine business transaction.

Finally, be patient. The US-China relationship is unfolding at high speed. In 10 years, China's exports to the US have rocketed from Dollars 35bn to almost Dollars 200bn. The Chinese learn quickly but need more time for essential reforms. I have no doubt that in another 10 years we will be astonished by the progress the Chinese have made. That does not mean that we should not pursue issues that affect core national interests or values. But we should not let bumps in the road set off course a critical bilateral relationship.

Like most nations—and most people—the Chinese respond to sincerity, courtesy, respect and old-fashioned diplomacy. They do not respond to posturing, threats or hypocrisy. They want to do business with people and institutions who care about China and its people, who give as well as take.

(***Source:*** https://www.wsj.com/Financial Times. [2005-07-18])

文章大意及结构分析：

这是一篇由美国国际集团（全球知名保险公司，全球 500 强之一）前总裁莫斯·汉克·格林伯格撰写的评论文章，整篇文章由 12 个自然段共 921 个单词组成。格林伯格在文中批评美国政府把中海油和尤尼科合并案政治化的行为是不明智的举动，并指出这样做会对正常发展的中美关系产生不利影响。

作者在文章开篇即摆明观点——美国政府对中海油和尤尼科合并案的阻止是一种没有远见的、短视的行为，这样做会影响以后中美在商务领域的合作。接着，作者具体用几个分论点来论述了这一观点，而且在论证每一个分论点时，作者也是先摆明论点，再进行具体分析。

第一个分论点出现在第二自然段的开头，作者指出像中海油和尤尼科合并案这样的个别事件不应该成为中美关系正常发展的绊脚石。第二个分论点出现在第四自然段的开头，作者指出中国企业在美直接投资只占到外商在美直接投资总额的非常小的一部分，因此中国企业的投资对美并不构成任何威胁。第三个分论点出现在第五自然段的开头，作者指出美国需要和中国保持健康的、建设性的双边关系，但美国政府在中海油和尤尼科合并案中的立场，使得这种关系的建立和保持变得更为困难。第四个分论点出现在第六和第七自然段，作者指出尽管中美关系的发展还有一些不尽如人意的地方，但对抗的态度绝不是解决问题的正确方式。最后，作者对这一问题提出了三点建议。

由此可以看出，文章的推理结构是“总论点—分论点 1—分论点 2—分论点 3……”这是典型的演绎式推理，也是英语篇章特别是议论文体普遍采用的一种语篇结构。

(2) Renminbi Reform Should Serve Country's Needs

Many believe the Renminbi is undervalued and should appreciate. However, there is also the view that the currency should depreciate, not the other way round. But both sides do not have sufficient data or convincing arguments. The writer, rather than advancing his argument directly, introduces others' view on the Renminbi issue.

When discussing the Renminbi's exchange rate, we should first try to be clear on the following issues:

China's position and its influence on the world economy

China's economic achievements now make headlines across the world. But still, we are just a big, developing country, not a strong country. China's actual influence and impact on the world economy has not reached the level described by a few Western countries.

China's liberalization of interest and exchange rates is still in progress; the country has not developed conditions and the environment similar to industrialized nations; and the country's integration with international market is also limited.

So the country cannot have as much influence as expected by the market.

Methodology for measuring the basis and level of Renminbi's price

When talking about the Renminbi's exchange rate, there is still no effective basic work and judgment for price evaluation.

Lots of research on the Renminbi's price is based on the currency evaluation system of Western economics. This kind of evaluation, which is for developed economies, does not apply to China, whose economy is still quite different from the developed ones.

China is in transition from the planned economy system to a market-oriented system. This results in special managerial and operational modes. The choice of data and mathematic model should be consistent with the specific conditions of the country.

The currency's evaluation and measuring is a work that needs arduous and meticulous effort. But the work is necessary and very important for our reforms.

Why the United States is pushing for Renminbi's revaluation

The United States is the leading voice calling for the Renminbi's appreciation.

Trying to divert public attention from its domestic economic problems to other countries is the United States' customary practice. It is just using old tricks when it pressures China for a Renminbi revaluation.

The United States needs to devalue the dollar in stages to alleviate its problems of "twin deficits".

Many figures indicate that the US economy is on a stable course of recovery. Its adjustment measures, including its interest rate hikes, have been effective.

Although it is still likely to further jack up its interest rate, its room for manoeuvre is becoming smaller. It will be cautious about further interest rate rises.

So it will continue its efforts to devalue the US dollar, which has depreciated significantly against the euro around the beginning of this year.

But the European economy's fragile fundamentals will make the euro's further appreciation difficult.

The United States and Japan's shared economic interests also mean that the former will not pick the latter as a scapegoat to pay the price for a devalued US dollar.

So they picked the Chinese currency.

But their demand is unreasonable and is not in line with China's actual economic conditions.

Various factors

When discussing the policy choice concerning the Renminbi, factors of different levels and of different aspects should all be taken into account.

Although the Chinese economy has been robust for years, it still faces many uncertainties. The country needs to move from the old growth mode of high input and low efficiency to a sophisticated mode of growth. In addition, there are still many distortions that need to be rectified.

With this background, the implications of a rising yuan and of changes in the Renminbi exchange rate system on sustained economic growth and trade structure improvements are an issue that needs serious consideration.

The implications on the financial sector, particularly the banks, also need special attention.

Healthy banks are crucial for any economy. A sound banking system is behind the strong US economy. A weak banking system can largely explain the Asian financial crisis and Latin America's economic woes.

It is agreed that Chinese banks need radical reform. But the reform has proved to be very difficult.

Under the current circumstances, the country's achievements in non-performing loan handling and capital replenishment will be eroded by an appreciated Renminbi. This will greatly disrupt the banking sector's reforms.

As the country's interest rate is still not fully liberalized, banks and other enterprises' ability for price-setting is still very weak. A floated Renminbi will only add more difficulties in this regard. In fact, all the major economies in the world prefer a depreciating currency to stimulate their economies.

Whether China should opt to buck the trend and appreciate its currency is also a very serious issue.

In addition, speculators' forces should not be underestimated.

Any adjustment of the yuan's rate will lead to stronger speculative forces, which will pose a tough challenge to the financial system and the entire economy.

So I am against Renminbi's appreciation.

(***Source:*** China Daily. Renminbi reform should serve country's needs.(2005-07-11)[2021-06-20]. http: //chinadaily. com. cn/english/bw/2005-07/11/content_458992. htm.)

文章大意及结构分析：

以上是选自《中国日报》的一篇评论文章，全文共807个单词，中心论点是反对人民币升值。文章整体的推理方式属于归纳式，作者在开篇先提出了别人对于人民币汇率的看法，有人说人民币应该升值、有人说应该贬值，但作者并没有立即提出自己的观点。

接着作者提出，在讨论人民币汇率问题之前，应该要注意的几个问题。文章用了750个单词的篇幅来一一介绍这些问题，主要包括中国在世界经济中的位置和影响力、计算人民币价格的方法和基础、为什么美国要对人民币施加压力，还有诸如中国改革的不稳定因素、中国不健全的金融体系以及人民币汇率改革后将会引起热钱流入等投机活动等。到最后才提出总的论点——“So I am against Renminbi's appreciation.”

值得一提的是，在中间介绍那些考虑因素时，作者分别提出了支持最后总论点的分论点，但仔细阅读会发现，这些分论点也是在解释原因之后才提出的。例如，作者讨论的第一个因素是“China’s position and its influence on the world economy”，但文章中作者先详细分析了中国还是一个发展中国家，经济实力还远没有达到发达国家的水平，与国际市场一体化还停留在很有限的程度。因此，作者总结道，中国没有大家预期的那种对国际市场的影响力。

从文章的推理方式来看，作者先提出别人对人民币汇率问题的看法，然后分析影响人民币汇率的一些问题，最后才提出“反对人民币升值”的中心论点，因此这篇评论文章采用了典型的归纳式语篇结构。

讨论

Questions for discussion:

1. Are there any differences between inductive and deductive writing? If yes, how are the differences revealed from the two documentaries?
2. Why do Chinese writers usually prefer inductive way of writing while English writers prefer deductive way of writing?
3. What should we do to better achieve our purpose in English commentary writing?

分析

原因分析

归纳和演绎的思维方式差异在汉英议论文语篇结构中表现为提出中心观点方式的差异。贾玉新的研究表明，归纳式和演绎式是汉英语篇对比的主要特征，汉语语篇结构多采用逐步达到高潮式，即谈论问题时不采取直线式或直接切题的做法，往往把重要观点，诸如对别人的要求和意见以及自己的看法等主要内容或关键问题保留到最后或含而不露，正如徐念慈先生所描述的，中文语篇结构是“起笔多平铺，结笔多圆满”。赵永青认为，根据论点在文章中的不同位置，中文语篇思维模式大体上可以归纳为文首型（论点在文首提出）、文中型（一般从某个问题、现象下笔，论点在文章中出现）、文尾型（论点在文尾出现）和隐含型（文中没有明确提出论点），其中文首型和文尾型应用最为普遍，但比较一下可看出，中文语篇思维模式中除文首型与英文语篇思维模式相同之外，其余三种都是不符合英美人的语篇思维习惯的。

而演绎法不仅成为西方学者构建理论体系的一种手段，而且成了西方人比较习惯的一种思维方法。在英语语篇中多采用“逆潮式”，即谈论问题时开门见山，以引起听话人或读者的重视。正如徐念慈先生所描述的，其特点是“起笔多突兀，结笔多洒脱”。西文语篇是“果”在前、“因”在后，与中文语篇的“因”在前、“果”在后形成鲜明对比。

罗伯特·卡普兰（Robert Kaplan）也曾指出：英文语篇思维模式为亚里士多德的线性式；而东方人的语篇思维模式是迂回式。他认为英语语篇的思维模式是直线形的，表现为开门见山，点明主题，然后再一层层展开，进行论述；东方人往往不是从主题直接切入，而是围着主题绕圈子，甚至在文中不点明主题，采取较为含蓄的论证方式。后来霍毅（Hoey）及麦卡瑟（MaCarthy）对英语语篇结构的研究也表明，直截了当声明论点，然后逐渐地、有层次地展开阐述的语篇结构，在英语语篇中最为常见。

归纳和演绎的思维方式对语篇结构安排有一定的影响，即使使用第二语言写作，也会留有学习母语而形成的思维模式的痕迹，以上选自《中国日报》对人民币升值问题的评论文章正是如此。

文化沟通

经济评论的写作有其自身的特点，其写作风格、结构和方式受很多因素的影响，如目标读者的定位、报纸自身的风格、作者自己的偏好等。但写作方式明显受到思维方式的制约。

东西方思维归纳倾向与演绎倾向的明显差异影响了经济评论的写作。中国写作者具有归纳式思维倾向，习惯从新闻现象、要讨论的问题入手，分析原因，提出具体的分论点，最后总结得出文章的中心论点。以英语为母语的西方写作者具有演绎式思维倾向，习惯开篇就提出中心论点，或者是紧随新闻现象之后提出，然后用具体的分论点来支持说明文章的中心论点，在陈述分论点时，也常常是先提出论点再进行解释和分析。

虽然如此，中国人使用归纳式思维进行语篇组织和以英语为母语的西方人使用演绎式思维方式进行语篇组织，只是相对而言，是程度问题，并不是绝对的，但这一发现对改进我们商务英语的教学，对阅读、理解和写作经济评论还是具有重要的启示的。此外，这一研究也确实促进我们思考这样一个问题：以外国人为主要阅读对象的报纸、杂志或文章，如何根据读者对象的特点进行写作，以达到更好的传播效果。

第二部分
制度文化冲突

制度文化是制度理念、制度的价值取向、制度管理准则、制度执行的方式以及制度与物质形态等的总和。制度文化是企业文化的一部分，是企业在一定的经济文化环境和生产经营中运用制度进行管理实践形成的共识。在制度文化冲突这一章节中，我们着重从两个主要方面来分析东西方文化在企业制度层次的差异：在管理、契约方式上是法治还是人治（普遍主义/特殊主义、注重规则/注重关系、重文本/重承诺），在进入国际市场时对异国企业文化采取的是刻守自我还是消融自我的态度等。

一、管理、契约方式

人治与法治（Man-Governing vs. Law-Governing）

西方注重法律、注重契约的观念渗透到社会的各个方面，宪法具有至高无上的地位，法官可以取消非立法机关的规定。他们轻视权威和人情，认为遵守与个人地位或权威相联系的习惯就是对法制的挑战。每个人都有强烈的法律赋予的权利意识。东方传统伦理思想所注重的则是人伦情谊关系，法律观念较为薄弱。如在中美双方初次谈判时，美方就带着律师，以避免未来的纠纷。中方对此很不习惯，觉得这是缺乏诚心和信任的不友好表现。在中国人眼里，不到万不得已双方是不愿利用法律工具来生硬地解决争议的。这种差异在国际商务中经常会造成相互沟通困难，产生交流误解，导致决策冲突。

冯·特姆彭纳斯（Fons Trompennaars）和汉普顿·特纳（Hampden Turner）在“跨越文化浪潮”（*Riding the Waves of Culture*）一书中提出了普遍主义（Universalism）与特殊主义（Particularism）的概念。普遍主义者的行为通常是具体的，按照一定的惯例和规则办事，不容许破坏。因为社会的行为建立在规则的基础之上，一旦遭到破坏，制度遭到削弱，整个社会系统就会崩塌。而在盛行特殊主义的国家，人们会根据当前不同的形势状况做出判断，因此不管规则是如何规定的，特殊主义者的行为是依据当时的状况以及他们认为重要的因素所决定的。

西方文化强调理性的思维习惯和强调公平的意识表现在社会制度上是以法治国，表现在企业经营、管理上则是企业制度的建立和完善。一方面，制度是理性思维的产物，是对经营、管理全面分析的结果；另一方面，因为有了制度，才有了客观、公正、可依据的标准。而儒家哲学成为中国传统法律指导思想，儒家文化中的礼法是中国传统法律思想的精髓。

在国际商务中，契约合同是一个非常重要的方面，它对双方的承诺做出规定。但由于文化传统的不同，人们对待契约的态度是大不相同的，有的以规则为取向，而有的则以关系为取向（Rule-Oriented vs. Relation-Oriented），即重文本还是重承诺。西方文化是契约文化，他们非常重视契约的准确性，合同事无巨细按照明细谈妥；也非常尊重契约的权威，一旦生效就会严格执行。可是在东方传统文化中，对文本是大而化之的，合同只不过是谈判的开始，随着谈判的进行，合同是可以再进行更改的，生意最后的达成取决于双方之间关系的进展情况，更注重的是信誉。根据对大量中西贸易合同纠纷的分析，中国合同与西方合同存在三个方面的明显差异：一是对适用法律的诠释，二是对订立合同的要求，三是经济合作项目是否需要政府批准的问题。

不同文化中关于规则和关系的不同取向在以下案例中都有所体现，如“盖迪的困境”“合同规定的最后期限”“无法妥协的佣金问题”“是简·哈里森的错吗？”“个人享受，还是家庭至上？”“一个脚印差点毁了交易”“Groupon 的决策失误”“中秋月饼：礼节还是贿赂？”“中加（公司）的争执”。

二、企业文化融合

刻守自我与消融自我（Sticking to One's Own Culture vs. Melting into Other Culture）

这对差异大多体现在跨国公司进入当地市场，对当地文化及自身文化审视之后所采取的两种态度。文化是无形的，但是它却实实在在地影响着一个组织的行为方式。企业文化是在国家文化的大环境中发展培养起来的。根据调查，一半左右的企业文化来自国家文化，因此当企业要进入不同文化背景的市场，或者与不同文化背景的企业合作，甚至同一文化背景的不同企业进行并购时，都会产生文化上的冲突。

刻板保守的态度是指认识上的误区。一是误认为对方与自己没有什么两样，一旦发现对方的行为与自己的预期相差很远，就会困惑、失望，造成跨文化沟通失败。二是刻板印象（stereotype），即对于某些个人或群体的属性的一套信念。刻板印象往往使人们过分注重事物的整体印象，而忽视个体差异，从而不能客观地观察另一种文化，失去应有的敏感。在观察异国文化时只注意那些与自己的刻板印象吻合的现象，而忽略其他。它妨碍我们与不同文化背景的人们和睦相处，不利于跨文化沟通。三是民族中心主义（ethnocentrism）。所谓民族中心主义就是按照本民族文化的观念和标准去理解和衡量其他民族文化中的一切，包括人们的行为举止、交际方式、社会习俗、管理模式以及价值观念等。这些认识上的误区会影响到对不同文化是采取包容倾向还是排斥倾向。

由于这些认识上的误区而导致失败的真实案例屡见不鲜，如"沃尔玛在德国本土化的失败""在法国水土不服的米老鼠""优势互补的T&A合资公司怎么垮掉了""艾默生公司和安圣电气之间的失败合并"等。

而灵活适用的态度则是针对当地文化特征灵活机动地做出适当的调整，让自己融入当地文化中去，这样既有利于企业推广自己的文化，也能得到当地人们的认可。西方人的"以理服人，平等相待"和中国人的"以德服人，以诚相待"两者之间并不矛盾，而是相互补充的。以德服人也要诉之以理，以诚相待不失平等原则，这就是中西合璧。如果两种文化不能够融合，最好的方法就是创造出一种双方都可以接受的第三方文化。"肯德基的成败之路""海尔在美国的成功""日本企业中的轮岗制度""日本人管好了美国工厂"等就是众多成功的案例。

一、管理、契约方式

24 Geddy's Dilemma
盖迪的困境

盖迪被一家新泽西制药公司派驻东京，与日本最大的药品生产商谈判合作项目。经过四年的谈判，签署合同的重大时刻终于来临。但面对公司法律部发来的一份厚厚的合同，盖迪却陷入了困境。他知道日本客户肯定接受不了，可是公司总部也不肯让步，他夹在中间该怎么办……

案例

Case description:

Mr. Geddy Teok, an American-Chinese (second generation) employee of a large New Jersey pharmaceutical firm, was based in Tokyo, Japan. His main aim was to get a major joint venture going with one of the largest Japanese pharmaceutical manufacturers. After four years of negotiating, the supreme moment had come for signing the contract. Obviously the lawyers from headquarter (HQ) in New Jersey were well prepared and sent the contract to Geddy one week before the "ceremony".

After four years of Japanese experience, Geddy was shocked when he received the document from the US He told us, "I could not even count the number of pages. There were just too many. But I remember the number of inches it measured when laying it on the table. I would guess that with every inch one of the Japanese would leave the room in despair. I hope they will come with a group of ten. Then at least I will keep one person to talk to. The Japanese will sign the contract, but you should not take it too far."

Geddy Teok decided to call HQ and ask for some help. The legal department said that the relationship was so complex that the contract needed to cover many possible instances. Moreover, a consultancy firm that advised them regularly said that Asians in general and Japanese in particular had a reputation of being quite loose in defining what was developed by them and what came from the US, "We'd better have some pain now and be clear in the terms of our relationship, than to run into problems later because of miscommunication. If they sign it at least they show they are serious."

Geddy was in despair, but he only had a day to decide what to do. The meeting was tomorrow. Should he perhaps call the Japanese CEO, with whom he had built quite a relationship? Or should he just go for it? Geddy framed his dilemma quite clearly to us, "Whatever I would do, it would hurt my career. If I insist on the Japanese partners signing the contract they will see it as proof of how little trust has been developed over the years of negotiation. This might mean a postponement of the discussions and in the worst case the end of the deal. If I reduce the contract to a couple of pages and present it as a 'letter of intent', HQ in general and even worse the whole legal department will jump on me, jeopardizing my career."

If you were Geddy, what would you do?

(***Source:*** FONS T, CHARLES H T. Riding the Waves of Culture[M]. 2nd Ed. New York: McGraw-Hill, 1998.)

Case in Chinese:

盖迪·谭是第二代美籍华人，就职于新泽西一家大型制药公司，被派驻日本东京。他的主要任务是与日本最大的制药商建立合作关系。经过四年的谈判，签约的重要时刻终于来临。显然，新泽西总部的律师们早有准备，他们在签约仪式前的一个星期给盖迪发来了合同。

在收到美国发来的合同时，盖迪非常震惊。他说："我连页数都数不清。合同实在是太长了。不过我记得那摞合同放在桌上堆着有多厚，我想每一英寸厚的合同都会使一个日本谈判者绝望地离开。我希望他们能来十个人，那样至少会有一个人能留下来。日方会签合同，但是你不能太过分。"

于是，盖迪·谭决定给总部打电话求助。法律部说双方的合作关系太复杂了，起草合同时要照顾到方方面面。而且，一家经常为他们提供咨询的公司说亚洲人，特别是日本人，常常在界定权属方面比较模糊不清。"现在辛苦些，明确双方关系要比以后因为沟通问题造成麻烦为佳。如果他们愿意签合同，至少表明他们是认真的。"

盖迪感到很绝望，但他只有一天的时间做决定。会议就在明天。或许他应该给日方的总裁打个电话，他们之间的关系不错。或者缩减合同。盖迪很清楚他所处的困境："不管我怎么做，都会给我的职业带来不利。如果我坚持让日方签合同，他们会认为经过了这几年的谈判我们还是不信任他们。这可能意味着会推迟谈判，最终导致合作失败。如果我将合同缩短为几页，把它变成'意向书'，总部甚至整个法律部都会找我麻烦，威胁到我的工作。"

如果你是盖迪，你该怎么做呢？

讨论

Questions for discussion:

1. What is the role of contract in US and Japanese business?
2. Is it possible that the two parties would cooperate better without the contract? Why or why not?
3. Do relationship building and legal procedures have to be at odds with each other in business? What is the possible solution to Geddy's dilemma?

分析

矛盾冲突

作为一名美籍华人，盖迪对亚洲文化有很深的了解，特别是经过了与日本制药公司四年的谈判。但是，在谈判即将成功之际，他却遇到了一个难题：美国总部给他发了一份厚厚的合同。看着这堆厚厚的文件，盖迪可以想象得出日本人会有多么震惊，之前所努力建立的信任可能就会毁于一旦。于是他向公司法律部求助，但得到的答案却是双方应该现在将每个细节都谈清楚，避免以后产生不必要的误解。如果日本人真的想合作，他们会签合同的。与日方的会谈就在明天，他应该坚持签署合同还是更改合同的形式呢？不管怎样，他都得冒丢掉工作的风险。

原因分析

盖迪陷入困境的原因不是因为他对两国文化不了解，而是在于他意识到两国文化间的差异却不知道如何处理。

在商业谈判中，美日文化对待合同的态度是不一样的，因为对于美国人来说规则比关系重要，而对于日本人来说则正好相反。冯·特姆彭纳斯和汉普顿·特纳根据不同文化解决问题的不同方式，将文化分成几类。他们的分类标准是人与人、人与时间以及人与环境之间的关系。按照人与人之间的关系，又可以将文化分为五类：普遍主义与特殊主义、个人主义与集体主义等。其中，普遍主义与特殊主义是指我们怎样判断别人的行为，这正反映了本案例所讨论的问题。美国文化属于普遍主义文化，在这种文化中，人们的行为都必须遵守规则，任何人在规则面前都是平等的，而且规则一经确立就不允许有违反的情况发生。而日本文化则是特殊主义文化。在这种文化中，人与人之间的关系比规则重要，他们判断行为的依据是现实的情况而不是规则。在谈判时，他们需要先了解对方，在信任的基础上进行合作。因此，双方对于合同的看法也有所不同。

对于美国人来说，冗长的合同是司空见惯的。合同的意义在于规定双方所有的义务和责任。它既是双方同意合作的见证，也为以后任何违反合同的行为提供判断标准。律师在谈判过程中起着重要作用，他们不仅要保证合同的法律效力，维护当事人的权利，也要提醒双方任何违约行为都是要付出沉重代价的。然而，对于日本人来说合同远没有双方之间的信任关系那么重要。一叠厚厚的合同对他们来说意味着对方不信任他们之间的承诺，不相信他们会遵守约定，这些严格的合同条款也必然会妨碍双方良好合作关系的发展。

在这个案例中，盖迪意识到了这种差异，他的担心是有依据的。他知道在日本关系有多么重要。如果他在会议上将一份冗长的合同拿给日方，日方肯定会认为盖迪并不是真正信任他们，即将成功的谈判很可能会功亏一篑，他这四年来所做的努力就白费了。但是，总部的律师们却不认为这会是问题。对于他们来说，合同应该涵盖所有合作细节，以避免以后的合作中出现问题无据可依，而合同是合理合法的，如果日方有合作的诚意，他们就不应该反对。双方都理所当然认为自己的立场正确。如何找到办法调和他们之间的差异就成了盖迪的难题。

另外，在美国，公司总部掌握着关键的产品营销、生产和人事运作等。世界各地的分公司都必须按照统一的标准行事。这对于盖迪也不例外，他必须遵守总部的指示，否则就有丢掉工作的危险。

➡ 文化沟通

在跨文化交际中仅仅意识到文化间的差异并不够，还必须培养调和这种差异的能力，即怎样让存在差异的双方求同存异，顺利合作。

我们给盖迪的建议是坦诚告诉日方问题所在，向他们解释自己所面临的困难："美国总部给我发来很长的一份合同，显然这在美国是通常的做法，而并不是说我们不信任贵公司，这让我也很为难。"这样，他就可以跟日方分享自己的问题，让对方觉得盖迪是信任他们的，也照顾到了他们的感受。

在这个真实的案例中，日方听了盖迪的倾诉后反问道："您打算在这里呆多久？"盖迪的回答诚实而又聪明："直到我们的合作成功。""那我们就签合同吧。"日方答道。

25 A Deadline in the Contract
合同规定的最后期限

由于非人为因素而造成的工程延期完工在中国人看来是可以容忍的，但是来自北欧一家银行的X先生却无法容忍这种违背合同的事，最后合同双方竟对簿公堂……

案例

Case description:

A mansion construction project was a RMB 800 million worth investment. A company in charge of the project asked for a bank loan abroad with a native branch bank as a guarantee for the investment. Mr. X was sent to work in Beijing as a project manager from a bank in North Europe, a leading bank for other banks involving in the overseas investment. Mr. X, a forty-year-old former lawyer, was precise in his daily work with the Chinese. Whenever he had a negotiation with the guarantee, he carried with him all the contracts and documents for reference. He was considered a hypercritical person by the guarantee. Once he had a clash with the guarantee and the construction company involved in the investment, because the completion of the construction was postponed for two months. As a representative of the leading bank, he declared the construction project a violation of the deadline in the contract. As a result, the company couldn't draw out the loan needed until redress of the violation was made. The company had an excuse for the postponement of the construction. Since the project was big and complex, deferment in the completion of a mansion was quite natural. Mr. X insisted on his decision no matter what the guarantee said to him, leading to a series of conflicts between the guarantee and the leading bank, including taking legal proceedings against each other.

(***Source:*** 杜瑞清. Intercultural communication: exploration and practice[M]. 西安：西安交通大学出版社，2005.)

Case in Chinese:

有一项投资额为 800 万人民币的房产建设项目。承建公司请求国内的一家银行作为其担保并向其申请贷款。X 先生作为项目经理被北欧的一家银行派驻北京工作。X 先生，40 岁，以前做过律师，工作非常仔细认真。每次要与担保行谈判的时候，他都会带上所有相关合同与文件。担保行的人认为 X 先生太过吹毛求疵和认真。有一次由于整个工程拖延了两个月才完工，X 先生与担保行以及参与此次工程的施工单位发生了冲突。作为贷款行的代表，他认为施工单位违反了合同的规定，因此如果它不承担起违约责任的话，贷款不会发放。施工单位解释说，工程大而复杂，延期完工是很正常的事。但是无论施工单位的担保行如何解释，X 先生仍然坚持自己的决定。因此双方矛盾冲突不断，最后不得不对簿公堂。

讨论

Questions for discussion:

1. What kind of person do you think Mr. X is? Do you think he is a hypercritical person?
2. When the Chinese company in charge of the construction project couldn't make it before the deadline, what did Mr. X do? Why did he refuse to hear any explanation from the Chinese company?
3. Both sides ended up in the court, which was the result nobody wanted to see. What alternatives would you suggest to solve the problem?

分析

矛盾冲突

这个案例反映了中西方对时间的不同态度，以及在对合同和法律的重视程度方面的差异，第二点的差异尤其明显。这些差异导致了中方公司未能按时完工，中方的贷款无法落实甚至到了对簿公堂的地步。可以看出在本案例中出现的文化差异，如果不加以注意，以后同样的问题还会出现并将直接影响中国与外国的经贸合作。

原因分析

首先，中西方对合同的认识不同。虽然合同在中国已经不是什么新鲜事物，但中国人在一定程度上还不够重视合同，没有认识到合同是一种承诺，而且不履行是要承担法律责任的。在实践中，很多中西方之间的纠纷是由合同引起的，在中国国内此种纠纷也时常发生。很多中国人在签合同之前并没有对合同进行研读，而是事后发生纠纷时才意识到。中国是一个高语境的社会，强调先建立一个广泛的社会信任的氛围，其信任是建立在良好的人际关系上的。例如，朋友、亲属之间产生必然的相互信任。中国人觉得这些良好的关系是值得信任的，如果要在朋友、亲属中签订合同，则是疏忽人情，让人觉得很没面子。西方人在这点上与中国人有很大的分歧。西方是低语境的社会，强调事实重于人情。合同才是最终的凭证。在西方签订合同是非常平常的行为，即使是在亲朋好友之间。这并不表示西方人对他人不信任，而是一种避免纠纷的行为，应该是值得中国人学习和借鉴的行为方式。在案例中X先生在与中方谈判时随时都带着相关的合同和文件，中国人认为这是一种吹毛求疵、神经过敏的行为。中国人不喜欢这种行为，认为这是对方对自己的一种不信任和怀疑。其实X先生认为这么做是对彼此的尊重，可以避免以后因合同的问题产生纠纷而破坏合作。

其次，中西文化之间对法律的认识也存在巨大分歧。如果在中国人之间发生了冲突，第一选择的解决方式不是用法律，而是用人情，包括一些公序良俗的原则和社会道德。现实生活中人情的作用往往大于法律。可以说，一些中国人还不适应用法律手段解决纠纷，甚至认为对簿公堂是丢面子的事情，这是中国人深受传统的德治思想影响的体现。

同时，中国人强调建立和谐的社会和良好的人际关系，尽量避免一切冲突，从而更减少了使用法律的机会。在西方，法律是一种文明解决争端的最好方法。为了更好地使用法律，强调契约的重要性，因此有了对合同的重视。

此外，中国人注重过程和客观因素，而西方人更注重结果和主观因素。在该例中，中方在工程拖延后最先想到的是解释，找到客观的因素而不去分析主观的原因。中国人是很容易接受这些解释的，但是西方人却认为合同上的内容就是你的承诺，就必须严格履约；违约就是主观上的过错而不考虑客观因素，解释是没有任何作用的。在本案例中，X 先生不顾施工单位关于工程复杂的解释，他认为这些困难都是在签订合同之前必须认识清楚的。既然施工单位违约，它就要承担相应的法律责任。

再次，中西方的时间观不同：与只关注抓紧时间相比，中国人更注重质量，“慢工出细活”是中国的一句俗语。在中国人看来，人类能够适应时间，时间是非线性的，不与人或事相关，而是一种循环；环形的时间不是一种稀缺资源，时间似乎源源不断，很容易获得。在中国开会时，如果人没有到齐，可以随时推迟开会的时间。而这些在西方都是不可以容忍的，西方人有非常强的时间观念。他们每天都会严格按照时间表做事，喜欢高效率的办事方式。在追求利润为导向的社会里，时间是一种珍贵的甚至是稀有的商品，时间就是金钱。他们认为浪费时间的行为是对其不尊重甚至是在浪费生命，是不值得和有这些行为的人合作共事的。在本案例中，建筑公司延迟了两个月完工，违反了合同中的最后期限令，X 先生非常不满，取消了贷款，这正是西方人强烈的时间观念的表现。当然，中国人也会很看重时间，比如，据报道，中德曾签订一项大工程项目，中方加班加点提前两个月完成了该工程项目，并为提前完成任务而正面宣传。可是当德方验收工程时认为此做法违背了合同规定。他们认为这只有两种可能性，一是偷工减料，质量不过关；二是当初工程计划时间安排不妥。所以坚持要返工，结果造成中方损失惨重。

➡ 文化沟通

由于我们对时间和法律的认识存在很大的分歧，因此在日常交往中发生冲突是很正常的。但为了更好地合作和相互促进，就应努力避免类似案例中的事情发生。

要认清合同是一种规定权利义务关系的方式，是对签订双方都有益处的事情。在签订合同时一定要仔细研读相关条款和弄清双方的权利义务，避免日后发生纠纷。

要正视法律的作用，改变对簿公堂是没有面子的行为这一传统观念。一定要认识到承诺的重要性，也许你无意中的客气话他们都会当作你诚心的邀请。不要在意西方人在合同上的认真态度，把它当作一种互利的行为。如果我们注意到了这些，相信与西方人交往时就会减少这方面的冲突。

26 No Conceding on Commission Issues
无法妥协的佣金问题

德企阿蒙德在华建立了分公司，并于重庆一家本地企业建立了合资公司，双方就是否应给予客户公司销售经理佣金或其他形式的回报这一问题，在会议上发生了争执。面对这一所谓的“商业惯例”，双方持有截然不同的观点。

案例

Case description:

Liu Peijin, the president of Almond China ran into George Ho, the finance director for the joint venture in Chongqing. Ho was from Hong Kong and didn't speak fluent Chinese, who reported to the general manager of the joint venture but also to the finance director of Almond China at Shanghai headquarters.

"I'm worried about this meeting, Liu," Ho said. "I had a disturbing conversation with Wang last week." (Wang Zhibao, the vice president in charge of sales for the joint venture.)

Ho continued, "Wang is close to making a huge sale—30 million yuan—but the customer's purchasing manager is insisting on a 1% commission. He says that's what he's being offered by other companies."

"We can't do that," Liu said.

"That's what I said. But Wang was insistent. He said that if we can't do that, we should at least be able to offer the manager a trip to Europe, a visit to Almond headquarters."

"What did you say to that? " Liu asked.

"No, of course," Ho replied. "But he accused me of jeopardizing the venture. He said we 'foreigners' have so much money and that we don't care about the performance of the business."

The meeting had barely begun when Chen Dong, the chairman of the joint venture and a Chongqing Chemical executive, raised the commission issue. (His leadership position was one of the many concessions Almond had made to lure his company into the joint venture.)

Dolf Schulman, the vice chairman of the venture and Almond Chemical's senior vice president of business development, fielded the question.

"Chen, we cannot concede on these issues," Schulman said. "There are no exceptions to be made. Almond must be a law-abiding corporate citizen—as should every Almond employee."

Ho looked up and nodded at Liu. But Chen was not ready to end the discussion. "To the best of my knowledge," he said, "many foreign-owned companies reward Chinese customers for their business. Some companies organize overseas visits; some provide management training; some arrange golf outings. This is good business practice in China. We need to be flexible in order to compete. If we can't provide the commission, let's at least consider a visit to Munich headquarters."

This was a typical behavior for Chen. He had a tendency to develop very strong opinions but keep them to himself until the board met. Schulman waited for the translator to finish; then he hesitated, trying to come up with a suitable response. Liu knew he needed help.

"Commission or trips, it's all the same thing: business bribery," Liu said. "We can get orders without these tactics."

(***Source:*** Katherine Xin, Wang Haijie. HBR Case Study: Culture Clash in the Boardroom. (2011-09)[2021-06-21]. https://hbr.org/2011/09/culture-clash-in-the-boardroom.)

Case in Chinese:

阿蒙德（中国）的董事长刘培金前往重庆参加阿蒙德在当地合资公司的一场会议。会议前，他碰到了合资公司的财务经理乔治·何。乔治来自香港，他的职位要求他一方面得向合资公司的总经理汇报，另一方面也得向阿蒙德（中国）上海总公司汇报。

“刘，我真的很担心这次的会议，上周我和王的会谈不欢而散。”（王：王智宝，合资公司副董事长，主管公司销售。）

何补充道：“王就要完成一个大的订单，价值三千万，但是对方公司的采购经理要求支付其1%的佣金，他说其他公司都是给的这个数。”

刘答道：“我们不能这么做。”

“我也是这么说的，但是王很固执。他说要是我们不这么做，那至少得招待这位经理去阿蒙德欧洲总部参观一下。”

"你怎么回答的?"

"我当然拒绝这么做，但是王却说我这是在损害公司的利益。他说，我们这些'外国人'就是有钱，根本不在乎公司发展。"

会议开始不久，合资公司的董事长陈东便提到了佣金的问题。(陈东同时也是重庆一家化学公司的高级主管。为吸引陈东所在公司加入合资公司，阿蒙德同意让陈东担任合资企业的主席。)

合资公司副董事长兼阿蒙德化学业务发展资深副总多尔夫·舒尔曼对此问题作出了回答："陈董事长，关于佣金的问题，我们不能让步。阿蒙德必须遵守法律，每位同事都是如此，没有例外。"

他看着刘点点头，但陈东并不打算就此打住："据我所知，许多外商公司都会犒赏中国客户，有的邀请去海外参访，有的提供经理人培训计划，有的安排打高尔夫，在中国，这些都是很好的商业惯例，有弹性才会有竞争力。如果我们不能给对方佣金，至少应该考虑招待客户参观慕尼黑总公司。"

这是陈东的典型做法，他通常都有强烈的主见，但会等到开会的时候才说出来。等翻译人员把陈东的话翻译完，舒尔曼有些踌躇，努力思考适当的回应。刘知道舒尔曼需要帮助。

于是他说："无论是佣金还是旅游，都属于商业贿赂。我们不必靠这些手段，还是可以拿到订单。"

讨论

Questions for discussion:

1. What's your opinion on the "business practice"?
2. Should multinationals adopt such business practice in the foreign market?
3. Will you resort to *guanxi*, or comply with rules?

分析

矛盾冲突

阿蒙德作为一家德企，有着严谨的态度；陈东、王智宝在本案例中，则是传统的中国商人。就"回扣"这一焦点问题，阿蒙德的代表认为这是商业贿赂，而陈东、王智宝则认为这是"商业惯例"，并且没有违反中国商业的规则。舒尔曼认为，阿蒙德一贯以来都遵守规则，不能为了利益在伦理上让步，而陈东则认为，这在中国是常见的，并且借此可以建立良好的关系，为公司带来长远的利益。

原因分析

商业谈判中，中德对待业务往来有着不同的观念。对于德国人来说，遵守规则要比关系重要，而在中国，多数情况下，关系起到了重要作用。并且在本案例中，舒尔曼等人遵循的是西方的规则标准，并不适用于案例中的中国商业情况，这也加剧了双方的分歧。

根据冯·特姆彭纳斯（Fons Trompenaars）和汉普顿·特纳（Hampden Turner）所提出的普遍主义与特殊主义的概念，德国文化属于普遍主义文化，普遍主义者的行为通常是具体的，按照一定的规则办事，不容许破坏规则，而中国文化则是特殊主义文化，会根据当前不同的形势状况作出判断，对行动措施进行调整。所以在本案例中，阿蒙德的代表认为阿蒙德是一家国际性的公司，在公司准则上应该保持一致性，坚决反对为了订单破坏既有准则，即使该举措并没有违背中国商业的规则；中国则是偏向于特殊主义文化，讲究依照事实而定，根据具体问题制定解决方案。陈东、王智宝认为，如果通过给予对方公司销售经理“回扣”，既可以签成大单，又可以建立关系，阿蒙德做出让步也是可以接受的。

文化沟通

本案例中，刘担任着重要的角色。首先，他应该向舒尔曼解释陈东等人所体现的中国人的观念；其次，向陈东解释阿蒙德坚守规则的原因。双方都应从对方的视角来考虑问题，并且从公司长期利益的角度来处理这件事。由于双方来自不同的文化背景，有着不同的工作、合作机制。本案例中，陈东、王智宝的提议是中国的商业惯例，阿蒙德选择在中国建立合资企业，可以选择遵循中国的商业惯例，拓展中国市场，但是阿蒙德需要建立一定的标准，关注实时政策动态，确保该合资企业的做法不是在用长期利益换取短期利益。与此同时，该合资企业还应该完善与客户建立合作的机制，而不是仅仅依靠此类“商业惯例”，寻找拥有相近价值观念的客户。

27 A Footprint Is the Ending of Business
一个脚印差点毁了交易

海尔家电品牌在中国是家喻户晓的，然而很少人知道产品质量一流的海尔产品在成功打入日本市场前因为产品包装箱上的一个脚印而和其在日本的经销商之间所发生的一段小插曲……

案例

Case description:

The Haier Group is one of the most famous and strongest Chinese enterprises in the international electronic production market. The corporation has drawn a strategy to conquer the world market, including America, Europe, Japan and other countries.

Having achieved the sales volume of 3,000,000 in Japan by now, and launched an advertising billboard at Ginza, the most flourishing business center at Tokyo, Haier has become a high flyer at Japanese electronic market. However, not everyone knows what happened to Haier when it began to march into the Japanese market three years ago.

Haier's advertising board next to Dior, at Ginza (银座), at Tokyo, Japan.

In the year of 2003, Zhang Ruimin, the CEO of Haier, signed the contract with its Japanese distributor—Nipponia, a famous electronic production and distribution store at Akihabara, Tokyo. When for the first time Haier's refrigerator BCD-219BC hit the market in Tokyo, the Japanese retailer found that there was a footprint on one package box of BCD-219BC. For this reason the retailer refused to do the sales work for Haier. They claimed that Haier violated the agreement they had signed before, which says no product of low quality and damaged goods are offered for distribution. If the event took place at China, a footprint on the packaging would not be regarded as damage. But Zhang Ruimin, the CEO of Haier Group, soon realized that the Japanese were stricter and stiffer in dealing with the quality of product, and it's very important to come up to their level. Otherwise, Haier would have no market in Japan.

(***Source:*** http://www.Chinadaily.com.cnhttp://blog.sina.com.cn/u/471ed0be010002wq.)

Case in Chinese:

海尔集团是国际家用电器市场上的一支中国生力军。它踌躇满志，制定了占领美国、欧洲、日本及其他国家市场的国际化战略。迄今，海尔家电的销量在日本已达到了300万台，并于2003年8月在日本东京银座——世界四大黄金地段之一——竖起一座广告牌。海尔已经成为日本市场上的后起之秀。但是，不是所有人都知道三年前海尔初涉日本市场时发生的一个小故事。

2003年年底，海尔的首席执行官张瑞敏与海尔在日本的经销商Nipponia——东京秋叶园家电集散地的知名家电经销店签订合同。当第一台型号为BCD-219BC的海尔电冰箱登陆日本市场时，日本的零售商发现在其中一个包装箱上有脚印，因此拒绝为海尔代理零售业务，理由是海尔违背了双方之前签订的协议，协议里规定日方经销商不代理任何有瑕疵破损、质量低下的产品。若此种情况发生在中国，一个鞋印不至于称之为破损问题。张瑞敏却认真对待，并且认识到日本人对产品质量的要求非常严格近乎苛刻，但是这就是日本人做事的态度，只有产品质量无可挑剔才是占领日本市场的前提条件。

讨论

Questions for discussion:

1. Was Haier successful in Japan with regard to its marketing and sales?
2. What problem occurred between Haier and its distributor in Japan? What do you think of the Japanese way of doing business? Are you in favor of it or not?
3. How did Haier handle the problem?

分析

矛盾冲突

日本是公认的家电王国，家电业技术领先，产品精细化水平高，消费者要求苛刻，当地人对本地品牌保护意识强，这使得很多想打入日本市场的外国品牌望而却步。海尔勇闯日本家电市场勇气可嘉且成绩喜人，堪称其品牌国际化过程中的一个里程碑。但是，同样是质量一流的海尔产品在初涉日本市场时却与其日本经销商因为产品包装箱上的一个脚印起了不小摩擦，日方甚至拒绝为海尔销售产品。

原因分析

出现这种状况的根本原因是中日价值观和思维方式的差别。由于自然环境、社会经济历史条件和语言的不同，一衣带水的国家之间存在巨大的文化差异也不足为奇。当然这两种文化并无高低优劣之分，只是看待事物和衡量事物的标准和角度不同。

普遍主义与特殊主义

普遍主义以人和万物本质及本性的共同性、普遍性以及认识的真理性等观念为基础，在价值问题上持本质主义、绝对主义和一元论的观点。在持普遍主义观念的人看来，人类生活中存在着终极的、绝对合理的、普遍适用的一元化价值及其标准，只要人们通过恰当的方式发现并推广执行，就能够基本解决世界上的大部分纷争和问题。普遍主义认为观点和做法可以在任何地点不加一点调整而成立，强调正式的法令规定而非人事关系。特殊主义则以人的个性、认识的主体性和价值的特殊性为基础，在价值问题上持个性化、相对主义和多元论的观点。在他们看来，世界上不存在唯一的、终极不变的价值体系及其标准，必须面对人类价值多元化的事实，依据主体的具体特殊性来处理各种价值问题，才能保持人类社会的平等、自由、和谐和安宁。该案例中，日方经销商便持有普遍主义观点，认为既然协议里已经规定海尔不能将任何有质量问题的产品交予日方代理销售，中方就应该完全遵照协议规定办，即使是一个包装箱上的小脚印也是违约的，日方只认协议上的规定。而特殊主义与普遍主义正好相反，更注重人际关系而非协议规定，若整体看来是符合协议的话，一些小问题是可以忽略不计的。当然海尔并非不重视产品质量，而是在国内一个脚印根本不会引起质量纠纷，也并不意味着产品存在质量问题。在中国人看来，一些小问题若不影响总体状况时，是存在回旋余地的，而不是一棒子打死。当事人可以根据具体情况来灵活地变通某些标准，如果只是一成不变地遵循某些标准，只会增加自己和对方的麻烦。当然，由于海尔是想打进几乎密不透风的日本市场，实施本土化战略，努力适应当地的标准、思维方式和价值观，对于提高日本消费者对海尔品牌的认知度和信心是十分必要的。

外部导向型与内部导向型

在对待外部环境时，日本人倾向于任由事物按照自己的轨迹发展，事实便是事实，无法更改和逆转。日方经销商认为一个脚印便是客观存在的无法改变的事实，已经违反了双方所签订的协议，中方必须为此负责。而中国人在对待外部环境时更趋向于从内心汲取克服和改变现状的力量，一个小脚印虽已存在，但不代表海尔的产品质量有问题，它可以通过其他方式解决。

日本人对产品质量的严格要求确实让人叹服，虽近乎苛刻却使日本以其产品质量一流驰名全球。即使是质量同样一流的海尔家电在进入日本市场时，也差点因为家电包装箱上的一个小脚印被日本经销商拒之门外。庆幸的是，海尔的 CEO 张瑞敏及时发现问题并调整战略，使海尔产品成功登陆日本市场。

文化沟通

在全球化的今天，要使公司在世界范围内发展，在与其他国家公司合作的时候应当充分考虑到不同的文化对公司经营理念、行事作风的影响，并在合作过程中尽量避免文化上的冲突，尊重文化差异，这样才能促进公司的健康发展。

28 Personal Luxury or Family Loyalty?
个人享受，还是家庭至上？

摩托罗拉员工乔每月的住房支出只有400美元左右，可他每次都拿着2 000美元的报销凭证到公司报销，乔说他这样做是为了省钱让四个弟弟妹妹完成学业。当得知这一切后，公司会原谅他的不诚实行为吗？等待他的将会是什么结果呢？

案例

Case description:

Joe was a native of Ganzpoor, a megacity in the developing nation of Chompu. Joe entered this life as the first of five children of an impoverished cloth peddler. Against all odds, by means of sheer guts, hard work and ability, Joe has brought himself to the United States and managed to earn a prestigious degree in engineering from Cornford University. Motorola snapped him up a week after graduation, and during the next five years gave him challenging assignments in Florida, Phoenix, Scotland and Mexico. Joe had thoroughly "brought himself into" the Motorola culture. Or it seemed. Meanwhile, Motorola's business in Chompu began taking off. The Chompu Group was eager for more engineers. But the HR Office was having difficulty finding candidates willing to accept assignment to Ganzpoor. The news reached Joe, who soon began a vigorous campaign for a transfer. HR saw him as a guy too good to be true: qualified both professionally and culturally. Joe got his transfer.

Upon his assignment to Ganzpoor, Joe was informed in writing that he was expected to reside in a safe and seemly residence of his choice, and would be reimbursed for the actual cost of his rent and servants, up to a maximum of $2,000 per month. "Joe, just give us your landlord's and servants' receipts, and we'll get you promptly reimbursed," explained Pierre Picard, a French Motorolan assigned as financial controller for Motorola/Chompu.

Joe found a place to live in, but even months later, other Motorolans were not sure exactly where it was because he never seemed to entertain them to his place.

Each month Joe would send Pierre a bill for $2,000, accompanied by a rental and service receipt for exactly that amount, duly signed by his landlord. Each month Pierre would reimburse Joe accordingly. This went on for several months, until one day, a traditionally dressed Chompunese man came to see Pierre. He complained bitterly that Joe was his Master and that Master had cheated him of his servant's wages for the past three months. At this point Pierre, despite his personal regard for Joe, had no alternative but to check into the facts of Joe's living arrangements.

Pierre and the local HR manager, Harry Hanks, had trouble getting the facts of the case, so finally they got a car and driver and went looking for Joe's address. It took almost two hours. The address turned out to be on the edge of a slum area of Ganzpoor, where houses were poorly marked.

Their first concern was for Joe's safety. Also, they felt, Joe's unseemly residence was hardly good for Motorola's image. Aside from these considerations, though, was the fundamental matter of simple integrity.

Harry felt he had no choice but to report the case to the regional HR director, who had no choice but to order a full-scale investigation.

When Joe learned that he was under investigation, he exploded in a fury. He complained that his right to personal privacy was being invaded. Further, he argued that his receipts were legitimate, despite the fact that the investigation revealed that rent plus service in so humble a dwelling could not possibly cost Joe more than $400 a month, and probably much less.

Joe finally explained: Yes, it was true that he actually paid "less than" $2,000 a month. But, he argued, just because he was willing to "make sacrifices" should not mean that he should receive less than the full $2,000, "which all of my fellow Motorolans receive". To clinch his defense, Joe argued, "Look, I'm a Chompunese as well as a Motorolan, and here in Chompu this kind of things happens all the time."

The hearings officer pressed further. Finally Joe, near tears, explained that all four of his younger siblings were now of college or high school age, and he was putting all four of them through school with the reimbursements he received from Motorola, plus a sizable chunk of his salary. "Look!" said Joe, "My family is poor—so poor in the fact that most Westerners wouldn't believe our poverty even if they saw it. This money can mean the difference between hope and despair for all of us. For me to do anything less for my family would be to defile the honor of my late father."

"Can't you understand? "

A week later Joe was asked to step into the director's office to learn his fate...

(***Source:*** R. S Moorthy et al. Uncompromising integrity: Motorola's global challenge[M]. USA: Motorola University Press, 1998.)

Case in Chinese:

乔来自 Chompu（发展中国家名）的 Ganzpoor（城市名），从小家庭贫困，父母以卖布维持生计，家中兄弟姐妹五个，他排行老大。尽管生活异常艰辛，通过奋力拼搏，乔来到了美国，在 Cornford 大学攻读了工程学学位。大学毕业一周后进入摩托罗拉工作，在接下来的五年中，他先后在美国的佛罗里达和菲尼克斯、苏格兰和墨西哥等地担当重任，有了五年的工作经历，乔应该已经深谙摩托罗拉的企业文化了。

随着摩托罗拉在 Chompu 业务的不断扩展，公司急需更多的技术人员到 Ganzpoor 工作，但 Chompu 只是一个发展中国家，没有多少摩托罗拉员工愿意到那里。乔得知这一消息后，极力申请这个工作机会，因为他的技术无可挑剔，而且又是 Chompu 本地人，对当地文化应该非常了解，因此公司认为乔是最合适的人选。

到了 Ganzpoor 之后，公司以书面形式通知乔，让他找一处安全体面的住所，公司将给他报销实际花费的住房和雇用佣人的支出，每月可报销的最高额度是 2 000 美元。摩托罗拉在 Chompu 的财务主管是来自法国的皮埃尔·皮卡德，皮埃尔对乔说："只要拿来住房和雇用佣人的支出凭证，我们就会按规定给你报销。"

乔找到了住处，但他在 Ganzpoor 工作了几个月后，没有一个同事知道他到底住在哪里。每个月乔都拿着一张 2 000 美元的账单，来找皮埃尔报销，同时还有相应的房租和雇用佣人的收据，上面都有房东的签名，连续几个月来，皮埃尔都按规定给他报销。

突然有一天，一个 Chompu 当地人来找皮埃尔，说他是乔所雇用的佣人，可乔在过去的三个月中没有付给他应得的工资。虽然心里向着乔，但皮埃尔没有别的办法，只能开始调查乔的住房情况。皮埃尔和摩托罗拉公司在 Chompu 的人事经理哈利亲自去找乔的住所，两个小时后终于找到了，他们发现原来乔一直住在 Ganzpoor 的一个贫民区。

他们首先担心的是乔的人身安全问题，同时觉得乔住在贫民区有损于摩托罗拉的形象。还有一个更重要的问题是乔不诚实的行为违反了公司"正直不渝"的基本要求。

哈利认为问题严重，于是向上级人事部门进行了汇报，公司随即对乔的住房问题展开了全面的调查。当得知公司在对他进行调查后，乔异常愤怒，认为公司的这种做法侵犯了他的个人隐私。公司调查结果显示在那样一个贫民区居住，住房租金和佣人支出每月不会超过 400 美元，但乔仍然坚持说他每月交给皮埃尔的 2 000 美元的报销凭证是合法的。虽然最后乔承认了实际上每月住房及佣人支出确实不到 2 000 美元，但他认为自己似乎有充分的理由这样做。他辩解道：其他摩托罗拉员工都能每月报销 2 000 美元，而他情愿"做出牺牲"去住条件不好的住房并不意味着他应该少拿钱。他甚至还争辩说："我是摩托罗拉员工，同时我也是 Chompu 人，这样的做法在 Chompu 非常正常。"

乔这么做还有一个主要原因是他家境贫困，家里有四个弟弟妹妹，都还在上学，他的大部分收入都要用来供他们上学，他说："我家很穷，即使亲眼所见，很多西方人也不会相信我们到底穷到什么程度。我每月到公司报销的 2 000 美元对我的弟弟妹妹来说真的非常重要，对于我来说，供他们上学、把他们抚养成人，才能对得起死去的父亲。"

一周后，乔被叫到上司的办公室，等待他的会是怎样的命运呢？

讨论

Questions for discussion:

1. Did Joe act unethically? If so, what behaviours were unethical?
2. Could Joe have achieved his end in an ethically acceptable way? If so, how?
3. Is Motorola's policy on housing, servants and reimbursement in Chompu a reasonable and defensible one?
4. Is there a better policy that Motorola might adopt? If yes, what would it be? If not, should Motorola take measures to prevent other cases like Joe's?

分析

➡ 矛盾冲突

本案例讲述了一位来自 Chompu 名叫乔的摩托罗拉员工的故事。他为了得到更多的公司补贴而虚报住房支出，由此违反了公司"正直不渝"（Uncompromising Integrity）的规定，意指摩托罗拉人要坚持诚实、公正以及"做正确之事"，即使困难亦当如此。

作为一项公司福利，摩托罗拉给员工报销在 Chompu 工作期间租房和雇用佣人的支出，但规定最高额度为每月 2 000 美元。每月乔都会拿数额为 2 000 美元的凭据到公司报销，直到有一天一位自称是乔雇用的佣人到公司，抱怨说乔已经三个月没有付给他薪水了。由此公司调查得知，乔住在每月房租只需 400 美元左右的贫民区附近，而他每次拿来的报销凭据显然是假的。

➡ 原因分析

乔向公司解释说，他家境比较困难，之所以这样做是为了攒钱帮四个弟弟妹妹完成学业。在乔看来，他要对家庭负责，家庭在他的价值观中占据很重要的位置，为了能使家里人的生活更好一些，他宁可自己住在条件很差的房子里，也不惜违反公司要求诚实的基本理念。他这样做的结果是使他的家庭受益了，但公司认为每个员工都要诚实地处理每一件事，其他员工也无法接受乔谎报其实际住房支出的事实，更无法理解他为了家庭利益而向公司撒谎的做法。

因为 Chompu 的安全形势不容乐观，而公司员工有时可能需要加班，晚上回家较晚，于是摩托罗拉为了保证员工的安全，希望他们能住在舒适安全的地方，除安全因素外，住得舒适也有助于提高劳动效率。因此公司提供每月 2 000 美元的住房及雇用佣人补贴是合情合理的，但公司规定，在这方面的支出，只能给员工报销实际花费的数额，每月数额的上限是 2 000 美元。在本案例中乔每月只花费最多 400 美元，却用虚假的收据到公司报销 2 000 美元，这种做法违反了公司的规定。虽然乔认为他有义务对未成年的弟弟妹妹负责，但同时作为摩托罗拉的一名员工，他同样有义务遵守公司的基本理念。

乔认为公司暗自调查他的住房情况侵犯了他的个人隐私权，但调查是由他的佣人向公司告状引起的，而且公司也有权利调查这件事情，因为此事关系到公司形象和公司员工的名声问题。乔争辩说，既然公司其他员工都能得到每月 2 000 美元的住房补助，他也有权利得到这么多。但本案例的关键是乔每月给公司的报销数额都是伪造的，这就不是有没有和其他员工享有同样权利的问题，而是他是否诚实的问题。

➡ 文化沟通

虽然乔竭力为自己的行为辩护，摩托罗拉能原谅他吗？双方如何才能妥善处理此事呢？

首先，摩托罗拉应该向乔解释清楚，他必须如实地上报他的住房支出，公司只能为他报销实际支出的数额。

其次，乔可以向公司的人力资源部门提议，为摩托罗拉员工在当地上学的子女设立奖学金，这样乔的弟弟妹妹们就有机会得到一笔额外的教育经费，当然这项措施也应该适用于所有摩托罗拉员工。

最后，乔应该为他的不诚实行为接受处分，如果他继续上交假收据来获得额外的收入，那么公司应该解雇他。但无论如何，乔对公司来说都是难得的人才，公司应尽力妥善解决此事。

29 Groupon's Big Mistakes
Groupon 的决策失误

Groupon 是美国著名的团购网站，最早成立于 2008 年 11 月，以优惠团购为经营卖点，为消费者与小规模商家提供交易平台。Groupon 于 2011 年 2 月进入中国市场，但七个月后，利润仅为 210 万美元，净亏损达 4 649 万美元。

案例

Case description:

Like eBay and Amazon, Groupon initially made the mistake of assuming their business model was a "one size fits all" model, capable of success regardless of consumer market differences.

Groupon entered China by setting up a Joint Venture with Tencent, where Groupon invested $8.6M for a 40% stake in the GaoPeng joint venture. However, even before GaoPeng began operations, conflict erupted between Groupon and Tencent. Groupon stated that the Tibetan culture was at risk to disappear. Due to the sensitivity of the topic of Tibet in China, Groupon not only offended their partner Tencent, but gave themselves a poor brand image in China.

Groupon's approach to staffing included announcing its strategy to offer employees from competitors in China huge salaries to come and work at Groupon to find the best employees the market had to offer. Although this strategy was successful in other countries, competitors in China united to fight back by stating officially that any employee leaving to work at Groupon would never be allowed to work at any other firm within the alliance again.

As a result, Groupon staffed their offices in China with mostly American employees who didn't speak Chinese. Many Western managers appointed in China were culturally insensitive which led to even more problems with their partner Tencent. Only two members of the senior management team were Asian, and only one member was Mainland Chinese.

At first, Groupon insisted that its partnering vendors split profits 50-50, without taking into account the realities of China's group-buying environment. Given so many existing players in the market, vendors have the upper hand when negotiating with group-buying operators and typically leave their partner only 10 percent of the profits instead of 50 percent.

In January 2012, GaoPeng held an estimated 2.1% market share, behind 13 competitors. In June 2012, not even 18 months after starting its operations, GaoPeng merged with FTuan.

(***Adapted from:*** Alex Lee, 2018, A Case Study on International Expansion: Groupon's Cultural Mistake in China [2021-06-20]. https://www.linkedin.com/pulse/case-study-international-expansion-groupons-cultural-mistake-alex-lee.)

Case in Chinese:

与 Ebay、Amazon 等外国企业一样，Groupon 一开始便出现了抉择失误，照搬其现有的运营模式，缺乏对中国市场的具体分析。

Groupon 进入中国，首先寻求腾讯成为其合作伙伴，成立了合资企业“高朋网”，投资 860 万美元，持股 40%。当时，腾讯作为中国最大的互联网公司，拥有极大的用户、流量资源，Groupon 有丰富的团购运营经验，双方都有优势。但是，这并不代表合作会一帆风顺。在 2011 年超级碗赛事中，Groupon 为达到娱乐效果，在一则商业广告中，发布了与西藏有关的错误言论，这不仅严重影响了与腾讯的合作关系，也给中国消费者留下了负面消极的印象。

其次，Groupon 延续了以往以高薪从竞争对手中挖员工的策略。尽管该策略在其他国家效果较好，但是在中国市场则带来了负面影响，相关竞争公司发布联合声明，不会再次聘用跳槽至 Groupon 的员工。这次风波的结局就是，Groupon 在中国的管理团队多数为不通中文的美国人士，只有一名中国高层。由于管理团队缺乏对文化差异的敏感性，Groupon 与腾讯的合作关系进一步恶化。

另外，Groupon 在没有系统分析中国团购市场环境的情况下，坚持要求抽取合作商户 50%的利润，此举遭到了合作商户的强烈反对。当时商户可选团购平台较多，且只需向合作平台支付 10%的利润，Groupon 没有意识到在这场交易中，商户才是占上风的一方。

讨论

Questions for discussion:

1. What attitude did Groupon hold towards Chinese market?
2. How did Groupon provoke other Chinese competitors?
3. What lessons can other foreign companies learn from the case?

分析

矛盾冲突

Groupon 作为美国成功的团购网站，进入中国市场，寻求与腾讯合作，但接下来在企业形象、用人招聘模式、合作模式等方面都出现了严重问题，导致其在短时间内便出现了巨大亏损。

原因分析

国际商务中的营销战略总体而言可以分为两大类：全球化营销战略与本土化营销战略。所谓全球化营销战略，又称为标准化营销战略，它指在全球范围内把整个世界看作是一个大市场，制定统一的、标准化的各种营销策略。Groupon 由于在其他海外市场取得了不错的成绩，于是便采取了“一刀切”措施，不假思索地将过去的运营模式照搬至中国市场，但是忽略了中国文化与西方文化间的差异。

公司在不同国家间有一个一致的形象可以提高消费者对产品的偏爱，这是由于公司在顾客心中的形象得到了加强。但是，在本案例中，Groupon 的不当言论造成了该公司信誉受损，并且中国是集体取向较强的国家，寻求群体的归属感，Groupon 的举措无疑对中国消费者造成了情感上的伤害。其次，Groupon 通过高薪从竞争对手中挖墙脚的招聘模式破坏了行业的稳定，并非一种良性竞争，受到了同行业的联合抵制。由于中国文化有较高的不确定规避性，中国员工不愿意冒着被其他公司拒绝的风险，从而导致 Groupon 招不到中国员工。

这也引发了连锁反应，由于高层缺乏对中国经济、文化的充分了解，导致其与腾讯的合作关系逐渐破裂。而且，Groupon 在与商家的合作中依旧持一个高傲的姿态，抽成比例远高于行业平均水平，商家逐渐失去了同其合作的兴趣。

机械地照搬原有的经验和模式是 Groupon 在中国失败的表面原因，根本原因是其面对中国市场时抱有一种盲目的自信和轻视。

文化沟通

外国企业进入中国市场时，可以借鉴过去成功的经验，但是需要结合中国市场的具体情况进行本土化调整。随着中国经济的不断发展，外国企业应该正视中国市场，切不可抱有强势文化的心态。

30 The Chinese-Canadian Dispute
中加（公司）的争执

来自中国和加拿大的两位实业家合作在菲律宾搞房地产项目，强强合作本应该有一个满意的结局，谁料最终却不欢而散……

案例

Case description:

A major Canadian industrialist signed a property deal with a Chinese businessman in the Philippines, with whom he had hitherto enjoyed a long and mutually profitable association. At first, everything went smoothly and both sides made efforts to turn the project into a promising deal. Three months later, the Chinese began suffering losses in his core business, and he began covering them by withdrawing funds from the property investment. The Canadian at first paid no attention to it and they still cooperated well. However, the Chinese businessman continuously withdrew funds from the project which brought risk to its operation. After a few months, the Canadian decided to take action.

The Canadian decided to send his legal advisor on a fact-finding mission since he was tied up with other work. The legal advisor had worked for him for a long time and solved many problems for the company. It seemed there would be no doubt that he would discover what had happened and find a basis for negotiating a compromise.

Before the advisor left for the Philippines, the Canadian did not call his Chinese partner and told him that his legal advisor would come to see him. The Chinese was surprised to receive a phone call from the airport, "I am Mr. X's legal advisor. He has asked me to find a solution to his problems." Since he hadn't heard of the lawyer before, he had to confirm all the matters with the Canadian.

Even when he got the confirmation, he was still reluctant to talk with the lawyer. The Chinese was proud of his status as an independent and successful entrepreneur. He was used to dealing only with persons of the same status, and was not prepared to negotiate on equal terms with a "servant". To make things worse, when the lawyer pushed him on the negotiation, he responded by delaying, and finally refusing to meet him. After spending three days kicking his heels in a hotel, the lawyer returned to Toronto. The Canadian industrialist wrote the letter to put an end to this property deal as soon as the lawyer came back.

(***Source:*** MEAD R. Cases in international management[M]. Oxford: Oxford Press, 2004.)

Case in Chinese:

一位加拿大实业界的重要人物，与一位中国商人在菲律宾签署了一项房地产协议，迄今为止他与这位中国商人长期保持良好的互利关系。最初一切顺利，双方都尽力想使这个项目圆满成功。三个月后，中国商人的其他核心业务开始出现亏损，他开始从地产投资中撤资填补项目。加拿大人起初没有在意，双方合作仍然很好。然而，中国商人不断地从项目中撤资以至于威胁到了该项目运作。几个月后，加拿大人决定采取行动。

因为自己工作繁忙，加拿大人决定派自己的法律顾问去弄清事实。这位法律顾问已经为他工作了很长时间，并为公司解决了很多问题。似乎毫无疑问，他将会找出问题所在，为谈判协商解决问题打下基础。

加拿大人在律师出发前没有打电话给他的中方合作人告诉他法律顾问会去找他。这位中国人接到来自机场的电话后非常吃惊。“我是X先生的法律顾问。他让我来替他解决问题。”因为他以前从未听说过这位律师，他必须向加拿大人确定事情的原委。

即使在他得到确认之后，他仍然不愿意与一个律师谈话。作为一个独立的成功企业家，这位中国人对自己的地位引以为豪。他习惯于只接受与自己相同地位的人，而不打算去与一个“随从”协商同样的问题。更糟糕的是，当律师催促他谈判时，得到的回应是一再拖延，最后拒绝见面。在宾馆里呆了三天之后，律师返回了多伦多。律师回来之后，加拿大实业家写了一封信终止了这次房地产项目。

讨论

Questions for discussion:

1. What resulted in the dispute?
2. Why did the Chinese businessman refuse to meet the lawyer?
3. If you were the Canadian or the Chinese businessman, could you find a better way to handle the dispute?

分析

矛盾冲突

项目破产的导火索是中方合伙人在未与其合作伙伴协商的情况下私自撤资，填补亏损；发现问题之后，加方合伙人在没有提前通知的情况下，试图派律师通过法律途径解决问题。而此举令中方合伙人颇为不快，拒绝协商解决问题，最终导致项目破产。

原因分析

本案例中，中加两方都难以接受对方处理问题的方法。而我们应当发现，双方的做法各受其文化因素的深刻影响。中方合伙人在不与对方商量的情况下，径直从项目中撤资填补漏洞，因为他认为双方在过去成功的合作中已经建立了良好的关系，这种关系应该可以帮助他渡过难关。在中国文化中，人们十分重视人际关系，在人际关系网中，“面子”往往会对很多事情起重要的作用。而在欧美国家，社会关系是建立在“契约”基础上的，人们更重视法律依据。因此，当加方合伙人发现中方撤资之后，认为理所当然应该根据合约通过法律途径解决。

而加方的解决方式只能使矛盾加剧。根据霍夫斯特的研究，加拿大等北美国家属“低权力距离”国家，而中国等亚洲国家属“高权力距离”国家。因此，当加拿大人派自己的律师而不是亲自去与中方合伙人商榷时，中方会感到不受重视，从而不愿与一个“下级”去谈判。这种“不配合”会使加方认为是单方的毁约，从而终止合同。

文化沟通

跨国合作中只有在了解和尊重双方价值观的基础上才能保证从合作中受益。本案例中，双方良好的合作基础是共同认可的，因此，中方应该在亏损出现后与加方协商，通过合同形式，如向对方借款、出让股份等获得帮助；加方在发现问题后，应当先通过委婉的方式了解情况，充分沟通之后再派出代表进行合同执行情况的协商，以求解决问题，使项目继续。

31 When Meticulous Finns Sign Contracts with Flexible Chinese
芬兰公司与中国公司签订契约：一板一眼还是灵活变通

芬兰人欣赏坦率胜于口才，而中国商界讲究灵活变通，与“一板一眼”的芬兰人打交道，就可能造成冲突……

案例

Case description:

The honesty of Finns is universally recognized. For Finns, the word “honesty” means much to them and guides their whole lives. Finns are not good at small talk, and they believe it is better to keep silent than talking nonsense. They truthfully describe the actual situation, avoid making fake promises, and do not unduly justify themselves. Finns value frankness instead of eloquence, while Chinese businessmen are more flexible. These differences thus cause communication barriers between meticulous Finns and flexible Chinese.

HTCN, established in 2012, is a Finnish wholly-owned enterprise in China that sells raw materials for in vitro diagnostic reagents. After several years of hard work in China, it was finally about to become a qualified supplier of Chinese listed company M. The first thing was to sign a thick stack of contracts. Company M required HTCN to sign and seal directly. After HTCN’s sales manager carefully read the contract items, he reported the disputable clauses in English to the headquarter based in Finland, who gave the following opinions: (1) The delivery date cannot be promised in advance because it’s on the inventory and production status of the specific order but it will be confirmed as soon as possible; (2) HT won’t pay the compensation required by the customer for delivery delays and other losses; (3) The product quality is based on the factory quality standard set by HT and the examination standard proposed by the customer which has not been confirmed by our company and it will not be supported... After the sales manager conveyed these opinions to company M, the latter insisted that the above-mentioned requirements are reasonable to avoid potential problems in the long-term cooperation between the two parties. They refused to remove the compensation clause, so the negotiation between the two parties reached a deadlock.

The Chinese colleagues in the sales department couldn't help but complain: some of the customer's requirements are not excessive, and the contract isn't rigid. It doesn't mean any problems in the future cooperation cannot be discussed. Why do we pay so much attention to these terms and clauses in the first place? Many domestic suppliers will sign the contracts and send them back without hesitation. Why are they so serious... HTCN is in a dilemma. On the one hand, its headquarter HT has a firm stand and never over-promises. On the other side, Company M is an important customer with strict requirements. Should they stick to their position or win over customers?

Case in Chinese:

芬兰人的诚实是世界公认的，对于芬兰人来说，诚实二字是心中始终坚守的一把尺子。芬兰人不擅长闲聊，与其讲废话不如保持沉默。他们讲话必须按照实际情况如实描述，忌讳虚妄承诺，也不要试图辩解。芬兰人欣赏坦率胜于口才，而中国商界讲究灵活变通，与“一板一眼”的芬兰人打交道，就可能造成冲突。

成立于 2012 年的 HTCN 公司是一家芬兰在华独资企业，销售体外诊断试剂原料，经过几年的在华努力，终于快要成为中国上市公司 M 的合格供应商，首要的事情就是签订厚厚的一摞合同。M 公司要求 HTCN 直接签字盖章，HTCN 的销售经理仔细阅读合同条目后，将有异议的条款翻成英文向总部汇报，总部反馈了以下意见：（1）供货时间不做提前承诺，会根据具体订单的库存及生产情况第一时间确认交期；（2）客户要求的交期延误滞纳金以及因延误导致的误工费等其他损失的赔偿一律不支持；（3）产品质量以 HT 制定的出厂质量标准为准，对于客户提出的自定义检验标准未经本公司确认，不予支持……销售经理将这些意见转达给 M 公司后，M 方法务坚持上述都是合理要求，是为避免双方长期合作中可能发生的问题，拒绝去掉赔偿条款，双方的谈判陷入僵局。

HTCN 公司销售部的同事忍不住发起牢骚：客户的一些要求并不过分，况且合同归合同，将来合作有什么问题不都可以商量的嘛，为什么要在一开始就这么纠结这些格式条款呢？再说客户自己也说了，合同只是个形式，国内很多供应商看也不看就盖章回传了，何必这么认真呢……HTCN 左右为难，一边是立场坚定、绝不过度承诺的芬兰 HT 总部，另一边是要求严格的重要客户，是该坚持立场，还是该争取客户？

（***Source:*** 奚苏静. HTCN 公司中芬跨文化沟通冲突的案例研究[D]. 上海：上海交通大学，2015.）

讨论

Questions for discussion:

1. What are the differences between Chinese and Finnish contract culture revealed from this case?
2. What are the root causes of these differences?
3. How can we avoid similar conflicts?

分析

➡ 矛盾冲突

HTCN基于对客户的信任和双方合作关系的信心，在争取到对方的部分让步后，倾向于“不妨先签了再说”，而HT总部则严格审核合同条款，坚持不签订没有百分百把握的条款，不承诺超出本公司控制的结果，不接受连带责任等。中芬法律意识的差异使得居于中间的HTCN处于两难境地。

➡ 原因分析

芬兰是成熟的法治国家，法律的严肃性深入人心。合同是具有法律效力的严肃文书，合同条款一经确认即具有强烈的约束力，不可儿戏。签订合同是合作的开端，只有在合同中明确了双方的权利义务之后才能开展合作。而中国比较注重人情，尽管法律制度不断完善，人们的法律意识还需进一步提升，在非法律专业的员工眼中，初期的合同只是表明合作意向，合作中双方权利义务的约定是随着合作的深入、根据双方信任度的深浅逐步确认的。

➡ 文化沟通

对于本案例的发展，笔者认为，HTCN一方面需要严肃对待合同，认真评估合同条款的履行能力，并如实向客户告知，争取客户的谅解和让步；另一方面，HTCN可适当地承担风险签订合同，并通过后期加强与客户和总部的双向沟通，随时关注相关异动，避免可能导致违约的小概率事件发生，确保履约，并借此提升服务水平。

32 Festival Gifts: A Token of Appreciation or the Business Bribery?

中秋月饼：礼节还是贿赂？

中秋节来临，芬兰的商界盛行廉洁文化，而中国分公司员工习惯了人情社会交往规则，是遵守礼节还是避免贿赂呢？

案例

Case description:

In the global corruption rankings published by Transparency International, the integrity of the Finnish government has ranked first for five consecutive years. Integrity and self-discipline are Finland's iconic social ethos. There are few ticket inspectors on buses. Railway platforms and main roads are directly connected, and many communities have unattended shops where people shop honestly... The Attorney General of Finland Marty Kusimaki once said that citizens' self-discipline is the most effective means to prevent corruption. This culture of integrity has also extended to the business community. Finnish companies firmly reject commercial bribery and have zero tolerance for that. However, China is a country of etiquette where it is normal for companies to give gifts to customers during the holidays.

As the Mid-Autumn Festival was coming, HTCN's sales colleagues proposed to send mooncake coupons to important customers who had supported the company's business for a long time. However, to the managers in the Finnish headquarters, business gifts are sensitive topics, and such behaviors should be avoided in order to maintain consistent integrity. Accustomed to Chinese rules of social interaction, HTCN employees were in a dilemma. Should they observe etiquette or avoid bribery?

Case in Chinese:

在"透明国际"公布的全球腐败排行榜上，芬兰政府的廉洁度曾连续五年蝉联第一，廉洁自律是芬兰的标志性社会风气。公交车上很少有检票员，铁路月台和大马路可直接相通，很多社区都有"诚信商店"……芬兰总检察长马蒂·库西迈基曾经说过，公民的自律是防止腐败的最有效手段。这种廉洁文化也延伸到了商业领域，企业坚决拒绝商业贿赂，对行贿受贿零容忍。

中秋前夕，HTCN 的销售部同事提出购买月饼券回馈长期支持公司业务的重要客户。然而在芬兰总部管理人员看来，商务场合的礼物是敏感话题，应该避免此类事件，保持一贯的廉洁作风。这可让习惯于人情社会交往规则的 HTCN 员工犯了难，是遵守礼节还是避免贿赂呢？

（***Source***：奚苏静. HTCN 公司中芬跨文化沟通冲突的案例研究[D]. 上海：上海交通大学，2015.）

讨论

Questions for discussion:

1. Why did HT headquarters refuse HTCN's proposal of giving gifts to customers?
4. What are the root causes of these differences?
5. Can you come up with a better solution?

分析

➡ 矛盾冲突

芬兰的政商界推崇高度的廉洁文化。文化差异使得HTCN公司在经营管理上与总部产生了分歧，两国对于介于“礼节”和“贿赂”之间的模糊地带理解有差异。

➡ 原因分析

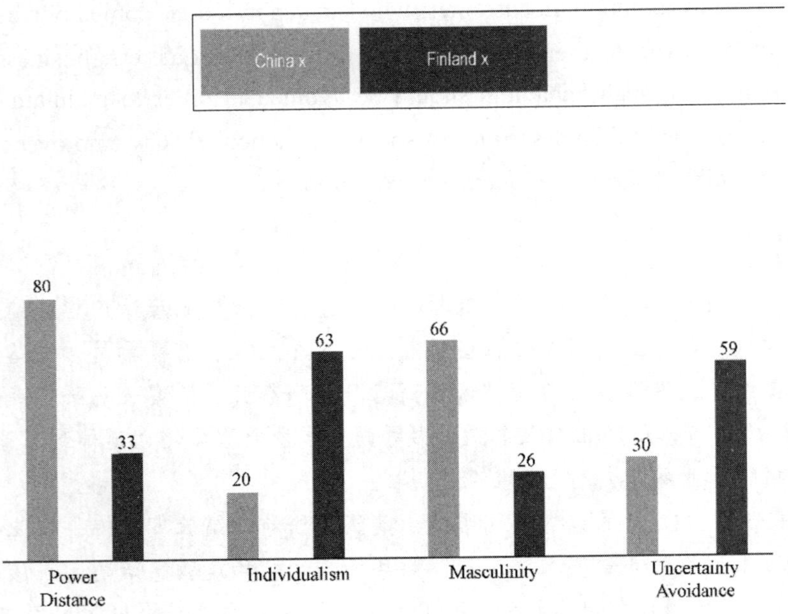

Source:https://www.hofstede-insights.com/country-comparison/china,finland

图 2　芬兰和中国文化价值观对比图

从上图可以看到，芬兰是不确定性规避较强的国家，严格遵守规章制度，体现在商业领域就是注重廉洁文化，商业行贿在芬兰可能会带来非常严重的后果，因此HT总部对中秋节送礼采取了谨慎态度，尽最大可能地避免麻烦。中国是个礼仪之邦，逢年过节给客户送礼联络感情在企业看来是再正常不过的事，是中国人多年来的行商之道。HTCN

销售部的同事认为购买月饼券回馈长期支持公司业务的重要客户合情合理，并不会带来负面结果。

➡ 文化沟通

HTCN 应与总部耐心沟通，详细说明中国国情，增进理解达成共识，创造出双方都接受的第三方文化，制定明确的商业礼节制度，合理预算，避免冲突。

33 Is It the Mistake of Jane Harrison?
是简·哈里森的错吗?

新上任的人力资源总监简·哈里森倾心倾力为公司设计的人力资源管理方案虽然得到了上级的支持，却遭到员工的抗议与抵制，是简的方案考虑不周全，是员工不清楚方案的意图，还是方案本身"水土不服"？

案例

Case description:

Biotech (Hong Kong) Limited was established in 1950. It is part of an American multinational group which has diversified its business from manufacturing plastic products, household appliances and medical instruments to financial services and telecommunications technology. The group employs 100,000 people worldwide and has business revenue approaching US$20 billion. The Hong Kong company employs about 350 staff. Its business includes the trading of medical instruments, photographic products, and electronic and telecommunications equipment. The main markets are China's Hong Kong, China's Macao and Chinese mainland. The organization consists mainly of sales and supporting staff. There are no production workers. Apart from the Managing Director and the Human Resource (HR) Director, all the staff are Chinese.

Jane Harrison, the HR director, was recently appointed to oversee the personnel and training functions of the organization. She has worked in the American office for 10 years in the personnel function. Because of the rapid growth in business in China's Hong Kong and Chinese mainland, the Managing Director, Anthony Smith, felt that a full-time

Hong Kong specialist was needed to take care of the staff function. Jane was then appointed to set up the HRM Department which, she thought, should consist of both a personnel and a training function. Before Jane arrived, personnel matters were controlled by the Financial Director. The training function did not exist in the organization. Jane was in the post for one year. She was amazed at the "backward" personnel system of the company when she first arrived. The first thing she did was to draft her HRM strategies. With the support of the Managing Director, she was able to reduce staff numbers to 200 by combining the six sales teams into three teams. Instead of organizing them by region and product, they are now organized by product only. The Financial Department was also streamlined with the deletion of the Assistant Manager level. Staff reduction was achieved by natural wastage, redeployment and termination. It is now time to implement the new grading and reward systems based on the results of job evaluation.

Jane was pleased that the new scheme would be more cost-efficient and save the company around 10 percent annually in staff costs. She was able to sell the scheme to Anthony and announced the approval in the staff meeting last week. Jane thought that everything had been implemented very smoothly. The only problem she had had so far concerned the employment of a training manager. She was surprised that despite the excellent package she offered, none of the candidates she had interviewed was willing to take up the offer. She was planning to ask the US head office to transfer one of her previous subordinates to Hong Kong to take up the job. In fact, such movement can serve as the starting point of internationalization.

While Jane was congratulating herself on having achieved most of her objectives on time and within budget, her boss, Anthony Smith, rushed in with a very worried look. "Jane, I have had a group of sales staff, about 30, in my office threatening to resign unless the new grade and reward scheme is abandoned. What should we do? I don't think I can afford to lose all 30 at the same time," he said. "Anthony, I don't think we should be weak as management. The new scheme is the result of a scientific and objective job-evaluation exercise and salary survey. I have a lot of experience in the United States in implementing new salary schemes based on job-evaluation studies. Let me talk to the staff and explain the system to them. In fact, their present position and salary will not be affected as most of them are either at the top of grade 2 or grade 3. Those in grade 2 will be promoted to grade 3 based on merit. Grade 1 is for new recruits in the future only." Jane reassured Anthony that she could solve the problem easily.

One week later, all the sales staff protested to Anthony Smith and demanded the resignation of Jane Harrison. The managerial staff were also sympathetic to the sales team and planned to join the protest.

(***Source:*** SARA F Y, ALMA M W. Management case studies in Hong Kong[M]. Hong Kong: Longman, 1991.)

Case in Chinese:

生物科技（香港）有限公司成立于1950年，隶属于美国一家跨国集团。该集团业务包括塑料产品生产、家用电器、医药设备、金融服务以及通信技术，员工人数达到10万，营业收入接近200亿美元。香港公司大约有350名员工，其生产的医药设备、影像产品、电子和通信设备主要面向香港和澳门，以及中国大陆市场。公司员工主要由销售和相关支持人员构成，没有生产工人。除了执行董事和人力资源主管，其他员工都是中国人。

最近，人力总监简·哈里森被委任负责香港公司的人事和培训管理。她曾在美国总部的人事部门工作了十年。由于香港和中国大陆市场业务发展迅速，执行董事安东尼·史密斯认为公司需要一名全职香港专家负责管理人事。简承担重任并成立了人力资源部门，由人事和培训两个支部组成。在简上任前，香港公司的人事由财务总监负责，而培训部门从来没有设立过。简在香港公司工作了一年。她刚上任时，惊讶于公司人事体系的“落后”。她做的第一件事就是开始起草她的人力资源战略。在执行董事的支持下，简把六组销售团队合并为三组，裁减了100多名员工。剩下的员工按产品组成相应的团队，而不再像以前那样按地区和产品来组织团队。财务部通过撤销助理经理这一级别进而得以精简。人员裁减通过员工的自然流失、调换和辞退实现。然后在职位评估结果的基础上，简开始执行新的评估报酬奖励机制。

简认为新的方案考虑了成本效益，为公司节约了10%的人员开支。她向安东尼提交了方案，并在上周的员工大会上宣布批准了方案。简认为事情安排进展得很顺利。她唯一担心的问题是新培训经理的聘用。尽管她为这一职位提供了很好的待遇，但仍然没有一名她面试过的候选人愿意接受这一职位。她计划向美国总部申请派遣一名她以前的下级来香港就任培训经理一职。事实上，这样的举动成为香港公司迈向国际化的起点。

当简为自己能按时在预算内完成她的计划安排而庆功时，执行董事安东尼·史密斯神色慌张地冲进简的办公室，说道：“简，一个大约有30名员工的销售团队在我办公室里威胁说，如果不废除新的评估报酬奖励机制，他们就会辞职。我该怎么办呢？我可不想一下失去30名员工啊。”“安东尼，我认为作为管理层，我们不应该软弱。新方案是通过科学、客观的职位评估和工资调查后做出的。在美国总部时，我有过丰富的经验执行建立在职位评估研究之上的工资方案。让我去跟他们见面，并向他们解释整个体系的安排。事实上，他们现在的职位和工资并不会受到影响，因为他们中大部分人要么属于第二级要么属于第三级。第二级的员工将根据他们的资历提拔到第三级，而第一级只适合于新进来的员工。”简安慰安东尼说她能轻易地解决这个问题。

一周后，所有销售员工都向安东尼抗议，要求简·哈里森辞职。管理层的人士出于对销售团队的同情也决定加入抗议队伍。

讨论

Questions for discussion:

1. What are the problems in the case?
2. How will you evaluate the scheme proposed by Jane Harrison, taking into account the situation of the company and its business environment?
3. If you were Anthony Smith, what would you do to solve the present problems?

分析

➡ 矛盾冲突

通过初步阅读案例，我们了解到生物科技（香港）公司人力资源管理部门成立，来自美国总部的新人力资源执行长官简·哈里森上任，面对香港公司“落后”的人事管理体制，简决定全方位改革，于是实行新的评估报酬奖励机制，招聘培训部经理。但简不仅在招聘培训部经理方面出现困难，她的方案也受到多方抗议，首先，一些销售人员以辞职为威胁来抗议新的机制；然后，所有的销售人员向执行总裁抗议，要求罢免简·哈里森；最后，出于对销售人员的同情，管理层也决定参加抗议活动。简·哈里森面临信任危机。

➡ 原因分析

新上任的人力资源执行长官简·哈里森是美国人，曾在美国总部的人事部门工作了十年。她对自己在人事管理方面非常自信，于是提出了一系列建议和方案，如起草人力资源管理部门战略计划；成立新的人力资源管理部门，并新增培训支部；精简销售队伍，按销售产品类别重新组织划分销售队伍；整合财务部门，不再设助理经理一职；根据对工作结果的评估，由MH咨询集团建议，人力资源管理部门开始实施新的评估报酬奖励机制。但一切似乎都是简的一厢情愿，该方案不仅没有为公司带来预想的成本效益，而且招来了一致的抵制。

简的价值观体现了美国文化对她的影响，她的自信源于她在美国公司总部从事人事管理的经验，对公司企业文化的理解，在美国公司总部处理上下级关系的经验以及她在香港分公司一年工作中的观察与调查。但她过分的自信却忽视了香港分公司的本地特色渗透的本地文化。作为国际大都市的香港，有其国际化、西方化的一面，但从文化的渊源看，它仍属于中华文化的一支，注重集体主义，强调传统，尊重延续性，看重团队关系，维护集体利益。一直以来香港分公司的主要员工都是中国人，他们具有深刻的中国文化价值观，并在共事过程中建立起较为密切的人事关系。他们对突如其来的关于基本工资级别的划分感到非常不适，因为这触及了员工个人的根本利益，而公司事先并没有任何改革的征兆。简在还没有深入了解香港分公司的企业文化、人事关系的前提下，在还没有与各部门员工建立起信任关系的前提下，武断地实行改革方案，这本身就注定了该方案潜在的“流产”危险。另外，简在招聘培训部经理时遇到困难，无人愿意接受此职位，原因是培训部经理一职是新设置的，具有挑战性，就任者不仅需要一定的经验，更重要的是应结合本公司的具体情况来设计培训机制，这需要反复验证，不断改进，才能摸索出适合本公司的一套培训机制。因此，此经理最好从本公司内部聘请，这样才能最大限度地避免“水土不服”，而不是像简所设想的那样从美国公司总部调人过来。

➡ 文化沟通

对于目前公司面临的几个问题，可以暂时采取一些措施渡过难关，缓解公司目前的紧张气氛。首先，培训部经理的招聘暂时搁置一边，但鉴于此职位对于员工整体素质提高的重要性，可认真考虑将来设立这一职位，最好从本公司内部寻求合适人选。其次，受到抗议的新的评估报酬奖励机制应该立即停止实施，对该机制重新做理论和实际的调查，充分考虑主要利益群体即销售人员的利益。如果要制定新的评估报酬奖励机制，要做充分的调研和咨询，除了考虑市场平均水平，更要考虑本公司的具体情况。最后，面对员工对简的信任危机，公司执行董事应该与简谈话，并共同分析出现问题的原因，提醒简在实施新的计划或体制时，务必要充分考虑文化和地域差异。为了避免给简造成心理负担，公司可以让简暂时放下手头工作，出去散散心，调整下状态。由中方管理人员接替简的工作。

二、企业文化融合

34 Monsieur Mickey in France
在法国“水土不服”的米老鼠

迪士尼在美国和日本都受到大人和儿童的喜爱，而在法国开业时却遭遇了冷落。热情的法国人为什么会排斥可爱的米老鼠呢？

案例

Case description:

Bringing the wonders of Disneyland to a foreign country must have seemed like an old hat for Disney. After all, only a few years earlier the company had successfully opened a Disney theme park in Japan, bridging the enormous differences between Japanese and American cultures. EuroDisney, at least initially, proved to be another story entirely. The company, it seems, failed to do its cultural homework on everything from French business negotiating styles to employee flexibility and dress habits to consumer spending patterns and eating preferences. The company had a system that worked in the United States and Japan—two very diverse cultures—and evidently saw no good reason to change it to adapt to European sensibilities.

Day one began with a nightmare. The French people, who tend to wear their cultural hearts on their sleeves, howled about Yankee cultural imperialism when Disney managed to buy 1,950 hectares (4,400 acres) of prime farmland for a fraction of the market price after the government used its right of eminent domain to find Mickey and friends a home. The farmers whose families had worked the land for centuries were bounced. French newspapers railed at the American invaders in a very public display of anger and insult. Before a single building foundation had been dug or a brick laid, the company had managed to alienate the community, partly because it had underestimated the attachment to the land of one segment of French society.

SENSE AND SENSIBILITY

Next, Disney offended French sensibilities and created a wellspring of ill will when it used lawyers rather than its executives to negotiate construction and other contracts for EuroDisney. It was simply not a French thing to do. In France, lawyers are considered a negotiating tool of absolute last resort. The use of lawyers early on in the process was a sign of mistrust and backhand rejection of French ways. Then, according to the French trade and popular press, the company insisted during the construction of Disney-run hotels that a sprinkler system be included. While required under American law, such a system was unnecessary under French law which demands only adequate fire escapes and alarms and access to an emergency water supply. Disney's insistence on the sprinkler system was perceived as a negative comment on French safety standards and an assertion that the "American way" was better. The battle ruffled the feathers of Disney's French partners and management, generating even more ill will made public in a stream of negative press reports.

In terms of operations, Disney's ignorance of European culture and French working norms caused more problems. The company, which prides itself on the squeaky clean all-American look of its employees, instituted a strict dress code for its local employees, barring facial hair, dictating a maximum length for fingernails and limiting the size of hoped earrings. The staff and its unions rebelled at this perceived attack on everyday French fashion. Morale plunged.

THE DEVIL IS IN THE DETAILS

Disney got several other important details wrong. For example, the company believed that Europeans do not generally have sit-down breakfasts. Relative to the normal workday lifestyle of the European commuter, they were correct. But the exact opposite is true when Europeans are on vacation. As a result of this incorrect notion, hotel dining rooms at Disney hotels were kept small, creating logjams and angry customers when the overcrowded rooms that seat a maximum of 400 guests tried to serve upwards of 2,500 sit-down breakfasts every morning. Lunch times inside EuroDisney also bordered on disaster. While Americans visiting Disneyland prefer to graze, that is, eat at irregular intervals, as they wander the park confines, Europeans are used to set lunchtimes. As a result, the park's restaurants became jammed at the lunch hour as everyone tried to eat at once and were empty the rest of the day. Customers complained of long lunch-time lines and pressure to eat quickly. The staff complained of being overworked at lunchtime and underworked during the rest of their shifts. To top it off, Disney, in keeping with the "family friendly" theme, barred the serving of alcohol—perhaps the ultimate insult in a country where the consumption of wine at mealtimes is a birthright.

HOSPITALITY HEADACHES

The company committed other marketing foibles. While the park did hit its initial attendance target of more than 10 million visitors in the first year, its revenue projections were way off. The reason: unlike Americans or Japanese visiting Disney parks in their home countries, the European visitors to EuroDisney did not spend money on souvenirs. Europeans, it seems, are more used to taking month-long vacations and as a rule do not go on short spending sprees like the Americans and Japanese when they visit a theme park. Finally, Disney found that checkout at its official hotels had turned into a nightmare because of different consumer patterns. Unlike the Americans or the Japanese, the European visitor to EuroDisney tends to stay only one night at a hotel, not the three or four nights common at other Disney parks. The result: the hotels had too few computers to handle the irate guests as they all tried to check out of the hotel at the same time after a single night's stay.

"It was so unlike Disney to get so many details so wrong," says one U.S.-based securities analyst who follows the company. "Maybe it's not such a small world after all. The company's cultural insensitivities cost it a lot of money and goodwill. I think it is a good reminder to any company or individual doing business in another country—the devil is often in the cultural details. They can make or break you." But for Disney at least, all's well that ends well. After making some significant "cultural adjustments", EuroDisney is no longer the economic drain it once was on company coffers.

(***Source:*** CHARLES M. International business culture[M]. Shanghai: Shanghai Foreign Language Education Press, 2000)

Case in Chinese:

对于迪士尼公司来说，把迪士尼乐园的奇迹带到外国一定已经成了老把戏了。毕竟,迪士尼在日本的主题公园几年前刚刚建成,跨越了日美文化之间的巨大差异。欧洲迪士尼，至少在初期，看起来完全不是这么回事。迪士尼公司看起来完全没有做好面对文化差异的准备，从法国式的谈判风格到员工的自由和着装习惯，再到顾客的消费模式和饮食偏好都出现了问题。公司的制度在美国和日本两个存在巨大差异的文化里都起了很好的效果，显然没有充足的理由改变制度来适应欧洲的特殊要求。

第一天就成了噩梦。当迪士尼在政府运用其强势地位以远低于市场的价格购得 1 950 公顷（4 400 英亩）良田时，习惯于把他们的民族情结表现出来的法国人就吼叫起美国人的文化帝国主义来了。在那些土地上耕作了几个世纪的家族立刻跳了起来。法国报纸公开显示他们对美国入侵者的愤怒和鄙视。在第一块砖还没开始垒之前，公司就得设法抚慰当地社区的民众，部分就是因为他们低估了法国社会一部分人对土地的感情。

理智与情感

接下来，当迪士尼派律师而不是经理来商谈有关建筑和其他的合同时，它伤害了法国人的感情并引发了极度的不满。在法国根本不能那么做事。在法国，只有在实在没有其他办法的情况下才请律师出面谈判。在谈判初期就请律师介入是不信任和对法国谈判方式公然拒绝的表现。接着，据法国贸易和大众媒体报道，迪士尼坚持在建设园内旅馆时安装自动喷水装置。虽然这在美国是法律规定的，在法国却没有如此要求，只需要有消防通道、火警按钮和紧急供水系统就足够了。迪士尼坚持安装自动喷水装置被认为是对法国安全标准的否定，是对“美国的做法”更好的强调。争执使迪士尼的合作伙伴和管理层出现了摩擦，他们的不和又在一系列媒体的负面报道中公开。

在运营方面，迪士尼对欧洲文化和法国工作习惯的漠视引发了更多的问题。迪士尼以其员工格外干净的美国装束而自豪，对当地的员工制定了严格的着装标准，禁止头发遮面，规定了指甲能留多长，限制了耳环的大小。员工和工会反抗了这种标准被认为是对法国日常时尚的攻击。士气一落千丈。

细节方面的错误

迪士尼还犯了其他几个细节上的错误。比如说，公司认为欧洲人通常早饭不坐下来吃。对于工作时的通勤者是这样的。但是他们度假时却截然相反。由于这一错误的观念，迪士尼旅馆的餐厅都很小，当每天早晨 2 500 人在仅能容纳 400 人的餐厅内就餐时，长长的队伍引起了顾客的极大不满。在乐园内午餐也是一场灾难。美国人逛游乐园时因为场地限制喜欢边玩边吃，而欧洲人习惯了固定的午餐时间。结果公园的饭店在午餐时拥挤不堪，因为每个人都想在那个时候用餐，而其他时间却鲜有顾客光临。顾客抱怨午餐时过长的队伍和不得不赶快吃完的压力。员工抱怨在午餐时过于忙碌，在其他时间却无事可做。最后，迪士尼根据它“家庭友好”的主题，禁止提供酒类——对于一个认为就餐时饮酒是与生俱来的权利的国家来说，这也许是最大的侮辱。

接待的问题

迪士尼还犯了其他的营销错误。当乐园达到了它在第一年接待 1 000 万游客的目标时，它的营业收入却离目标相距甚远。原因是：和美国人与日本人在自己国家游览乐园不同的是，欧洲游客游玩时很少买纪念品。欧洲人，看起来更习惯于度一个月的长假，因而通常不会像美国人和日本人那样在游园时大把花钱。最后，迪士尼发现其官方旅馆的接待处因为不同的消费习惯变成了一场噩梦。和日美人不同，欧洲人通常只在迪士尼呆一夜，而不是其他乐园的三到四夜。结果是：当顾客们都在过了一夜后同时准备退房时，旅馆的电脑太少无法为这么多顾客同时服务，这使得他们十分愤怒。

"在这么多问题上犯了错误一点也不像迪士尼的作风"，一位长期关注迪士尼的美国证券公司分析师说。"也许世界并不像我们想象的那么小。公司对文化差异的漠视葬送了大量的金钱和良好的声誉。我认为这对任何在其他国家做生意的公司和个人来说都是很好的警示——文化上的细节通常决定成败。"但至少对迪士尼来说，结局还算好。在做了一些重大的"文化适应"后，欧洲迪士尼不再赔钱了。

讨论

Questions for discussion:

1. How could you explain the response of French people when Disney just set foot on the land of France?
2. What mistakes did Disney make in the cultural adaptation process when it negotiated construction and other contracts for EuroDisney with their French counterparts?
3. What advice would you give to resolve the dispute over the sprinkle system?
4. What details should EuroDisney have noticed in its daily operation?
5. What do you think of the comment of the securities analyst "...the devil is often in the cultural details. They can make or break you."?

分析

矛盾冲突

本案例中，迪士尼对文化差异重视不够，没有对法国文化进行调查就直接进入法国市场，结果导致了一系列问题，法国迪士尼的收入也很惨淡。具体表现在以下几点。

按照美国商业规则，为了建造迪士尼乐园而低价强行买进土地，这伤害了法国人的感情，给法国人民造成美国文化霸权的印象。

美国迪士尼公司在初期谈判时就使用律师而不是谈判人员，这造成了误会。因为对法国人而言，在商务中使用律师意味着不信任。

法国法律规定，只要有消防通道、火警按钮和紧急供水系统就符合法国安全标准了，没有安装自动喷水装置的必要性，但是迪士尼公司坚持美国法律的规定，安装自动喷水装置。

严格规定员工的着装、化妆、指甲和耳环的大小，使崇尚时尚的法国工作人员士气低落。

迪士尼餐厅狭小，没有足够的空间容纳客人，对就餐习惯估计错误，导致顾客对就餐质量和员工对就餐时间工作量的抱怨。在餐厅禁止供酒，也导致了法国游客的不满。

与美国人和日本人不同，法国人没有在迪士尼疯狂购买纪念品的习惯，也没有在迪士尼宾馆连住三四天的习惯，造成排队退房的局面。

原因分析

文化差异对跨国公司的经营意义重大。尽管迪士尼文化在日本获得了成功，但是法国文化与日本文化、美国文化之间存在着极大的差异，必须要具体文化具体分析。

首先，法国文化与日本文化在接受外来文化上存在差异。日本文化有很强的包容性，善于学习别国经验。日本的明治维新迅速吸收接受西方文化，使日本人走上了近代富强道路。二战中，被美国打败后，又把美国文化定义为先进文化，内心里有认同感和推崇感。而迪士尼正是典型美国文化的代表，因此迪士尼顺利进入了日本市场，并获取了巨大利润。自1983年日本迪士尼乐园建成以来，参观人数都呈逐年上升趋势。相对而言，法国人具有极强的民族自豪感，他们为本国文化感到骄傲并且竭力加以维护和发扬。法国人认为，美国历史短暂，只有所谓的快餐和商业文化，缺乏历史和艺术沉淀。法国人从心底排斥美国文化，认为迪士尼在法国的建立是一种文化上的入侵。而迪士尼在法国的很多做法都无意中伤害了法国人的自尊心。法国人重视历史和传统，因此也对土地持有深厚的感情。迪士尼在购买土地时，却没有注意到这一点，伤害了当地农民的感情。

其次，法国文化与美国文化也存在很大的差异。美国人比较理性，崇尚实用、效率、制度，生活强调节奏；而法国人比较感性，喜欢自由、浪漫，强调生活质量和人与人之间的感情。文化价值取向的不同形成了完全不同的工作和生活习惯。在上述案例中，迪士尼按照美国人的工作习惯来要求法国人，以美国人的生活习惯为标准来为法国人建造迪士尼乐园，无疑会造成案例中出现的种种矛盾。在就乐园建设等合同条款谈判时，美国人使用了律师，因为他们这样做属于公事公办，权利义务比较清晰，比较有效率。而在法国，人们比较注重相互之间的感情和信任，不到万不得已的程度是不会在商务活动中使用律师的。法国人认为美国人使用律师代表着对法国人的不信任。在内部旅馆设施问题上，迪士尼执意坚持美国的规定和习惯，安装自动喷水灭火装置，在法国人眼中，这是对法国公共安全系统缺乏信任的一种表现。迪士尼要求员工遵守严格的美国式的着装标准，在法国人看来这剥夺了他们基本的追求时尚和美丽的自由，是对他们极大的不尊重，因此员工和工会一起反抗抵制公司的规定。法国人喜欢在就餐时饮酒，这是他们数百年来形成的饮食习惯，如果不喝酒就餐就是不完整的。而美国人认为饮酒是放纵的表现，在美国未成年人饮酒是非法的，迪士尼认为酒与“家庭友好”的主体相背离，因而在餐厅不提供酒类，这被法国人看成是对他们传统文化的不尊重，和对他们基本人权的侵犯，引起了法国人的极大不满。乐园内的餐厅也过于狭小，不能供众多习惯于在餐厅内就餐的游客同时进餐，游客必须忍受就餐时的拥挤和漫长的等待，退房时总台的电脑有限，严重影响了退房的速度，也引起了法国游客的不满。

综上所述，迪士尼在法国的种种错误表明迪士尼没有尊重法国文化。虽然迪士尼在日本获得了成功，但是并不代表迪士尼的文化可以在世界每个角落生根发芽。在没有对法国文化进行调查的情况下就贸然进入法国，挫折是无法避免的。

文化沟通

这一案例警告了所有的跨国公司，没有万能的文化，只有不断的变化。迪士尼需要了解法国和欧洲的文化，尊重当地的生活、工作习惯。只有对欧洲迪士尼的风格和经营进行改进，迪士尼才可能在欧洲获得成功。庆幸的是，面对失败，迪士尼充分认识到文化因素的重要性，从1999年开始，公司对该乐园的经营进行了多项“文化调整”。

增加工作语言。增加法语为工作语言，同时配备多语导游为欧洲其他国家的游客提供服务。

推出体现法国和欧洲文化的特色项目。公司的“创意设计师”对童话城堡进行了重新设计，不再是其他迪士尼主题公园的复制品，而是根据法国15世纪的一份手绘的图画而建造的城堡。增加了受法国科幻小说启发而建成的探索岛，建立了播放欧洲历史的影院。基于欧洲童话的白雪公主(Snow White)和匹诺曹(Pinocchio)代替小鹿斑比(Bambi)和小飞象（Dumbo）成为乐园的主要卡通形象。

另外，经过1993年和1994年两年的惨重亏损和需求不足的窘境后，迪士尼启用了法国的高层管理人员对欧洲迪士尼进行了一系列改造。1994年主题公园改名为巴黎迪士尼乐园，从心理上寻求法国人民的认同感，同时用巴黎这个代表浪漫和时尚的城市名称有利于人们产生美妙的联想，忘却欧洲迪士尼曾带给他们的不快。

重新进行产品评估，并实施了压缩计划。3万条纪念品生产线被缩减了一半，餐厅菜单品种从5 400个减少到2 000个，同意餐间售酒。

该乐园还对市场营销战略进行了重新评价，调整了广告信息。现在广告突出的是让父母和祖父母更关注孩子们的情绪和愉悦，同时强调成人身上的探险精神要素。为了吸引潜在消费者，乐园在冬天淡季的月份推出特殊折扣。

对门票价格做出调整，降低了夜间门票价格。此外公园还采取了灵活的工作安排，制定了顾客服务计划及其他措施。

1995年，巴黎迪士尼终于扭亏为盈，酒店的入住率稳步从1993年的55%上升到1995年的68%，已经高出巴黎及其周边地区60%的酒店平均入住率。公园还采取了其他措施，使平均接待每个游客的运营成本下降了20%。巴黎迪士尼乐园的经营状况有了极大改善。

35 Wal-Mart's Localization Failure in Germany
沃尔玛在德国本土化的失败

当跨国企业的触角伸展到不同的国家时，它的企业文化中一直倡导的核心价值观就可能受到本土文化的挑战，这不是一个雇用当地人员就能简单解决的问题，沃尔玛一直奉为圣经的价值理念，在其他国家都取得不错的效果，但是德国顾客却不买它的账。

案例

Case description:

Wal-Mart entered the German market at the end of 1997 but is still running at a loss in its 92 stores. First of all, Wal-Mart is competing against very strong and well established deep discounters, especially Aldi. Secondly, there is the difference between the so-called Wal-Mart culture and German customer values. So far, Wal-Mart has not managed to close this gap or create a positive image in Germany.

Wal-Mart entered the German market when it bought 21 Wertkauf hypermarkets at the end of 1997 and 74 Interspar hypermarkets a year later. Wal-Mart probably chose Germany for its entry into the European market because it is the biggest market in Europe and has a central location. From Germany, it is possible to expand in every direction within the European market. However, with all its regulations the German market is considered to be difficult and profit margins are lower than in other European countries.

Since its entry into Germany, Wal-Mart has not expanded its store network. At the end of the 1990s, there were rumours that Wal-Mart was going to acquire the German retail chains Globus or Metro, but this did not materialize. In 2000, the company announced the construction of another 50 Wal-Mart stores within the next three years. By August 2003, however, Wal-Mart had opened only four new stores in Germany, while closing seven others. Obviously, Wal-Mart underestimated the strict zoning laws which permit new large stores only in special zoning areas. The closures were part of a network rationalization since some stores were located in close proximity to each other or because an old store was replaced by a new one. In total, there are 92 Wal-Mart stores in Germany today (August 2003). In April 2003, Wal-Mart again announced the opening of 60 new stores in Germany over the next couple of years. Due to the scarcity of construction sites and the restrictive German zoning laws, new stores with a GLA (gross leasable area) of less than 5,000 square metres are now being considered as well.

Reported annual losses since the late 1990s ranged between 100 million euro and 200 million euro. In 2002, the company announced that the financial situation in Germany had improved, but German experts are still sceptical. The company no longer publishes any information about the expected break-even point. It seems that Wal-Mart is still experimenting in Germany and there are evidently management problems. In May 2001, K. Hafner became CEO of Wal-Mart Germany after three predecessors since entering the German market in 1997. He is the first German CEO and the first one who has not worked for Wal-Mart previously.

There are big differences between the so-called Wal-Mart culture and German customer values. Wal-Mart has tried to introduce its own ideas such as the Wal-Mart Cheer, the Ten Foot Rule or exceeding customer expectations by being grateful to the customers for shopping at their stores. Seemingly, some aspects of the Wal-Mart culture do not work in Germany or are not appreciated by the German customers.

Selected Wal-Mart Core Values:

The Wal-Mart Cheer. After entering the market, Wal-Mart store managers introduced the morning cheer. (eg. Whose Wal-Mart is it? It's my Wal-Mart! Who's number one? The customer! Always!) However, employees did not join in the cheer leading and it did not seem to work.

Ten-Foot Rule. In America, sales personnel are required to speak to the customers within ten feet. The sales personnel in German stores hardly ever approach customers when they come within ten feet of a sales person—at least not in a food store. German customers would even be surprised or feel observed if it happened to them. This is partly due to a smaller number of sales staff in the stores.

Helping People Make a Difference. When asked in the Würzburg survey about how customers value the involvement in the local community or which store is best in philanthropy, German customers did not know what to answer: They had actually never thought about it because it is of no public importance.

Service to Our Customers. Customer service, which is successfully marketed in the United States as an outstanding characteristic of Wal-Mart, is not related as closely to Wal-Mart in Germany: only 8.7 percent reported Wal-Mart as having friendly and helpful staff, compared to 7.5 percent for Aldi (to emphasize the rather small advantage of Wal-Mart: Aldi does not have any sales personnel besides the cashiers!). According to the observations of the students conducting the survey, Wal-Mart employees offer help when they are asked about the location of a certain product. However, they hardly ever followed the "take the customer to the product" strategy which is highly praised by the company. Thus, the image of an especially customer-friendly store cannot be supported.

Obviously, cultural differences between American and German consumers prevent the successful acceptance of the Wal-Mart culture in Germany. Wal-Mart has learnt that as well. In 2001, the company confirmed that it had been much more difficult to understand the German retail culture and to consolidate the two companies than anticipated. One year later two senior managers of Wal-Mart in Germany were quoted as saying, "Corporate culture not only requires supportive action (intercultural training, coaching), but also time and patience in order to grow within an acquired company with a cultural history of its own. There is no such pill as a pill for cultural transformation."

(***Source:*** ULRIKE G, BARBARA H. Wal-Mart and Aldi: two retail giants in Germany[J]. GeoJournal, 2005, 62(1－2): 15－26.)

Case in Chinese:

沃尔玛1997年进入德国市场，至今（2005年）还处于亏损状态。首先，沃尔玛遇到了强有力的竞争对手艾尔迪（Aldi）；其次，沃尔玛的文化与顾客价值之间存在着差异。目前，沃尔玛还未能够消除差异并在德国建立起良好的形象。

在1997年末沃尔玛进入德国市场的时候，购买了21家Wertkauf大型超市，一年后又购买了74家Interspar大型超市。沃尔玛选择德国作为其进入欧洲市场的第一步是因为德国是欧洲最大的市场且处于中心位置。从德国可以向欧洲市场的任何一个方向拓展。尽管如此，由于德国有多项监管制度，很难拿下德国市场并且其利润要比欧洲其他国家低。

自从进入德国市场以来，沃尔玛就没有再扩展它的商场网络。20世纪90年代末，有传闻说沃尔玛将要兼并德国零售连锁Globus或Metro，但这没有成为现实。2000年，沃尔玛宣布在接下来的三年里将建立50家商场。但在2003年8月，沃尔玛在德国只开了四家商场，同时，却关了七家。显然，沃尔玛忽视了德国的法律只允许在一些特区和没有开发过的地区开设新的大型商场，关闭某些商场也是要把网络合理化，因为一些商场靠得太近，或者需要建立新商场。到2003年8月，沃尔玛在德国一共92家商场。2003年4月，沃尔玛又宣布在接下来几年要建立60家新商场。由于没有建设地点和德国法律的限制，沃尔玛也在考虑建设可租面积小于5 000平方米的商场。

20世纪90年代末，沃尔玛的年度亏损在1亿到2亿欧元，2002年，公司宣布在德国的财政状况得到改善，但是德国的专家们对此感到怀疑。因为它不再公布关于收支平衡的任何信息，似乎还处于试验阶段，管理上也存在问题。2001年，哈夫纳成为在沃尔玛进入德国市场的第四位CEO，也是第一个以前从未在沃尔玛工作过的CEO。

另外一方面，沃尔玛的文化和顾客的价值观之间存在着差异。沃尔玛想引进它的观念，如沃尔玛欢呼、十英尺原则、帮助人们有所不同、客户服务等。但是，这些理念在德国却行不通，德国顾客并不买账。

沃尔玛欢呼 进入德国市场之后，沃尔玛连锁店的经理们引进了早上欢呼这一制度，然而由于对公司文化缺乏认同感，当地的员工拒绝参加。（例如，"沃尔玛是谁的？""是我们大家的！""什么人排在第一位？""当然是顾客！""顾客高于一切！"）

十英尺原则 在美国，十英尺原则要求员工必须向在他们附近十英尺范围内的顾客说话以表示友好。然而，在德国的商店里，销售人员几乎从来不会接近在他们十英尺范围内的顾客，至少在一家食品店他们是不会这么做的。在德国销售人员的眼里，这种行为会让顾客觉得很奇怪。

帮助人们有所不同 根据一些调查，顾客并没有因为沃尔玛所参与的社团活动和爱心活动而给予其更高的评价。当问到他们是如何看待参与当地社团活动，或者说哪家商店在慈善事业上做得最好，德国的顾客甚至不知道应该如何回答，因为他们事实上从来就没有想过这样的问题，而且他们认为这并不重要。这是和美国的顾客截然不同的地方。

客户服务 在美国市场上，优质的客户服务被看作是沃尔玛的一个显著特点，而在德国市场上就并非如此了：在一项调查中，仅有8.7%的顾客认为沃尔玛的员工们非常友好和善于帮助顾客。沃尔玛的德国员工在被问到某种商品的位置的时候会对顾客提供帮助，但是他们几乎从来不会采取“带顾客到商品前”的策略，而这一策略正是沃尔玛极力推崇的，并且在其他国家得到了很好的贯彻和执行。因此，在德国，沃尔玛并没有建立起一种对顾客非常友好的形象。由于相对较差的客户服务，以及在员工中发展很不完善的文化认同，德国沃尔玛合作人并不像他们的美国合作者一样对顾客满怀感激之情。所以他们对于沃尔玛所谓的“超越顾客的期望”的价值观并无太多关注。

很显然，美国和德国的顾客有众多文化差异，沃尔玛在德国的认可度不高。该公司于2001年承认，他们在理解德国文化和融合双方文化方面遇到的困难比预计的多得多，一年后德国沃尔玛的两位高级管理者说：“企业文化不仅需要积极的行动，而且需要时间和耐心。”

讨论

Questions for discussion:

1. Why is the Ten-Foot Rule rejected by the German customers?
2. Wal-Mart entered the German market, intending to win the customers’ heart by its service, but why did they fail to fulfill their expectation?
3. Usually the core values in the corporate culture are uncompromising, so what is your suggestion to Wal-Mart to solve this problem of cultural contradiction?

分析

矛盾冲突

本案例中的矛盾冲突集中表现在两个方面。第一点来自廉价商店的强有力竞争，如阿尔迪。阿尔迪是一家非常有实力的老字号超市，它也是沃尔玛问题的主要原因。阿尔迪控制着德国市场。比较这些当地的折扣店，了解德国消费者的喜好对于沃尔玛来说是非常重要的。这些消费者可能会认为沃尔玛的东西更贵一些，因此他们更愿意去小一点的商店。德国人每周都会不止一次地去购物，因此他们更愿意去一些小的地方。

第二点是所谓的沃尔玛文化与德国顾客价值观之间的巨大差异，这也是需要特别注意的。自从沃尔玛进入德国市场之后，它尝试着引入自己的观念和想法，如沃尔玛欢呼、十英尺原则、给顾客优惠以给顾客带来惊喜等。尽管如此，沃尔玛文化的某些方面在德国并没有达到很好的效果或者说没有被德国顾客接受。

原因分析

第一点不是本案例要讲的重点，但它是一个很重要的方面。沃尔玛进入德国以后，硬件上最大的限制是来自德国的法律对市区内大型商场建设及可租面积的限制，致使沃尔玛在德国商场网络的扩展困难重重，所建立的商场点不如德国本土的商场更接近于消费者，仓库的缺乏又无法保障及时的到货清仓，因此日常用品特别是食物的新鲜度和品质不如其竞争对手，使得沃尔玛在美国消费者心目中的地位和印象一直没能够在德国建立起来。在当今的德国，有三个因素会严重影响德国的商业格局，即欧盟、劳工组织和政府干预，沃尔玛就受到了政府制定的对零售业的法律的限制。

第二点关系到沃尔玛能否在德国发展下去的问题。因为沃尔玛倡导的核心价值观跟德国人的价值观没有融合点，因此即使其价值标准在其他国家施行得很好，德国的员工和顾客也都不会买账。首先，德国人向来有这样的名声，他们工作勤奋，但个性沉默，有时甚至冷酷。沃尔玛连锁店的经理引进了早上欢呼这一制度，由于德国的员工对于企业文化没有认同感，所以宁可躲到厕所里也不肯参加。沃尔玛欢呼在热情开朗的美国员工中非常能调动起一天的积极性，但是却不适合德国人沉默冷静的性格，所以沃尔玛没有考虑到两者之间的差异就让一向沉默稳重的德国员工每天早晨起来欢呼，致使员工对这种仪式产生抵触，由此所承载的企业文化也得不到认可。

其次，德国人是一个内向的民族，他们对私人空间的要求很高。虽然日常生活让他们与形形色色的人有着紧密接触，但是他们只保持着与少数人的亲密关系。在德语中就可以看到熟人（Bekannte）与朋友（Freund）的明显区别。由于这种思想观念，德国人不像美国人那样喜欢被陌生人接近，他们更喜欢保持一定的距离。所以当德国销售人员按照沃尔玛公司的要求向顾客微笑时，一些男性顾客甚至把这当作一种挑逗。对于员工为顾客提供服务的问题，沃尔玛的德国员工在被问到某种商品位置的时候会对顾客提供帮助，但是他们几乎从来不会采取“带顾客到商品前”的策略，这也是沃尔玛所极力推崇的，但也没有得到德国顾客的认可。而对于沃尔玛的慈善活动，德国人也不会去关注太多，他们认为这并不重要。

最后，除了民族性格和顾客的价值观不同，沃尔玛的服务没有收到预期效果，还跟顾客的购物习惯有关。德国的顾客每个星期会购物好几次，所以他们更加偏爱他们可以容易走到的商店。他们也不是自发性很强的民族，他们的态度就是按照最有效率的方式来安排时间，并且德国人对时间的态度是单时制，一向以严谨著称的德国民族在时间安排上是要求守时而不是随意的，德国人不会轻易改变自己的安排。然后，由于商店数量的限制，两家沃尔玛连锁商店之间的距离十分远，这使得沃尔玛与当地的零售商店（如艾尔迪）相比处于劣势。事实上，根据一项对顾客购物所采用的交通方式的调查显示，94%的沃尔玛顾客都是开汽车去。这显然大多是商店系统的密度所造成的。德国顾客也更偏爱规模小一些的商店。由于沃尔玛商店的规模非常大，顾客只在他们需要购买某些特定商品或大量购物或一次性购物的时候选择沃尔玛。艾尔迪的顾客光顾率远远高于沃尔玛。艾尔迪的大部分顾客平均每个星期都会光顾商店一次，而沃尔玛的顾客每个月只会光顾商店一到三次。

文化沟通

规则和制度可以重新建立，但文化却无法简单复制。企业文化的建立既不可能写在手册上，也不可能仅通过不同文化的训练和教育来实现。企业文化是在企业的发展过程中长期积累起来的关于生产管理、价值观以及道德管理等各方面的思想，因此它是深深根植于每个员工的思想中的。由于不同的文化背景，沃尔玛的员工会对公司的核心价值观有不同的理解，如沃尔玛欢呼等，所以他们会有不同的表现。因此，沃尔玛文化在德国无法被成功接受的主要原因正是这些文化差异的存在，而沃尔玛也意识到了这一点。2001 年，公司证实了这一点，声称理解德国的零售业文化要困难得多。

我们从这个案例中可以看到，一个跨国公司在进入一个新市场之前应该对这个新市场的文化差异有清晰的了解，这一点非常重要。企业文化不仅仅需要支持性的行动（不同文化的训练），更需要时间和耐心，从而使其在本身的文化历史的基础上，在新公司内部得到发展。

现代管理学理论普遍认为，海外企业最核心的战略就是实现本土化，它的实质是公司将生产、营销、管理、人事等经营诸方面完全融入当地社会的过程。这有利于跨国公司降低海外派遣人员和跨国经营的高昂费用。同时，与当地社会文化融合会使得当地人们更加容易接受外国投资，因为他们很可能害怕外国投资会对本国的公司造成伤害。在实现这一目标的过程中，文化的本土化无疑是一大核心任务，因此在一定程度上可以说，企业文化是企业的核心竞争力。沃尔玛应该将其原有的规则和制度根据特定的市场和社会环境以及特定国家的文化进行调整，这样才会有持续的发展以及满意的业绩。否则，就将成为一个失败的本土化案例。

36 When Chrysler Comes across Daimler
当克莱斯勒遭遇戴姆勒

在这里我们要提醒大家，不要轻易去尝试跨国"婚姻"。因为遵时守纪好清洁且有点大男子主义的"戴姆勒先生"和独立自我的"克莱斯勒女士"的"婚后"生活，似乎是一场灾难。

案例

Case description:

In 1998, the famous German car-producing company Daimler-Benz bought the Chrysler which was one of the top three car companies in America. At that time, the merger of the two companies was regarded as the wedding in the heaven. And people had very high expectations for the new company. People in both organizations expected that their "merger of equals" would allow each unit to benefit from the other's strengths and capabilities. Stockholders in both companies overwhelmingly approved the merger and the stock prices and analysts' predictions reflected this optimism. The president of Daimler and the chief of the new company once said that the new company would dominate the whole car-producing industry because of the merger.

But it proved that the company which named Daimler-Chrysler did not succeed. Performance after the merger, however, was entirely different, particularly at the Chrysler division. In the three years of cooperation, the company's stock price declined more than 50%. In 2000, the 50-year-old German Dieter Zetsche and Wolfgang Bernhard were sent to the company to solve the problem, and they had made several plans to reduce the cost. But what they did didn't help at all. And during 2002 to 2004, the company fired nearly 26,000 employees to save money.

What attracted more attention was that the high-ranking managers of Chrysler left the company at the beginning of the cooperation, as a result the new company lost many talents, for example, the former president Luze who had saved the Chrysler from bankruptcy left the company even before the emergence in order to avoid the trouble which might happen after the cooperation of the two company. Till 2001, there were only two, who had been the high-ranking managers of the former U.S. Chrysler, working in the new company as the section managers.

The loss of the capable people was only one of the phenomena which reflected the contrast of the two companies. The conflicts happened in other aspects. The wages were not so different between the managers and the employees of German while they differed a lot between the Americans' managers and employees because Americans think that the managers should earn money according to their performances. On average, the managers and employees of the former Chrysler earned more money than the employees of the Daimler, while the managers of Daimler were good at using the company's money. These kinds of differences made both sides angry, and it made the situation even worse.

The Daimler-Chrysler agreement increased working time (without pay) for 6,000 workers, mainly in the services sector. For these workers, the working week will be gradually increased to 39 hours. However, for older workers (above 54 years old), the working week has been reduced to 34.5 hours. Again, the remaining work force of Daimler Chrysler (16,000 workers) is sticking to the 35-hour week. The Americans are more concerned with individuals than the Europeans so they were very angry about this agreement.

The two units traditionally held entirely different views on important things like pay scales and travel expenses. When the employees go on business trips, the Americans would fly in the first-class, while the Germans would fly in business-class. Another conflict has something to do with conflicts between members of the acquiring "firm" and the new employees. In some sessions, there was tension and hostility between the manager of the merged firm and the new employees. This usually resulted from the manager having to provide longer and more detailed explanations to the new employees than to the former employees. In some cases, these longer explanations still did not work because the two subjects were focusing on different aspects of things. For instance, once the manager was trying to describe a picture that subjects in the acquiring firm had come to refer to as "coffee mugs", because their presence was on a table at the front of the picture. The other group had referred to this picture as "cupboard in back". The manager and new employee spent quite a while trying to jointly identify this picture. The employee tried to verify this by asking if the picture had a cupboard in the back. Even though it did, the manager replied, "I don't know, just look for the coffee mugs!" This led to longer delay before the employee could be sure they were talking about the same picture.

As a result of these differences and the German unit's increasing dominance, performance and employee satisfaction at Chrysler took a steep downturn. There were larger mummers of departures among key Chrysler executives and engineers, while the German unit became increasingly dissatisfied with the performance of the Chrysler division. Chrysler employees, meanwhile, became extremely dissatisfied with what they perceived as the source of their division's problems: Daimler's attempts to take over the entire organization and impose their culture on the whole firm. For instance, one joke told at Chrysler is: "How do you pronounce Daimler-Chrysler?... 'Daimler', the Chrysler is silent." The cultural differences have made big problems which can even destroy the new company. (***Source:*** ROBERTO A W, COLIN F C. Cultural conflict and merger failure: an experimental approach[J]. Management science. 2003, 49(9).)

Case in Chinese:

在 1998 年德国汽车制造公司戴姆勒—奔驰收购美国三大汽车公司之一的克莱斯勒的时候,两家的合并被认为是天作之合,人们也对新公司寄予了非常高的期望。双方都希望强强联合会集合两边的力量与能力，从而获得更大的利益。两个公司的股东也都非常同意此次并购，股票价格和分析者的预期都反映了良好的态势。戴姆勒的总裁兼新公司总裁曾经说合并会产生一个占据整个汽车生产市场的大企业。但结果是这个名叫戴姆勒-克莱斯勒的新生儿却并不如人们盼望的那样健康生长。合并后业绩惨淡，尤其是克莱斯勒部门。在以后合作的三年中，公司的股票价格下降了一半多。在 2000 年 50 岁的德国人 Dieter Zetsche 和 Wolfgang Bernhard 被派到公司来解决这个问题，他们制订了一系列计划来降低成本，但是他们的努力也是付诸东流，从 2002 年到 2004 年，公司解雇了将近 26 000 名员工。

更引人注目的是，克莱斯勒的高层经理在合并一开始纷纷跳槽，以至于新公司失去了大量人才。例如，拯救克莱斯勒于破产中的前总裁 Luze 甚至为了避免两家公司合并后可能产生的麻烦，在收购前就离职了。到 2001 年为止，前美国克莱斯勒公司的高层经理只有两人在新公司中担任部门经理的职务。

失去人才只是其中一个因素，其他很多方面也存在着冲突。在德国经理和员工中，工资没有太多的不同，但是在美国经理和员工中却有着很大不同，因为美国人认为工资应该与个人的业绩相符。平均来说，前克莱斯勒的经理与员工要比戴姆勒赚更多的工资，而戴姆勒的经理们则很善于使用公司的钱。这些不同使得双方都很愤怒，让本来糟糕的形势变得更糟。

戴姆勒-克莱斯勒达成一个无偿增加工作时间的协议,此协议针对主要处于服务部门的 6 000 名员工，一周的工作时间将会逐渐增加到 39 小时，然而对于年龄超过 54 岁的老员工，一周的工作时间已经削减到 34.5 小时。所以，留在戴姆勒-克莱斯勒的 16 000 名员工仍旧坚持一周工作 35 小时。美国人比欧洲人更关注个人，所以他们对此协议感到非常愤怒。

双方还就诸如工资额度和差旅费之类的重要问题持不同意见。当员工出公差的时候，美国人就会坐一等舱，而德国人会坐商务舱。另外一个冲突是关于收购企业与新员工之间的融合问题。在一些会议上，克莱斯勒公司的经理与新员工之间就存在着紧张与敌对的情况，这是因为相比较于熟悉的员工来说，经理要向新员工做更长和更详细的解释。然而在某些情况下，这些更长的解释作用也不大，因为双方关注的东西不同。例如，有一次一位经理试图描述一张图画，戴姆勒一方把它称为“咖啡杯”，因为它们在图画前面的桌子上；另外一方把这幅图片称为“后面的橱柜”。这位经理和新员工一起花了好长时间来确认这幅图，新员工通过询问是否这幅图后面有个橱柜，即使是有，经理还是说：“我不知道，就看这些咖啡杯好了！”结果更加拖延时间，因为这位员工不知道他们说的是不是同一幅图。

由于这些不同和德国部门逐步掌权，克莱斯勒的业绩与员工满意度直线下降。克莱斯勒大量的重要主管与工程师离职，而德国部门对于克莱斯勒部门的业绩越来越感到不满。同时，克莱斯勒的员工对于戴姆勒试图接管整个企业并强行推行他们的文化感到极其不满，认为这是他们部门问题的起因。例如，就有这样一个在克莱斯勒传播的笑话：你怎么念戴姆勒-克莱斯勒？……“戴姆勒”，克莱斯勒不发音。文化上的不同可以产生巨大的问题，这些问题甚至可以毁掉新公司。

讨论

Questions for discussion:

1. What are the reasons for the different salary systems in Daimler and Chrysler?
2. In what way do you think cultural differences could have impact on the organizational behaviors?
3. Do you have any idea on how they could settle this problem? What aspects should they pay more attention to?

分析

矛盾冲突

戴姆勒公司在并购克莱斯勒的时候， 克莱斯勒就流失了一批高级管理人员。两个公司有着不同的薪酬制度。戴姆勒公司中员工与经理之间的工资差别小，而在克莱斯勒公司经理与员工之间的工资差别很大。因为美国人认为经理应该根据他们的业绩来领工资，德国经理则善于使用公司的资金。这使得双方都很愤怒。

原因分析

促使跨国公司并购成功的因素除了文化，还会有其他一些非常重要的因素，如并购以后企业资源的整合，股东利益之间的协调，但是忽略了文化的问题，无论市场前景、股东利益再大的并购也会困难重重。这里我们要分析的正是这次并购案中文化的影响。两个公司产生矛盾冲突，在很大程度上是由于他们之间的文化差异。

公司的运营与管理并没有实现平等，这是因为德美两国人士以不同的方式来运营公司。戴姆勒公司强调的是一种正式的、有组织的管理风格，而克莱斯勒更喜欢一种轻松的、放任自由的管理风格。虽然美国和德国都是西方国家，但是却有着非常不同的文化。

美国崇尚个体主义，他们喜欢努力工作，尊敬努力工作且创造成就的人。他们更关注的是自己，和他们自己的业绩表现与升迁。德国人会更多地去关心集体的利益，个人的行为与整体保持一致，或者说他们重视整体性。所以德国人决策时需要花费很多时间。他们的每次决定都经过了与许多经理的多次讨论。但美国人做决定速度很快，只要他们有能力决定，他们就会根据自己的判断而不需要与其他人讨论。同样的，这也可以解释双方对工资的不同态度。美国人更关心自己，他们把工资与个人业绩挂钩。而德国人更关心整体利益，德国经理和普通员工之间的工资差别就很少。

崇尚个体主义的美国人，与德国人相比对公司具有较低的忠诚度。如果公司的目的和利益与个人的利益相一致，或者可以帮助他们实现自己的利益，美国人就会为公司工作。但是，如果二者的利益相冲突，美国人就会毫不犹豫地为保护个人的利益而离开公司。所以这也是为何在合并出现问题时，克莱斯勒的高级经理纷纷离职的文化因素。

文化沟通

并购中除了企业资源整合还需要进行跨文化整合，在此过程中建立双方互相信任、互相尊重的关系，拓展并购双方员工的全球化思维，使双方经理人能够接受不同的思维模式，具有能和不同文化背景的人共事的能力。

Nancy J. Adler 的文化协同理论给我们提供了一个解决方法。

第一步，对于存在的问题从不同的文化角度去分析，在此并购案中，就需要双方了解并从对方的文化角度去分析在组织结构、薪酬制度以及企业文化上的差别。

第二步，文化解析，就是确定双方不同行为的文化观点，去评估文化重叠的部分。在这一步骤里，要求戴姆勒和克莱斯勒找出双方文化的共同点和不同点。

第三步，文化创造与文化协同。创造一种新文化，先使之与双方文化都不冲突，再去执行双方的决定，最终建立以共同价值观为基础的新文化合作理念。

37 Unsuccessful Merger between Emerson and Avansys 艾默生公司和安圣电气之间的失败合并

艾默生和华为都是世界知名公司，而安圣电气是华为旗下的一个子公司。艾默生收购安圣电气曾一度被业内人士看好。但出乎意料的是，并购后不久就有大量员工提出辞呈。人事危机背后隐藏的矛盾是什么呢？

案例

Case description:

On 21st October, 2001, Emerson Electric Co. from the U.S. acquired 100% share of Avansys Power Co., Ltd, a company under Huawei. However, nobody expected that this famous multinational merger would lead to resignation by a group of former Emerson employees. In 2002, the new company was faced with a serious "labor crisis". Nearly 70% of the employees originally belonging to Emerson had resigned. At present, Emerson Electric Co. in China has 3,000 employees, of whom only 100 are the former employees of Emerson. Except the managers at the higher management level, the management of the new company was exclusively occupied by the managers from Avansys. From the perspective of capital formation, Avansys was purchased by Emerson. However, in terms of management culture, the culture of Avansys occupied a prevailing position. Huawei, in turn, was the spiritual leader of Avansys regarding the corporate culture. After the merger, the culture of Huawei extended its root to the new company, causing Emerson's culture to gradually disappear. The new company adopted the management method of Avansys. A resigned employee of Emerson admitted, "Employees inside the company regard this merger as a failure, because there is mismatch between the corporate faiths of the two companies." The corporate culture of Emerson was characterized by democracy and equality, while that of Avansys was typical of strict hierarchy and order from the top. Most of the resigned employees complained that they cannot stand the totally changed corporate culture and doubt the leading position of Emerson in terms of capital formation. Faced with the unprecedented labor crisis, the traditional business of Emerson China suffered a great loss.

(***Source:*** http://www.hroot.com/publish/article/2005-12-18/31525.htm)

Case in Chinese:

艾默生公司成立于 1890 年，总部设于美国密苏里州圣路易斯市，是一家具有一百多年历史的美国公司，具有良好传统品牌，以生产电器为主。它对自己的定位是要做全球市场和技术领导者，并且市场业绩也表明其在该行业的优越地位。它在电器行业保持长期的优秀业绩，2002 年总销售额达 138 亿美元，全球员工超过 11 万名，具有超过 60 家业界翘楚的子公司，并且拥有超过 300 个分布于世界各地的生产基地。

华为技术有限公司成立于 1988 年，专门从事通信网络技术与产品的研究、开发、生产及销售，致力于为电信运营商提供固定网、移动网、数据通信网和增值业务领域的网络解决方案，是中国电信市场的主要供应商之一，并已成功进入全球电信市场。华为在全球建立了 8 个地区部、55 个代表处及技术服务中心，销售及服务网络遍及全球，服务 300 多个运营商，产品已经进入 90 多个国家。据 Dittberner 统计，华为 NGN 系统全球市场占有率为 18%，全球排名第一，交换接入设备全球出货量连续 3 年位居第一；据 Gartner 统计，华为 DSL 出货量全球排名第二；据 RHK 统计，华为光网络市场份额全球排名第二。

2001 年 10 月 21 日，美国艾默生电气公司以 7.5 亿美元的价格获得了深圳华为旗下安圣电气 100%的股权，但谁也没有料到，这一闻名遐迩的跨国并购案却导致了公司中大批老员工的离开。并购后的新公司在 2002 年年底遭遇了始料未及的“人事危机”：原艾默生旗下的 Liebert 中国公司将近 70%的员工集体辞职。而 Liebert 正是新公司中具有艾默生背景的所有老公司中最大的一家。目前，艾默生网络中国员工总数为 3 000 多人，但原属艾默生的仅 100 余人，除总裁等少数高层是艾默生代表外，原安圣电气人员几乎垄断了新公司的主要管理层。从资本上来看，安圣已卖身于艾默生；但从管理文化上，安圣的精神领导者依然是华为。并购后，华为的企业文化已彻底延伸到了艾默生网络，而原艾默生的企业文化正在消逝。

由于新公司采纳的是安圣电气的管理方式，一位现已辞职的艾默生员工认为：“我们内部人员总觉得这是个失败的并购。”他的理由非常简单：理念不合。“艾默生公司的企业文化以前是完全西方化的，讲究民主、平等，而他们（安圣电气）的管理方式粗暴得就像生产队，典型的等级制度那一套；同事之间说话也很不客气，上下级之间完全是命令式的，谁吃这一套啊！”原艾默生中国公司大部分主动辞职的员工说到辞职的原因，几乎都是不能容忍原公司已被彻底更换的企业文化和管理方式，更不能清楚地判断出艾默生和华为究竟是谁收购了谁。在老员工大量辞职的情况下，艾默生原来的传统业务也大量流失。从这个案例可以看出，并购双方不同企业文化、管理理念的巨大冲突愈演愈烈的结果直接导致了新组建的公司元气大伤。

讨论

Questions for discussion:

1. What is the reason for the failure of the merger?
2. What differences between Eastern and Western management cultures were reflected from this case?
3. What do you recommend to resolve such a conflict?

分析

矛盾冲突

艾默生公司体现的是典型的美国企业管理文化。安圣公司或华为体现的是典型的中国式管理文化。公司合并后并没有很好结合不同的管理文化，而是一种文化占据霸主地位。管理文化的截然不同使受不同企业文化熏陶的员工意见不一致，产生矛盾，最终导致大量员工离去。

原因分析

比较导致并购失败的文化差异，实际上是比较中美文化之间的差异。

首先，集体价值与个人价值的理念之争。美国是一个非常重视个人价值的国家。艾默生电气也不例外。艾默生是一家“以技术为先导”为其企业理念的电气公司，所以为了激发员工的创造热情，艾默生电气重视公司员工的个人利益与价值。而中国强调集体价值，为了集体利益可以牺牲个人利益。华为把实现先辈的繁荣梦想、民族的振兴希望和时代的革新精神作为华为人义不容辞的责任，铸造华为人的品格。民族文化与企业文化融为一体。在价值理念体系里，到底是个人价值还是集体价值处于第一位的碰撞，导致了爱默生公司原有老员工的离职。这是并购失败原因之一。

其次，民主与相对集中的企业管理模式的碰撞。美国企业强调每个员工都能畅所欲言地提出自己的意见。即使是上级提出方案让下级去实施，当下级认为不合理时，也可以与上级争论，提出自己的方案，按自己的方式去实施。这与美国历来所强调的文化理念是相统一的。作为中国自主民族产业的华为公司明显具有中国传统文化特征，即追求企业管理的和谐：华为公司是以机械化的命令式去执行工作的，下级必须服从上级的命令，不得违反，不得有异议，这是上下级关系的和谐；员工与员工之间的关系也是和气生财的，互不侵犯对方，很少对同事的工作提出异议，至少在当面不会去揭对方的短。这就是中国传统文化的折射。过于民主的制度会产生低效率，而相对机械化的命令执行会让工作有效率地实施。究竟是民主更能激发员工的创造激情，还是在绝对服从的企业理念下更能高效率地创造价值，这两种价值理念的争论本身很难找出孰是孰非，但是两个异国公司推崇截然不同的价值观念，反映了美利坚民族与中国传统文化之间的巨大差异。这种太大的文化鸿沟也是让并购失败的原因之一。

文化沟通

合并后，公司应该抛弃中国式管理文化的弊端，学习两国企业文化的长处。公司制定的每一项规章制度，员工的一言一行都应该反映不同文化的完美结合。

38 The Failure of the T&A Joint Venture
优势互补的 T&A 合资公司怎么垮掉了

T&A 的成立曾是中国业内一件欢欣鼓舞的事，曾是中国企业实行"走出去"战略的一个标志性的事件。但为何大家看好的这起跨国"联姻"怎么在不到一年的时间里就垮掉了呢？是资金不足、营销策略不适、管理不善，还是有其他因素？

案例

Case description:

TCL & Alcatel Mobile Phones Limited (TAMP), a new global handset company, was jointly set by TCL Communication Technology Holdings Limited (TCL Communication) and Alcatel on August 31st, 2004. Actually, it was the first time that Chinese company expanded its mobile phone business worldwide. At that time, TCL Communication and Alcatel believed the combined strength, in terms of complementary markets, strong brand, manufacturing, increased range of product offering, and combined R&D, of the two shareholders can better position the joint venture company in the competitive mobile handset market and potentially deliver a fast growing and profitable handset business in the global market.

However, since the beginning of the establishment, the joint venture has maintained two groups of personnel and two sets of operational systems that were previously used by TCL and Alcatel respectively. "CEO and the main staff at senior managerial level were from TCL. Contracts were also being signed by the CEO. But TCL didn't know the details about the usage of capital and lost control over a lot of aspects." Li Dongsheng—the president of TCL admitted.

There lacks appropriate communication not only between the two separate management systems but also between the employees from China and France. They didn't understand each other concerning working style and other aspects. This resulted in misunderstanding and complaints and finally bad cooperation inside the company. In addition, there are different working languages in this joint venture.

Meanwhile, significant personnel changes occurred after the establishment of T&A. Almost all of the marketing personnel in the three main locations—Beijing, Shanghai and Zhejiang—and more than half of the staff in sales left the company, said an employee of

T&A, who preferred to remain anonymous. By the end of 2004, almost all of the former Alcatel employees, at senior managerial level, had left. And in March 2005, managers of the marketing and sales departments also left the company in succession.

As a typical French company, Alcatel hopes its new corporate leaders have high-quality education, while the criteria of TCL's leader selection is based on the candidates' entrepreneurship and adventurousness. The two sides paid no attention to the cultural difference and picked up their leaders respectively. As a result, in the directorate of the joint venture TCL sent four members and Alcatel appointed another three. The new managers were characteristic of obvious TCL culture. They were dogmatical and oppressed free expression of opinions. Comparatively, Alcatel managers recognized individuality highly. Many staff of Alcatel felt uncomfortable to TCL's management style and decided to leave.

When coming to how to solve problems and continue businesses, the clash became even more acute. Alcatel were accustomed to making accurate procedures and carrying them out; for example, a possible schedule is available before a new regulation is enacted. At the same time, TCL liked prompt actions. The French side had an obsession with quality. The other side made fantastic handsets. There was no synergy at all. Alcatel respected integrity and regulations and had a good relationship with their service providers; they tried to supply most convenient, safest network to their customers, while TCL paid more attention to achievements and objectives set ahead. Due to lack of motivations, the salespersons were made especially unsatisfied because of high promotion fees without a competitive product from the joint venture.

Another aspect concerned the integration of the staffs. The staffs of TCL can't work together with those from Alcatel harmoniously. The main difference focused on treatment, in other words, the joint venture treated the staffs from the two sides differently. They all followed their old system of stipend. Staffs from Alcatel gained much more than those from TCL. Even as such, staffs of Alcatel still felt uncertain about their future. They were eager to know how the joint venture would affect their jobs and whether they would still succeed in the new environment. However, unfortunately, managers from TCL side did not notice these changes from their subordinates and failed to pass necessary information to their staffs, which made the staffs especially anxious about the joint venture's future and sluggishness spreaded rapidly among staffs.

On May 17th, 2005, TCL finally closed down the joint venture because it could not stop losses in the market. According to TCL's financial report, the losses of T&A subsidiary company in France for 2004 and for the first quarter of 2005 was HK$309 million ($39.7 million) which accounted for more than 90 percent of the total losses of the joint venture.

Unfortunately, the T&A didn't turn into a "Sony Ericsson" success.

(***Source:*** ARTHUR Y. How can Chinese Companies Go Global More Successfully [EB/OL]. (2005-06-23). http://www. cityweekend.com.cn.)

Case in Chinese:

2004 年 8 月 31 日，TCL 通讯设备技术有限公司（简称 TCL 通讯）与阿尔卡特公司共同成立了一家全新的从事全球手机业务的公司，即 TCL&阿尔卡特移动手机有限公司。事实上，这是中国企业第一次向海外扩展其移动手机业务。当时，TCL 通讯和阿尔卡特都相信两家公司互补的市场，强势的品牌效应和产品制造水准以及日益增多的产品种类及共同的研发，能更好地为合资企业在竞争激烈的移动手机市场占据一席之地，并有潜力在全球市场上实现快速的增长势头，以期获取更多的利润。

然而，合资公司从成立之时就保持原 TCL 和阿尔卡特的两组人事体系和两套运行机制。TCL 的总裁李东生承认道："CEO 和主要高层管理人员来自 TCL。CEO 也相应地签订了合同。但是 TCL 并不知道资金使用的细节，失去了对公司很多方面的控制。"

两套管理体系和分别来自中国和法国的员工缺少适当的沟通与交流。他们不理解对方的工作方式。这导致了误解与抱怨的产生，最终引起了公司内部的合作失调。除此之外，合资公司内部也使用不同的工作语言。

与之同步的是，T&A 刚成立不久就出现了大幅人事变动，据 T&A 内部员工透露，北京等三个大区在内的市场人员"差不多都走了"，销售部门"走了一半以上"。

到去年年底，高层经理中的原阿尔卡特员工基本都离职了，到今年 3 月份前后，一线经理（主要是市场、销售部门）也相继离职。

阿尔卡特是一个典型的法国公司，非常重视公司领导的教育背景，而 TCL 的择人标准则是要求新的公司领导具有事业心和冒险精神。双方都忽略了文化差异，分别选择了领导人。所以，在 TCL 与阿尔卡特的合资公司的董事会，TCL 委任了四名，阿尔卡特指定了其他三名。TCL 的新经理带有强烈的 TCL 文化特点，他们教条独断，压制观点的自由表达。相反地，阿尔卡特的管理非常人性化，许多阿尔卡特的员工因为不适应 TCL 的管理风格而决定离开。

当涉及如何解决问题把业务开展下去时，冲突就变得更强烈了。阿尔卡特的做事方式是制定具体的步骤并付诸行动。例如，在一项新的管理制度实施之前，总是会有一个可行的时间安排，而 TCL 喜欢快速行动。法国一方非常讲究产品品质，而 TCL 专注手机外形的美观。他们之间在这点上没有协同点。阿尔卡特注重诚信与规则，与他们的服务商之间保持着友好的关系，努力向客户提供更便捷更安全的网络服务。TCL 更注重成果和先前设定的目标。由于缺乏动力，销售人员对合资企业缺乏竞争力的产品却花费了大量推广费用感到非常不满。

另一方面是员工之间的融合问题。TCL 的员工不能和阿尔卡特原来的员工和谐地合作。最大的不同来自待遇问题，也就是说，合资企业中的员工是区别对待的，他们都实行原有的薪酬制度，阿尔卡特的员工比 TCL 赚得要多，但是他们仍旧对未来感到不确定。他们渴望知道合资企业对于他们的工作有何影响，以及他们是否能适应新环境。然而不幸的是，TCL 方的经理并没有注意到他们下属的变化，没有把信息及时传达给员工，使得他们对合资企业的未来感到焦虑，所以很多员工变得懒散。

2005 年 5 月 17 日，TCL 最终停止了持续亏损的合资公司。根据 TCL 的财务报告，2004 年和 2005 年的第一个季度，T&A 在法国子公司的损失达到港币 3.09 亿元（折合 3 970 万美元），这占了合资公司所有亏损额的 90% 多。不幸的是，T&A 并没有成为“索爱”成功的翻版。

讨论

Questions for discussion:

1. After the joint venture was set up, what problems have surfaced accordingly? And what’s the final result?
2. What did the president of TCL complain about the French employees? Do you see some different perceptions of working styles between Chinese employees and their French counterparts?
3. In your opinion, what lessons can Chinese companies learn when considering going global?

分析

➨ 矛盾冲突

在不同的生产成本和文化背景下，T&A 合资公司如何能充分利用中国卓越的生产能力、法国的品牌与研发能力来实现手机业务在全球范围内的进一步增长。

➨ 原因分析

阿尔卡特的主营业务是系统设备，整个营运系统不太支持手机这样的终端产品，出售手机业务是一种战略转移。而 TCL 拓展海外业务最大的问题是知识产权和专利的积累，利用阿尔卡特的品牌与专利能帮助 TCL 进一步走向国际化，所以这场“联姻”情投意合。

但仅仅八个月，这段“商业联姻”就宣告解体，除了难以削减法国高昂的人力成本，阿尔卡特手机业务在收购前多年不振，市场营销和战略布局的缺陷，以及不能忽略的产业背景、企业文化、管理文化的冲突也起着重要作用。如何尊重对方文化、尊重当地人才是中国企业走出去必须思考的问题。

根据霍夫斯特的文化维度理论，在权力距离程度方面，法国不同于其他西欧国家，其社会有明显的等级之分，属于权力距离程度较高的国家。法国企业普遍实行自上而下的管理方式，下级尊重上级，下级习惯从上级那里得到明确指示，按照规则办事，而上级也应得到符合他们身份地位的待遇。许多阿尔卡特的员工由于不习惯 TCL 的办事规则和薪酬待遇，所以极度没有安全感，最终离开了公司。从中国企业的文化特征来看，中国人倾向于远离权力中心，组织中的权力集中于少数领导人的手中，所以采用的管理方式一般是命令式的，下属应该做好领导交给他的工作。

而受法国文化影响的阿尔卡特则不同，在执行一项新规定之前，会开会咨询各方面的意见，并制订详细可执行的方案。因此，在开始确定阿尔卡特一方的薪金制度的时候，TCL 并没有做到跟阿尔卡特的员工有效的沟通，员工们不知道未来的工作和待遇会受到什么影响，归属感急剧降低。当 TCL 派一批管理者到 T&A 时，他们不仅很难融合到员工中去，他们的到来在一些员工看来就像是异物的入侵。导致公司的很多职位被调整，这与随后的薪酬策略调整被一些员工看成了是动了最关心的“奶酪”“位子”和“票子”。当管理者们按 TCL 的方式发号施令的时候，一些员工已开始暗地里作出离开的决定。这也就出现了一个弱势文化吞并强势文化的消化不良的问题。阿尔卡特有着悠久的历史和十分成熟的企业环境，员工对自身文化的认同度高，在这种情况下，TCL 仍旧按照命令式的管理方式，缺乏与新员工的有效沟通，将自身的行为方式和企业文化强加到阿尔卡特，结果使双方处于各持己见的状态，增加了整合的难度。

另外，文化之间的相互信任与尊重是任何国际企业增强凝聚力的基础。有些法国员工认为中国管理人员不懂现代管理理论与方法，而中国员工又抱怨法国雇员随意、自由、散漫的工作方式，如果双方互相抱怨、互相猜忌，信任与合作就无从谈起。文化的差异是不可避免的，我们只能更好地适应与合理地利用各种文化的精髓。中法文化都有着悠久的历史，有着鲜明的民族特色，并都起着凝聚人心、推动历史的作用。只有吸取两种优秀文化的长处为我所用，企业才能更好地抓住机会，实现整合。

文化沟通

TCL 通讯在收购阿尔卡特的手机业务前，除了考虑国际品牌、国际销售渠道、专利转让和研发能力等看得见摸得着的好处，更应该对中法企业文化、管理文化做一番深入研究和调查。

首先，在做事方式和管理风格方面，TCL 要重视整合中潜在的困难，有必要的话先咨询并购专家，付一笔咨询费；在并购的过程中，要不断综合各方面的意见，包括管理层和有关员工，制定详细的规则、可行性方案和时间表，如果必要的话，还需要制订几套备选方案以应付突发事件。另外，在与新员工沟通的时候，要改变一下原来的命令式风格，咨询并尊重员工的意见，在制定执行某项规定时，要使整个过程变得清晰透明，以减少不必要的猜疑和恐慌。

企业在并购过程中会出现众多不确定的因素，如文化的认同、心理的落差等，而在这些因素中，薪酬福利对并购企业员工的利益关联要比学习、发展、工作环境等紧密得多。所以，在实施并购企业文化融合过程中，其基础是让所有的员工都能稳定下来，而这个稳定的基础就是薪酬待遇的稳定。企业在实施并购整合时，应该尽早将薪酬方案明确化，让薪酬结果清晰。

并购后薪酬模式的选择

一般来说，并购后的新企业会出现三种不同的薪酬制度。

● Q+R=Q：当 Q 代表强势企业，R 代表弱势企业时，Q 在并购 R 的过程中，可能对 R 实施这样的薪酬制度，通过并购完全颠覆 R 原有的文化。比如，雅虎并购 3721。

● Q+R=X：当 Q 与 R 两个企业在实力上势均力敌时，他们的并购最终会出现第三种结果，这个结果可能是吸纳了双方文化以及薪酬制度的优点，也可能是全新的文化与制度。比如，HP 并购康柏。

● Q+R=Q+R：当出现蛇吞象，或者出于其他考虑时，两个并购企业可能实施类似“一国两制”的文化和薪酬制度。

原阿尔卡特手机员工在被 TCL 收购后不久，就爆发了“离职风波”，正是在 T&A 公司对所选择薪酬制度的调整中发生的。T&A 公司最早实施的是 Q+R=Q+R 模式，后来又选择 Q+R=Q 模式。在这种转化中，有很多东西是无法让原阿尔卡特手机员工接受的。原阿尔卡特销售人员众多员工的出走，对于求贤若渴的 TCL 来说显然是一笔不小的损失，因为当初收购阿尔卡特，也比较看重这些人才。

那么像 TCL 一样的中国企业在并购那些强势的企业时应该注意些什么呢？从 TCL 的教训中看，应该尽量实施 Q+R=Q+R 方案。一个重要的原因是，目前中国企业和很多强势企业还存在很大差距。Q+R=Q 模式很难被并购进来的企业人所接受，比如，TCL 在并购阿尔卡特手机时候的文化对撞。若实施 Q+R=X 方案，更是麻烦的事，需要重新探索新的制度和文化，对于中国企业来说，条件还不成熟。总之，企业内部文化的融合是一个漫长的过程，需要双方管理层持久、细致、耐心的工作。

39 Lenovo’s Corporate Culture: A Key Issue as It Absorbs IBM
新联想的跨文化整合

自从联想并购 IBM 的个人电脑业务部以来，人们就对新联想是否能顺利实现跨文化团队的文化整合和文化冲突管理争论不休。据调查，国际并购的失败案例超过七成，其中七成以上的失败案例又是因为文化整合不到位。面对“蛇吞象”的质疑，弱势文化与强势文化的对垒，新联想至今为止给我们交了一份怎样的答卷呢？

案例

Case description:

Can a company molded in the tradition of socialist state-owned enterprises, and which still holds twice-daily exercise sessions and company sing-alongs, transform itself into a global computer powerhouse?

With its purchase last week of IBM Corp.'s PC business, China's Lenovo Group Ltd. is betting that it can.

"We're strong on desktops. They're strong on notebooks and high-end corporate customers," Lenovo CEO and President Yang Yuanqing said in an interview. "If we can leverage this, we'll be world leaders."

Many analysts see the deal, which will make Lenovo the world's third-largest personal computer maker, as a risky but necessary gamble for a company struggling on its home turf yet seeking to become a truly international company.

Low worldwide awareness of the Lenovo brand, has hampered its attempts at entering overseas markets.

The deal gives Lenovo the right to use the IBM brand for five years, but Yang said it may consider co-branding after 18 months. That would let Lenovo raise its global profile and associate itself with one of the most respected brands in the world.

The merged company will combine Lenovo's staff of 10,000 employees, almost all in Beijing, with the IBM PC division's staff of 10,000—about one-fifth in North Carolina, nearly one-half in China and the rest scattered around the world.

One of the most formidable obstacles will be integrating the corporate cultures.

"The cultural challenges are going to be big. Lenovo is traditional, in the state-owned enterprise style," said Duncan Clark, managing director of BDA China Ltd., a Beijing-based consulting firm. "Lenovo hasn't had a particularly successful track record of partnerships with foreign companies."

Lenovo went to Silicon Valley in 2002 to recruit middle managers. A handful of U.S.-educated Chinese were hired, most of them taking huge pay cuts for the excitement of working for a Chinese company with worldwide ambitions.

But about a year later, almost all of them had quit, said a U.S.-educated Chinese man who worked at Lenovo for a little more than a year until early this year. He insisted on anonymity because he is working at another multinational high-tech firm in Beijing.

The former employee described its culture as so Chinese, and so strange, that most employees who had been educated abroad soon left.

Twice a day, the sound system broadcasts throughout the company's headquarters in northwestern Beijing a song formally known as the Number Six Broadcast Exercises, a set of gentle stretches and knee-bends that any child who has grown up in communist China has learned. Participation is voluntary but highly encouraged.

"It's weird when foreigners come to visit and everyone is standing in the aisles and by their cubes doing exercises," the former employee said.

Another quirky custom was to encourage people who are late to meetings, especially internal meetings, to stand behind their chair for the first minute, as an attempt to humiliate them into being punctual in the future.

Lenovo also has a company song that is played in the building every morning at 8 a.m. and is sung by workers at the start of company-wide meetings.

Employees' time is strictly monitored. Card keys allow the company to keep track of when employees are in the building. Time spent outside the building during work hours must be accounted for, and if no reasonable explanation is given, a deduction may be made from an employee's paycheck.

The strict discipline is likely an initiative of Lenovo chairman and co-founder Liu Chuanzhi, who has a military background.

Yang agreed that corporate culture is a key issue for the combined company.

"We regard cultural integration as the key factor of our eventual success," he said. "In China, Lenovo is one of the few companies that can easily connect with the West in terms of technology management and culture. Even so, we still feel there will be big cultural conflicts and challenges."

Yang said he expects the combined company to be profitable within the first year, even though IBM's PC business has been unprofitable for several years, suffering a $258 million loss last year. He offered no specifics about how he plans to turn around the money-losing business, other than saying the merger would allow Lenovo to benefit from economies of scale.

He also said it would not go the way of Dell, whose direct sales model has proved a winner in China and the rest of the world. Rather, it would continue to build on its vast chain of distributors and retail outlets.

(***Source:*** New York Times [EB/OL]. (2004-12-25)[2022-09-15]. http://www.nytimes.com/2004/12/25/business/worldbusiness/25lenovo.html.)

Case in Chinese:

一个在社会主义国有企业传统熏陶下成立的公司，一个每天进行两次体操训练和一起唱公司会歌的公司，能否成功地转型成为一个全球电脑行业的巨擘？

中国联想集团有限公司通过上周收购IBM公司的个人电脑业务，押注于能够成功发展。

联想CEO及总裁杨元庆在采访时说："我们强于台式电脑，他们强于笔记本电脑并有高端客户群，如果我们能很好地利用各自的优势，我们就能成为行业领导者。"

许多分析师认为，对于一个尚在国内市场竞争但又期望成为一家真正跨国企业的公司而言，这一帮助联想成为世界第三大个人电脑制造商的交易是一个冒险但必要的赌博。

联想产品较低的世界品牌认可度，严重阻止了联想开拓海外市场的步伐。

这一交易使联想拥有了连续五年使用IBM品牌的权利，但杨元庆说，联想会在一年半后考虑使用联合品牌战略。这会提高联想全球品牌形象，帮助联想品牌跻身世界上最受尊敬的品牌之列。

并购后的公司拥有原联想的几乎都在北京的10 000名员工和IBM PC业务部的10 000名员工——其中五分之一员工在北卡罗来纳州，一半的员工在中国工作，其余的分散于世界各地。

成立后的公司面对的最艰难的障碍之一是如何整合新联想的企业文化。

一家位于北京的咨询公司BDA中国有限公司执行总裁邓肯·克拉克（Duncan Clark）说道："文化整合挑战将是巨大的，因为联想是家按国有企业运作模式运作的传统企业。联想以前也没有与外国公司合作过的成功经历。"

联想曾在2002年去硅谷招聘中层管理人员，雇用了一些在美国受过教育的中国人，他们中大多数接受了较低的薪酬，因为他们为能在一家拥有世界野心的中国企业工作而受鼓舞。

但大约一年后，他们几乎都辞职了，一位在联想工作了一年多的中国人说道。他坚持不愿透露姓名，因为他此时正在北京另一家跨国高科技企业工作。

这位前联想职员认为联想企业文化是典型的中国式文化，它如此奇怪以至于大多数在国外受过教育的员工都很快离开了。

位于北京联想总部的广播一天会响起两次大家耳熟能详的第六套广播体操。这套广播体操是任何在中国长大的孩子都要学会的体操，有广泛的普及性。

这位联想前职员说："当外国人来参观，看到每个人或站在走道两旁或站在自己的工位旁做体操，他们会觉得非常奇怪。"

另外一个让人感觉奇怪的是，如果有人开会迟到，尤其是内部会议迟到，他会被罚站在自己座位后一分钟，惩戒他下次要按时来开会。

联想也有一支公司会歌，每天早上 8 点在公司开大会时，员工们都要大声歌唱这首歌。

员工的时间是被严格监控的。公司用打卡来记录员工什么时候在公司。在工作时间，员工不在公司的时间会被记录下来，如果没有正当的理由，员工的工资就会减少。

这种严厉的纪律可能是由有军人背景的联想集团主席及共同创建者柳传志制定的。

杨元庆也同意企业文化的整合是新联想的一个关键问题。

他说："我们认为文化整合是我们成功的关键因素。在中国，联想是为数不多的能容易地与西方企业在技术、管理和文化方面合作的公司之一。即使如此，我们仍然觉得我们面对很大的文化冲突和挑战。"

杨元庆继续说，他希望新联想能在第一年获利，即使 IBM 的 PC 事业部近几年都是亏损，去年甚至遭受了 2.58 亿美元的损失。他说到这次并购让联想有了规模优势，但并没有就如何扭亏为盈提出具体的计划。

杨元庆还说，联想不会走戴尔之路，即使戴尔的直销模式在中国和世界其他市场大获成功。联想仍然继续利用它广泛的销售渠道和零售模式。

讨论

Questions for discussion:

1. What are the main difficulties of cultivating a new corporate culture for Lenovo?
2. Why are there some cultural conflicts when Lenovo acquired IBM PC business?
3. How can Lenovo try to solve the cultural conflicts when facing two different corporate cultures? Could you specify some useful solutions?
4. Are you confident about Lenovo's PC business in the competitive market? If so, please specify some advantages possessed by Lenovo in developing its PC world market?

分析

➡ 矛盾冲突

IBM 公司历史比联想足足长了八十年，两者的文化深度自然不可比。在新联想中，联想与 IBM 存在着明显的文化差异，一个是具有浓厚的制造企业文化的中国企业，一个是传统典型的美国文化的企业代表，双方的文化冲突与碰撞不可避免。新联想面对如何整合两种企业文化进而树立新的企业文化的难题，它该怎样着手呢？收购 IBM 个人电脑事业部以来的一年半多的时间里，联想在文化整合道路上走了多远，取得了怎样的成绩呢？

原因分析

作为中国 PC 龙头企业的联想，并购世界 PC 业的鼻祖，这在世人看来，是典型的“蛇吞象”的收购壮举，也是中国企业在实行“走出去”战略的一个大手笔。但我们不能忽视的一个事实是，目前已经发生的跨国并购案，比如 TCL 对汤姆逊彩电业务的并购、对阿尔卡特手机业务的并购，加上联想对 IBM 的 PC 业务的并购，都属于弱势企业（中方）对强势企业（外方）的并购。事实上，TCL 与汤姆逊彩电业务合并之后，原汤姆逊彩电业务负责人不愿意在 TTE（TCL 汤姆逊电子公司）任职，这说明强势文化对弱势文化的侵略。联想对 IBM 蓝色文化的整合，首先就要面对弱势文化如何渗透强势文化的难题。这种文化整合的成败决定了并购的最终成败。自从 2004 年 12 月 8 日联想宣布并购 IBM 的 PC 业务以来，联想能否顺利实现文化整合就一直是人们关心和担心的问题，它直接关系着这场“跨国婚姻”最终的发展方向。所谓“跨文化整合”，就是在两个文化背景完全不同的企业之间找到共同点，实施统一的人事安排、薪酬设计、行为规范、企业理念及文化建设。那么让我们首先看看联想并购后在文化整合上存在的问题。

“要是笔记本上印着联想的 logo，我肯定不会买”，这是一个美国人在听说联想收购了 IBM 的 PC 业务后说的。2006 年上半年，联想通过在美国的合作伙伴，成功同美国国务院签订了 16 000 台的电脑销售协议，这一销售协议令联想高层人士欣喜若狂，但风波也随之而至，几名美国国会议员联名上书，指出采购“具有中国政府背景的联想”的产品，将使政府的机要部门面临机密泄漏的风险。一个是民间的声音，一个是政府部门的态度，这都反映了一个现象，即从意识形态上说，中国还是一个发展中国家，西方消费者对中国企业的产品质量不信任；美国政府以潜在的政治威胁为由不信任所谓的“具有中国政府背景”的联想产品，担心自己的利益受损，这都对联想拓宽美国市场增加了困难。

其次，在核心价值观方面，联想是以市场为本的中国式强势控制力企业，带有很浓的民营企业的色彩，因此强调执行与服从；而 IBM 是拥有比较传统的美国文化的企业，是崇尚以人为本的高自由度的跨国知识型企业，强调程序化的运作模式。在此价值观的影响下，在联想，下级对上级的命令要严格执行，而且上级对下级的干涉也比较多，即联想更加层级化，有更多的决策层次，更倾向于专权。而 IBM 沿袭了美国管理者和下属之间那种妥协关系，有较低的层级和较多的分权决策。按冯·特姆彭纳斯博士和查尔斯·汉普顿-特纳关于文化五维度的划分而言，中国企业不太强调程序的普遍适用性；中国企业员工对待工作和生活的态度模糊，没有美国员工那么明确，所以美国员工决不会以牺牲自己合法的休息时间为代价去完成工作任务；中国企业对员工的职位安排、人事调动更注重资历，而美国的平等思想要求以实际能力说话。

再次，两者的薪酬体系、激励机制也有很大差别。据原 IBM 的员工透露：以基本工资计（不加奖金、员工福利与员工期权），IBM 员工是联想员工的 7 倍。我们试想，如果中方减少或停止这样的薪酬待遇，IBM 的原有员工将会拒绝继续工作，但如果原 IBM 的员工继续拥有与联想中国员工不同的待遇，显然中方员工会产生极大不满。薪酬的安排将会考验新联想在文化整合方面所做的政策策略。

面对文化整合的困难，新联想早有所察，如今来自戴尔管理层的阿梅里奥取代个性沉稳的 IBM 的 PC 部门嫡系成员斯蒂芬·沃德，为新联想带来些戴尔的企业文化。新联想正思考着如何实现联想、IBM、戴尔这三种文化的融合，如何能够将联想的创新、戴尔的执着和 IBM 的沉稳成功结合起来。新联想以其一贯的迎难而上的决心和魄力，采取了一系列政策和措施，如成立过渡时期领导团队“T&T”（Transition and Transformation）来学习对方的优势，理解不同国家民族的文化特点；设立垃圾桶项目（Trash Bin Project）来让新公司摆脱那些不适应未来的旧制度、旧模式；实行“三步走”计划来兑现联想先前作出的承诺；如今企业年金制度的实行，为完整的薪酬方案改革奠定了基础。现在，新联想终于走过了最艰难的一段路，正扎实地向更深层次的跨文化整合迈步。

➡ 文化沟通

跨文化整合，不是兼并方对被兼并方的文化吞并，它需要双方尽可能地吸取对方的优点，摒弃自己的缺点，以一种包容的心态对待对方。同时，跨文化整合需要企业付出时间的代价，是一个循序渐进的过程，是不能急的事。

对于新联想，要想与戴尔、惠普三雄鼎立并开拓更多的海外市场，取得更多的市场份额，势必要建立起高效、高素质的跨文化团队，因此需要做好以下几个方面工作。

第一，识别文化差异，通过增强语言沟通能力来加强团队成员间的交流，进而消除误会，提高团队效率和组织效率。此外，新联想的管理者必须识别和区分各种文化差异和个体差异，才能采取针对性的措施。

第二，进行多文化培训，其内容主要包括对不同文化的认识、文化敏感性训练、跨文化冲突的处理、地区环境模拟、把职业经理人置身于不同文化背景的工作环境、培养国际视野。

第三，建立共同的企业核心价值观，在此之前，可以采用“一国两制”的思想。比如，新联想可以暂时维持联想与 IBM 的原本企业文化和管理模式，联想首先要稳定军心，让员工，特别是 IBM 的员工，从联想收购 IBM 的震惊中平静下来，让员工感受到收购前和收购后并没有多少区别，然后在企业内部逐渐扩大联想的影响，让原来 IBM 的员工逐渐接受新联想。共同的价值观、经营观和协同的企业文化，能最大程度地调动每个员工把自己的思想与行为同整个企业的理念和宗旨结合起来，以增强跨国企业的文化适应能力。新联想所推崇的“坦诚、尊重、妥协”六字方针正是对双方不同企业文化的提炼，也展示了新联想以一种全新的心态来迎接进一步文化整合的挑战。

40 How to Realize Cultural Synergy in the Republic of Korea?
如何在韩国实现文化整合？

作为亚洲“四小龙”的韩国曾在20世纪80、90年代给世界一次又一次的惊喜。其高速发展的科技经济使得人们从它特有的文化上找原因，认为韩国的儒家文化很大程度上造就了它的经济奇迹。另外一个不可忽视的事实是，在亚洲，没有哪个国家比韩国更了解西方文化。韩国在实现其与西方文化融合的道路上走在了前面。让我们来看看韩国的两个跨文化交际案例吧。

案例

Case description:

Story of General Manager of Motorola South Korean Company

In the early 1990s, Motorola South Korean Company, as one of the huge producers of semi-conductors and integrated circuits in the world, was managed inappropriately, and after careful analysis, Motorola headquarters decided to take the suggestion that the corporate culture of Motorola South Korean Company be transformed to establish a new leadership behavior.

Donald Jerome from America became the new president and general manager of Motorola South Korean Company. He believed that the establishment of a new leadership way or management culture in a specific country or business culture may conflict with local cultures. In other words, the company shouldn't change the values or behaviors of people outside the company in life, and should simply require local employees to observe the new "leadership way or management culture" in the organization.

Guided by this thought, Jerome established a complete senior-level team, and further developed a new mode that would respect any aspect of South Korean culture and combine the characteristics of South Korean cultures and those of American cultures to become a unique corporate culture of Motorola South Korean Company with the aim of improving the business efficiency through setting up a high-efficient team.

Many differences between two national cultures may result in some difficulties for the company. For instance, pay rise and promotion in the Republic of Korea depends on seniority while in America they rely on personal achievement; South Koreans strictly follow the orders while Americans ask for more clear explanation. However, the transformation of the team doesn't focus on these differences but emphasizes commonalities. Most people hope to do their job well and their contributions would be recognized. They anticipate to be trusted and be given opportunities to do better, but they wouldn't like to be criticized in public, hoping to be treated fairly. Based on commonalities, Motorola South Korean Company put forward ten leadership principles.

1. Constantly trust employees, treat them equally, and uphold mutual respect;

2. Encourage employees to openly communicate with others by ignoring hierarchy of positions; patiently and fully listen to their opinions;

3. Actively elaborate opinions and ideas if opportunities exist;

4. Create an environment where employees can present their potentials; if necessary, provide them with extra learning chances;

5. Design a slogan which will exert positive influences upon employees, customers and South Korean society;

6. Create a safe and professional working environment which is conducive to giving full play to their enthusiasm;

7. Provide and maintain a participative, creative and cooperative atmosphere;

8. Expand our modern management know-how, and put them into action;

9. Encourage subordinates to establish good leadership principles and actively support them;

10. Appropriately train four aspects of human nature: body, mentality, emotion and spirit.

The new corporate culture and leadership behavior pattern designed and developed by Jerome took deep roots in employees. In no time, Motorola South Korean Company became a model producer. Motorola headquarters further advanced its development and established a new base in the Republic of Korea.

Story of Guus Hiddink

In 2002 World Cup, the Republic of Korea's national football team successfully rallied to the semi-finals, which overwhelmed the whole world. South Korean football players became national heroes, and Dutch coach, Guus Hiddink became national idols among South Korean people. He was even awarded the medal of blue dragon by South Korean president Kim Dae-Jung.

Hiddink is not only a world-class football coach, but also a world-class leader in cross-cultural management. After nine months' coaching in the Republic of Korea, Hiddink found that in case of passing the ball before final shooting, the person passing the ball would pass the ball to an elder player for shooting even a young player was in a better position. Hiddink took out videotapes about previous matches and found out the same problem.

It's to us all that it's always one ball that decides the final result during one match. It's heartbroken if such a good opportunity is missed.

In the Republic of Korea, it's a virtue that the young respect the elder. It is also a social norm and value. However, in Hiddink's view, such a "virtue" has become a hindrance for the football team in world competition.

Here is what Hiddink does. Firstly, he asked five players in the team who were over 27 years old to empower those young players that in case of the final shooting, the five elder players unanimously agreed to pass the ball to other young players in a better position for shooting. Secondly, young players are allowed to call the names of elder players directly so that the sense of equality among team players will be enhanced.

(***Source***: *Business Research—Financial Intelligence*. November, 2003.)

Case in Chinese:

摩托罗拉韩国总经理的故事

20 世纪 90 年代初，作为摩托罗拉遍布世界的半导体和集成电路大生产商之一的摩托罗拉韩国公司经营不善，摩托罗拉总部经过认真分析采纳了一个文化沟通方案：改变韩国摩托罗拉公司的文化，建立新的领导行为。

来自美国的唐纳德·杰洛先生成为摩托罗拉韩国公司的新总裁和总经理。杰洛相信：在一个特定国家或商业文化中，创造一种新的领导方式/管理文化可能和当地文化冲突。换句话说，这个公司不应该努力改变公司之外的人们生活中的价值观或行为，只应该要求本地员工在组织里服从新的"领导方式/管理文化"。

在这种思想的指导下，杰洛组成一个完整的高层团队，并开发了一个新模式。这个模式尊重韩国文化的方方面面，并且把韩国文化和美国文化的特点相融合，从而形成一个独一无二的摩托罗拉韩国公司的企业文化，目标主要是通过企业文化建立高效的团队，从而提高企业效率。

在两个民族文化之间存在许多差异，这些差异导致了公司的一些困难。例如，在韩国薪水和提拔是基于资历的，在美国则是基于业绩的；韩国人对命令言听计从，美国人则会请求更清楚的说明。但是，转型团队不是关注这些差异，而是强调共性。大多数人都希望做好工作，他们希望因为做到预期的贡献而被认可，他们渴望获得信任，渴望更好的机会来施展才能，他们不喜欢在其他人面前被批评，希望受到公平对待。基于共性，摩托罗拉韩国公司团队提出了十条领导原则：

1. 通过视雇员为一个有平等权利的人，明确地并且始终如一地给予信任和相互的尊重；

2. 通过耐心和完整地倾听雇员的想法来鼓励抛开职位等级的开放性交流沟通；

3. 有机会就积极地阐述观点和想法；

4. 承认雇员的潜能，提供一个能让雇员展示潜能的环境，有必要的话，为雇员提供额外的学习机会；

5. 设计一个在雇员、顾客和韩国社会中有积极效果的标识；

6. 体谅雇员的想法，寻找机会提高他们的精神和态度的积极性，从而提供一个安全的和专业的工作氛围；

7. 提供和保持一个具有参与性、创造性的协作氛围；

8. 拓展自我的现代管理技术知识，并且学以致用，鼓励他人也如此；

9. 鼓励下级构建良好的领导原则并且积极地支持他们；

10. 合理地训练人性中的四个方面：身体、心理、情绪和精神。

杰洛设计和开发了培训项目来推行新的文化和领导行为模式，使这种独特的企业文化深入人心。很快，摩托罗拉韩国公司又成为一个模范生产厂商。摩托罗拉总部继而推动其发展，并且在韩国又建立了一个新基地。

希丁克的故事

2002 年日韩足球世界杯，韩国队打入四强，震惊世界，一鸣惊人。韩国队的球员成了国家英雄，韩国队荷兰籍教练希丁克成为韩国人的偶像。韩国总统金大中为希丁克授予了蓝龙奖章。

希丁克是世界一流的足球教练，也是世界一流的跨文化领导者。当希丁克在韩国执教九个月后发现，在最关键射门前的传球中，即使年轻的球员站在比较好的射门位置，传球的球员也会把球传给年长的球员去射门。希丁克找出以前比赛的录像，发现同样的问题。

大家知道，足球进球率很低，一场比赛，往往一个球就决定胜负。如果在最好的时机错失机会，是令人痛心的。

在韩国，年轻人尊敬年长者是美德，也是社会推崇的行为规范和价值观。但是，在希丁克看来，这种文化“美德”成为其足球团队在世界竞争中的障碍。

希丁克是这样做的：1. 把团队中五名 27 岁以上的队员找来，让他们“授权”给年轻的队友，年长的五名队员一致同意在射门前，年轻的队员“有权”把球传给其他处于比较有利射门位置的年轻队员；2. 让年轻的队员直呼老队员的名字，强化队员之间的“平等”意识。

讨论

Questions for discussion:

1. In your mind, what is the typical South Korean culture? Can you list out some characteristics?
2. What is the reason of the success of Motorola South Korean Company in establishing a new corporate culture?
3. What are the key points of Hiddink’s transforming South Korean national football team?
4. What can we learn from the two South Korean cases in terms of cross-cultural communication?

分析

矛盾冲突

不管对于摩托罗拉韩国总经理唐纳德·杰洛还是对于希丁克而言，他们面临的共同困难就是：在更好地了解当地文化的基础上，如何结合自己的文化特点来制定出双方都可以接受的领导方式，如何更好地吸取两种文化的优势，找到两种文化能发挥协同效应的契合点。

原因分析

事实证明，杰洛和希丁克都成功地解决了文化融合的问题，他们可以被称作有经验的跨文化管理者。杰洛来自美国，希丁克来自荷兰，他们可以说是欧美文化的一种代表，而韩国文化是一种典型的亚洲文化。可见，欧美文化与亚洲文化的碰撞是不可避免的。

韩国的权力距离在组织或企业中表现为较大的距离，由此决定组织或企业内层级比较鲜明，领导倾向于用自上而下的决策方式，下级严格听从上级命令。而在带有美国文化的摩托罗拉公司里，权力距离比较小，因此组织结构比较扁平，领导倾向于用自下而上的决策方式，善于接受下级意见，下级也愿意并敢于提出意见或异议，遇到不清楚的问题会主动向上级询问。摩托罗拉韩国公司决定重新塑造企业文化，改变领导方式，既尊重上级的权威，又以制定新的领导原则的方式鼓励下级畅所欲言，营造具有“参与性、创造性、协作性”的工作氛围。称呼是权力距离的另外一种体现。像案例所说，韩国年轻球员不会直接称呼老队员的名字，而是使用尊称。希丁克了解后，并没有硬性改变韩国人一贯的习惯，而是寻求自我文化与韩国文化的共同点，仅仅在足球场上寻求改变，不干涉球员生活中的价值观和行为规范，问题就容易解决了。

韩国有较深的儒家文化底蕴，尊老爱幼、尊卑有序是不容置疑的儒家经典规范，也是社会公认的美德之一，即使在足球竞技场上也有其表现，所以我们不难理解为什么年轻队员会把球传给年长球员而不传给位置更好的年轻球员。希丁克正是抓住了问题的关键所在，利用韩国文化里尊敬年长者的价值观，让年长球员授权，同意传球的队员传给位置更好的年轻球员，因为他们有共同的目标，即进球赢比赛。希丁克以其荷兰文化里的平等意识来加强队员之间相互尊重、相互信任的关系。

文化沟通

要做个驾驭不同文化的跨文化管理者，杰洛和希丁克为我们指明了方向，即在涉及管理跨文化冲突、整合不同文化时，不能一味向本地文化妥协，也不能放弃自身文化的优势去盲目地适应本地文化，更不能刻意去改变本地人的文化和行为，而应该发挥不同文化的长处，建立组织或企业文化的文化核心，这个核心要像一个工具箱，把不同文化工具放进去，需要的时候能马上调用，掌握本身的文化原则性，又要根据不同情景作出判断适应本地具体情况，更要掌握有机的文化平衡性和灵活性。

41 The Failure of the Merger between Hershey's and Golden Monkey 好时并购金丝猴失败

好时并购金丝猴以后对金丝猴员工减薪、大规模裁员、停产，改变金丝猴的工作体系和员工制度，由此引发了一系列风波……

案例

Case description:

In September 2014, the U.S. chocolate giant Hershey's acquired the Chinese candy brand Golden Monkey for 3.5 billion yuan in order to expand its market share in China, intending to open up channels in China's third- and fourth-tier cities.

After the merger, Hershey's began to cut wages, carry out mass layoffs, suspend production, and change the Golden Monkey's working and management system. This triggered a series of disturbances. The laid-off employees filed lawsuits, the company's cohesion fell, and the working environment became very disordered.

In 2017, Hershey's sued Golden Monkey's distributors for defaulting on loans, which triggered the latter's class-action lawsuit. The problem between the two sides has intensified, and China has become the most loss-making market in Hershey's international business.

In July 2018, the Golden Monkey was finally sold by Hershey's for only 200 million yuan.

（改编自：中华网财经[EB/OL]. (2018-08-06)[2022-10-20]. https://finance.china.com/industrial/ 11173306/20180806/32775288_all. html;
中国经济网[EB/OL]. (2017-05-24)[2022-10-20]. http://finance.ce.cn/rolling/201705/24/t20170524_ 23151744.shtml;
孙吉正. 好时并购金丝猴三年消化不良 双方矛盾激化[J]. 商讯，2018，136（03）: 16—17.）

Case in Chinese:

2014年9月，美国巧克力巨头好时为了扩大中国市场份额，以35亿元收购了中国糖果品牌金丝猴，意欲打通中国三四线城市渠道。

并购以后，好时开始对金丝猴员工减薪、大规模裁员、停产，改变金丝猴的工作体系和员工制度，由此引发了一系列风波，被裁员工提起诉讼，公司凝聚力下降，工作秩序紊乱。

2017 年，好时起诉金丝猴经销商拖欠贷款引发了后者的集体维权，两者之间的矛盾激化，中国成为好时国际业务中亏损最为严重的市场。

2018 年 7 月，金丝猴最终以 2 亿元的价格被好时出售。

讨论

Questions for discussion:

1. Why did Hershey's management system fail in Golden Monkey?
2. How can we avoid similar conflicts?
3. What lessons can be drawn from this case for merger and acquisition?

分析

➡ 矛盾冲突

好时的管理模式体现出美国公司强调理性的思维方式，管理以效率和利润为导向。他们忽视了中国社会的特点，开除大部分销售人员不符合情理，也不利于新业务的交接。各个省份的经销商多年来与区域负责人建立了深厚关系，领导层全部换血，这些经销商的问题无法及时解决，缺少熟悉的中间人与新东家好时沟通协调，双方自然会产生矛盾。

为了促进经销商提货，金丝猴允许经销商通过向公司"贷款"的方式提货，经销商签订贷款合同后可以先把货提走，等货物出售后再回款。2013 年也就是好时并购前期，市场销量下滑，货物大量堆积，经销商无法偿还贷款，好时在并购后以此为由对经销商提起诉讼，双方矛盾激化。

原因分析

1. 好时的管理体系水土不服

金丝猴原本采取的是区域负责制，相对扁平的结构体系使得客户的问题能够迅速反映到高层得到解决。好时在收购金丝猴之后企图精简公司运作模式，对销售团队“大清洗”，开除了80%的老员工，在缺乏业务交接的状态下，好时的业务员根本无法管理金丝猴规模庞大的经销商。在交接期，好时采用“抓大放小”的策略，企图通过保持大客户来维持运营状况，而金丝猴的小经销商占据多数，在新管理体系下，不少经销商在衔接过程中遇到问题难以及时找到负责人解决，矛盾渐渐产生。

2. 中美对法律和契约的态度有别

西方人注重法律和契约，习惯于用法律解决各种问题，而中国人，不到万不得已不愿利用法律工具来生硬地解决争议。对待契约方面，西方人尊重契约的权威，一旦生效严格执行，而中国人对契约持灵活态度，执行情况取决于双方之间的关系进展，交情与信任有时占据主导地位。好时忽视了中美重法规与重人情、规则取向和关系取向的差异，不顾经销商与金丝猴多年的合作关系，利用法律途径逼迫经销商还款，导致双方关系破裂。

文化沟通

我们认为，来华经商的西方企业应尊重中国社会的传统，在以效率和利润为导向的商业思维中融入一些人情味，寻找灵活的方式解决矛盾冲突。在企业兼并的过渡期，让老员工作为中间人协调与经销商之间的矛盾，从而更好地解决冲突、融合不同的企业文化。

42 KFC's Failure and Success
肯德基的成败之路

著名的快餐业大王肯德基在全世界取得了举世瞩目的业绩，但它的成功之路并非一帆风顺。它在进入中国香港时遭遇了惨败的经历。肯德基今天的成功在于吸取失败的教训，不断在产品和营销方式上创新，将自己的竞争优势与本地文化很好地结合在一起。

案例

Case description:

KFC is a chain store with its branches spreading all over the world. It also achieved huge success in Chinese Mainland. However, as one of the first American fast food to enter Hong Kong, China, it failed in its first entrance. In 1973, the famous KFC Company entered Hong Kong with a high expectation. And the number of stores had reached to 11 by 1974. The KFC Fried Chicken adopted the "It's finger licking good" advertising word. KFC also knew that chicken was traditional Chinese food, occupying a very important position in everyday menu of Hong Kong people. When providing chicken products, they fed the chicken with fish. With aggressive promotion and special cooking method, it had aroused the customer's desire to have a try. What's more, people in Hong Kong seldom had any Western-style fast food before its entrance. There was no seat in KFC at that time and all the food were sold as take-away. Although there were also several fast food stores in Hong Kong at that time, they were all very small and couldn't compete with KFC. However, problems soon came up and KFC's prosperity didn't last very long in Hong Kong. In September 1974, many stores of KFC declared that they would stop for a while, and only four continued. By February 1975, all of the stores had been closed. Although it was said to be the result of high rent, failure was inevitable because it just didn't attract the customers. Soon it pulled back from the Hong Kong market.

Ten years later, after success in Malaysia, Singapore and the Philippines, KFC decided to go back to Hong Kong, China in 1985 by opening a new restaurant on Jordan Road and another one in Causeway Bay during the next year. This time, KFC adjusted its marketing strategy and targeted its products at customers aged between 16 and 39. All the chicken and ingredients were imported from the States and cooked according to special recipe. Fried chicken over 45 minutes would be taken away from the shelf to ensure the freshness of the food. The chicken were priced higher than average and other food items such as French fries, salad and corn were sold at lower prices than that of their competitors. The company adopted a low-key promotional strategy. Its advertising was limited and the advertising words were changed. The comeback of KFC turned out to be very successful and Hong Kong became a major market for KFC.

KFC Fried Chicken has been one of the most famous international brands in Chinese Mainland since it opened its first Western-style fast food restaurant in Beijing in 1987. In the list of Chinese consumer's most favorite well-known international brands, KFC stands on the top. Since its operation in China, it has carried out aggressive advertising in China.

One feature noticeable in KFC's commercials is its representation of an ancient art form of China—Beijing Opera. It is interesting to find a U.S. fast food brand presenting a declining traditional art and attaching pop culture elements with it. One of the commercials also depicts a Beijing opera actor in costume and with make-up having his KFC meal. The second commercial shows the contradiction and later harmony between father and son. The screen is divided into two parts: the father is singing Beijing opera in the left room while the son is dancing with hip-hop music in the right room. They finally get to reconciliation by eating the old Beijing Chicken Roll served by mother.

In addition to their advertising effort, they also provide diversity in their product line. They provide old Beijing Chicken Roll, a wrap modeled after the way Peking duck is served, with fried chicken inside and accompanied with green onions and hoisin source. Sichuan Spicy chicken absorbs the spicy flavor of Sichuan dish. Chinese-style breakfast, like porridge is also served since Oct 27, 2003 on the breakfast menu of all 59 KFC restaurants in Shenzhen.

Case in Chinese:

肯德基是一家在世界各地拥有分支的快餐连锁店。它在中国内地也取得了巨大的成功。然而，作为第一家进军中国香港的美国快餐店，它第一次却遭惨败。1973年，著名的肯德基踌躇满志地进入了中国香港。到1974年肯德基在香港发展了11家店面。肯德基采用的宣传口号是“好味到舔手指”。肯德基也知道鸡肉是传统的中国食品，在香港人的日常食物中占很大比重。他们提供的鸡是用鱼肉饲养的。他们采取了猛烈的广告攻势，其独特的烹饪方法因此引起了人们的兴趣。而且在肯德基进入之前香港人也很少尝试西式快餐。那时肯德基店里没有座位，只出售外卖。尽管那时香港也有几家快餐店，但他们的规模都很小，不足与肯德基相匹敌。然而，问题不久就出现了，肯德基在香港没有坚持多久。1974年9月，很多肯德基的店面宣布停业，只有四家继续营业。到1975年，所有的店面都关门了。据说失败是由于房租上涨，但肯德基没有吸引住顾客，失败也是必然的结果。不久它就撤出了香港市场。

十年后，在马来西亚、新加坡和菲律宾取得成功之后，肯德基决定于1985年重返中国香港，并于次年在佐敦道和铜锣湾各开了一家新店。这次，肯德基调整了营销战略，将它的顾客定位为16到39岁的人群。所有的鸡肉和原料都从美国进口，依照特别的配方烹制。超过45分钟的炸鸡就会被从货架上取下来，以保证食物的新鲜。炸鸡的定价高于平均水平，但薯条、沙拉和玉米等其他杂项的售价要低于竞争者。公司采取了低调的宣传策略。所做的广告宣传非常有限，其宣传口号也改为“甘香鲜美好口味”。肯德基二次进军中国香港取得了很大成功，使中国香港成为其主要市场之一。

自1987年在北京开业了第一家西式快餐店以来，肯德基成为中国大陆最有名的国际快餐品牌之一。在中国消费者最喜爱的国际品牌排名中，肯德基位列榜首。进入中国以来，它展开了大规模的广告宣传。肯德基广告的一个引人注目的特点是运用了中国古代的一种艺术形式——京剧。一个美国快餐品牌在广告中展示了日渐衰落的传统艺术和现代流行元素，这是个很有趣的现象。其中一则广告描述了一个没有卸妆的京剧演员正在吃肯德基。另一则广告则讲述了父子之间的冲突与和谐。画面被分为两部分：父亲在左边的房间里唱京剧，儿子在右边的房间里跳街舞。他们最后在吃母亲端上来的老北京鸡肉卷时取得了和谐统一。

除了广告，他们还注重产品的多样性。他们提供的老北京鸡肉卷，仿照了北京烤鸭的吃法，用炸鸡、葱和甜面酱做成。四川辣味鸡肉汉堡吸收了川菜的风味。从2003年10月27日中国式的早餐包括粥等也出现在了深圳所有59家肯德基的菜单上。

讨论

Questions for discussion:

1. Comparing KFC's failure and success in Hong Kong, what are the major reasons for KFC to succeed the second time?
2. What factors can be attributed to KFC's success in Chinese Mainland?

分析

矛盾冲突

早在1973年西式快餐在中国香港还属于新鲜事物时，肯德基就踌躇满志地要进入香港市场。当时，肯德基已在世界各地拥有数千家快餐店，形成了一个庞大的快餐店连锁网络。对于香港市场他们很有信心。肯德基利用声势浩大的宣传攻势引起消费者的注意，加上独特的烹饪方法和配方，很多顾客都乐于尝试。其他快餐业的竞争者均规模较小，不足与之竞争，肯德基的发展前景一片光明，但好景不长，1974年肯德基突然宣布多家店面停业，仅剩的4家店面在1975年也全部关门。虽然肯德基宣称这是由于租金问题而导致歇业，但失败的主要原因还是它没有吸引住顾客。

原因分析

肯德基把全套的美国式服务和宣传方式搬到香港导致了它的失败。肯德基采用鱼肉饲养鸡，破坏了中国鸡特有的口味，让香港人很不适应。它所采用的广告语还是肯德基的世界性宣传口号“好味到舔手指”，这一广告语在观念上也很难被香港居民接受。服务上，肯德基采用了美式服务。在欧美，快餐店一般是外卖店，顾客驾车到快餐店，买了食物回去吃，店内通常不设座位。但这一做法在香港则行不通，人们习惯在店内进餐，喜欢边吃边聊。因此这种不设座位的做法等于赶走了一批潜在的顾客。

事隔十年，肯德基重新进入香港。这次肯德基采用了更为谨慎的营销策略。首先它进行了市场细分，将自己定位为介于高级餐厅和自助快餐之间的高级快餐厅，主要消费对象是年轻人。食品上，大多数原料和鸡都从美国进口，口味得到改进，保证食物新鲜。价格上，它提高了炸鸡的价格，同时降低了其他杂项的价格，以吸引消费者。原来的广告词也改为“甘香鲜美好口味”，更容易被香港人接受。

肯德基经营者意识到，12 年间两进香港的成败得失，应当从营销的文化理念上进行总结，以上这些改变都和加深对香港地域文化的了解或对香港文化投资环境的重新认知有很大的关系。进入 20 世纪 80 年代后，随着北美特别是美国在国际上的经济和政治地位日趋重要，其文化影响在中国香港迅速扩大，大有取代以英国为代表的欧式文化之势。在和北美增加交往的过程中，港人特别是年轻而又受过较好教育的公司职员和行政人员，不仅有尝试过美式快餐的经验，而且对美式饮食风格没有中国传统文化的抵触，甚至还把它作为一种现代文明予以接纳和模仿。肯德基用美国鸡取代中国土鸡，并以美国配方烹制，同时又附带供应本地化配菜的一系列做法，旨在既迎合港人追求美式生活的心态，又照顾香港居民对中国传统文化的依恋，很恰当地把握了香港快餐食用者的具有深层文化背景的消费心理。还有新广告词的亲切通俗、饮食环境的高雅舒适、独创主食的高价出售（如果家乡鸡定价太低，港人会把它看成是一种低档快餐食品）、业务经营管理的本地化等，都在各个方面根据实际情况对公司过去采取的统一的国际市场拓展方式进行了相应的变革，以便跟上港岛地域文化变化的节拍，更好地适应香港本地的需求。所以，确切地说，如果没有投资者对香港文化投资环境的客观而又细致的分析和评估，也就不会有肯德基在港岛的转败为胜。

1987 年，肯德基从香港北上进军中国大陆市场，在北京开张了中国大陆第一家美式快餐店，取得了巨大成功。这次肯德基吸取在香港的成败经验，充分考虑了大陆的文化投资环境氛围。肯德基在大陆所做的广告和他们对菜单所做的改进都体现了他们在本地化方面所做的努力。

进入大陆市场后，肯德基开展了大规模的广告宣传。在广告中，他们把传统的国粹京剧与现代元素结合在一起，体现了中西文化交融的精神。例如，一则电视广告中，一位京剧演员正在吃肯德基；另一则广告则讲述了父子之间由不和谐到和谐的过程，父亲在左边的房间里唱京剧，而儿子在右边的房间里跳街舞，形成鲜明的对比，最后他们吃着妈妈做的老北京鸡肉卷，达到了和谐统一。这两则广告都是在告诉中国消费者，象征着现代生活节奏的美式快餐肯德基与传统中国文化可以和谐共存，是现代中国消费者的理想选择。第二则广告更是利用了中国人的亲情和家庭观念，反映了父子亲情和中外文化的和谐共存。老北京鸡肉卷也是美式快餐和传统北京美食相结合的产物，就像京剧与街舞这两种艺术形式一样，可以找到完美的结合点。

除了广告，肯德基还在菜单上做文章。他们提供了老北京鸡肉卷和四川辣味鸡肉汉堡，从传统的中国菜中找到灵感，使洋味快餐更适合中国消费者的口味，不断给他们带来新鲜感。老北京鸡肉卷就是仿效北京烤鸭的吃法，将炸鸡和大葱甜酱卷在一起。四川辣味鸡肉汉堡也是结合了川菜的独特风味。肯德基还推出各种粥品作为早餐，更适合中国人早餐的习惯。

➡ 文化沟通

吃一堑，长一智。肯德基在中国香港由失败到成功以及后来在内地的迅猛发展都说明了文化经营的重要性。

忽略当地文化，照搬自己一贯的经营方式，必然会招致失败。本地化对于饮食业尤为重要，因为一个地区长期的饮食习惯是很难改变的，人们可能出于新鲜感去尝试，但要保持长盛不衰还要在文化上下工夫。要使当地人不但从食物的口味，也要从心理上接受它。随着人们生活水平的提高，饮食不仅仅是为了满足基本的生理需求，也体现了人们的生活品位，人们面临的选择也越来越多，怎样才能吸引消费者的注意成了商家的难题。肯德基的成功不仅仅在于它提供的食物方便、快捷、适合中国人的口味，更在于它抓住了年轻人崇尚美国文化的心理特点，将饮食的营销变为文化营销。

43 The Success of Haier in the U.S.
海尔在美国的成功

跨出国门，到国外建厂的公司不在少数。但敢于到经济最发达的美国建厂，迅速发展并赢得美国消费者和政府的认同，海尔可以算是头一家。是什么造就了海尔在美国的成功呢？

案例

Case description:

On April 30, 1999, Haier established its industrial park in South Carolina of the United States, covering 700 mu with annual production capacity of 500,000 sets. In 2000, manufacturing of home appliances started on a large scale, and Haier cracked into the American market with its quality products and individualistic design.

The new U.S. headquarters and Camden facilities are examples of Haier America's commitment to the U.S. market. The consummate attention of the American consumers' wants and needs along with the aggressive pursuit of quality assurance poise Haier America for its continued achievements in the U.S.

Haier makes its product highly localized. Haier has many information centers and design sections abroad. These centers and sections develop the products that suit for the locals. This will improve the competitiveness of its products. Even Haier's advertisements are localized. The advertisement in America is "What the world comes home to". And the ad in Europe is "Haier and higher".

In addition, Haier outstrips the demands of the customers instead of only satisfying them. High quality is not enough. Haier does higher than what the customers want. For example, Haier developed a kind of refrigerator that can save 50% of energy and has no chlorofluorocarbons, so it can protect the environment. It can save energy, so it is very cheap to use it. In Germany, government even gives subsidies to consumers who buy this kind of refrigerator, in order to encourage people to buy this environment-friendly home appliance.

(***Source:*** http://www.haieramerica.com/index.php?pageid=4&menuid=5.)

Case in Chinese:

1999 年 4 月 30 日，海尔在美国南卡罗来纳州建立了美国海尔工业园，园区占地 700 亩，年产能力 50 万台。2000 年正式投产生产家电产品，并通过高质量和个性化设计逐渐打开市场。

崭新的美国总部和卡姆登的工厂显示了海尔美国对美国市场的承诺。对美国消费者需求的高度关注和对质量的严格要求使得海尔在美国取得了一个又一个成功。

海尔高度本土化它的产品。在海外海尔拥有许多信息中心和设计部门。这些中心和部门致力于设计满足当地要求的产品。这么做大大加强了产品的竞争力。甚至海尔的广告也被本土化了。海尔在美国的广告是"What the world comes home to"，在欧洲的广告是"Haier and higher"。

除此以外，海尔不仅能满足消费者的需求，还能引领消费潮流。仅仅高质量还不够，海尔做的比消费者的需求还要多。比如，海尔开发了一款冰箱，能够节电 50% 并且没有氟利昂，因而能够保护环境。因为节电，用起来非常便宜。在德国，政府甚至给购买这种冰箱的消费者提供补助金以鼓励人们购买这种绿色家电。

讨论

Questions for discussion:

1. How does Haier carry out its localization strategy in the U.S.?
2. What can we learn from the success of Haier in America?

分析

矛盾冲突

海尔作为中国的知名品牌和优秀国企，承担着带领中国企业“走出去”的重任。在经历了国内市场产量严重过剩和残酷的价格战之后，走国际化的道路成了众多大型家电企业的共识。走国际化有两条道路，大多数企业选择“先易后难”的道路，先进军非洲、东南亚、中东、东欧等发展中国家市场，等实力强大了再进军欧美市场。而海尔则选择了“先难后易”的道路，先进军欧美等发达国家市场，在最激烈的竞争中取胜、成长，然后以先进的产品、技术和管理居高临下占领发展中国家市场。然而，占领美国市场谈何容易。作为世界上最大的家电市场，美国市场早已被各大跨国公司牢牢占据。在资金、技术和综合实力等方面，海尔均与竞争对手存在着较大的差距。在美国人心中中国的产品还是质劣价廉的旧形象，而且在美国很少有人知道海尔这个品牌，人们甚至连 Haier 这个词怎么念都不知道，海尔的产品在进入美国几个主要的连锁店时遇到了困难。

然而经过几年的悉心经营，海尔成功地在美国站住了脚。2001 年，海尔在美销售额达到 2 亿美元。同年，世界上最著名的连锁店沃尔玛同美国海尔签订了购买 100 000 台冰箱的合同。海尔在美国最受欢迎的小型电冰箱，达到每年 150 万台的销售额，海尔冷柜已在美国同类型号中占据了三分之一的市场。2003 年，海尔荣获全美产品设计“金锤”奖。2004 年 7 月 1 日，美国 Target 连锁店与海尔联合在纽约创下了 7 小时内销售 7 000 台空调的惊人纪录。目前，海尔产品已顺利入驻美国排名前十的连锁集团，并获得了“最佳供货商”“免检供货商资格”等荣誉。

原因分析

海尔在美国的成功与海尔在美国积极采取本土化战略是分不开的。与大多数企业不同，海尔不是简单地把国内生产的过剩产品运到美国去出售，而是针对美国市场的需要进行设计和生产。海尔在美国首先实现了设计、生产、销售三位一体本地化。海尔在洛杉矶建立了设计中心，在纽约建立了销售中心，在南卡罗来纳州建立了生产中心。其次海尔实现了人力资源的本土化。海尔在美国贸易的日常经营管理完全由一位在美国有家用电器管理经验的总经理负责，他有很大的自主权。海尔在南卡罗来纳州的生产中心除了几个中国派去的人员，主要的管理人员和 200 多名普通员工都是美国人。本土化战略不仅使海尔成功地绕开了关税和非关税壁垒，还取得了美国消费者的认同。

海尔在美国始终坚持品牌战略。海尔进军美国的重要目标是开创具有国际竞争力的国际品牌。品牌的提升对海尔在美国的长期发展乃至整个国际化战略都具有非同一般的意义。海尔采取了“先难后易”的国际化品牌战略。先在美国等发达国家站住脚，再进军发展中国家。为了打响品牌，海尔首先仔细研究了美国市场与竞争对手，先从小型冰箱入手，打开知名度。在具备了一定的知名度以后，海尔逐步拓展产品类别，大容量冰箱、洗衣机、冷柜等其他产品相继投放美国市场。海尔在美国市场的成功，极大地提高了海尔在国际上的知名度，为海尔在其他国家开拓市场带来了便利，同时也提高了海尔产品在国内市场的认同度。

海尔坚持塑造企业文化。2001 年，美国政府无偿将美国海尔工厂前的大道命名为“海尔路”。这是美国唯一一条以中国品牌命名的道路，标志着海尔实施本土化战略的成功，得到了当地人和当地政府的肯定。在海外建厂实现本土化经营，很重要一点就是要实现文化的融合。海尔认为，将海尔的文化全盘强制融入美国的方法是不行的，必须找出海尔文化和美国文化的共同点。海尔坚持自己的企业文化，但有时也会根据美国的情况做一些适当的调整。在青岛的海尔工厂，表现出色的员工胸前挂着一个笑脸徽章，而表现不出色的员工胸前挂一个哭脸徽章，而在美国的工厂中，哭脸徽章就不挂了。因为美国人很少在大庭广众下批评一个人，这么做容易挫伤员工的积极性，而且还可能引来法律纠纷。

➠ 文化沟通

在国际化之前要有明确的战略和充分的准备。国际市场风云变幻，要比国内市场复杂得多，没有明确的战略和充分的准备只能折戟而归，反而容易将自己在国内的市场也全盘输掉。海尔在进军美国之前，就先确立了企业发展的明确目标，即为海尔创立国际名牌。海尔在国内积累了足够的资本和经验后，才进入美国市场。这就为海尔在美国的成功奠定了良好的基础。

创立国际品牌是成功的必要条件。要想要在国际市场上成功，没有一个被广泛认同的品牌是不行的。中国企业品牌的发展本来就已经远远落后于世界知名的大公司。海尔充分认识到了品牌的重要性，通过优秀的产品质量和高超的营销技巧，有效地在美国提升了自己的品牌形象和知名度。海尔在一些欧美国家的市场份额也迅速上升。

紧紧抓住市场的需要是成功的关键。在国际市场上，消费需求变化很快，竞争也异常激烈。中国企业在技术、市场经验方面都缺乏优势，唯有紧跟市场需求，更快、更好地满足市场的需要，中国企业才能占有一席之地。

44 Japanese Turn an American Plant into a Success
日本人管好了美国工厂

1983 年 11 月 3 日，美国《纽约时报》在商业版上刊出一篇题为《日本人管理好了一家美国工厂》的长篇报道，在美国企业界引起轰动。那么日本的管理者是怎么做的呢？从他们的做法中我们又能得到哪些启示呢？

案例

Case description:

The TV plant of Forrest City managed by the Warwick Corporation of the United States for 15 years was a plant which cooperated with the famous Sears Corporation which sold most of the TV sets manufactured by this plant. This plant once had 2,000 employees and because of its large scale and the great number of employees, the plant was regarded as an important enterprise which played an important role in Forrest City, Arkansas.

However, the frequent problems of quality because of the bad management had led this plant to dire straits. The customers repeatedly complained about the poor quality which caused a large amount of stock.

In order to keep this plant running, employment dropped to fewer than 500 which upset the workers and in turn affected the production and the company was near bankruptcy.

To turn the tide, the Sears decided to invite the famous Japanese Sanyo Corporation to purchase the shares of the TV plant of Forrest and to manage this plant with the Japanese personnel of management and technology.

In December 1976, Sanyo began to purchase the shares of this plant in large scale and got the holding. And then in January 1977, a large number of managerial and technical personnel took over this plant.

At their arrival, these Japanese found that they were facing dual difficulties. On the one hand, compared with the Japanese workers, the workers in U.S. were lax in labor discipline and inefficient in production, which led to the poor quality of the products. On the other hand, the Japanese were not welcomed by the workers of this plant or even the residents of this city, because the disdain and resentfulness towards the Japanese formed during the World War Ⅱ still had an influence on the people there.

Obviously, the ways of management which were habitually practiced in Japan were ineffective here. Besides, the factors related to culture and habit, the feelings of nations should also be taken into consideration. However, the productivity must be improved and the quality of the products must be enhanced.

The general manager of Sanyo asked the Japanese workers there to merge into the life of the local people and participate in the social affairs there. What's important was to eliminate the misunderstanding between nations.

After their arrival in Forrest City, the Japanese managerial personnel did three things which widened the Americans' field of vision.

The Japanese didn't take any tough measures. To the contrary, they invited all the employees of this plant to a party, drinking coffee together. Then they gave a transistor radio to each of the workers as a present. After that, the Japanese manager said to the workers that the shop-floor was dirty and messy and it was a suffering to work in such terrible environment. Consequently, together with the Japanese managerial personnel, the workers tidied the workshops and whitewashed the walls of the plant.

Several months later, the condition of this plant improved gradually, and it needed more workers. The Japanese recruited those who once worked in this plant and now was still out of work instead of those strong young workers, which was against the usual practice of recruitment taken by most companies. They explained that those workers who were once in this industry had high qualification and rich experience.

The most surprising thing for the Americans was that the Japanese managerial personnel wanted to cooperate with the trade union of this plant for the formation of the harmonious working relationship in this TV plant of Forrest. And the CEO of Sanyo came here from Japan, meeting the representations of the trade union. His opening remarks were about his experiences of making a living in U.S. after the World War II, which got warm welcome from the representatives of the trade union. Both sides reached an agreement on making great efforts in developing the plant soon.

It was novel for Americans to invite all the employees to have something to eat and then to clean the workshop together. Recruiting those workers who was fired before was even rarer. What's more, in U.S. where the labour-capital relations were always strained, it was really surprising that the CEO of the corporation personally met the representatives of the trade union and earnestly request the cooperation and formation of the good relationship between both sides.

At first, the Japanese could not bear the sight of the Americans smoking near the assembly line. After negotiating with the trade union, the Japanese managerial personnel proposed that it was forbidden to smoke in the workshop. Because of the support from the trade union, the workers accepted this rule without any protest.

The Chairman of the Industrial Committee of Forrest City, Vaccaro, said, "These Japanese are really diligent. They go to work at 7 or 8 o'clock every morning and work till night, which lasts 9 to 11 hours. Even on Saturdays, many of them work overtime voluntarily. The former managerial personnel's behaviours are much worse."

Owen Franz, who had worked in this plant for 12 years, said, "These managerial personnel take the workers' feelings into account. They emphasize the quality of the products and the sanitation and hygiene of the environment. In addition, they urge the workers to take good care of the machines and equipments and solicit the workers' opinions on raising working efficiency, improving the quality of products and enhancing the working environment."

In 1983, the output of the TV plant of Forrest City per day were 2,000 microwaves and 5,000 colour TV sets with the brand of Sears (30% of them were labeled with the trade mark of Sanyo). There were 98% of these products up to the standard, which could be put into the market directly, and the business condition of this plant was greatly improved.

At one weekend at the end of the year 1983, over 2,000 workers and managerial personnel of this TV plant together with the residents of Forrest held a party to celebrate the rapid development of this plant. Vaccaro said, "The TV plant is the lifeline of our city and Sanyo is the pillar of our industry."

(***Source:*** http://mba.sdfi.edu.cn/shownews_al.asp?newsid=169.)

Case in Chinese:

由美国沃里科公司管理了 15 年的弗里斯特市电视机厂，是著名的希尔斯公司的协作厂家。该厂生产的电视机多由希尔斯公司经销。这家电视机厂一度曾有员工 2 000 人，无论从产值、规模，还是职工数量上来说，都是阿肯色州弗里斯特市的重要企业，在当地的企业界中举足轻重。

但是，沃里科公司由于管理不善，屡屡出现质量问题，致使弗里斯特市电视机厂陷入重重困境。销出的电视机由于质量不佳，用户怨声载道，造成产品大量积压。

工厂的财务状况难以为继。不得已厂方只能大量裁员，职工人数减少了 3/4，只剩下 500 人。此举一出，人心大乱，工人们更是无心生产，工厂到了几乎倒闭的地步。

为了扭转厂方的不利局面，由希尔斯公司出面派人前往日本的电器制造业中心大阪邀请久负盛名的日本三洋公司，购买弗里斯特市电视机厂的股权，并进一步利用日本管理人员和技术人员来领导这家工厂。

1976 年 12 月，三洋公司开始大规模购入弗里斯特市电视机厂的股份，并取得了对该厂的控股权。1977 年 1 月，三洋公司派出了大批管理人员和技术人员，接管了弗里斯特市电视机厂。

日本人到达目的地后，马上发现他们面临着双重困难。一方面，同日本工人比起来，美国工人的劳动纪律性差，生产效率低，因此生产出的产品质量差；另一方面，工厂中的工人乃至整个城市的居民，并不十分欢迎日本人的到来，二战形成的对日本人的轻视和不满情绪仍在起作用。

显然，日本管理人员无法采用在日本惯用的管理方法。除了文化和习惯方面的因素，还有民族感情方面的问题。然而，生产效率必须提高，产品质量必须改善。

三洋公司总经理对派去的日本人员约法在先：要融入到当地的大众生活中去，参加当地的社会事务，重要的是要打破民族间的隔膜。

日本管理人员到达弗里斯特市后，先后办了三件事，令美国人大开眼界。

日本管理人员没有先采取什么严厉的措施，相反，他们首先邀请电视机厂的所有员工聚会一次，大家坐在一起喝咖啡，吃炸面包圈。然后，又赠送给每个工人一台半导体收音机。这时，日本经理对大家说，厂里灰尘满地、脏乱不堪，大家怎么能在这样的环境中生产呢？于是，由日本管理人员带头，大家一起动手清扫厂房，又把整个工厂粉刷得焕然一新。

几个月后，工厂的生产状况逐步改善，厂方对工人的需求又开始增加了。日本管理人员一反大多数企业招聘员工的惯例，不是去社会上公开招聘年轻力壮的青年工人，而是去聘用那些以前在工厂工作过但眼下仍失业的工人。日本人解释说，以前干过本行的人素质好、有经验，所以才雇用他们。

最令美国人吃惊的是，为了在弗斯特市电视机厂建立和谐的工作关系，他们期望同该厂的工会携手合作。三洋公司的总裁亲自从日本来到弗里斯特，同工会代表见面。他的开场白是谈第二次世界大战后他在美国谋生的经历。他的一席话马上赢得了工会代表们的欢迎，双方很快达成协议，共同努力为工厂的发展而奋斗。

请全体员工吃东西，然后大家一起动手搞卫生，对美国人来讲已是件新奇事；专门雇请以前被辞退的工人，就更是少见的事；而公司的总裁亲自会见工会代表，恳请双方合作并建立起良好的关系，这在劳资关系一向紧张的美国，更是令人吃惊的举动。

日本人刚来时，很看不惯美国工人在生产线上边干活边吸烟。在同工会商议后，日本管理人员提出车间内禁烟。由于取得了工会的支持，工人们一声不响地接受了此项命令。

弗里斯特市工业委员会主席瓦卡罗说："这些日本人真行，每天早上七八点钟就上班干活了，一天要工作 9～11 个小时，星期六都有很多人自愿加班，从前的那些管理人员可差远了。"

在这个工厂工作了 12 年的欧文弗说："这些管理人员照顾工人们的情绪，生产上强调质量，强调清洁卫生，并且劝导工人们爱护机器设备，管理部门还征求工人们的意见，大家一起商量提高生产效率，改善产品质量和工作条件。"

到了 1983 年，弗里斯特市电视机厂日产希尔斯牌微波炉 2 000 台，彩色电视机 5 000 台（其中有 30%用三洋的商标），98%的产品质量合格，可直接投放市场，厂里的经营状况大大改善。

1983 年底的一个周末，电视机厂 2 000 多名工人和管理人员与弗里斯特市的市民们一起举行酒会，庆祝该厂的迅速发展。工业委员会主席瓦卡罗说："电视机厂是我市的命脉，而三洋公司则是我们的支柱。"

讨论

Questions for discussion:

1. How did the Japanese managerial personnel from Sanyo turn this American plant to a success?
2. What are the enlightenment on cross-cultural management of HR measures taken by the managerial personnel of Sanyo?

分析

矛盾冲突

本案例讲述了日本三洋公司的管理人员如何管理好一家美国工厂的故事。美国沃里科公司旗下的弗里斯特市电视机厂是著名的希尔斯公司的协作厂家。但由于管理不善，该厂的产品屡屡出现质量问题，使之陷入重重困境。于是希尔斯公司邀请三洋公司购买其股权，接管并领导这家工厂。

对于管理这家工厂，日本人面临着双重困难。首先，美国工人的纪律性差，效率低，从而导致生产出的产品存在质量问题。其次，由于战后形成的对日本人的偏见，这里的工人和市民并不欢迎他们的到来。文化、习惯和民族感情使在日本惯用的管理方法难以适用。然而，日本三洋公司以先进的管理理念，带着东方特有的人情味和亲和力，打破了不同民族和语言的障碍，逐渐融入美国员工心灵之中，最终管好了这家工厂。

原因分析

对于面临的种种问题，日本管理人员采取了不同的解决方法。首先，三洋公司总经理要求派去的日本人员积极参加当地的事务，融入当地生活，以打破民族间的隔阂。日本管理人员先是邀请所有员工聚会，并赠送每人一台收音机，拉近了与美国员工的距离。随后他们带头与美国员工一起整理了工厂的环境卫生。同时，日本管理人员很注意照顾工人的情绪，与他们一起商量如何提高生产效率，改善产品质量。

工厂生产状况改善之后，厂方需要更多的工人参加生产。但与大多数企业招聘员工的方式不同，日本管理人员没有从社会上招年轻力壮的工人，而是聘用了原来在本厂工作却仍在失业的工人。他们对此解释说，以前在本厂工作过的人经验丰富，容易成为生产的好手。这使美国工人体会到日本人在管理中深切的人文关怀，不管是一直在厂内工作的人，还是后来被返聘回来的工人都会更加努力地工作，为工厂的发展而奋斗。

为了在弗里斯特市电视机厂建立和谐的工作关系，三洋公司的总裁亲自会见工会代表，希望双方能够建立良好的合作关系，共同协作。总裁的开场白是自己在美国的谋生经历，他的讲述深受美国工人的欢迎，也得到了他们的认同。在工会的协助和支持下，日本管理人员使车间内禁烟的规定得以推行，管理工作顺利开展。

通过日本管理人员和美国工人的努力，弗里斯特电视机厂起死回生，经营状况大大改善。日本三洋文化的精髓在潜移默化地被不同价值观的人们所接受，它创新的企业文化核心被不同肤色的人们认同，这恐怕正是日本人能管好一家美国工厂的根本原因所在。

文化沟通

从这个日本人管理好美国工厂的案例中，我们能得到什么启示呢？

在以下这类事情上，不同的文化之间存在很大差异：下属期望上级如何领导自己，决策如何在层级内部加以贯彻；最重要的是什么东西对个人产生激励。

美国学者罗纳在对德国、加拿大、法国、英国和日本的一项调查中表明，对德国员工富有吸引力的激励措施是满足其安全需要、进步需要、认知需要和接受训练的机会；对加拿大员工来说是满足其安全需要、进步需要、利益需要、认知需要、工作自主性需要，以及在同事和管理者之间保持良好的人际关系；对英国员工最富有吸引力的措施是满足其接受训练并提高其工作技能的需要、富有挑战性的工作的需要、工作自主性的需要、进步需要、利益需要和安全需要；对法国员工最富有吸引力的激励措施是满足其接受训练并提高其工作技能的需要、富有挑战性的工作的需要、工作自主性需要、进步需要、工作的物理环境和工作利益的需要；对日本员工最富有吸引力的激励措施是满足其对工作的物理环境的需要、与同事保持和谐的人际关系的需要、安全需要、认知需要、进步需要、接受训练并提高其工作技能的需要。

从上面的分析来看，由于不同文化背景中的员工具有不同的需要结构特点，所以，在跨文化企业人力资源管理工作中，必须采取适合文化特点的激励措施组合，才能达到调动员工积极性的目的。

45 The Problems Caused by the Merger of a Japanese Company 日本某公司并购带来的文化问题

经过近两年艰苦的秘密谈判，总部设在东京的X公司终于如愿以偿，将欧洲老牌的家族企业Z公司揽至旗下。然而，公司高层管理者不久就发现，尽管两家公司的人员聚集到了一间办公室工作，但员工在办事风格和效率上却有着很大差别，这些差别导致了员工工作中的冲突不断，而且客户流失的现象也日益加重。以下的几个案例即是围绕着该集团公司及其在华企业的活动展开的……

案例

Case description:

After two years of arduous and covert negotiation, X Company finally acquired Z Company, an established family enterprise in Europe which has established a successful base in China, and thus had its ambition fulfilled. The reason of X Company in doing so at tremendous costs was that its sale mainly relied on channel sale and lacked experience of direct sale. However, with the development of the Chinese market, direct sale is bound to become another powerful engine to drive the growth of a company rapidly. Z Company has not only rich experience in direct sale, but also 70% of the cultural and educational market. Under these situations, X Company set about immediately to handling such work concerning merger as setting up new sales objective, visiting clients and arranging departments combination upon announcing the news of acquisition. However, there arose new problems not long after. The executives of the company soon discovered that although the staff of the two companies worked under the same roof, there existed quite a lot of distinctions between the employees of the two sides in work efficiency and styles, which resulted in constant clashes between them. And the clashes showed signs of escalation. The employees of the former Z Company complained about the dilatoriness, low efficiency and irresponsibility of the employees of X Company, while the employees of the X Company grumbled over the individualism, self-centeredness, arrogance and lack of the spirit of cooperation of the Z Company. Nonetheless this situation was not paid due attention to and properly handled after being reported to the management. As a matter of fact, some of the Japanese and English management were also of the same idea. Arguments gradually pervaded from the employees to the management. Very soon, a drain of the employees both of X and of Z Company began, in an irreversible trend and on an ever-larger scale. What was even worse was that, with the drain of the employees, the new company was losing more and more of its clients to their competitors, for which some of the former employees went to work. Bit by bit, the original market shares of Z Company were seized by its competitors.

It was not until half a year later that the management finally announced new organization, business process, rules, regulations, and countermeasures aimed at restoring its market shares. However, most of the employees of the former Z Company had already resigned. According to a market survey by the survey institution of the industry, instead of winning the shares of the cultural and educational market which it had long coveted, X Company's shares dropped to less than 30%. The brain drain and the decline of its market shares indicated that the merger and acquisition were by no means satisfactory.

(***Source:*** Based on the writer's experience.)

Case in Chinese:

经过近两年艰苦的秘密谈判，X 公司终于如愿以偿，将欧洲老牌的家族企业 Z 公司揽至旗下。X 公司之所以花费巨资，原因在于，X 公司的销售主要依赖于渠道销售，缺乏直销经验；而随着中国市场的发展，直销必将成为驱动公司快速发展的另一台强有力的发动机；Z 公司不仅拥有十分丰富的直销经验，而且占据着文化教育界这块市场近 70%的份额。因此，在宣布购入 Z 公司后，X 公司立即着手开始制定新的销售目标、拜访客户以及机构合并等整合工作。同时问题也很快出现：公司高层管理者不久就发现，尽管两家公司的人员聚集到了一间办公室工作，但员工在办事风格和效率上却有着很大差别，这些差别导致了员工工作中的冲突不断，而且有不断升级和蔓延之势。Z 公司的员工指责 X 公司的员工办事拖拉、效率低下、不负责任，而 X 公司的员工则抱怨 Z 公司的员工个人主义严重、事事突出自己、盛气凌人、缺乏团队合作精神。这些情况在汇报到主管层面后并没有得到应有的重视和处理，事实上，一些日籍或英籍主管也抱有相同的看法；争吵不仅逐渐开始在基层员工中蔓延，而且在主管层面也开始出现。很快，公司员工流失现象开始大量出现，流失员工不单是原Z公司的员工，X公司的员工也有流失。更糟糕的是，随着员工流失，客户流失的现象也日益加重，一些员工跳槽到了竞争对手公司，Z公司原先的市场不断被竞争对手挤占。

半年以后，公司管理层终于公布了新的组织机构图和业务流程、规章以及市场应对措施，但原Z公司的大部分员工已经离去。第二年年初行业市场调查机构公布的市场调查结果显示，X公司觊觎已久的文化教育界市场份额不但没有保住，甚至下降到了不足30%。人力资源和市场的流失，标志着X公司对Z公司的并购并没能取得完满的成果。

讨论

Questions for discussion:

1. Why did constant conflicts between the employees arise after the acquisition?
2. What lies behind the failure of the acquisition which did not live up to the expectation of X company?
3. How should the company act to reverse the status quo in the company?

分析

矛盾冲突

不同企业有着不同的文化，这种文化差异不仅存在于不同的国度之间，也存在于相同大文化背景下的不同企业之间。跨国企业并购所面临的不仅仅是如何处理好不同国度文化之间的文化差异，也需要关注并处理好同一国度文化背景中不同的企业文化之间的差异。对文化差异的忽视势必会导致严重的后果，轻者会出现公司运营中的资源浪费、效率低下，重者会危及公司的生存。

原因分析

根据霍夫斯特的“个人取向和集体取向”的文化维度，西方的一些国家属于典型的“个体取向”国家；而日本和中国则属于“集体取向”国家，但二者之间又有很大的不同。日本企业里很重视人际协调关系，依靠融洽的上下级关系以及同事间的密切联系来提高工作效率。但由于个人很难发挥自己的独创性，决策和行动的时间较长，显得“拖拉、效率低下”。相比之下，虽然中国也是“集体取向”国家，也同样强调个人服从集体，但同时也强调个人的主观能动性，特别是在商务环境中，个人保有较大的活动空间，有较强的主动性，因此能够更大限度地发挥个体的能力，同时能够独立地做决策。个人的主动性与独立性增强，独立决策的机会增多，这在强调集体的日籍员工看来，就是“个人主义”“盛气凌人”“缺乏团队精神”。

案例涉及的Z公司是欧洲的老牌企业，且较早地进入了中国市场，这意味着Z公司在本地化的过程中一方面适应了中国的文化，一方面又不可避免地带来了一些西方企业强调个人取向的经营理念，这在X公司兼并Z公司的过程中造成了不小的文化障碍。

X公司对Z公司的并购之所以未能取得预想的效果，就在于管理层急于求成，急切地想得到市场认可和回报，对不同国度文化之间的差异重视不够，同时忽略了大文化背景下不同企业文化的差异。正是企业文化的不同导致了基层员工间的冲突，而大文化的不同更进一步将这些冲突引向了公司主管层面，最终导致公司人心涣散、人才流失乃至市场份额的大幅下滑。

文化沟通

从公司管理层面来讲，只有积极主动地面对不同的文化背景，引导全体员工努力吸收、消化不同企业文化中的积极因素，将这些因素为己所用，倡导一种开放式的、积极向上的、海纳百川的文化，与时俱进，企业才能不断进步，最终立于不败之地。

46 Post Rotation in Japanese Enterprises
日本企业中的轮岗制度

总部国际部事业计划科的员工畑山被派来接替原供应链管理推进科科长高木的职位。公司负责进出口报关事务的小贾跳槽了，畑山指派负责仓库管理的小郭接手。小郭调任报关事务专员后，她的工作交给了采购助理小黄。他们担任并不熟悉的职务会遇到什么困难？怎样克服？这种岗位轮换制度对企业有什么好处？

案例

Case description:

As a former senior staff from the Business Planning Section of International Department at the headquarters, Hatayama was sent to succeed Takagi, who had gone back to Japan under transfer order, as the Manager of Supply Chain Management Promotion Section. Although Hatayama had been working for the company for about 30 years and has been in Uruguay, Singapore and South Africa for several years, he had never been to China and since he had been in charge of business planning, he was not experienced in Supply Chain Management.

Three or four months after Hatayama resumed the post, information had it that because his subordinates were in low spirits, the labor efficiency greatly reduced and the communication channels to the Department of Sales and Finance were blocked. As expected, the President pointed out at the September's operation review meeting that the excessive stock was on the increase on a large scale while stock out happened repeatedly, expressing clearly his disappointment at their work in the field of Supply Chain Management. After the meeting, the Vice President in charge of Supply Chain Management Department talked to two of Hatayama's subordinates, requiring them to help make an expert of Hatayama in this field as soon as possible and to assist him in ameliorating the situation and carrying the annual plan to completion.

After Xiao Jia, the manager of Customs Affairs, resigned, Hatayama appointed Xiao Guo, who was formerly responsible for Inventory Management, to take over his work. When the Supervisor Xiao Wang suggested enrolling a new employee majoring in it as Xiao Guo was a stranger to this area which involves a lot of policies and techniques, Hatayama insisted, "Since Miss Guo works very hard, we can let her have a try." So Xiao Guo took the post eventually. In the following months, as she was not familiar with the work, she not only took longer time to clear the customs but also made increasing mistakes, thus inducing continuous complaints from the customers. Nevertheless, over half a year later, through great effort, she became familiar with the procedure and thus reduced the time for clearing customs and made less mistakes. Xiao Guo was gradually growing into a specialist in Customs Clearing.

Xiao Guo's former work was handed over to the Assistant Purchaser, Xiao Huang. As Xiao Huang once practiced in the group of depot management and his present job was to the great extent relevant to Inventory Control and Inventory Analysis, he found less difficulty in adapting himself to his new job through hard work. What's more, he made recommendations to improve the flow of Inventory Management, which was immediately approved by Hatayama. By the end of that year, the company had saved about 500,000 yuan thanks to Xiao Huang's recommendations. Xiao Huang was naturally awarded as one of the most excellent employees of the year.

(***Source:*** Based on the writer's own experience.)

Case in Chinese:

总部国际部事业计划科的资深员工畑山被派来接替奉调回国的高木的职位，担任供应链管理推进科科长。虽然畑山已经为公司工作了近三十年，也曾在乌拉圭、新加坡、南非工作过几年，但他从未来过中国，也没有供应链管理方面的经验，他过去一直承担事业计划方面的工作。

烟山到任后刚三四个月，公司里就开始流传其部下士气低落，工作效率大幅下降，与销售部、财务部的沟通渠道不畅。果然，在九月份进行的公司营运诊断会上，社长指出公司的过剩在库额大幅上升，而适销库存又接连发生断货的情况，明确表示了对供应链管理工作的不满。会后，主管供应链管理的副社长找烟山手下的两个主管谈话，要求他们尽快协助烟山成为一个合格的供应链管理方面的专家，把部门的工作尽快搞上去，要确保公司年度计划达标。

公司负责进出口报关事务的小贾跳槽了，烟山指派负责仓库管理的小郭接手。但是小郭过去从未接触过这方面的工作，而报关也是一个政策、技术性较强的工作，当主管小王指出这点，建议尽快招聘新的员工时，烟山却说道："郭女士的工作很努力，我看就让她去做吧。"于是，小郭立即走马上任。不过，在接下来的几个月内，由于工作不熟悉，造成清关时间延长，差错率大幅度上升，并招致客户投诉不断。大半年以后，经过努力，小郭逐渐开始熟悉报关工作了，清关时间也有所缩短，差错率也不是很高了。小郭正逐渐成为报关事务专家。

小郭调任报关事务专员后，她的工作交给了采购助理小黄。小黄曾经在仓库管理小组实习过，而且他目前做的采购工作很大程度上也要参与库存控制与库存分析工作，因此，这个岗位转换对小黄来说难度并不太大，经过努力他很快就适应了仓库管理工作，并提出了自己对仓库管理流程的改善建议。烟山立即批准了他的建议。小黄的建议到当年年底为公司节约了近五十万元的费用。自然，小黄也被评为当年的优秀员工之一。

讨论

Questions for discussion:

1. In the above cases, why doesn't the company appoint professionals to the post that needs specialized knowledge?
2. What positive effects can such a system bring to the company? What are the negative ones?
3. What are the possible reasons behind adopting such a system?
4. To what kind of staff should this system apply?
5. Should Chinese enterprises adopt post rotation? If so, what should be the prerequisites in applying this in particular functional divisions?

分析

➡ 矛盾冲突

指派非专业人士来承担专业性的工作，并要求其他人员来协助其工作，使得非专业人员能够尽快转变为专业人员，这是日本企业的一个特色，它不仅仅是一种工作制度，同时在某种程度上它也反映了日本企业中的团队合作精神。当然，在转变为专业人士之前，公司和相关员工自然要承担一些风险。

原因分析

企业轮岗制度由来已久，在现代企业中并不陌生，特别是在很多跨国公司中则更为常见。它与特定国家的文化相结合，又会产生许多不同的情况，需要全面考虑，谨慎实行。如何通过轮岗制度提高员工执行力，从而整体提升企业竞争力，则是企业高管们的心头大事。

在中国企业里也有不同程度的轮岗制度，但较普遍地表现在财务岗位、业务岗位和仓管等职位上，因为这些岗位容易出现问题，所以轮岗时的员工自查与他查能够杜绝或解决一些问题。但这种轮岗并不单纯是为了员工全面发展，更重要的是由于某种行业制度要求。

在日本企业中，岗位轮换制度确实有助于培养员工对工作的兴趣，不断地接受新的挑战，全面发展员工技能，而且经常性的交接提高了员工工作的系统性和整体性，也打破了企业内的官僚作风，随时为企业注入新的活力，是培养企业全面的优秀管理人才的好方法。而且通常也只有在管理层心目中的优秀员工才能有机会参与岗位轮换，通过岗位轮换得到晋升和发展的机会。

但是员工在轮岗中，势必会因为不熟悉现有工作而造成本案例中所说的工作效率暂时下降，招致部门间或客户的抱怨，形成内耗，甚至有可能丢失客户等。一方面，缩短人才培育期比轮岗中出现的失误重要得多，将弊端看作投资，就不会因噎废食，轮岗制度才能真正成为企业成长的加速器。另一方面，制定轮岗周期，保证一定的岗位稳定性，同时完善配套的相关制度，避免在轮岗过程中出现技术人员带走技术、销售人员带走客户的局面。

文化沟通

日本企业中的这种岗位轮换也并非十全十美，有时也会暂时影响业务发展，甚至影响队伍的建设，关键要看管理层具体如何安排。作为一种企业文化现象，岗位轮换却是有着一定历史的。

47 To Ask, or Not to Ask?
问，还是不问?

上任不久的集团区域部长哈齐在总部会议上提了一个他认为“实属正常”的问题，却与在场的日本人引发了一场不小的风波。他的这个“问题”到底是什么?

案例

Case description:

The Annual Group Supply Chain Management Conference held at the Headquarters was bouncing along. The Headquarters Director of the Supply Chain Management Division had just declared the planned stock turnover to be achieved by all the regional headquarters the next year. Whispers swept the conference hall when Mr. Hatcher, the newly appointed North America Supply Chain Management Director proposed a question demanding the ground on which the planned stock turnover was based.

Much to his surprise, the Headquarters Director pulled a long face on this, and all the Japanese at the conference seemed greatly disturbed, lowering their heads and resuming silence. The conference hall was suddenly frozen. On seeing Mr. Hatcher's puzzled face, Mr. Ando, sent from the Headquarter to France 12 years ago to work there till now, stood up and explained, "What Mr. Hatcher wants to say, I guess, is that a thorough understanding of the background information of the planned turnover is essential for a better performance. For instance, the newly-planned turnover may be based on the study carried out by the Headquarters on the collected data of our competitors or the analysis on the present situation of the corporation." "Yes, that's right," Mr. Hatcher echoed, "as a district principal, I deem it my responsibility to assign my team a job clearly. I will assign the task and see it be appropriately carried out on each step of the process if the planned turnover comes out of well-grounded data, and take some measures if it doesn't. Lack of information is dangerous for the process of the job." On these words, most of the Japanese relaxed and murmured to each other while the Headquarters Director's face softened a bit. The host seized this opportunity and said, "As the time is limited, we'll provide more detailed communication on this later. Thanks." Thereafter the meeting continued, just as usual.

At the break of the meeting, the host came to Hatcher and explained to him and other Japanese nearby the background information of the new assignment. Soon, his explanation reached every attendant at the conference.

(***Source:*** Based on the writer's own experience.)

Case in Chinese:

在总部召开的全集团年度供应链管理大会各项议程进展颇为顺利，总部供应链管理本部部长宣布了各地区总部在下一年度应达到的在库周转率指标。刚宣布完毕，会场上立刻有人交头接耳。此时，上任不久的北美区供应链管理部部长哈齐就提出了问题：总部要求各区域完成新的在库周转率指标的依据是什么？

没想到这个问题在在场的日本人中间引起轩然大波，总部部长脸色顿时铁青，大部分日本人都低着头默不作声，会场气氛立刻像凝固了一般，而哈齐则一脸茫然，这时来自法国总部的安藤站了起来，他从总部调任法国工作已经有12年了，他不紧不慢地说："我猜想哈齐先生大概是想说，了解了总部制定的新的在库周转率的背景，才能更好地完成任务。例如，新指标产生的基础是总部通过对竞争对手的研究，得出的标杆数据；或是分析了我们公司的现状，认为我们有能力达到这些目标。""是的，是的"，哈齐应声说道，"作为一个区域负责人，我有责任向我的部下完整清楚地布置任务。倘若这些指标是标杆数据，我会采取一种方法来布置任务，并跟踪任务完成的进展情况；否则，我会采取别的方法来布置任务。没有足够的信息，在任务执行过程中很有可能会出现意外。"这时，会场上在座的大部分日本人松了一口气，开始交头接耳，窃窃私语。总部部长的脸色也稍稍恢复正常，主持人赶紧出来打圆场道："由于时间限制，有关详细情况，我们会在会后就此与大家做进一步沟通的。谢谢各位！"会议于是又恢复正常，继续进行下去。

在会议间隙，主持人来到哈齐身边给他和其他日本人解释了新任务出台的背景，他的解释很快就传达给了所有与会人员。

讨论

Questions for discussion:

1. Why did the Head Director's face turn blue on Mr. Hatcher's question?
2. Why did the Japanese people at the conference lower their heads and keep silent?
3. As a manager of a multinational corporation, what can you learn from this case?

分析

矛盾冲突

会议上总部部长突然抛出了新的任务指标，其实不仅哈齐不理解任务的背景，很多在座的日本人也有同样的疑问，但是在大庭广众之下哈齐提出了他的疑问，这就违反了"以心传心"这个规则，被误认为是向总部部长挑战，使得总部部长感到难堪。

原因分析

日本企业内一般都有严格的规定，上司与前辈和后辈的关系较分明。上司一般有较大的权威，他的命令下属要无条件服从，不能提出任何异议。这种模式的好处在于企业内部行动协调一致，效率较高，而缺点则是论资排辈严重，下级通常要忍受更大的压力。

在日本企业文化中有一条潜规则：下级跟随上级工作，尽管上级没有明确说明某件事情，但是下级理所应当明白上级的意图，这通常称为“以心传心”。

在美国人看来，他们更喜欢以简单直接的方式与上司沟通。他们会向上司提出自己的疑问，并且当他们不认可上司处理问题的方式时，会很直接地表达自己的观点，与上司商议共同寻求更好的方法解决问题。作为上司，他们认为自己有责任向下级清楚完整地布置任务，以更好地完成任务。

文化沟通

由此看来，面子问题不仅在中国是个重要问题，在日本也非常重要。从管理层面来讲，作为一个跨国公司经理人，如何适应不同的文化背景，真正顺应跨文化管理的要求，是跨国企业需要研究、重视的大问题。

48 Cost and Efficiency 成本与效率

公司决定撤销传真机部，部门的二十名员工将何去何从？这时，刚从一间某美资公司跳槽进来的仓储运输主管史蒂夫（Steve）被社长吉田（Yoshida）找去谈话，他们将谈些什么？史蒂夫为什么大惑不解？

案例

Case description:

Due to the strategic transfer, the company decided to cancel the fax department. Out of the 20 employees, some resigned; some were accepted by other departments while a few could not decide where they should go or could go. Then the president had a talk with Steve, the manager of the warehousing and transportation management department who formerly worked in a U.S.-funded company, during which the president expressed explicitly that the store and transportation department should accept these employees to take up the work of store administration. Perplexed as he was, Steve could not but accept this arrangement.

In private, Steve went to Nomoto, the manager of the human resources department, and asked, “Has our company thought about paying those employees' release and terminating their working contracts?” Nomoto answered, smilingly, “Steve, it is not our style to terminate contracts with our employees.”

Half a year later, Steve complained to the human resources department that, in spite of the trainings and instructions, one employee proved to be unfit for his new job, because almost every month the employee caused troubles of some kind or another, which resulted in the complaints from clients and affected adversely the performance of the department as a whole. He pleaded with the human resource department to terminate the contract with the employee. However, Nomoto just smiled and gave a pat on Steve's back, making no comments.

Several months later, unable to tolerate any longer his colleagues' cold-shouldering and Steve's reprimand, the employee finally quit his job. And the warehousing and transportation management department resumed its former peacefulness.

(***Source:*** Based on the writer's own experience.)

Case in Chinese:

由于公司战略转移，公司决定撤销传真机部。二十名员工中，除部分员工主动离职，一些员工被其他部门吸收以外，还有个别员工始终没有落实去处。这时，刚从一间某美资公司跳槽进来的仓储运输主管史蒂夫被社长吉田找去谈话，谈话中社长明确要求仓储运输科接受这几名员工，将他们安排至仓库，担当库管工作。史蒂夫虽然大惑不解，但又无法明确拒绝，只好应承下来。

但在私下里，史蒂夫去问了公司人力资源部部长野本："公司有没有考虑给这几名员工发放遣散费，与其解除合同呢？""史蒂夫，主动解除与员工的合同，这可不是公司的作风啊。"野本笑着答道。

半年后，史蒂夫向人力资源部抱怨说，尽管进行了许多培训和教育，但仍有一名员工实在不适合库管工作，几乎每个月都有一些大大小小的问题出现，导致客户投诉，而且拖累了部门的整体绩效水平，希望人力资源部考虑解除与这名员工的合同。野本部长笑着拍拍史蒂夫的肩膀，不置可否。

数月以后，这名员工实在无法忍受周围员工的冷眼和史蒂夫的训斥，自己提出了离职。于是，仓储运输科又恢复了平静。

讨论

Questions for discussion:

1. In accordance with the relevant laws, a company has the right to terminate a working contract with an employee under some specific condition. But why would not the company terminate the annul contracts with its employees?
2. Why did the employee quit his job finally?

3. If the same case occurred in a Chinese company or an American company, how does the result differ?

分析

矛盾冲突

在日本企业中，尽管大部分员工与企业之间并无固定期限服务合同，但是很少有企业会主动和员工解除服务合同。在华日资企业保留了日本企业中的这种文化，因此，一般情况下也不愿意主动与员工解除服务合同。人们发现某些日资企业中工作效率并不高，也就不足为奇了。不过在最近一些年来，由于经济持续不景气以及受西方文化的影响，员工对企业的忠诚度和企业对员工的责任感都有所变化，日本企业主动裁减员工的现象也逐渐增加了。

原因分析

日本社会集团是建立在强调群体之上的，日本人更重视"场"和"缘约原则"，并且十分重视有缘形成的小集团。个人一旦加入企业组织便成为这个充满共同体气氛的集团的一员，被集团高度一体化。在这种企业组织中容易形成"企业一家"的思想，企业组织体有较强的团体生存和发展的愿望。

"家"是日本的基本文化概念，而公司企业只是"家"的放大体。公司的经营管理者在这个"家"中扮演的是家长的角色。同一个家庭一样，个人主义是要服从集体主义的。既然如此，教育对企业来说则是必要且可行的。对员工实施教育成为一项经营内容。自然，在日本企业中就很难见到与员工轻易解除合同的情况。

日本企业中存在着一种密切的按照规则行事的协调关系，它要求个人对企业有较大的忠诚心和献身精神。企业组织体好比一个高速运转的机器，个人只是极其重要的一个部件，只能随机器运转而无法自己停下来。一旦个人受到排斥，则无法在这个组织体中生存下去。这也是案例中那名员工主动离职的原因。

文化沟通

跨国企业的本地化工程是一个复杂的过程，它不仅包括员工的本地化，也包括企业文化与企业经营管理特色的形成过程。在本地化过程中应当充分考虑到本地员工的利益，协助员工做好职业规划，使员工能够明白自身的优势、努力的方向以及前进的目标。企业在保持自身文化与管理特色的同时，也可充分利用属地法律、法规，努力降低成本、提高效率，这不但是对员工负责的表现，更是对企业自身负责的表现。

49 The Success of TRANSSION's Localization Strategies in Africa
"非洲之王"传音的本地化战略

中非有着截然不同的工作价值观，中国自愿加班的工作文化并不适用于非洲，传音因此针对具体国情想出了适合的策略……

案例

Case description:

China and Africa have very different work values. In Nairobi where most people believe in Christianity, the locals have an almost stubborn concept of time, which means it is impossible for them to work overtime, let alone on weekends when they would rather go to church than make several hundred dollars a day... In Egypt, local people have the habit of praying in the morning and afternoon, and each prayer takes 15 minutes. If it is not arranged well, this habit will affect normal production times. A Chinese boss who has been in Africa for a long time sums it up, "The Chinese think that if you don't work hard, you won't be able to make money; while the South Africans think that they may die tomorrow, so they should seize today. We think them as lazy men, while they think us as men with too much desire."

However, many managers of Chinese-funded enterprises in Africa often ignore these differences and their inappropriate management often causes many outstanding talents to work for Western companies instead. In recent years, TRANSSION, a Chinese mobile phone brand, has fully considered the differences in management styles, system operations, and cultures between China and Africa, and has become the "King of African Mobile Phones" by virtue of highly localized marketing and management strategies, achieving both reputation and sales growth. Their success has provided a reference for Chinese companies to expand the African market.

Founded in 2013, Shenzhen TRANSSION Holdings Co., Ltd. is mainly engaged in the design, production and sales of smart terminals with mobile phones as the core. Its main mobile phone brands include TECNO, itel and Infinix. In 2020, TRANSSION's global market share of mobile phones ranked fourth (10.6%), and its African smartphone market share exceeded 40%.

TRANSSION adopts a local-based management model, and adheres to the concept of "being friends with African people". It employs a large number of African employees, with local employees accounting for 95%. Most of the core technical personnel and senior executives are local people, who have a deep understanding of the local market, thus avoiding cross-cultural conflicts to the greatest extent. In terms of talent recruitment and promotion, TRANSSION considers the local reality and flexibly adjusts the rank and position evaluation system to accomplish the selection and retention of local outstanding talents.

China and Africa have very different work values. China's overtime work culture does not apply to Africa. Taking into account this difference, TRANSSION introduces the method of Job Crafting, the process by which employees obtain job recognition and job roles through their own reconstruction of work, which can help enhance employees' sense of meaning, work commitment and job satisfaction. To this end, TRANSSION's human resources department designs a variety of training activities to help employees enhance their sense of value and identity. This respect for local culture and values promotes the unity among the youthful teams.

In addition, TRANSSION has established 24 subsidiaries in Africa and has factories in Nigeria, Ethiopia, Ghana and other African countries to not only facilitate local operations and after-sales business, but also help increase local employment rates and give back to local communities.

（改编自：传音：远征非洲的传奇[EB/OL]. http://www.360doc.com/content/19/1030/09/30359319_870003070.shtml;
"非洲手机之王"传音如何建立吸引人才的软实力？[EB/OL]. (2020-09-11). https://tech.china.com/article/ 20200911/092020_600610.html.）

Case in Chinese:

中非有着截然不同的工作价值观，在肯尼亚的首都内罗毕，当地人有着近乎固执的时间观念，超过 8 小时是不可能加班的，周六周日更不可能，在这个几乎人人信仰基督教的地方，他们宁可放弃 1 天赚几百块钱的机会，也要去教堂做礼拜。而在埃及，当地人有早上和下午祈祷的习惯，祈祷每次要花去 15 分钟的时间，如果不能很好地安排，这种习惯就会影响正常生产。一位长期在非洲的中国老板总结："中国人认为如果不努力工作，就赚不到钱；而南非人认为明天会死，所以得活在今天。我们说人家好逸恶劳，人家却说我们欲壑难填。"

然而很多中资企业的管理者常常忽视这些差异，一味责备非洲人民懒惰，管理不当导致许多优秀人才流向西方企业。近年来，中国手机品牌传音（TRANSSION）充分考虑中非在管理、制度、文化等方面的差异，凭借高度本土化的营销和管理策略，成为"非洲手机之王"，实现了口碑、销量双丰收，为中企拓展非洲市场提供了借鉴。

深圳传音控股股份有限公司成立于 2013 年，主要从事以手机为核心的智能终端的设计、生产和销售，旗下主要手机品牌包括 TECNO、itel 和 Infinix，2020 年传音手机全球市场占有率排名第四（10.6%），非洲智能机市场占有率超过 40%。在知名泛非商业杂志《African Business》发布的“2019/2020 年度最受非洲消费者喜爱的品牌”百强榜中，传音旗下手机品牌 TECNO 名列第五，连续多年位居入选的中国品牌之首。

传音采用以本地为主、中方配合的管理模式，秉持“与非洲人民做朋友”的理念，大量聘用非洲籍员工，本土员工占 95%。大部分核心技术人员和高管为当地人士，深入了解本土市场，最大程度避免跨文化冲突。人才聘用和晋升方面，传音考虑当地实际，灵活调整职级、职位评定体系，结合当地人才市场情况，做好本地优秀人才的选育留。

中非有着截然不同的工作价值观，中国自愿加班的工作文化并不适用于非洲，传音考虑到这种差异，引入了工作重塑（Job Crafting）这一方法，即员工通过自己对工作进行重新建构进而获得工作认同以及工作角色的过程，能够帮助提升员工的工作意义感、工作投入和工作满意度。传音的人力资源部门设计了多种培训活动帮助员工提升价值感和认同感，从而更加自愿地投入工作。这种对当地文化和价值观的尊重，凝聚了以年轻人为主的团队的向心力。

此外，传音在非洲设立了 24 家子公司，在尼日利亚、埃塞俄比亚、加纳等国建立工厂，既方便在当地开展经营和售后业务，又帮助提升当地就业率，回馈社区。

讨论

Questions for discussion:

1. What has TRANSSION done to achieve successful localization?
2. What are the differences between Chinese and African work ethic?
3. What lessons can be drawn from this case for Chinese companies going global?

分析

矛盾冲突

中非有着截然不同的工作价值观，当地人有着近乎固执的时间观念，超过 8 小时是不可能加班的，宗教在他们的生活中扮演着重要角色，因此企业的工作时间安排需要考虑他们的礼拜习惯。然而很多中资企业的管理者常常忽视这些差异，一味责备非洲人民懒惰，管理不当导致许多优秀人才流向西方企业。

➡ 原因分析

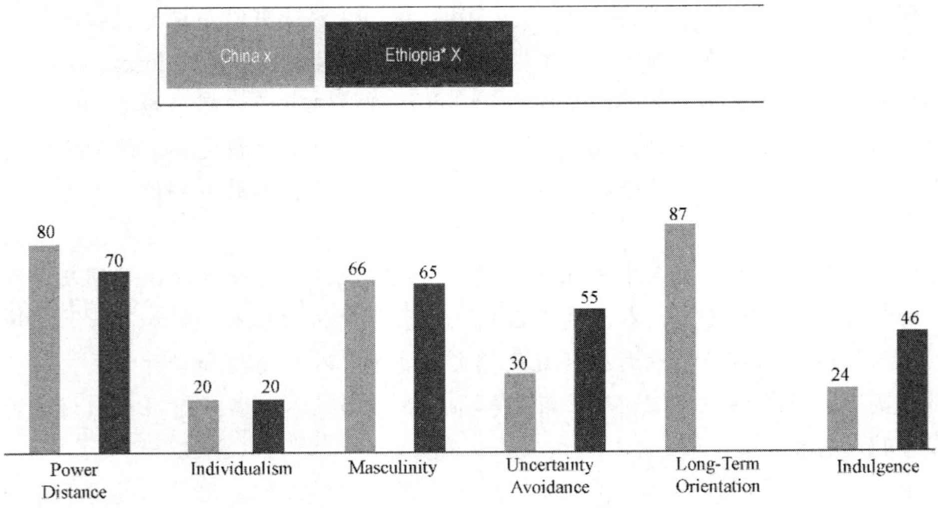

Source: https://www.hofstede-insights.com/country-comparison/china,ethiopia/

图 3　中国和埃塞俄比亚文化价值观对比图

权力距离（Power Distance）是霍夫斯特提出的文化维度之一，是衡量人们接受权力不平等状况的程度。权力距离较大的文化认为权力差距是社会生活固有的一部分，上级和下级的地位是不同的。上级制定决策，下达命令，监督下级的执行。而权力距离较小的文化则认为权力只不过是为了提高社会效率而设立的不同社会角色，上下级之间是平等的关系。从上图可以看出，以传音在非洲的制造中心所在地埃塞俄比亚为例，当地的权利距离明显低于中国，意味着中国式自上而下传达命令的家长制管理方法不一定在当地适用，并且非洲当地的员工年龄普遍较小，因此传音采取自下而上的管理方法，正是考虑到了文化差异，也取得了良好效果。

自身放纵与约束（Indulgence versus Restraint）维度指的是某一社会对人基本需求与享受生活享乐欲望的允许程度。Indulgence（自身放纵）的数值越大，说明该社会整体对自身约束力不大，社会对自身放纵的允许度越大，人们越不约束自身。从上图中可以明显看出，埃塞俄比亚的放纵指数接近中国的两倍，这意味着国内盛行的加班文化在当地无法普及，非洲人更享受工作与生活的平衡。传音考虑到这种文化差异，引入了工作重塑法（Job Crafting），设计多种活动帮助员工提升工作价值感和认同感，从而自愿投入工作。

➡ 文化沟通

传音充分考虑中非在管理、制度、文化等方面的差异，凭借高度本土化的营销和管理策略，成为“非洲手机之王”，实现了口碑、销量双丰收，为中企拓展非洲市场提供了借鉴。

50 When the Flexible Chinese Management System Meets Rigorous Germany
灵活的中式制度遇上严格的德国人

逾重行李是否要收费，当灵活的中式做法遇上严格的德国人，跨文化冲突由此产生……

案例

Case description:

As a typical state-owned enterprise, Airline D values friendly interpersonal relationship in their management system. Generally, employees' acquaintances will receive help and convenience in upgrades and excess baggage.

International flights have long voyages and higher unit prices for excess baggage. Therefore, employees of Airline D have the right to charge no fee for luggage within 5 kilograms when handling international flights. When an employee of Airline D was checking in for a Lufthansa flight, a passenger's luggage weighed more than 2 kilograms, but because the passenger was carrying a child and repeatedly pleaded to the employee for an exemption, the employee exempted the passenger from the 2 kilograms of excess luggage.

However, when the baggage arrived at the sorting carousel, the Lufthansa representative who conducted random inspections found that the baggage exceeded 2 kilograms, but the computer showed that no excess baggage fee had been charged. Lufthansa sent a letter of complaint afterwards, asking the employee of company D ground service department to personally bear the cost of 480 yuan, and hoped that the ground service department would organize employees to relearn Lufthansa's business requirements and specifications.

（***Source***：龚华伟. D航空公司国际地面代理服务中的跨文化冲突管理研究[D]. 上海：华东师范大学，2015.）

Case in Chinese:

航空公司D作为典型的国有企业，其管理层注重人情关系的往来，通常情况下，具有情谊关系的旅客打招呼，都会给予一定程度的帮助和方便，主要体现在升舱、逾重行李的收费方面。

国际航班飞行航程长，逾重行李单价较高，因此D公司的员工在办理国际航班时，个人都有五公斤以内的免收行李费放宽限额。D公司某位员工在办理德国汉莎航空的航班时，一位旅客行李超重两公斤，但因为那位旅客带着孩子且再三恳求，该员工就免收了旅客两公斤的逾重行李费用。

然而，当行李到达分拣转盘时，汉莎航空商务代表在此处抽检，查到该行李超重两公斤，但电脑上显示未收取逾重行李费。为此，汉莎航空事后发来一份投诉信，要求D公司地服部该员工个人承担480元的费用，并希望地服部组织负责办理汉莎航班的员工重新学习汉莎航空的业务要求和规范。

讨论

Questions for discussion:

1. Why did the representative from Lufthansa become angry with the incident?
2. What are the differences between Germany and Chinese management style in this case?
3. What do you recommend to improve the situation?

分析

矛盾冲突

汉莎航空在没有调查清楚事情原委的情况下先发投诉信，破坏了双方的友好关系，让D公司员工觉得不被信任，认为德方不考虑旅客带着孩子的特殊情况，只顾追求经济利益，缺乏人情味。

原因分析

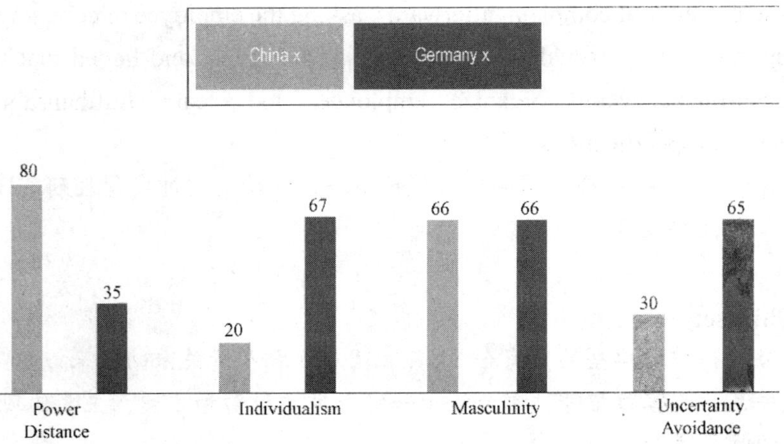

Source: https://www.hofstede-insights.com/country-comparison/china,germany/[2021/08/08]

图4 中国和德国文化价值观对比图

从上图可以看出，德国是低权力距离国家，个体主义盛行，同时不确定性规避较强，这些特质导致德国人在工作场合采用简单直接的沟通方式，较少顾虑上下级关系，同时严格遵守制度规则，规避风险。而中国社会、注重人情往来，执行规章制度较灵活，常常视具体情况而定。上述案例中的矛盾冲突体现出中德在管理上的灵活程度差异，D公司和德国汉莎航空具有多年的合作关系，员工具有五公斤以内的免收行李费福利制度，这本应是双方协商一致的结果，但是操作环节的问题导致双方出现矛盾。

文化沟通

双方应加深对彼此企业文化的理解，加强沟通，建立统一的管理制度，加强员工培训，从而避免类似冲突再发生。

51 The Road to Success of Joint Ventures
东风日产的发展壮大

合资企业优势良多，可以获取双方的先进管理经验，扩大企业规模，还可以将彼此的资源进行整合利用，借助彼此的优势达到各自的目的。东风日产生产的汽车也受到各国人民的青睐，可谁又料到这家合资汽车企业在成立初期面临着不小的困难呢？

案例

Case description:

Dongfeng Nissan Passenger Car Co., Ltd. is a Sino-foreign joint venture jointly established by Dongfeng Motor Company (China) and Nissan Motor Company (Japan), which was formally established on June 16, 2003. The company was founded with a registered capital of 16.7 billion yuan (about 240 billion yen), and the two parties of the joint venture each owned 50 percent of the shares, making it one of the automotive companies with a promising future.

However, in its early days of establishment, the company had encountered many difficulties. According to the recollection of a manager in the sales department of Dongfeng Nissan, a Japanese representative was a perfectionist, and in a sales meeting, the representative criticized the manager's scheme for being extremely simple. The Japanese executive asked him to do it all over again, regardless of the fact that front-line sales staff were anxiously awaiting the meeting's decision. Chinese employees, on the other hand, tended to be flexible in dealing with problems according to the environment and the current situation. In addition, if a workshop fuse was burned, an analysis report must be written and all fuses checked, as was Japanese practice. According to Chinese employees, it took only a minute to fix a fuse. Why spend hours writing an analysis report? As a result, the market performance was poor and employees worked with low enthusiasm, which negatively affected the development of the company.

At the moment, the senior management of the company deeply realized that the two parties of the joint venture must face up to the differences in cultural values, business values and working methods, and actively promote the deep cultural integration. To this end, both parties took the development of the company as the purpose and cultural integration as the core. All employees of the company participated in the whole process of the creation of the "Dongfeng Nissan Common Program of Action", which enabled the employees fully functional in this process. With the common program of action, all employees had the courage to practice this common program and they reached a consensus on the basic rules for the future development of the company. Thus, both parties overcame their cultural differences, realized the cultural integration, innovated the corporate culture, and pushed the enterprise into a healthy and rapid development.

（***改编自：***
［1］董媚. 合资企业的发展离不开企业文化融合——以东风日产公司为例谈合资企业文化融合[J]. 企业导报，2013（15）：162.
［2］彭剑锋. 东风日产：从“貌合神离”到“同舟共济”——企业文化融合典型案例分析[J]. 中外企业文化，2011（08）：38—42.
［3］陈梦丽.“东风日产”企业文化重塑的跨文化研究[D]. 武汉：武汉理工大学，2012.）

Case in Chinese:

东风日产乘用车公司是东风汽车公司（中国）与日产汽车公司（日本）战略合作携手组建的中外合资企业，于 2003 年 6 月 16 日正式创立。东风汽车有限公司注册资本为 167 亿元（折合约 2 400 亿日元），双方各拥有 50%的股份，是国内具备全价值链的汽车企业之一。

但在东风日产乘用车公司成立初期，曾陷入诸多困境，据东风日产销售部一位中层管理人员回忆，日方有一位派驻员是完美主义者，在一次销售会议上，该派驻员批评这位中层管理员的方案做得比较简陋，日方高管要求他重做而不考虑销售一线员工正在焦急等待着会议的决策。而中方员工倾向于根据环境和当下情况，采取灵活的方式处理问题。不止如此，车间保险丝烧掉，按照日方的做法，必须写一份分析报告，并对所有的保险丝进行排查。按照中方员工的思维，换个保险丝分分钟就能修好，何必花费几个小时写分析报告？导致市场业绩不佳，员工满意度降低，严重制约了企业的生存发展。

关键时刻，公司高层深刻认识到，合资双方必须正视在文化价值观、经营理念和工作方式上的差异，积极推进文化的深层融合。为此，双方以企业生存和发展为宗旨，以文化融合为核心，公司全员参与了创制《共同行动纲领》的全过程，使这个过程取得了全员相互沟通。在创立了《东风日产共同行动纲领》之后，全部员工勇于实践这一共同纲领，在企业未来发展的基本规则上达成了共识，从而使双方超越了文化差异，实现了文化融合，创新了企业文化，推动企业驶入了健康快速发展的轨道。

讨论

Questions for discussion:

1. What does this case show about Chinese and Japanese cultures?
2. Given the cultural similarities between China and Japan, why are cultural conflicts still inevitable?
3. In the face of the two different corporate cultures, how did Dongfeng Nissan Passenger Car Co., Ltd. solve the cultural conflict? Can you specify some useful solutions?

分析

矛盾冲突

在本案例中，中日文化不同造成了中日合资企业在发展初期的困难。

第一，日方高管不考虑事情的紧迫性，而要求员工重做方案。中方人员认为应该灵活变通，根据具体情况做具体分析，在会议立刻开始的紧急情况下，就不应该重做方案。

第二，日方认为在车间保险丝烧掉时，必须写分析报告，还要仔细检查所有保险丝。中方认为只需要把坏掉的保险丝换掉就行了，而花费大量时间写分析报告，逐个排查保险丝简直吃力不讨好，而且这样还是无法避免电压波动时烧坏保险丝。在这样的企业文化冲突中，东风日产乘用车公司的发展严重受限。

原因分析

根据霍夫斯特的理论，在一个高不确定性的公司文化中，人们就越趋向建立更多的工作条例、流程或规范以应付不确定性，并且管理者决策多为程序化决策。人们认为生活中充满了未知的风险，对书面的规定、计划、规则、仪式等有着强烈的要求。

本案例中，东风日产乘用车公司初期的困难主要体现在两个方面。第一，面对紧急会议，日方坚持要重做方案，中方认为可以灵活变通，以保证会议顺利进行为主。第二，面对坏掉的保险丝，日方要写分析报告，逐一排查保险丝，中方认为只需要换掉损坏的保险丝。这就是日本人具有高回避不确定性的表现，日本员工往往具有明确的社会规范和工作制度来指导社会活动和日常工作，上级倾向于对下属进行严格的控制和清晰的指示。他们做事严谨细致，在工作中出现问题时通常严格按照制度和程序来执行，只有明确的分析报告才能减轻他们对潜在风险的担忧。相对于日本而言，中方习惯就事论事，灵活处理生产中的问题，工作条例和流程规范化、标准化程度没有日本高。相比较而言，中国员工具有较低回避不确定性，方案有问题并不需要立刻修改，保险丝坏了就换掉坏掉的保险丝。

东风日产坚持包容差异，求同存异。文化差异虽然是合资企业的一大难题，但也能激发合资双方转变陈旧的思维方式，变革僵化的管理模式，使企业迸发出新的活力。东风日产文化融合的成功，体现了双方的智慧和勇气，他们能够站在企业发展战略的高度，积极促进达成共识。双方都能认识到文化差异，从而积极探索文化融合的途径和方法。双方制定了《东风日产共同行动纲领》，以企业生存和发展为宗旨，以文化融合为核心，让企业发展壮大是共同利益所在，所以中日双方达成了共识，实现了求同存异。

东风日产坚持全员参与，注重实践。东风日产乘用车公司全员参与了创制《共同行动纲领》的全过程，这整个过程让中日双方员工相互沟通、增进了解、化解矛盾、促进学习、共同提高。这一案例的宝贵之处就在于该公司的中日双方不以形成一个文本为最终成果，而是以真真切切促进文化融合、实实在在推进企业发展为目标。他们没有把“形成共识”当作文化融合的终结，而是以共识变革企业经营管理制度，以共识引导全员的工作行为，最终实现企业绩效的提高。

➡ 文化沟通

相关研究发现，日本是高不确定性的国家，中国是相对低不确定性的国家，文化差异是中日合资企业面临的一个客观现实。东风日产乘用车公司起死回生的关键在于合资双方能正视差异、理解差异、尊重差异并超越差异，在求同存异的基础上实现优势互补。除此之外，还要注重共同利益的实践，达成了共同纲领就要在双方的努力下执行共同纲领。

东风日产乘用车公司的成功离不开公司内部的文化融合。文化融合的基础是彼此承认、尊重和理解，承认对方的文化价值，尊重并理解对方的文化差异。文化融合往往以强势企业的文化为主导，但东风和日产都有自己独具特色的强势文化。灵活适用的态度则是针对当地文化特征灵活机动地做出适当的调整，让一方融合到另一方的文化中去，这样既有利于企业推广一方的文化，同时也得到另一方人们的认可。

东风日产通过创制实施《共同行动纲领》来促进文化融合，这在中外合资企业中尚属较为新颖的企业文化融合和企业跨文化交际，它对企业并购重组与合资合作中的文化融合提供了一个典型范例。

52 Geely Acquiring Volvo
吉利收购沃尔沃

浙江吉利控股有限公司与美国福特汽车公司就沃尔沃汽车公司签署了正式并购协议，并购后，吉利在汽车产业有了实质性的进步，那公司领导是如何调和文化差异的呢？

案例

Case description:

On March 28, 2010, Geely purchased a 100% stake in Volvo for $1.8 billion. This merger creates many "firsts" in the history of Chinese enterprises: It was the first time for a Chinese enterprise to buy a global well-known automobile brand, and it was also the first case that a whole foreign enterprise was successfully acquired. At the same time, it also ended the history of Chinese people's thinking that China does not have luxury cars. After Geely's successful acquisition, Volvo would become the most high-end independent brand in China.

Geely's acquisition of Volvo has caused a great stir in the Chinese society. On the one hand, Geely can make use of Volvo's advanced technology to overcome the bottleneck of its own development, realizing strategic transformation and building a high-end independent brand; and at the same time, it can also drive China's auto industry into making a substantial step towards the world level of the developed countries. On the other hand, it was about how a private Chinese automobile enterprise should operate a world-famous automobile brand with 82 years of history, and how to understand and integrate the huge cultural differences between the two. The president of the Swedish Federation of Engineers expressed cultural concerns, "We have many concerns about the acquisition of Volvo by a Chinese car company. Some of the main concerns are whether Geely understands Volvo's culture or not, Volvo's brand value, and the way Volvo employees work. These concerns are very important for making the right decisions in the future."

"Geely acquiring Volvo is like a poor boy from China's countryside marrying a world-class actress," said Li Shufu, Geely's chairman, laughing at the "serpent-swallowing-elephant" deal. But Mr. Li dismissed the doubt about Geely's ability to integrate and grow, an analogy from SAIC's acquisition of Ssangyong. He believed that this was completely different and incomparable. Compared with SAIC's acquisition,

Geely planned for this acquisition in advance. They have studied Volvo for more than eight years, and formally communicated with Ford to discuss the acquisition for more than three years. At the same time, he pointed out that it is necessary to respect Volvo's business civilization and the value created by its corporate culture.

（***Source***：柏丹，孙方方，曲红艳. 中国企业跨国并购的文化冲突和整合方法探究——基于对吉利收购沃尔沃案例的分析[J]. 改革与战略，2012，28（10）：113—116.）

Case in Chinese:

2010 年 3 月 28 日，吉利以 18 亿美元购得沃尔沃 100%的股权。这一并购开创了中国企业历史上多项第一：中国企业第一次购得全球知名汽车品牌，也是成功整体收购国外企业的第一例，同时也结束了中国没有豪车的历史，沃尔沃在被吉利成功收购之后，将变成当前中国最高端的自主品牌。

吉利收购沃尔沃在社会上引起了很大的轰动。一方面，吉利可以利用沃尔沃先进的技术跨越自身发展的瓶颈，实现战略转型，打造高端的自主品牌，同时也可带动中国汽车行业走向世界水平跨出实质性的一步。另一方面，一个中国的民营汽车企业怎么样去运营一个具有 82 年历史的世界知名汽车品牌，怎样去理解和整合两者之间巨大的文化差异。这不仅仅是国内社会的关注和担忧，瑞典工程师联合会主席也同样表达了对文化方面的担忧："我们对一家中国汽车企业收购沃尔沃有很多担忧，最主要的担忧来自吉利是否理解沃尔沃的文化、沃尔沃的品牌价值、沃尔沃员工的工作方式等，这对未来能做出正确的决定十分重要。"

对这次身份悬殊被称为"蛇吞象式"的并购，吉利董事长李书福也笑称："吉利收购沃尔沃就相当于一个中国农村的穷小子娶到了一位世界级女明星。"但是对于外界怀疑吉利整合能力，而且以上汽收购双龙作为类比的看法，李书福却不以为然。他认为这是完全不同的，也是不可比的，因为相对于上汽的偶然机会，吉利是事先策划的，他们研究沃尔沃这个企业已经有八年多，正式跟福特沟通、讨论收购问题也将近三年多。同时他也指出，一定要尊重沃尔沃的商业文明以及企业文化创造的价值。

讨论

Questions for discussion:

1. Do you think it is important for Geely to make a strategy for cultural integration?
2. What cultural differences were revealed in this merger?
3. What influences will these cultural differences have?

分析

矛盾冲突

摩擦主要是文化差异引起的。该案例中，看上去似乎文化差异带来的冲突并不大，但究其原因并不是两者之间不存在巨大文化冲突，而是两者之间目前还没有出现超出财务投资的实质性战略层合作，如吉利获得的沃尔沃 100%知识产权和使用权，并可通过沃尔沃获得部分福特汽车专利的使用权均未使用；在关键的营销上没有交集等，从而使得吉利收购沃尔沃看上去只是吉利的一个简单财务投资。但是，2012 年 3 月 9 日，吉利和沃尔沃就沃尔沃汽车公司向吉利控股集团旗下公司转让技术达成了协议，开启了双方深入合作的大门。借助此协议，吉利有望充分利用沃尔沃授权的技术打造旗下高端产品，在丰富产品线的同时，提高它的竞争实力并发挥优势。两者进一步合作的结果如何我们现在还不得而知，但是可以肯定的是，随着两者合作的加深，两者之间的巨大文化差异还会继续显现出来，如两个国家的文化差异、管理理念的差异、沟通风格的差异等。董事长李书福提出，要尊重沃尔沃的商业文明以及企业文化创造的价值，这在一定程度上体现了面对不同企业文化的包容开放心态，对日后企业重组起着重要的积极意义。

原因分析

1. 民族文化的不同

跨国并购首先要考虑到不同的民族文化特色。民族文化是各民族在其历史发展过程中创造和发展起来的具有本民族特点的文化。不同的民族文化铸造了不同的民族性格。每个国家的民族文化各有特色，如在权利距离、个人主义与集体主义、男性化与女性化等方面存在差异，甚至在有些方面几乎是完全对立的。在并购前两个企业的员工都已经受到了各自国家文化的熏陶，所以跨国并购势必会造成一定程度上的民族文化冲突。在吉利收购沃尔沃这一案例中，中国和瑞典两国之间的文化就存在着很大的差异。瑞典倾向于以个人为中心，追求个人自由，而中国则以集体为中心，个人利益服从集体利益；瑞典社会之间的权利距离很小，没有严格的等级制度，而中国则是高权利距离的国家。

2. 企业文化的不同

企业文化是指在一定社会经济条件下，企业经过长期的社会实践所形成的，并为企业大多数成员所认可并遵守的共同意识、价值观念、职业道德、行为规范和准则的总和。企业文化是组织的共同观念系统，是一种存在于组织成员之中的共同理解。对于两个企业的并购行为，从文化角度来看，既有原企业文化模式被打破的过程，又有新企业文化模式形成的过程，是企业群体的共同意识、共同价值观调整和再造的过程。相同国家的不同企业会有不同的企业文化，那么在不同国家文化背景下，企业的文化差异将更加巨大，如在经营理念和用人制度方面的差异，企业所面临的文化调整和再造过程会更加艰巨，如果处理不当就会引起强烈的文化冲突。吉利与沃尔沃在用人制度方面就存在很大的差异：吉利内部倾向于“论资排辈”，沃尔沃则崇尚能力至上的升迁制度。

3. 目标企业利益相关者的抵触情绪

当企业面临被并购时，与目标企业有关的供应商、客户、中层管理者和技术工人等利益相关者会充满不安情绪。企业一旦被并购，他们可能就面临着各种角色的转换，认为未来充满了不确定性，对新环境缺乏归属感，然后就会对并购有强烈的抵触情绪和对立行动，特别是当企业被一个他们不了解的跨国小企业收购时。这些利益相关者对并购和整合的不配合会引起一系列的文化冲突，毕竟他们都受到这个企业的文化熏陶，是目标企业的文化载体。中国企业跨国并购时往往会遇到这种情况，因为很多中国企业在境外收购的都是一些很有历史的大企业。当遇到这种情况时，很多中国企业会选择采取“让权”的方式来消除对方顾虑，但往往在并购后失去了话语权，以至于不能够实现并购后的发展整合。

➡ 文化沟通

1. 加强对并购对象的企业文化研究

企业应认识到可能存在的文化冲突，通过组建调查团队，采用合理的、系统的和科学的方法，对并购目标的国家文化、企业历史和发展战略等深层次问题进行调查与分析，然后与实施并购的企业文化进行匹配。如果发现两者的文化差异性特别大，以至于整合的可能性很小，那么企业就应该果断地放弃这次并购，另选并购对象。如果分析之后确定实施并购，那就应该继续对并购双方企业文化进行分析，识别并购可能带来的文化冲突，以及文化冲突带来的负面影响。对目标企业的文化分析是跨国并购实施的关键一步，科学的分析结果为以后避免强烈的文化冲突提供条件，将会给后续的文化整合行动带来巨大的帮助。吉利对沃尔沃进行了八年的研究，形成了尊重后者企业文化的意识，为后来的文化整合提供了基础。

2. 选择合适的文化整合模式，循序渐进进行整合

企业要在对目标企业文化分析的基础上，确定并购双方企业文化的类型及优劣势，从而确定企业实施文化整合的恰当模式。一般来说，文化整合的模式有四种：融合模式、隔离模式、同化模式和引进模式。融合模式适用于并购双方的企业文化都不完善，并且没有一方取得发展优势的情况，这时就需要对双方文化的精华部分加以融合，去除掉陈旧的部分，培育出一种全新的企业文化。

53 When McDonald’s Entered the Indian Market
麦当劳进军印度市场

中国有句俗话：民以食为天。这说明了吃饭的重要性，但中西方在饮食习惯上有很大差异。同一食品，在一国被视为佳肴，在另一国可能被视为禁忌。当麦当劳想要抢占印度市场时，它面临了什么样的饮食文化差异呢？

案例

Case description:

While the McDonald's model has been tested for many times, it has to make adjustments when it comes to a country where killing cows is a taboo. It's a cautionary tale not just for restaurant chains, but also for Western companies looking to tap the country's growing middle class, especially for the country's national tastes.

In 2008, McDonald's entered the Indian market. But it faces a market with more than 40% vegetarians. The rest of the meat-eating population shuns beef, pork, frozen fish, and McDonald's also has to deal with India's taste for spices in almost everything.

In order to cater to different tastes, McDonald's has found that it is not enough to simply serve delicious burgers. Vegetarian customers must make sure that the burgers they eat are made in a special kitchen area and in a special vessel. There will also be new sauces to cater to India's unique taste for spices, and McDonald's has promised to introduce spice-flavored fries to meet demand.

Case in Chinese:

尽管麦当劳模式久经考验、屡试屡爽，但进入一个以杀牛为忌的国家时，则必须调整相应的对策。这不仅需要餐饮连锁店引以为戒，对那些盯上该国日益壮大的中产阶级而蠢蠢欲动的西方企业来说，还尤其要注意这里的国民特殊口味问题。

2008 年，麦当劳抢占印度市场。但它面对的市场却有着四成多的素食主义者，其余的肉食消费者中，有的排斥牛肉，有的对猪肉不屑一顾，还有的对冻鱼冻肉敬而远之，再有就是要妥善处理印度人对于香料的嗜好，他们几乎吃什么都放香料。

为满足不同的口味，麦当劳发现若只提供美味汉堡还远远不够。素食顾客要确信所购汉堡是在厨房专区、专用器皿中加工而成的。另外，还要新增一些调味酱来满足印度人视香料如命的独特口味，而且麦当劳还承诺将推出香料口味的薯条，以满足市场需求。

（***Source***：徐子建. 国际商务文化差异管理[M]. 北京：对外经济贸易大学出版社，2009：174.）

讨论

Questions for Discussion:

1. What kind of cooking culture did McDonald's face in India at first?
2. How did McDonald's cope with this different cooking culture?

3. Could you explain what caused Indian’s cooking culture so different?

分析

矛盾冲突

麦当劳想要打入印度市场，首先要了解饮食习惯和风俗完全不同的印度人。在印度，人们把牛奉若神明，称之为“神牛”，所以一般人是不食牛肉的。印度人还忌讳多人同盘取食，不吃别人接触过的食品。印度素食者众多，而且喜欢在食物中添加各种香料。为了迎合印度顾客的喜好，麦当劳不得不做出各种改变，以满足他们的需求，招揽顾客。

原因分析

1. 宗教信仰根深蒂固

信奉伊斯兰教的国家有着严格的禁食制度。伊斯兰教徒把猪视为秽物，教徒要食洁净食物，因此猪肉是不能吃的。其实，早在伊斯兰教创立之前，古代阿拉伯半岛的游牧部落以及中东地区的一些古老民族中就有不食猪肉的习俗。后来，公元 7 世纪穆罕默德创立伊斯兰教时，承袭并发展了这个古老习俗，把它写入教义成为教规。除此之外，印度教使印度人敬牛如同敬神，牛是绝对不能食用的。

2. 饮食文化不同

宗教信仰的不同影响了不同民族的饮食文化。在印度，牛是主神湿婆的坐骑，超过80%的印度人都是印度教徒，敬牛如同敬神，每头牛背上似乎都乘坐有湿婆神，巡视着印度大地，那种神圣的宗教感情确实很难用世俗的眼光来理解。印度虽然早已是政教分离的现代国家，但宗教在政治生活中仍然有着莫大的影响力，以往的一些暴力冲突与宗教纷争不无关系。圣雄甘地曾说过：“牛是印度千百万人的母亲。古代的圣贤，不论是谁，都来自牛。”所以，保护牛是印度教送给全世界的礼物，只要印度教徒保护牛，印度教就将永远流传下去。当然，有些印度人也不吃猪肉，认为其是污秽之物。

文化沟通

面对不同国家的不同饮食结构和风俗，我们应该提前做好充分的了解。宗教信仰在一定程度上影响了许多民族的饮食结构。

比如，犹太古代民族英雄摩西（Moses）曾经和以色列人约法三章，规定了哪些动物可以食用，哪些动物不能食用。在《圣经》的《旧约全书》中记载有：“凡蹄分两瓣、倒嚼的走兽你们可以吃。”根据这一规定，只有牛羊肉可吃，猪和兔的肉都不能吃。至于水产品，摩西规定，只能吃有翅有鳞的。因此，在中国极受推崇的海参、鲍鱼、龙虾等，在犹太人的眼里就成了“不洁之物”。《圣经》上还说，“凡用肚子行走的”都不可吃，所以鳝鱼、蛇之类也是不能吃的。

然而，随着时代的变迁，人们对《圣经》的规定也并不都严格地遵守。英美人照吃猪肉、龙虾等，甚至还有敢吃蛇肉的。按照基督教教义，鳄鱼因为是“地下的爬物，是可憎的，都不可吃”。但自20世纪80年代末以来，鳄鱼不仅在中国香港、泰国、中国台湾等地市场上风行，而且在欧美各国也越来越引起人们的兴趣。美国饮食评论家甚至认为鳄鱼是肉类食品的“天之骄子”，因为它的脂肪含量只有1.5%，而牛排、猪排和去皮鸡肉的脂肪含量则分别为25%、20%和6%。鳄鱼肉的热量比鸡肉低，胆固醇含量也低，蛋白质含量却很高。在美国市场上，鳄鱼肉的价格是鸡肉的10倍。

麦当劳如果想要占领印度市场的餐饮行业，就需要提前调查，了解具体的饮食差异，然后根据差异做适当调整，使食物“本土化”，从而满足市场需求，提高市场占有率。在本案例中，麦当劳为满足印度顾客的需求做出了种种“本土化”策略转变，这为其成功占领印度市场打下了基础。

第三部分

行为文化冲突

这些表层文化表现出来的一种文化特征行为表现方式是文化的表层，却常常给人以强烈的直接冲击，让人感受到文化的存在和力量。它们是在特定的自然和社会环境下由人们长期以来习惯的行为方式积淀而成的，因此，人们的一举一动、一言一行都不自觉地反映和传递着行为习俗文化。例如，人们怎样支配时间、怎样摆放桌椅、怎样与人交谈和怎样穿着等都体现着不同的民族文化，是不同价值观念和思维方式的外在体现。不同的文化在这方面的差异最显而易见却又最容易被人忽略和误解。不同的文化养成了不同的习俗和行为方式，在一种文化中被普遍接受的做法可能在另一种文化中让人无法忍受和理解。在跨文化交际中，不适当的行为举止给人留下不好的第一印象而导致交际失败的例子屡见不鲜。好在这方面的改变来得最为容易，成本也最低，只要人们给予足够的重视，通常能取得良好的效果。

在这部分所收集的案例中，影响商务交际活动的行为文化具体体现在言语行为方式和非言语行为方式中。

一、言语行为方式

人们通过两种符号系统进行交际：一是语言符号系统，二是非言语符号系统。在语言交际中，霍尔依据意思通过语境还是语言传达的程度把文化分为高语境文化和低语境文化。低语境文化主要依靠含义明确的语言来传达意思，大量的信息都是通过语言明确地传达，只有少量的信息需要人们根据环境揣摩，也通常意味着双方并没有分享一个共同的文化背景，一个人认为的常识需要详细地向另外一个人作出解释；而高语境文化非常注重语言所使用的语境，可以说语言表达的意思主要依靠所在的语境来决定。这就意味着，在高语境文化中人们对微妙的信息比较敏感。

"高语境"与"低语境"言语风格可分为：间接的—直接的，简洁的—详尽的，环境的—个人的，情感的—工具的。戈高（Ge Gao）和斯特拉·丁-抱美（Stella Ting-Toomey）总结出中国言语风格的五个关键特征：含蓄、听话、客气、自己人和面子，并比较了中美言语风格的八个方面的差异：暗指—明说，我们—我，礼貌—不礼貌，间接—直接，模糊—直率，自我贬低—自我抬高，隐私—公开问题，沉默寡言—富于感情。霍尔认为中国文化是一种高语境传播，因为信息更多存在于文化的内涵之中，很少存在于清晰的语词中。中国人一般也不倾向于用语言直接表达自己的情感，讲究含蓄。而西方人说话通常都相对清晰和明了，讲究准确无误，力求避免误会。这些文化差异反映在多种言语行为方面，如问候、称呼、介绍、称赞、致谢、致歉、话题、邀请、约会、告别等。这部分中收集的案例突出表现了东西方在以下几对交往方式上的差异：直率—委婉；非正式—正式；任务倾向—关系倾向。

直率与委婉（Direct vs. Indirect）

语言表达方式受民族文化传统的制约，直率表达和委婉表达在不同的文化里都有其积极意义。直率表达方式体现了人类言谈的最高效率，减少对话双方的误解，委婉表达方式则注重加强礼貌、掩盖真实情绪或激发言外之意。东方人很少直接、明确地拒绝别人，交流方式注重委婉，情感含蓄，看重面子和人际关系。而西方人直率的交流方法情感外露，直截了当，讲究办事效率。但当直率表达方式与委婉表达方式相碰时，来自不同文化的人就会因不了解对方习惯的表达方式而陷入尴尬，不知所措，或产生误会。

"'您一定很累！'""第三只手""为何他答非所问？""美国上司和中国员工之间的误会""日本人和德国人的合作"等案例就展示了来自不同文化的人们在初次见面等情况下表现出的情感含蓄或情感外露的交流方式。

正式与非正式（Formal vs. Informal）

关于礼仪，东西方有太多的差异。所以，西方人觉得东方人嘴里说"不"的时候心里反而是说"是"，而东方人觉得西方人往往太冲了，不懂得谦虚；西方人认为东方人事事讲究人情，效率不高，而东方人觉得西方人刻板、僵硬、不会变通；西方人觉得东方人不懂得注意他人权利，公共场合大声说话，而东方人觉得西方人冷漠、无情。东西方礼仪在社交、公关、服务、商务等领域都有不同的表现。比如，在美国和西欧等国家，商务领域的人们都比较喜欢打官司，依靠法庭的判决来解决冲突和争执，他们相信法律和制度的力量，他们相信正是清晰和详细的制度管理才避免了不必要的争端，节约了大量的时间，并使日常的工作变得确定和可靠。而不少东方文化并不十分看重这种书面的正式的规定，他们更看重人的灵活性，依赖于不同人对规定的解释，因此规定里也留有任人发挥的空间。

在商务领域，正式的沟通管理通常会有详尽和明确的管理章程，强调照章办事；而非正式的管理则通常会凸显个人的作用，不强调统一的模式。“宜家在德国”就很好地展示了刻板、严格的德国员工和相对灵活、自由、非正式的瑞典管理之间的矛盾冲突。此外，还有一些例子体现了这种矛盾冲突，如“木柘初到美国”“沟通问题给詹姆斯·沃伦带来的困扰”等。

任务倾向与关系倾向（Task-Oriented vs. Relationship-Oriented）

在交流中，任务倾向和关系倾向也是两个非常常见的差别。在中国等东方文化国家，人们非常注重人与人之间的关系，并认为和谐的人际关系是幸福生活和和谐社会的基础。人们在建立商务关系初期通常会花大量的时间来相互了解，对他们来说，和可靠的人做生意是头等大事。一方面，因为他们强调人的能动性，而且通常不会依赖非常详细而到位的合同来执行彼此的权利义务，也就是说他们的交流依赖于人的道德品质。另一方面，一旦有了一些交往，陌生人就会升级为朋友，或者是“圈内人”，在东方文化中人们通常只对“圈内人”负责，而不对“圈外人”负责。所以说建立关系先于完成任务，或者可以说是完成任务的先决条件。而在西方国家“公事公办”是一种主导的思维方式，人们严格按照章程办事，规则面前人人平等。至于对方是否可靠，他们通常是通过强有力的合同来约束，一旦出现问题就诉诸法律。同样出于时间和效率的考虑，人们通常会直接切入主题，开门见山地解决问题。

二、非言语行为方式

对于跨文化交际的成功，非言语交际有着非同寻常的重要性，因非言语交际误解而造成失败的案例比比皆是。非言语交际是指通过语言以外的方式传达意思的交际，它包括面部表情、肢体语言、对时间和空间的利用等。据调查，在全部沟通中，有85%的沟通是非言语沟通。因此尽管语言的差异最为显著，但语言仅仅是庞大的文化冰山上的一角。相对于语言来说，非言语交际更加丰富、细微而不易被察觉，因而非言语交际也是跨文化交际的重点和难点之一。

非言语交际大致有两大类：一是由身体发出的（如面部表情、眼神、体触、副语言等），另一类是人与环境相结合产生的（如空间距离、时间观念等）。在商务活动中，在怎样理解和处理人与自然的关系问题上，东西方观念的差异最典型地表现在对待时间和空间的态度上。

单时制与多时制（Monochronic Time vs. Polychronic Time）

著名人类学家霍尔把不同文化模式的时间观念分成多时制（polychronic time）和单时制（monochronic time）两种范畴。多时制将时间看成是可伸缩的，认为很多事情可以同时出现，事件的完成不必受日程和计划的限制，有很大的灵活性；而单时制重视计划和安排，时间分段，强调在特定时间内做特定的事，行事果断干脆，把时间看成是可以分割的一条直线。中国传统上属于农耕社会，比较注重人情，且思维注重整体，因而基本上属于多时制，中国人处理时间比较灵活，做事一般不会严格按照计划，而是审时度势，依照当时的情形做出决定。相比而言，欧美人长期处于高度工业化的社会，且习惯于分析性思维，因而倾向于采用单时制，往往在特定单位时间内只做某件特定的事，因此做事周密、严谨，讲究计划。正如霍尔所说的“在西方世界，任何人都难逃时间铁腕的控制。”在西方,不论私人生活还是工作都要受时间计划的主宰。时间本身深深制约了人们的生活方式。他们通常会花很多时间来制订周密的计划，而计划一旦成形，一般不轻易更改，而且他们通常视没有计划的人为没有效率。

不同文化在这一领域的差异是非常明显的。单时制文化强调按计划高效地利用时间，而多时制文化强调按照人们的意愿自由地支配时间。本章的案例“多元文化团队的文化冲撞”和“单时制的美国人和多时制的墨西哥人”就生动地反映了不同文化对待时间态度的不同。

私人空间与公共空间（Personal Space vs. Public Space）

不同的文化对私人空间和公共空间有着不同的界定。在传统中国人的大家庭中，每个人的房间门都是打开的，可以由人随意地进出和参观。他们认为既然是一家人，那么就没有必要遮遮掩掩的，如果经常关着门，就会被人认为有着不可告人的秘密。而且熟悉的朋友也会被当成一家人来对待，会被经常邀请到家里做客。在自己的家里，人们的举止通常就会比较随意，不拘小节。而在欧美等文化里，每个人的房间都是自己神圣的领地，未经允许不得随意进入，即使是父母要进入孩子的房间，也要获得孩子的同意。即使在家里，人们也十分注重举止的得体。

本章案例“高级女秘书向老板叫板—EMC 的邮件门事件”“家宴的尴尬”体现了在私人空间和公共空间上的文化差异带来的冲突。

由于广告已经越来越成为现代商业的沟通手段，广告宣传的成败直接决定着商业活动的成败，而广告的成败与广告设计能否较好地处理文化差异关系极大，所以本书特别在最后一部分列举了若干文化原因导致的成败的典型案例，如“什么造成了丰田广告的麻烦？”“日本的‘立邦漆’广告惹怒中国人”“帮宝适在日本的广告‘失策’”“耐克广告中国遭禁”等。

一、言语行为方式

54 "You Must Be Tired"
"您一定很累！"

一位 75 岁的中国知名学者携妻子前往美国，在 21 个小时的飞行后，机场迎接的美国朋友说："您一定非常疲劳！"而他的回答是……

案例

Case description:

A very distinguished 75-year-old Chinese scholar and statesman was being honored by a university in the eastern United States. He and his wife had just made the 21-hour flight from Beijing, and they were met at the airport by some friends who exclaimed, "You must be very tired!" His response was "*keyi*" "It's possible" or "It's OK". Of course he was tired! He was an old man who had sat on airplanes or in airports for 24 hours straight. But the context—the meeting in an airport at night, the fact of his long journey, his age, his slightly gazed eyes—communicated the obvious. It was unnecessary to put it into words.

Yet his American friends were surprised and confused by his answer. Americans in the same plane from Beijing were kept complaining after 24 hours of continuous travel. In the airports people could hear the complaints almost everywhere, "Tired! I've never been so tired in my life!" "I've been sitting on planes or in waiting rooms for 24 hours and wondered if my legs would work again!" "My eyes are so gritty with sleep that they feel like the Gobi desert was in that plane!" and so forth.

(***Sourse:*** LINDA B, IRIS V. 全球环境中的跨文化沟通[M]. 北京：清华大学出版社，2003.)

Case in Chinese:

一位 75 岁的中国著名学者兼政治家应邀携妻子前往美国东部的一所大学。航班从北京起飞，经过 21 个小时的长途飞行后，在某机场他们见到了迎接的几位朋友。当美国朋友关切而又肯定地对老人说："您一定很累了。"老人回答"可以""应该是"

“还好”。当然他已经很累了。老人年事已高，已经在飞机上和机场待了整整24小时没有休息了。只是在他看来，当时的情景——夜晚接机，长途旅行，他的年纪，稍显迟缓的目光，显而易见他已经很疲惫，无需多言。

可是他的回答令美国朋友既吃惊又困惑。同机的美国人在24小时的持续飞行后正在不停地抱怨，机场里到处都可以听到此类的回答：“累！我一辈子没这么累过！”“我在飞机和候机室里呆24个小时了，我都怀疑我的腿还能不能走路！”“我困得眼睛干涩，好像那个飞机里面是大漠戈壁。”等。

讨论

Questions for discussion:

1. What does the old man’s answer mean?
2. What aspects of culture result in the different answers between Americans and Chinese?

分析

矛盾冲突

本案例中，年老的中国学者经过长途飞行后已经非常疲倦，但他面对在机场迎接的美国朋友的询问，却客气地回答“还好”“可以”，而这样的回答使他们觉得可能这位老人真的不累，感觉很好。

原因分析

在这位中国学者看来，他如果如实告诉接机的朋友自己已经很累，这是一种失礼，他认为自己风尘仆仆的外表、年纪以及长途旅行的事实完全可以说明自己很累，无需再用语言表达，对方应该可以根据当时的环境因素判断出这一点。而美国朋友注重的是老人自己的回答，除非对方直接用语言表达出“是的，我很累”，否则他们是不会根据环境来猜测理解对方的意思的。双方简短的对话背后隐藏着文化因素的影响。根据霍尔的研究，美国文化属于低语境（low-context）文化，美国人倾向于将自己要表达的信息直接用语言来说明白，一般情况下与环境及说话人的情况联系较小；而中华文化属于高语境（high-context）文化，在沟通中相当一部分的信息是通过语境及说话人本身的情况来传递的。

文化沟通

在这种情况下，双方应充分注意到对方文化的特点，尽量客观直接地使用语言工具充分恰当地表达自己的意思，以免影响下一步的交流。因为根据环境因素对说话人的意思进行推测或让对方来推测自己的言外之意毕竟有一定的风险，为了避免误会的发生，语言应尽量清楚明白，还应少用或不用有歧义或含义不明的语言。

55 The Third Hand
第三只手

一位女神经学家从北京来到多伦多的一家医院做一个研究项目。在这里，她的同事是一个来自大家庭的加拿大小伙子，两人同在一间小小的办公室里工作。她没想到有一天，一坛花生酱使她陷入了紧张与不安之中……

案例

Case description:

A female neurologist from Beijing was working on a research project in a Toronto hospital. She shared a small office with a young Canadian male from a large family, who loved peanut butter. He was so fond of peanut butter that he kept a jar in the office. One day he came into the office and exclaimed, “Who took my peanut butter?” The Chinese woman immediately felt accused. After all, there were only two of them in the office.

She was deeply distressed, but due to her learned cultural behavior of never showing anger in public, she said nothing. Later that day she was working in a room where a physiotherapist was treating a patient who suffered paralysis of his legs and arms from a motorcycle accident. The physiotherapist moved one of the patient’s legs in a way that caused him pain.

“Ouch!” he cried. “Oh, I didn’t do that.” said the physiotherapist, “It was that doctor over there,” and she pointed to the Chinese woman.

“How could she have done it since she’s on the other side of the room?” the patient pointed out.

“Ah, she has three hands.” the physiotherapist replied.

At these words the Chinese doctor became even more upset. She was so disturbed that she behaved in a way uncharacteristic of her culture. She waited until the patient had gone, and then said to the physiotherapist, “I am very upset by what you said.” The physiotherapist was taken aback. What had she said? “You said I had three hands,” the doctor finally choked. “You think I took the peanut butter.”

(***Source:*** LINDA B, IRIS V. 全球环境中的跨文化沟通[M]. 北京：清华大学出版社，2003.)

Case in Chinese:

一位来自北京的女神经学家到多伦多的一家医院做研究项目。她和一位加拿大小伙子共用一间办公室。这个小伙子来自一个大家庭，喜欢吃花生酱，因为他太喜欢吃了，所以在办公室里放了一小坛。一天，他走进办公室后大声说："谁拿了我的花生酱？"这位中国女医生立刻觉得是在指责她。毕竟，办公室里只有他们两个人。

她觉得非常郁闷，但是她的文化教导她永远不能在公开场合表现出自己生气，因此她没说什么。那天晚些时候，她在一间诊室里工作，同一间屋子里一个理疗医生正在给一个因摩托车事故而四肢麻痹的病人做治疗。理疗医生挪动了病人的一条腿，而这一下弄痛病人。

"哎呀，"病人叫了出来。"哦，不是我弄的，"理疗医生说，"是那里那位医生弄的。"她指着中国女医生说。

"她在屋子的那一边怎么会弄疼我？"病人说。

"哈，因为她有三只手。"理疗医生回答。

这些话使中国医生非常难受，她为此非常烦恼，以至于做出一件与她的文化相悖的事。等到病人走了之后，她对理疗医生说："你的话让我很难过。"理疗医生非常吃惊，不知所措。她说什么了？"你说我有三只手，"中国医生有点哽咽，"你觉得是我拿了花生酱。"

讨论

Questions for discussion:

1. Why did the Chinese female neurologist feel accused?
2. How could she help herself out of the difficult position? Please give your suggestions.

分析

➡ 矛盾冲突

本案例中的矛盾源于双方对语言涵义的错误理解。加拿大小伙子问"谁拿了我的花生酱"时，中国女医生立刻陷入紧张不安中，她认为小伙子是在含蓄地指责她。由于生活在这样的思想包袱中，当理疗医生开玩笑说她有"三只手"时，她更觉得别人都认为她拿了花生酱。而她对理疗医生的话的理解又使对方更加困惑。

➡ 原因分析

根据霍尔，不同国家的文化可分为"高语境"文化和"低语境"文化。"低语境"文化国家的人在交流中注重客观具体的细节，因为他们总是习惯于假设对方对所说对象的了解不多。而“高语境”文化国家则相反，“高语境”文化国家的人习惯于把一部分意思甚至是核心的意思隐藏于语言之外的因素。相对于中国来说，加拿大属于“低语境”文化国家。加拿大人讲话时更注重事情本身，就事论事，而较少考虑讲话环境和人们之间的关系。人们在一般交流时更倾向于按照字面意思理解。而中国是“高语境”文化国家，人们喜欢用语言表达多层次的信息，要结合语境才能理解其真正的意思。以中国为代表的一些东方国家认为任何个人都是与家庭、社会等集体相联系的，不是独立的，个人的行为要考虑与环境和其他人相配合。

在本案例中，文中的加拿大小伙子问“谁拿了我的花生酱？”时，他只是想知道他的花生酱在谁那里，而在中国，“谁做了某某事情？”在很多情况下意味着指责。而加拿大小伙子根本没有意识到办公室只有两个人，这与他的大家庭是不同的环境，他的问话使女医生觉得这是在指责她。但含蓄的东方文化使女医生没有当面澄清这种“指责”。当对此事完全不知情的理疗医生开玩笑说她有“三只手”时，女医生立刻想到最近发生的事情，并将这一简单的笑话理解为理疗医生也在含蓄地指责她。

文化沟通

在这个案例中，我们可以看到两个加拿大医生讲话时并未考虑到讲话的环境和听话的对象，只是考虑当时的情况，而他们的中国同事在理解时却考虑到工作的环境、以前发生的事情和说话的场合。在与不同文化背景的人交流时，为了避免多层语义带来的误解，交流双方最好事先对对方的语言习惯进行一定的了解。此外，尽可能用礼貌而又准确的语言做清楚明白的表述，避免使用本文化的习语、俗语或使用多层含义的语言，以免对方误解。另外也应注意，同样的说法在不同的文化中有不同的意义和用法，使用时如不注意可能会适得其反，引起不必要的误会。本文中，中国女医生在加拿大小伙子第一次问到花生酱时，就应该清楚而礼貌地为自己解释清楚，这样也就不会再产生日后的误会。

56 Why Was His Answer Not Related to the Question?
为何他答非所问？

飞利浦照明公司的一位美国经理和一位颇具发展潜力的中国员工谈话，但这位中国员工总是答非所问，美国经理甚是疑惑……

案例

Case description:

An American manager of human resource in Philips lighting company talked with a Chinese employee with great potential. The American manager wanted to hear the views of the Chinese employee about his future with the company and his five-year career goal. But the Chinese employee did not answer the question directly; instead he only talked about the company's future direction, promotion system and his current position. The employee talked for a long time, but did not give a definite and direct answer. The manager was puzzled and annoyed, because the same situation had occurred several times before. Later, the manager complained to another human resource manager, Mr. Jia, "I only wanted to know the employee's working plan in the next 5 years and the position he wants to get in the company, but why cannot I get a clear answer?" The Chinese employee also complained to Mr. Jia, "Why are Americans so aggressive?" As the human resource manager in a multinational company, Mr. Jia knows that a different manner in communication brings about misunderstandings. So he did his best to explain to the two sides, but it is not easy to remove the obstacles between them.

(***Source:*** 叶苊. 企业灵魂——企业文化管理完全手册[M]. 北京：机械工业出版社，2004.)

Case in Chinese:

飞利浦照明公司某区域人力资源经理（美国人）与一位被认为具有发展潜力的中国员工交谈，想听听这位员工对自己今后五年的职业发展规划以及期望达到的位置。中国员工并没有正面回答问题，而是开始谈论起公司未来的发展方向、公司的晋升体系，以及目前他本人在组织中的位置等，讲了半天也没有正面回答他的问题，人力资源经理感到不解，没等他说完已经有些不耐烦了，因为同样的事情之前已经发生了好几次。谈话结束后，他忍不住向另一名中国人力资源主管贾先生抱怨道："我不过是想知道这位员工对于自己未来五年发展的打算，想要在飞利浦做到什么样的职位罢了，可为何就不能得到明确的回答呢？""这位老外副总怎么这样咄咄逼人？"谈话中受到压力的员工也向贾先生诉苦。作为人力资源主管，贾先生明白双方之间不同的沟通方式引起了隔阂，虽然他极力向双方解释，但要完全消除已经产生的问题并不容易。

讨论

Questions for discussion:

1. Why did the Chinese employee not give a clear and definite answer?
2. What stereotype did the Chinese employee form towards Americans?
3. How can Mr. Jia effectively ease the awkward situation?

分析

矛盾冲突

这是一个体现东西方人际交流方式差异的案例。在这个案例中，文化冲突体现在：来自美国的人力资源经理看好一个中国雇员，因此和该雇员谈话，想知道他的职业发展规划以及期望得到什么职位。而令他不解和恼怒的是，该雇员避而不谈该问题，却大谈公司的未来发展、晋升体系和他目前的职位。结果是两人都在背后互相抱怨，美国人认为中国雇员太虚伪，而中国雇员也认为美国人太直接、坦率、咄咄逼人。

原因分析

该案例中的一方是美国人，另一方是中国人。产生这样糟糕结果的一个主要原因是中美两国在人际交流方式上，具体来说，是在回答问题的方式上存在巨大差异，而当事双方却并没意识到这一点。这种文化差异体现在中国文化注重维护群体和谐的人际交流环境，而美国文化则注重创造一个强调坚持个性的人际交流环境。

如果这位中国员工从正面直接回答了人力资源经理的问题，比如，中国员工回答"……想在五年之内做到营销部经理的职位"。按照中国人的传统心理，这样的回答违反了中国人一向谦虚、委婉的心理习惯，太直接反而暴露出自己很有野心并高傲自大的缺陷，而谦虚可以给自己留有后路，万一做不到那个理想的位子，也不至于丢面子，被人笑话。尽管这位中国员工可能心里对未来有着宏伟的蓝图，但是他所处的文化背景主张克制情绪和情感。因此他在回答美国上司的问题时，没有直接说出自己的想法，而是谈了很多与公司未来发展有关的事，在他看来自己的做法是完全符合社会规范的，是谦虚的表现，并且认为将自己的未来与公司的未来紧密相连有利于保持组织的和谐。这在中国人看来是再正常不过的了，直截了当地说出自己的薪水目标或是职位目标反而会被认为是具有野心的表现。此外，中国人评价一个人，往往是看他究竟做了什么，而不是看他说了什么。不论他把自己的理想、抱负描绘得何等宏伟，也不论他把自己的能力、素质说得如何天花乱坠，如果最后他做不到，这一切都只能成为别人的笑柄。

美国人一向很直接明了，这也是他们一贯的思维方式。从美籍经理询问这位员工对于自己未来五年发展的打算，即想要在飞利浦做到什么样的职位可以看出，美国人注重个人在企业的发展状况。通过个人才华的施展和努力来取得企业的辉煌业绩和达到理想目标，这也许与美国一贯提倡的个人主义有着莫大关系。他们重独立、多坦率，等级和身份观念较淡薄，认为追求个人的利益是天经地义、无可厚非的，他们对中国式的重礼仪、重身份和多委婉却视为假装和缺乏真诚。美国文化提倡大胆直接表露自己的想法。在该案例中，美国的人力资源经理认为直截了当地说出自己的期望和要求并无不妥，反而是真诚和自信的表现，有利于中国员工实现人生的成功。相反，中国员工习惯委婉的表达方式，认为直接说出自己的要求会显得不礼貌和唐突，他对于美国人的直白也很是不满。

➡ 文化沟通

由于谈话的不愉快使得美国经理和中国雇员都对彼此颇有微词，虽然美国经理的本意是想通过谈话了解这位中国雇员对于自己事业发展的规划，今后适时可能提拔他。值得一提的是，案例中的另一名人力资源主管贾先生已意识到两人相互误解的原因，并试图向两人解释，但是收效甚微，问题的关键在于这两位当事人。但是如果有一个了解双方文化的中间人适当做出解释，应当是可以缓解甚至是化解文化冲突的。

既然身处于一个国际化的大公司里，必然会面对有着不同文化背景的员工，如果想当然地认为所有人都与自己有着相同的价值观念和社会准则，那肯定是大错特错的。因此首先必须培养文化敏感性，意识到文化的差异性，这对于美国人和中国人都同样重要。

只有了解了不同文化的基本状况，人们才能在与有着不同文化背景的人交往时保持宽容，而不是一概否定、批评。本案例中，中美双方当事人由于对对方的文化缺乏必要了解，因此在发生冲突时就缺乏宽容和耐心。

57 A Misunderstanding between an American Boss and a Chinese Employee 美国上司和中国员工之间的误会

处理好员工和上司之间的关系是一件很棘手的事情。马平是一家合资公司的员工，斯蒂夫是他的美国上司。两个人在公司是上下级的关系，但平日里是很好的朋友。有一天，公司内部的一次会议使他们的关系发生了微妙的变化。来自不同国家的两个人面临着什么样的矛盾呢？

案例

Case description:

Ma Ping works in a joint venture company as an executive in China. His boss is an American named Steve. They are good friends. Once, at a meeting with mostly Chinese participants including Ma Ping, Steve didn't receive many different ideas when asking for any suggestions on his new project. So he took it for granted that his new project would be quite satisfactory to everyone present at the meeting and decided to implement the plan.

But to his great surprise and puzzlement, after the meeting, Ma Ping came to his office and told him that there were problems with the project, and the project might not work properly. This time, to Ma Ping's surprise, Steve didn't seem happy, and even got annoyed with this.

(***Source:*** http://www.tvu.sh.xj.cninfo.net/.)

Case in Chinese:

马平在一家中美合资公司任部门经理。他的上司是美国人，叫斯蒂夫。他们私底下是好朋友，关系很好。有一次，斯蒂夫召开了会议，讨论一项由他构思的新方案。会议的参加人员大部分是中国经理，马平也参加了这次会议。会上，没有人提出任何异议。因此，斯蒂夫以为每个人都对该方案满意，并决定加以执行。令他惊讶的是，马平会后来到他的办公室，告诉他方案存在一些问题，认为该方案不太可行。斯蒂夫显得很不高兴，这令马平纳闷，不知道自己做错了什么。

讨论

Questions for discussion:

1. What did Steve expect from the participants on his new project at the meeting?
2. What proper explanation could you give for Ma Ping's behavior?
3. Suppose you are the person who knows both of them quite well, could you please give some advice to both of them so that they could understand each other well?

分析

矛盾冲突

美国上司和中国员工之间不同的交往方式造成了两者之间的困惑。

原因分析

在本案例中，美国上司和中国员工之间产生了一个误会。该误会是不同的交往方式引起的，更深入地说，是两种不同的习俗文化引起的。在本案例中，斯蒂夫和马平是上下级的关系，而私底下是朋友。斯蒂夫在会议上提出了他的方案，征集大家的意见。马平虽然不太同意斯蒂夫的计划，但没有当场表明异议，而是会后单独找斯蒂夫说明。马平的身上体现着中国文化的特点。中国偏向集体主义文化。集体主义文化要求人们维护集体内部的团结和和谐，尽量避免矛盾和冲突。当某个人有不同的看法时，一般都不会当众表露，而是通过间接、含蓄的方式表达自己的想法。而斯蒂夫身上体现的是美国文化。不管是处理一件事情还是和人交往，美国人都喜欢直截了当的方式。如果你有不同的观点，就要当面说出来，否则别人会认为你完全同意他们的观点。因此，当没有人在会议上提出异议时，斯蒂夫就理所当然地认为方案得到了一致的同意。马平事后的态度转变令他很困惑。

此外，本案例也体现了两种文化对面子的不同理解。在中国文化，面子等同于至高无上的尊严，是非常重要的东西。即使本人不情愿，也要给别人面子，因为给别人面子，也就是给自己面子。当时在场的人员大部分都是中国人，马平非常清楚如果自己公然反对斯蒂夫的计划就是不给他面子。所以，虽然马平不赞同斯蒂夫的计划，但他没有在会议上直接表明。他认为这样做是在替斯蒂夫保留面子，但是斯蒂夫不能理解马平的这种会前一个态度会后另一个态度的做法。

文化沟通

斯蒂夫和马平应该加强对彼此文化的了解。作为马平的朋友，斯蒂夫可以坦然地问马平没有当面表态的理由，这样马平就有机会说明他的好意，斯蒂夫也可以向马平说明他的想法。通过这次教训，斯蒂夫也可以在公司内制定一套有关会议发言权的规定。

58 The Corporation between the Japanese and the German 日本人和德国人的合作

日本人和德国人合资办企业，在协商、会议的过程中却对对方的做事方式感到不满，他们应该如何沟通才能跨过这些障碍，最终达成一致呢？

案例

Case description:

In 2001, two famous international companies, one Japanese, the other German, signed a joint venture agreement to develop, produce and launch a product that had the potential to capture a new market. The joint venture would combine the marketing skills of one company (the German side) with the technology and design skills of the other (the Japanese side).

To the management of both, it must have seemed a perfect business marriage. Within weeks of the deal being signed, a group of Japanese design engineers was sent to Bavaria to work alongside a German team of similar size and expertise. The energy and enthusiasm surrounding the deal was infectious.

But, within a few days of their arrival, the Japanese engineers were in a state of shock. They found their German collaborators rude, inconsiderate and lazy. The Germans interrupted during meetings and presentations, and showed no interest in reaching consensus through the numerous "pre-meetings" which are an integral part of Japanese business culture. The Japanese were uncomfortable with the German way of arguing everything out in front of everyone. For the Japanese, the chance of losing face was just too big. They also disliked that the Germans showed their willingness to go home, even when tasks were unfinished.

As for the Germans, they were equally unhappy with the Japanese, many of whom seemed unable to speak English, supposedly the common language of the team. The Germans complained that even those who could speak it didn't state their opinions clearly and frankly. The Germans found the Japanese inscrutable—wholly mysterious, incomprehensible, and the Japanese found the Germans equally difficult to understand.

Such situation lasted for several months. During this period of time, all the bad factors kept on accumulating. Finally, eighteen months later, the two sides could hardly speak to each other. They expressed opinions that can only be described as racist. Communication broke down completely. The team was disbanded.

(***Source:*** Utility Week[J]. 2005, 23(1). Sutton: Utility Week, 2005-01-08.)

Case in Chinese:

在 2001 年，两家著名的跨国公司(其中一家是日本公司，另一家是德国公司)，签署了一项建立合资企业的协议，开发生产一种具有市场潜力的新产品。合资企业将发挥德国企业的营销技能和日本企业的技术和设计能力。

对于双方的管理者来说，这都像是一桩天作之合的婚事。协议签署几周之后，一批日本设计工程师被派往巴伐利亚与德国小组一起工作，德国小组有着相近的人数和专业知识。他们对这笔交易付出了巨大的精力和热情。

但是到德国没几天，日本工程师们就处在了一种震惊的状态。他们发现他们的德国同事非常粗鲁，考虑不周，而且懒惰。德国人在开会和演示的时候打断别人，而且对于通过很多的“会前”会议达成一致毫无兴趣，而这恰恰是日本商业文化一个不可缺少的部分。日本人对于德国人在每个人面前把事情谈开的方式感到非常不舒服。对于日本人来说，这很有可能让自己或者别人丢面子。他们也不喜欢看到德国人即使任务没有完成，也照样回家。

而德国人对日本人也同样感到不满。许多日本人不能说英语，而英语是通用的商务语言。德国人抱怨即使那些会说英语的人也不能清楚而坦率地说出自己的观点。总之，德国人总觉得日本人难以了解，显得神秘，不可捉摸，而日本人也同样觉得德国人不可理喻。

这样的状况持续了几个月，在这期间，所有的不利因素越积越多。最后的结果是，18 个月后，双方都无法交谈，双方的观点都带有种族主义色彩。双方的交流完全被破坏，合作小组也因此解散。

讨论

Questions for discussion:

1. What are the ways that the Germans and Japanese use to reach an agreement? Why are they different?

2. Why are the Japanese and Germans different in offering their opinions?
3. How could these conflicts be solved?

分析

➡ 矛盾冲突

读完整个案例后，我们不禁会问，这两方之间的问题究竟出在哪里？答案是当两个来自不同文化的团队或个人由于工作原因突然碰到一起时，双方都本应该意识到可能出现的各种状况。

然而不幸的是，案例中的双方都没有留意可能出现的问题。就目前而言，在做出跨国的兼并收购，或者成立合资公司及签署许可协议时，公司的高层管理者仍然没有对各种文化的不同具备足够的重视。同时，那些机构投资者及分析专家也不把这种文化差异看得十分重要。然而，很多事实证明文化差异是导致许多跨国合资公司失败的主要原因。

很少有组织愿意费心去关心那些非常细小的事情。比如，身处基层的人如何组织会议，如何做出决策，如何解决问题，如何管理工作人员以及如何沟通各种计划。然而来自不同文化的人在处理这些事情时方法是非常不同的。问题就在于代表每种文化的一方都认为自己的方法才是“正常”的。人们不禁开始想到：我们能相信那些来自其他国家做事方法很奇怪的人吗？

➡ 原因分析

在本案例中，日本和德国公司任何一方都不愿意试图理解对方的文化态度及行为。

就日方而言，所有的工作人员都是第一次来到德国，必然会存在某种程度的“文化冲击”。究竟什么是“文化冲击”呢？就像时差这个词一样，所有人都能意识到它所产生的结果，然而并不是所有人都知道造成它的原因。“文化冲击”这个词首先是由一位名叫奥伯格（Oberg）的人类学家于1958年提出的。他指出“文化冲击”包含以下六个特征：

1. 由于要对不同的饮食、不同的语言和货币做出必要的心理调整所带来的紧张感；
2. 存在一种失去朋友、原有的身份和职位（如一台电脑或者一位秘书）的感觉；
3. 由于自己或者他人与众不同的行为方式而抗拒他人或者被他人排挤；
4. 对自己的角色及角色期望、价值、感受以及个人存在感的混乱感，不太确定日常生活中许多情景下该怎么办；
5. 当意识到文化差异时所产生的惊奇、焦躁甚至是厌恶和愤慨的感觉，特别是那些仪式化的事件，如饮食或者斋戒沐浴；
6. 当不能像在家处理问题那样有效时所产生的无能感。

作为初到国外的新人，日方工作人员遇到“文化冲击”问题感到一些不适并需要一些时间去适应新环境，这是很自然的事情。德方工作人员应该注意到这一点并且表现得更宽容一点。除此之外，东西方文化之间确实存在着巨大的差异。比如，当一个日本人说“是”的时候，他的意思是“我听明白你说话的意思了”——他的意思并不一定是“我同意你的说法”。他不会说“不”，他会说“这样可能很难”或者“我必须再仔细想想”，然后很委婉地转移这个话题。“文化冲击”现象加上历史遗留的文化差异，合理地导致了上述案例中不愉快的结果。

更为重要的是，没有人曾经试图让双方讨论一下彼此的不同点及相同点。比如，日德双方都希望准时的和明确细致的工作日程。整个团队没有机会建立一种一起工作的最好模式。

文化沟通

不同类型的跨文化问题需要有不同的解决办法。但针对这个案例，解决的方法是向主要的人事部门提供一种语言和跨文化问题相结合的培训，或者是为跨国团队召开相应的会议，帮助团队成员了解他们与新同事文化上的共同点与不同点。这些工作可以为团队成员在思考如何最默契的合作问题时提供有益的视角，而且在执行过程中，也可以使用一些其他的辅助手段。我们可以开设一些跨文化课程，尽量使工作人员意识到“我们做事情的方法和那边工作人员的并不一定相同”。

举例说明，法国雷诺公司在和日本尼桑公司合作时，很早就决定要在公司各层开展有关跨文化、团队建设方面的培训，以及为经理层提供顾问服务。他们要确保大多数法方工作人员对于日本合作者的文化传统和期望有很好的理解。在过去的四年时间里，雷诺公司有超过 1 550 名员工接受了有关日本企业文化方面的 140 门课程。而且自从 2002 年以来，日本尼桑公司的员工也相应地开始接受有关法国文化的培训。与上文中日本和德国合作的案例不同，雷诺-尼桑的合作是非常成功的。

只有当你意识到自己并不是一位中立的观察者，而是从一开始就带有许多根深蒂固的偏见这一点时，你才能够合适地处理文化差异。事实上，这些并没有什么可觉得丢脸的，我们都受到我们所在文化的影响。

人们建立跨文化自觉性需要经历四个关键阶段。

第一步，你需要了解自己。你必须意识到你所认为“正常”的行为究竟包含哪些方面。你的价值观是什么？你如何看待整个世界？在社会和商业环境中，你认为什么行为和观念是标准的？当然，你认为的标准并不一定是真正的客观标准，仅仅是你的想法而已。但在过渡到下一阶段之前，你需要了解这些。

第二步，你需要了解来自不同国家的合作伙伴所认为的标准包括哪些因素。我们可以从三个方面来分析此问题，即因素、态度和行为。意思是许多因素（如地理的、人口的、历史的、宗教的、教育的、经济的因素）形成你的态度，这种态度又支配着你所面对的来自特定文化的人的行为。

在考虑自己和他人可能持有的态度时，应特别注意以下几个问题。

时间。守时以及严守截止日期究竟有多重要？

真相。人们对待诚实、正确与错误的态度是什么？

关系。一个例子就是人们如何看待比自己年长或者地位高的人？

人文环境。人们对待风险的态度是什么？他们认为自己有自由选择权吗？

沟通。他们喜欢坦白与直率的方式吗？

所有人，即使来自同一个国家，看待这些问题都有不同程度的差异，但总体上来说，来自同一个国家的人会在文化和态度方面表现出某些共同点。仔细发现这些共同点，对于建立一种对所考察国家的文化观念和态度的全局把握是非常有用的。

第三步，你需要了解对方如何看待自己。了解来自其他文化的人如何看待自己和自己的文化是十分必要的，特别应该留心那些可能的负面看法。

第四步，在保持自己价值观的前提下调整自己适应他国文化。但是，你应该做一种有意识的努力，使用一种不傲慢的方式。如果你想要和来自其他文化的人一起有效率地工作，就需要改变自己的沟通方式。

59 MoTo: Coming to the U.S.
木拓初到美国

木拓初到美国的感觉很好，他对与美国合作伙伴的会面充满信心，然而，从见面的那一刻起事情就不顺利……

案例

Case description:

MoTo arrived in Chicago in the middle of winter, unprepared for the raw wind that swept off the lake. The first day he bought a new coat and fur lined boots. He was cheered by a helpful salesgirl who smiled as she packed his lined raincoat into a box. Americans were nice; MoTo decided. He was not worried about his assignment in America. The land had been purchased, and Moto's responsibility was to hire a contracting company and check on the pricing details. The job seemed straightforward.

MoTo's firm, KKD, an auto parts supplier, had spent one and a half years researching American building contractors. Allmack had the best record in terms of timely delivery and liaisons with good architects and the best suppliers of raw materials. That night MoTo called Mr. Crowell of Allmack, who confirmed the appointment for the next morning. His tone was amiable.

MoTo arrived at the Allmack office at nine sharp. He had brought a set of kokeshi dolls for Crowell. The dolls, which his wife had spent a good part of the day picking out, were made from a special maple in the mountains near his family home in Niigata. He would explain that to Crowell later, when they knew each other. Crowell also came from a hilly snowy place, which was called Vermont.

When the secretary ushered him in, Crowell stood immediately and rounded his desk with an out-stretched hand. Squeezing MoTo's hand he roared. "How are you? Long trip from Tokyo. Please sit down."

MoTo smiled. He reached in his jacket for his card. By the time he presented it, Crowell was back on the other side of the desk. "My card," MoTo said seriously.

"Yes, yes," Crowell answered. He put MoTo's card in his pocket without a glance.

MoTo stared at the floor. This could not be happening, he thought. Everything was on that card: KKD, MoTo, Mochio, Project Director.

KKD meant University of Tokyo and years of hard work to earn a high recommendation from Dr. Iwasa's laboratory. Crowell simply put it away.

"Here," Crowell handed his card.

"Oh, John Crowell, Allmack, President," MoTo read aloud, slowly trying to recover his equilibrium. "Allmack is famous in Japan."

"You know me," Crowell replied and grinned. "All those faxes. Pleased to meet you, MoTo. I have a good feeling about this deal."

MoTo smiled and laid Crowell's card on the table before him.

"KKD is pleased to do business with Allmack," MoTo spoke slowly. He was proud of his English. Not only had he been a top English student in high school and university, but he had also studied English in juku (an after-school class) for five years. As soon as he received this assignment, he took an intensive six-week course taught by Ms. Black, an American, who also instructed him in American history and customs.

Crowell looked impatient. MoTo tried to think of Ms. Black's etiquette lessons as he continued to talk about KKD and Allmack's history. "We are the best in the business," Crowell interrupted. "Ask anyone. We build the biggest and best shopping malls in the country."

MoTo hesitated. He knew Allmack's record—that's why he was in the room. Surely, Crowell knew that. The box of kokeshi dolls pressed against his knees. Maybe he should give the gift now. No, he thought, Crowell was still talking about Allmack's achievements. Now Crowell switched to his own achievements. MoTo felt desperate.

"You'll have to come to my house," Crowell continued. "I live in a fantastic house. I had an architect from California build it. He builds for the stars, and for me." Crowell chuckled.

"Built it for my wife. She is the best wife, the very best. I call her my little sweetheart. Gave my wife the house on her birthday. Took her right up to the front door and carried her inside."

MoTo shifted his weight. Perhaps if he were quiet, Crowell would change the subject. Then they could pretend the conversation never happened. "MoTo-san, what's your first name? Here, we like to be on a first name basis."

"Michio." MoTo whispered.

"Michio-san, you won't get a better price than from me. You can go down the block to Zimmer or Casey, but you got the best deal right here."

"I bought you a present," MoTo said, handing the box of kokeshi dolls.

"Thanks," Crowell answered. He looked genuinely pleased as he tore open the paper. MoTo looked away while Crowell picked up a kokeshi in each hand. "They look like Russian dolls. Hey, thanks a lot, my daughter will love them."

MoTo pretended that he had not heard. I will help by ignoring him, MoTo thought, deeply embarrassed.

(***Sources:*** David C. Thomas. Readings and cases in international management—a cross-cultural perspective[M]. California: Sage Publications Inc., 2003.)

Case in Chinese:

木拓隆冬时节到达芝加哥，对于湖面吹来的料峭寒风毫无准备。第一天他买了一件新外套和毛里的靴子。一个售货女孩微笑着帮他把衬里的雨衣叠好放在箱子里，她的帮助使他很高兴。美国人很好，木拓做出了判断。他不再为自己在美国的任务担心了。土地已经买好了，木拓的任务是去找一家工程分包公司，并且核实详细价格。工作似乎一切顺利。

木拓所在的公司 KKD 是一家汽车零部件供应商。这家公司已经花了一年半的时间调查美国的建筑分包商。Allmack 在及时交工方面有着最令人满意的历史记录，并且和优秀的建筑师以及最好的原料供应商保持联系。这天晚上木拓打电话给 Allmack 的克伦威尔先生，并确定了第二天早晨的见面。他的语气十分和善。

木拓 9 点整到达了 Allmack 的办公室。他给克伦威尔带了一套日本传统的 kokeshi 手工艺娃娃作为礼物。这些娃娃是他的妻子花了一天的时间精心挑选的，制作的材料是他家乡新泻附近大山里的枫树。他打算在他们互相认识后，把这些介绍给克伦威尔。克伦威尔家乡佛蒙特州也有白雪覆盖的小山。

秘书把他带进办公室，克伦威尔立刻站起来，伸出手绕到桌子前面，使劲握着木拓的手大声地说："你好啊！东京的远道来客。快请坐！"

木拓微笑着，他把手伸进夹克衫里摸到自己的名片。在他递出名片之前，克伦威尔已经回到桌子的另一边。"这是我的名片。"木拓严肃地说。

“好，好。”克伦威尔答应着。他看也没看就把木拓的名片装进了自己的口袋。

木拓盯着地板。他想，事情不应该是这样的。所有的东西都在上面。“KKD，木拓，Mochio，项目主管。”

KKD 意味着东京大学的名气和经过多年的苦读才换来了 Iwasa 博士实验室的大力推荐。克伦威尔只简单地把它搁在一边。

“给。”克伦威尔递上了他的名片。

“啊，约翰·克伦威尔，Allmack 公司，总裁，”木拓慢慢地大声读着，努力表现得很冷静，“Allmack 在日本很出名。”

“你认识我啊，”克伦威尔笑着回应。“通过那些传真。很高兴认识你，木拓。我对这笔生意感觉很好。”

木拓微笑着把克伦威尔的名片放在他面前的桌子上。

“KKD 很高兴和 Allmack 做生意，”木拓慢慢地说。他对自己的英语很骄傲。他不仅在高中和大学里是英语的尖子生，课外还报名学了五年的英语。他接到这项任务时，还上了六周的强化课，美国教师布莱克女士还教了他美国历史和文化习俗方面的知识。

克伦威尔显得有点不耐烦。木拓努力回忆着布莱克小姐关于礼仪课的内容，同时继续讲述 KKD 和 Allmack 的历史。“我们在业务上是最好的，”克伦威尔打断了他，“你随便问一个人，我们盖了美国最大最好的商城。”

木拓犹豫了一下。他知道 Allmack 的历史，所以他才在这里。当然，克伦威尔也知道。装着 kokeshi 娃娃的盒子沉沉地压在他的膝盖上。也许，他应该现在把礼物拿出来。不，他又一想，克伦威尔还在说 Allmack 的成就。现在，克伦威尔已经开始说他自己的成就了。木拓感觉已经筋疲力尽。

“你一定要去我家看看，”克伦威尔接着说，“我住的房子棒极了。是一个来自加州的建筑师建造的。除了我，他还给明星们建造房子。”克伦威尔开心地笑着。

“是为我妻子盖的房子，她是最棒的妻子，非常的棒。我叫她我的小甜甜。我在她生日那天送给她这座房子。我带她到前门，直接抱她进屋。”

木拓换了一下坐的姿势，也许见到他不说话，克伦威尔会改变话题。然后他可以假设这场谈话从未发生过。“木拓先生，你的名字是什么？我们这里主要是以名字称呼。”

“Michio，”木拓低声说。

“Michio 先生，你将会从我这里得到最好的报价。你可以在这一带打听一下，看看 Zimmer 或者 Casey，但是你在我这里最合适。”

“我给你带了一件礼物，”木拓说着递上了装手工娃娃的盒子。

“谢谢，”克伦威尔答应着。当他撕开包装纸时看上去真的非常高兴。当克伦威尔一手拿起一个娃娃时，木拓把目光移向别处。“他们看上去像俄罗斯娃娃。嘿，非常感谢你，我女儿会喜欢他们的。”

木拓假装没有听到。他想，“我不在乎就好了。”可是他心里非常尴尬。

讨论

Questions for discussion:

1. Please find and list the unpleasant episodes in the meeting between MoTo and Crowell.
2. Why did MoTo feel embarrassed?
3. What are your suggestions to MoTo and Crowell?

分析

矛盾冲突

木拓与他的美方合作者克伦威尔在美国的会面充满了不协调，案例中出现了几个不和谐的片断。两人对名片的态度完全不同，克伦威尔对木拓递给他的名片看也没看就放进口袋，而木拓则认真地读出名片的内容，并把名片放在自己面前的桌面上。木拓按照自己的习惯对 Allmack 及克伦威尔表示赞赏，可是克伦威尔对这种赞赏表示不耐烦，一再强调自己公司的成就，以及自己的成就，并转向自己的家人和私生活。之后，克伦威尔又直呼木拓的名，当着木拓的面拆开礼物，而且很随意地进行评论，他的行为使木拓很难堪。

原因分析

这种不愉快的会面源于双方对日本和美国商务礼节上的一些细节不熟悉，如递送名片、话题、称呼、收送礼物的礼仪方面。中国、日本和中东一些民族比较重视商务会面中的礼节礼仪，对一些细节有着自己的习惯和严格的要求。而美国文化中，人们喜欢轻松、随意的氛围。首先，日本人很重视第一次见面时交换名片，通常会仔细阅读名片，表示对对方的尊重并就名片内容讲一些赞扬对方的话。而美国人不同。本案例中双方虽然是第一次见面，但在此前双方已有通信，所以克伦威尔对名片并未在意。而克伦威尔对公司和自己的成就很有信心，因此对木拓赞扬自己和公司的客套话很不耐烦，而对 KKD 并未做任何的赞扬，这使木拓很意外也很尴尬。克伦威尔谈到了自己的家庭，这是美国人常用的方法以此拉近与合作伙伴木拓的距离。但在木拓看来，工作中谈家庭生活是不合适的。在美国同事间称呼名字是很正常的事，但在日本同事之间一般称呼姓以示尊重。美日在收送礼物的礼节上也不同。日本人不会当面打开礼物，而是在客人走之后拆开。在美国则一定要当面拆开礼物，并对礼物进行一些评论，表示喜欢和感谢。这些习惯的不同完全出乎木拓的意料，使他更为尴尬。

文化沟通

这个案例提醒我们，在商务会面中，不同的文化背景可能会有不同的礼仪礼节，会体现在见面的各个细节中。因此，本案例中在见面之前双方应该根据交流的需要尽量了解一些美日商务礼仪上的不同，以避免细节问题影响整个商务合作。

60 James Whalen: Mired in Communication
沟通问题给詹姆斯·沃伦带来的困扰

沃伦的公司有很多技术人员，他们具备各种各样的专业技能，却并不善于相互交流，这已经严重地影响了公司的运作，但谁也不知道该怎么办……

案例

Case description:

James Whalen is an engineer who works with electronic medical imaging products, for example, MRI equipment. Whalen's company has a high ratio of technical employees who have the various skills to carry out the development of sophisticated electronic products. However, according to Whalen, these persons do not have any intelligent notion regarding how to communicate within an organization. Whalen believes that his company is overwhelmed with communication-related issues that neither he nor anyone else in the company knows how to assess or remedy.

The most prevalent formal communication tool used for interdepartmental communication within the company is a memo—either an electronic one or a printing one. There are few face-to-face interactions of any sort. When customers contact the organization they typically fax their communication. Many customers are foreign nationals with little or no background in the primary language used in Whalen's company, which is English.

There is an extremely high level of stress in the workplace, with a variety of causes including short development schedules, logistical problems caused by working with offshore customers, and an ever-increasing burden of paperwork required to satisfy regulatory requirements. It is not unusual for tasks to be assumed by multiple individuals unknown to one another, causing a sort of "keystone cops" duplication of efforts. The fact of the matter is that the messages that inform Whalen and his colleagues of what they have to do are haphazardly distributed.

To further exacerbate the problem, many individuals in Whalen's department, as is the case throughout the company, are natives of foreign countries, who are struggling with the English language. Sometimes receivers simply do not understand precisely what they need to do, who is to do it, what needs to be done, or deadlines for completion. Informal interaction is restricted in part, because people who are comfortable speaking their native tongue tend to use their primary language with others with similar backgrounds. There are times when the company sounds like the Tower of Babel.

Another of Whalen's problems relates to subordinate-superior interaction. He reports that there is no formal path to superiors. Most often when subordinates communicate with superiors they tend to write short notes or use electronic mails. Frequently, these types of communications generate no response from the superior.

Finally, Whalen reports that one of the supervisors in a related department has extremely poor communication skills. This person listens only when he wants to—for example, he will ask questions, then turn and quickly walk away without waiting for a reply. This supervisor, whom Whalen characterize as Type AAA personality, is a direct report to the CEO. It is not unusual for the supervisor to take a call while conversing with another, leap from his chair, and head for the "from office" at a dead run—apparently oblivious to the effect this behavior has on the person with whom he had been talking.
(***Source:*** ALAN Z. Organizational communication with info trac: foundations for business & collaboration[M]. New York: Thomas Learning, 2005.)

Case in Chinese:

詹姆斯·沃伦是核磁共振成像设备等电气医疗成像设备方面的工程师。沃伦的公司有很多技术人员，在精细电气设备制造上，他们具备各种各样的专业技能。但是，沃伦认为，这些技术人员在内部沟通上却毫不擅长。沃伦认为沟通问题已经影响了公司的运转，但是公司里没有人知道怎么去评价和解决沟通问题。

各部门间最常用的正式沟通工具是电子的或书面的便笺，面对面的互动沟通方式很少。最常见的客户沟通方式是传真。沃伦公司的主要语言是英语，但许多客户是外国国籍，英语知识很少或根本没有。

工作压力巨大，原因是各种各样的。比如，短期发展计划，与近海客户交易中的物流问题，法规要求的日益增多的各种文件。分工的无计划性使分工模糊，导致多人做一份工作，重复工作严重。

正如整个公司的情况一样，沃伦部门的许多员工是国外移民，英语不熟练，这使问题进一步恶化。有时候，信息接收者不能准确理解他们需要做什么，或者工作应该由谁来做，或者工作的最后期限。外语不好的员工倾向于和有类似背景的其他员工用母语交流，这在一定程度上限制了日常沟通。有时候公司交流听起来像巴别塔，什么语言都有。

沃伦公司的另一个问题是上下级沟通问题。他在报告中提出，下级没有正式的渠道与上级沟通，主要手段是电子邮箱或便笺，而且这种方式一般得不到上级的回应。

最后，沃伦在报告中指出，有一个相关部门的领导沟通技巧极差。他只在想听的时候才听，比如，他问问题时，不等回答转身就走开了。沃伦把这个领导的性格定义为 AAA 类型。这个领导直接向 CEO 汇报工作。他常常在与别人谈话的时候接电话，然后从椅子上跳起来，飞快地冲向来电人的办公室，完全不顾他的举动对另一个谈话人造成的影响。

讨论

Questions for discussion:

1. What problem did Whalen find in his company?
2. What are the communication-related issues in the company?
3. What should the company do to overcome those problems?

分析

矛盾冲突

詹姆斯·沃伦是一个医疗器械公司的工程师，他的公司里有很多从事电子产品开发的技术员工，但是沃伦发现这些员工不懂得怎样与他人交流。在交流方面存在的问题，他和公司里的其他人都不知该怎样解决。

员工间面对面的交流很少，部门间最常用的交流方式是备忘录。许多客户是外国人，并不擅长英语，他们一般只能发传真和公司联系。由于员工间缺乏沟通，经常造成重复工作。公司里还有许多外籍员工，他们英语都不太好，有时连分配的任务都听不懂，而且来自同一国家的人通常聚在一起说本国话。

上下级的交流也有问题，下级通常写纸条或发电子邮件给上级，而上级经常不回信。还有一个部门的主管沟通能力非常差，他只在想听的时候听别人说话，而且只对 CEO 负责，有时他会在交谈中接到一个电话，然后径直走向总裁办公室，把和他交谈的人晾在一边。

原因分析

员工间交流的贫乏与不畅主要是所使用的语言的不同造成的，由于员工来自不同的国家和地区，使用不同的语言，有着不同的文化背景，这给他们的交流带来了一定的障碍。出于方便和习惯考虑，他们都习惯使用自己的母语同与自己有相同文化的员工交流，这就把公司员工分成了许多小团体，各个小团体之间的交流很少。整个公司也缺乏对沟通交流重要性的认识，员工们的交流不积极不主动，造成了信息流通不畅，给公司业务的发展造成了很多的不便。表面上看是语言上的不同造成了他们沟通上的困难，但问题的实质在于文化差异。惟有建立有效的沟通渠道，如固定的正式例会和非正式的活动，才能增进了解，跨越文化差异造成的障碍。

上下级缺乏有效的交流渠道，上级对下级所传达的信息并不重视，缺乏沟通意识，个别主管在沟通和交流方面存在严重的问题。对沟通重要性的意识需要长期的培养，不是短期能够改变的，但是公司的最高领导首先要认识到这个问题，然后自上而下地推行相关制度，经过长期努力才能奏效。

➡ 文化沟通

公司之所以出现这么多沟通方面的问题，与整个公司缺乏对沟通重要性的认识是分不开的。因此，公司领导首先要增强对沟通和交流的重要性的认识，带动督促手下的员工主动及时地沟通，使得整个公司形成和谐的沟通氛围。为了提高整个公司的沟通意识，有必要让员工参加相关培训，增强沟通意识，掌握沟通技巧。其次公司要建立合适的沟通渠道，使得信息得以顺畅地流通，如可以开辟专门的时间、场地让员工和上级之间进行面对面的沟通。

使用语言的不一致也是造成沟通障碍的重要原因，公司有必要规定统一的工作语言，在工作期间强制使用工作语言。对在语言上有困难的员工，公司可以对他们进行语言培训，帮助他们通过语言关。

61 The Chinese Company Adapting to the Islamic Culture and Customs
中国公司如何适应伊斯兰文化习俗

来自中东的迪拜代表团对中国的H公司产品颇感兴趣，但经过几天谈判之后，他们决定和H公司的竞争对手C公司签订合同，是H公司的产品质量有问题，还是……

案例

Case description:

Company H is a large company and its products are among the best of the same line in China. They have already extended their business into several regions overseas, however, the Middle East remains blank, as they have no experience in doing business with Arabs.

One day, a delegation from Dubai (a country in the Middle East) visited Company H. Mr. L, the chief representative of the company, received them. As the delegation was interested in the company's products, both sides sat down for a negotiation on the products.

As the negotiation went on, Mr. L felt confused and bored because the Arabs asked for a break every hour. Then they went to the toilet to wash their hands and faces. When they came back, they knelt down to pray. As there was no towel in the toilet, the Arabs prayed with wet hands and faces. Mr. L found himself in a dilemma, because he did not know whether he should withdraw from the scene or not.

When it was time for lunch, the Arabs were treated to a rich dinner. When everyone was seated, the waitress started introducing the different dishes in English to the Arab visitors. They all looked surprised and pleased at the variety. But this did not last long. When the waitress mentioned some specially cooked pork, the smiles disappeared from all those visitors' faces and all of them looked blue—no one said a word. Quickly they stood up and left the dinner table without bidding farewell to anyone, though there were some important Chinese local guests present. The same day, this Dubai delegation left the city without notifying Company H.

A few days later, the bad news reached Mr. L—his Dubai delegation had signed a contract with their competitor—company C, and the contract was the very one which was being negotiated between Company H and that Dubai delegation. Mr. L was blamed by his boss for losing the opportunity to their rival's hand.

Three days later, Mr. L took the following actions:

1. Start a training program for all waitresses and persons involved in communicating with Middle East business people, and invite some professors to give lectures on the Islamic culture and customs.

2. Invite some Arabic teachers to teach the waitresses simple Arabic to communicate with the Arabs.

3. Set up a separate dinning room with a special set of dinner dishes for Arabs.

4. Set up a special room close to the meeting room. This room would be used only for praying by those Middle Eastern business persons. In addition, he also put some compasses and small carpets in the room.

5. Prepare some small towels in the toilet for the Arabs to dry their hands on before praying.

Half a year later, Company H had five customers in the Middle East. All of them had visited Company H and were impressed by their understanding and respect for the Islamic culture and habits. Company H has been expanding their market share in the Middle East ever since.

(***Source:*** www.emeraldinsight.com)

Case in Chinese:

H 公司是中国的一家大公司，从企业规模和产品质量上看都是国内同行业中的佼佼者。它的海外市场已经扩展到了世界上的很多地区，但是由于在和阿拉伯人做生意方面没有经验，它在中东地区的业务还是一片空白。

一天，一个来自迪拜（中东一国家）的代表团访问了 H 公司，公司方面派出了 L 先生作为代表接待了该团。由于迪拜代表团对公司产品表示了兴趣，双方便坐了下来就产品进行谈判。

随着谈判的举行，L 先生对迪拜代表在谈判中的要求和表现感到很迷惑，甚至有些厌烦。阿拉伯人每隔一小时就要求谈判中断一下：他们先去卫生间洗干净手和脸，然后回到谈判室跪下来做祷告。由于卫生间没有毛巾，他们做祷告时脸和手都是湿的。这个时候，L 先生会感到特别尴尬，因为他不知道自己是该退出谈判室还是待在原地。

吃饭时间到了，公司为阿拉伯人准备了丰盛的午餐。当代表团成员都就座之后，服务员便开始用英语向他们介绍桌上的菜肴，他们都为这顿即将开始的丰盛午餐感到既新鲜又满意。但是，情况很快就变了。服务员在介绍过程中提到了用特殊方法烹制的猪肉，这时，所有代表团成员脸上的笑容立刻消失了，个个表情愤怒，坐在那儿一句话都不说。接下来发生的是阿拉伯人集体从座位上站了起来，离开了餐桌。虽然当时一起参加午餐的还有当地的一些重要客商，但是迪拜代表团离桌时没有和任何人道别。就在同一天，代表团没有通知 H 公司便离开了公司所在的城市。

几天之后，L 先生收到了坏消息——他所接待的那个迪拜代表团同他们的竞争对手 C 公司签了合同，而合同的内容和他们当时谈判的完全一样。为此，L 先生受到了上司严厉的指责，说工作不力，把好好的机会输给了竞争对手。

三天之后，L 先生采取了下面的措施：

1. 启动了一个培训项目，对象是包括餐厅服务员在内的所有参与对阿拉伯商人进行接待和交流的人员；同时，邀请几位教授开设了伊斯兰文化和习俗的专题讲座；

2. 邀请了阿拉伯语教师对服务员进行语言培训，使他们可以和阿拉伯客商进行简单的直接交流；

3. 开设了一个专门提供阿拉伯菜肴的独立餐间；

4. 在会议室边上开设了一间专为阿拉伯客商举行祷告的房间，里面地板上还铺了小块的地毯；

5. 在卫生间准备了阿拉伯人在祷告前可以用来擦手的小毛巾。

半年后，H 公司在中东已经有了五个客户。所有的这些客户都去过 H 公司，公司在对待伊斯兰文化和习俗上所表现出来的理解和尊敬给他们都留下了深刻的印象。从此，该公司在中东的市场份额便一直持续增长。

讨论

Questions for discussion:

1. What goes wrong during the business negotiation between Company H and its customers from Dubai?
2. What kind of role does national culture play in international business negotiation?
3. What do you think of the actions taken by Mr. L? What should an organization do before negotiating with one from a different culture?

分析

矛盾冲突

案例讲述的是来自中东的迪拜代表团对中国H公司的产品感兴趣，双方开始进行谈判。在谈判过程中，H公司的L先生对迪拜代表团的举动感到非常困惑，而迪拜一方也不满于中方的表现，致使H公司无奈地看着花落他家。

在谈判过程中，迪拜代表团总是隔一小时打断谈判一次，去洗手间洗手和洗脸，然后回来跪在地上做祷告，而H公司的L先生对此不能理解，在商务谈判过程中怎么能花这么多的时间做祷告呢？而迪拜代表团的人也会抱怨在洗手间连毛巾都不准备。

最糟糕的是双方在共进午餐时，餐桌上居然有猪肉，服务员还为此专门进行介绍，迪拜代表团不顾有众多当地重要客人在场，愤然离席，最后和H公司的竞争对手C公司签订合约。之后L先生做了很多弥补工作，包括对公司员工进行阿拉伯文化培训，效果不错。

原因分析

双方谈判之所以会破裂，主要原因是中方不懂阿拉伯的宗教、历史和文化传统。来自两个国家的公司进行谈判不只是解决了语言问题就万事大吉了，更重要的是要了解对方的宗教、历史和文化传统。本案例中，迪拜来自中东地区，信仰伊斯兰教。伊斯兰教对阿拉伯人在经济、政治和日常生活中都有很大影响，他们在一天之中要祷告多次以示对真主的尊重，甚至在重要的商务谈判时也不例外，而中国的L先生却对伊斯兰教在阿拉伯国家经济生活中的影响一无所知，他对迪拜人不时打断谈判显得有点不耐烦。

午餐非常丰富，开始迪拜人对受到的款待也很满意，但糟糕的是餐桌上居然有猪肉，猪在伊斯兰国家被认为是不洁的，信仰伊斯兰教的人是禁止吃猪肉的，这是他们的大忌。H公司犯了这个大忌，迪拜人认为H公司不尊重他们的宗教信仰，所以生气地离开并拒绝和H公司继续合作。

文化沟通

当来自两个不同国家或有着不同宗教信仰的民族进行商务谈判时，双方都应该对彼此的宗教、历史和文化传统有所了解，这才是保证谈判能顺利进行的前提。就本案例来讲，不仅是解决语言问题，重要的是中方公司应该对伊斯兰文化有所了解。谈判失败后H公司的L先生所采取的一系列措施对后来和阿拉伯国家的人进行合作奠定了良好的基础，包括：对即将和阿拉伯商务人员交流的公司员工和服务员进行培训，使他们对伊斯兰文化和传统有所了解；为阿拉伯人准备专门的餐厅，备有专门的食谱；为他们准备专用房间进行祷告，并在洗手间备有毛巾等。这样做显示出公司很尊重对方的宗教信仰，双方合作自然顺利了很多。

62 Diary of an Finnish Exchange Student in France
在法国留学的芬兰学生的日记

案例

Case description:

Maria is a Finnish. While at university, she went to France as an exchange student. Here is an excerpt from her diary.

"I was born and raised in Finland, which is a country of democracy, peace and harmony. In France, I saw the complex social system and working way, the fast pace of life, and I found all the whole French lifestyle that I had never experienced before."

"I had the impression that the French study very hard, especially hard at language and history. When I came to French universities, I saw how students are strict with themselves, emphasize results, and are used to reading a lot. Finns value work and study, and higher education is important, but family, friends and family are more important."

"Finnish and French have many different views on life. For a French person, a home is not just a husband, a wife and children. Cousins, aunts, uncles and grandparents may also live together. In Finland, the family is very small, with only a few people. The French consider having dinner with family or friends an important part of daily life, while in Finland, a large dinner is only celebrated on special occasions such as Easter, Christmas or birthdays. The French lifestyle is more colorful and exciting than that of Finland. Finland respects privacy, space and harmony."

"Even though France is a very egalitarian country, women are not equal as men. Even the students in the school are not equal, and the rich students get privileges and better treatments. You can not study the subjects you like if you are not rich enough. While in

Finland, everyone is treated the same and everyone can learn whatever they want. It's not about money."

Case in Chinese:

玛丽亚是芬兰人。在大学期间，她去了法国做交换生，下面是她的日记节选。

"我出生在芬兰，也生长在芬兰，芬兰是一个民主、和平、和谐的国家。在法国，我见识了复杂的社会系统和工作方式，快速的生活节奏，所有法国人的生活方式是我以前从未体验过的。"

"在我的脑海中我有这样的印象：法国人学习非常努力，特别努力地学习语言和历史。当我来到法国的大学时，我见识到学生是如何竞争的，他们挑战极限，强调结果，习惯于大量阅读。芬兰人很重视工作和学习，他们很重视高等教育，但也认为家庭、朋友对他们更重要。"

"芬兰人和法国人对生活的看法有很多不同。对于法国人来说，家里不仅仅有丈夫、妻子和孩子，表亲、阿姨、叔叔、祖父母也可能住在一起。但在芬兰，家庭却很小，只有几个人。法国人认为与家人或朋友共进晚餐是日常生活中很重要的一部分，而在芬兰，只会在特殊的日子里，如复活节、圣诞节或生日，才会多人共进大餐。我觉得法国的生活方式比芬兰更丰富多彩，还更有激情。芬兰人则尊重隐私，尊重空间，尊重和谐。"

"即使法国是一个非常平等的国家，但是女性与男性的地位并不完全相同。就连学校里的学生也不平等，有钱的学生会得到特权和更好的待遇，如果你不够有钱，就可能没有机会学习到自己喜欢的学科。我对此很震惊，因为在芬兰，每个人都被一视同仁，每个人都可以学习任何他们想学的东西，这一切与金钱无关。"

（***Source:*** 改编自 Master of Advanced Studies in Intercultural Communication. [2021-07-20]. https://www.mic.usi.ch/adapting-french-culture-cs-en.）

讨论

Questions for discussion:

1. Can you sum up the specific difficulties Maria has encountered?
2. What cultural differences between Finland and France can you find from this case?
3. What have you learned from Maria's experience?

分析

➡ 矛盾冲突

玛丽亚作为芬兰人，在法国经历了些文化冲击，这些冲突主要可以概括为以下几点。

第一，玛丽亚认为法国的社会和工作方式都很复杂，生活节奏也很快。她认为相对于法国人来说，芬兰人更强调家庭和朋友的重要性，并不只关注学习和工作。

第二，法国家庭较大，他们会花费大量时间和家人相处，他们享受丰富多彩且富有激情的生活。芬兰家庭较小，他们只会在节日才会和家人共进大餐。

第三，法国男女不平等，学生也会因为地位和财富而不平等。芬兰更倾向于一视同仁，女性也能成为领导人，贫富差距并不会让人低人一等。

➡ 原因分析

首先，根据霍夫斯特“男性取向与女性取向”的文化维度来分析，相对于法国来说，芬兰文化更有“女性化”倾向。霍夫斯特提到的女性角色，如家庭和孩子、温柔的特点都是芬兰文化的一部分。对于芬兰人来说，家庭是举足轻重的。男人和女人都要照顾孩子，还要做其他家务。芬兰的女性特质也体现在男女在工作生活和私人生活中的平等，如芬兰前总统塔里娅·哈洛宁是一位女性。根据霍夫斯特的研究发现，法国代表着男子气概，法国人好斗而骄傲，与墨西哥或西班牙等其他拉丁国家一起构成了男性文化世界。总之，法国文化允许男人成为英雄，而女人仍然是脆弱和“娇小”的。

其次，根据霍夫斯特的“个体取向与集体取向”，在法国和芬兰，人们都遵循个人主义，但他们对个人主义的看法是不同的。在法国文化中，个人主义非常重要，他们把自己视为独立的个体，认为自己才是自己生活的主宰，每个人都应该做自己的事情，都应该诚实、坦率地表达自己的意见。大学生不喜欢互相帮助，可能是因为在他们的文化中，在利益面前，先己后人是理所应当的。在芬兰文化中，个人主义也很重要，但方式略有不同，甚至某些方面似乎更倾向于集体主义。例如，芬兰人认为应该保持和谐，避免直接对抗。而且，芬兰人在法律面前人人平等。父母与子女或雇主与雇员之间的关系建立在共同利益的基础上，而不是等级制度的基础上。

再次，法国属于高不确定性规避文化，法国生活节奏很快，高度重视金钱和时间，法国人对一切新鲜事物都持怀疑态度。而芬兰被列为低不确定性规避国家，因为它对一切新鲜事物都有着积极态度，对一切不同事物都有着好奇心。在芬兰文化中，大家都可以接受模棱两可的情况，人们习惯于承担不熟悉的风险。芬兰人不保守，他们坦然面对每一天，没有压力和消极情绪，他们不会公开表现出攻击性和内心感情，在别人面前隐藏感情是惯例。

关于权力距离，相对于芬兰人来说，法国人的权力距离更大。在法国，大多数企业经理或科学家属于所谓的“精英阶层”，当与比自己级别高的人交谈时，法国人显得很正式，他们会承认等级地位。文章中，玛丽亚感觉到了不平等，是因为芬兰的权力距离没有法国那么明显。平等这一概念在芬兰的价值观中非常重要，这说明芬兰是一个权力距离较小的国家，芬兰人并不很看重权力和地位，他们认为权力较小的人和权力较大的人之间并没有什么差别。

“法国人认为与家人或朋友共进晚餐是日常生活中很重要的一部分，法国的生活方式比芬兰更丰富多彩，更有激情。”这一点用可以用霍夫斯特的“长期取向与短期取向”来解释。在法国，边喝咖啡边长时间讨论、家庭聚会等是非常常见的。法国人富有激情，愿意活在当下。尽管工作时间很长，在开始工作前法国人仍然会花很长时间吃顿午餐、聊聊天，他们做任何事情都要花很多时间，他们的生活更多地建立在快乐之上。

文化沟通

随着国际化进程加快，文化冲击是无法避免的。交流学习的交换生会遇到的文化冲突，在其他场合也可能会成为国际交往的绊脚石。解决这一矛盾冲突的前提就是要理解这一矛盾，来自不同文化的人进行交往，首先要了解对方的文化传统。了解法国的社会复杂，生活节奏快。芬兰人认为家庭和朋友更重要，并不只关注学习和工作。了解法国人生活丰富多彩且激情澎湃，享受生活对于他们来说举足轻重。了解法国会因为性别、财富和地位而遭到不平等的对待，芬兰更会对不同人一视同仁。只有了解了这些矛盾，才能在矛盾发生时解决矛盾。

63 "Square Dancing"—Healthy or Annoying?
"广场舞"和"中国大妈"

广场舞深受中国中老年人的喜爱，无论男女，都表现出了对这项运动的热爱，中老年妇女们尤是如此。这项运动为什么会在西方国家被贴上了负面标签?

案例

Case description:

The living standards of people have registered a remarkable elevation. With their growing needs for fitness and leisure, square dancing has come into being. In view of its particularity of venue, music and function, square dancing is popular among middle-aged women or retired women.

In recent years, square dancing has become a highly discussed social and cultural phenomenon in China. With the increase of rules and regulations of city management, people are forced to dance in parks, squares, parking lots and other places. As a kind of mass sports activity, square dancing has become the main way for middle-aged and elderly people to exercise, and has been participated widely in both urban and rural areas. Especially with the rising of the people's body-building craze, middle-aged and elderly people can improve their physical literacy, broaden their interpersonal communication range, and build their physical and mental health, with the help of square dancing.

At the same time, with the emigration of a large number of Chinese, the Chinese-style square dancing culture has also been "exported" to the world and attracted varying degrees of attention. However, problems also came with the news that a Chinese dama was arrested after being repeatedly accused of disturbing the public while practicing dancing in New York's Sunset Park, which instantly made the "Chinese Dama's square dancing" get "international attention". *Economist* even published a story titled "Saving China's Dancing Dama", and *Wall Street Journal* even created a phrase called "Dama", which is a Pinyin word for a Chinese Dama. Since then, the time of "Chinese Dama" and "square dancing" has been notorious.

（***Source:***

[1] 刘冠群，谢济光. 中美文化价值观对比分析——以中国大妈广场舞为例[J]. 教育教学论坛，2014（46）：13—15.

[2] 王萍. 全民健身中广场舞对中老年人健康的作用[J]. 尚舞，2021（09）：94—95.）

Case in Chinese:

随着生活水平的提高，人们对健身和休闲文化的需求不断增长，广场舞应运而生。鉴于其场地、音乐以及休闲健身功能的特殊性，广场舞深受中年人以及退休妇女的欢迎。

近年来，"广场舞"成了国内社会讨论度极高的社会文化现象。由于城镇开发挤压了生活空间，广场舞群体被迫前往公园、广场、停车场等地方跳舞。作为一种群体性体育活动，广场舞已经成为当前中老年人锻炼的主要方式，拥有广泛的群众基础，不管是在城市还是农村，广场舞都得到了有效开展。特别是在当前全民健身背景下，中老年人借助广场舞来锻炼身体，可以实现自身身体素养的改善，同时拓宽自己的人际交往范围，为身心健康打下良好基础。

与此同时，随着大量中国人的外迁，本土特色的广场舞文化也随之"出口"到了世界各地并不同程度地受到了关注。然而问题也随之而来，一则关于中国大妈在纽约日落公园排练舞蹈，因噪声大扰民而屡次遭诉后被捕的新闻，瞬间促使"中国大妈广场舞""蜚声国际"。英国高端杂志《经济学人》（*Economist*）甚至发表一篇名为《拯救中国跳舞大妈》的报道，而《华尔街日报》甚至专门创造了"Dama"这个汉语拼音来代表中国大妈。自此，"中国大妈"和"广场舞"被贴上了负面标签。

讨论

Questions for discussion:

1. What has square dancing brought to the Chinese middle-aged? Why are the Chinese middle-aged so keen on square dancing? What does this say about Chinese culture?
2. Why do Western countries reject square dancing? What does it have to do with their culture?
3. What do you learn from the story of square dancing?

分析

➡ 矛盾冲突

广场舞本是一种极具中国特色的全民娱乐健身文化，有利于锻炼身体，提高全民幸福指数，后来却因噪声扰民而掀起一阵舆论谴责。其在国内的发展经历了被居民默许到引起居民抗议，但并未上升到法律层面。而美国民众则迅速拿起法律武器，追究广场舞群体的法律责任。中美两国民众为什么会对同一社会现象采取如此不同的应对措施呢?

中美两国民众对广场舞采取的措施的差异性，要追溯到两国不同的民族文化和价值观念。我们可以从霍夫斯特提出的国家文化模型中获得启发，从集体主义与个人主义、权力距离和不确定性规避这三个方面对其原因进行分析探讨。

➡ 原因分析

霍夫斯特“个体取向与集体取向”的相关概念表明，集体取向是指一种强调集体和国家的重要性，强调集体利益高于个人利益的文化价值观念。在这种观念下，人是集体中的一员，不能离开集体而独立存在。每一个人都必须重视合作和集体的力量，秉持舍小家顾大家的处事原则。中国文化传达的价值观就是典型的集体主义价值观，其根源可追溯到经济、地理、宗教因素等多个方面。在此基础上，中国人以家庭、社会和国家利益为重，强调整体意识，个人意识须服从集体意识。因此，当居民个体面对广场舞群体时，即便个人利益受到侵犯，最初也会选择默默忍受。直到自身处于一种新的集体，才会联合起来反抗先前的已有群体。而所谓个人主义，正恰恰相反。这种价值观念认为，个体虽然离不开集体社会，但正是个体对自由和幸福的追求才推动了社会向前发展，因此在社会事务中应首先考虑个体的需求。美国文化推崇个人主义价值观，强调个体的利益和自由，因此美国人往往表现出具有挑战精神和冒险精神的一面，对于任何突破个人权利边界的行径都会予以防卫和反击。在此案例中，广场舞大妈的行为显然已触犯了美国的《噪声控制法》，必然受到美国民众的投诉和当地警方的逮捕。

“权力距离”用来表示人们对组织中权力分配不平等情况的接受程度。在那些权力距离接受程度高的国家，社会层级显著，权力之间的距离大。本案例中提到，广场舞人群一般为退休女性。因此对于群体意识和家庭观念较强的中国人而言，一开始即使饱受噪声困扰，也会出于对中老年人的基本尊重选择默默忍受。这是权力距离较大的典型特征之一。相比之下，低权力距离国家更强调自由的权利，强调个体能力的发挥和不受侵扰。在这样的生活和教育背景下，人们被教导生而平等，要敢于挑战权威，捍卫自己的合法权益。即便广场舞的主要服务对象为中老年人群体，一旦其噪声侵犯了周边居民的权益，也会被投诉批捕。

"不确定性规避"指一个社会受到不确定的事件和非常规的环境威胁时是否通过正式的渠道来避免和控制不确定性。对不确定性规避程度较强的文化往往有明确的社会规范和原则来指导几乎所有情况下发生的行为，试图提供较大的职业安全，建立更正式的规则。而不确定性规避程度较弱的文化的社会规范和原则就不那么明确和严格，对于反常的行为和意见比较宽容，规章制度少。与美国相比，中国的不确定性规避程度较低。中国人对不确定性环境的容忍度较高，善于应对非结构化的情形。受本土文化影响，中国更加信奉人与自然、人与人之间和谐相处的价值理念，人际交往以共同意识为基础，更加注重情感表达。相对而言，美国人则具有较强的不确定性规避倾向，认为不确定性是必须克服的威胁，并尽可能采取措施以避免不确定情境的出现。因此，以美国为代表的西方文化更加重视法律、规章对个体的约束，倾向于采取明确、正式的组织形式，不断健全组织制度。这也就解释了为什么两国民众在面对同样的被侵扰风险时，从不同层面采取了不同解决办法。

➡ 文化沟通

上述对中美两国民众针对同一事件采取不同解决办法的分析，体现出不同文化背景对人的不同影响。中国人的集体主义概念较强，出于长幼有序、人与人之间和谐相处的处事原则，往往对新的环境和事件容忍度较高；美国人则推崇个人主义原则，强调个体的自由与平等，倾向于采取明确的法律法规约束侵犯个人利益的行为。

本文案例为典型的跨文化交际案例，体现着中美两国文化价值观在发展的过程中相互影响、相互碰撞、相互交融的局面。随着全球化发展，越来越多具有中国特色的娱乐文化被"出口"国外，在促进中美两国文化交流的同时，也引发了一系列问题。任何形式的跨文化交际都应在互相尊重、平等互信的基础上进行，以广场舞为例，由于其形式和位置的特殊性，理应充分考虑周围居民的感受，建立尊重互信的良好氛围，充分发挥这一全民娱乐健身活动的积极作用。在这一维度上，中国人应注意到美国人处理方式中的可取之处，增强规则意识，在不侵犯他人合法权益的前提下开展活动。广场舞进入美国，更要遵守美国当地的法律法规，尊重当地文化价值取向，才会有利于自身的生存和发展。

64 Qu Yuan in the Eyes of New Zealand Children
屈原之死

端午节是中国四大传统节日之一，爱国诗人屈原是炎黄子孙心中的民族英雄。随着中西交流的愈发频繁，越来越多的外国人对端午节和屈原表现出浓烈的兴趣，但是除了敬佩之情，他们也不禁发出一些疑问。

案例

Case description:

Chen Yi is a Chinese teacher in New Zealand. One year, she took the opportunity of the Dragon Boat Festival to introduce Chinese culture to her students.

When it comes to the Dragon Boat Festival, our Chinese can easily associate the festival with Zongzi, dragon boats, Qu Yuan and other elements of the Dragon Boat Festival. But considering that her teaching target is primary school students in New Zealand who know nothing about the festival, Chen chose to use Qu Yuan's story to start her introduction of the festival. Chen Yi planned to stimulate the enthusiasm of children through various activities such as physical display, designing posters, and making paper Dragon Boat. What's more, the Dragon Boat happens to find the similarities with waka (canoe) in Maori's New Year, which can also enable children to become more familiar with cultural knowledge. Unsurprisingly, the students were intrigued by the interesting animation of Qu Yuan's story. But after watching the video, Chen Yi was bombarded with questions. Some students said, "That's silly." "Didn't he know how to swim?" "Why didn't he emigrate to another country?" These questions left Chen Yi dumbfounded.

Despite her childlike innocence, she suddenly realized the cultural differences among them. In Chinese culture, death is weightier than Mount Tai and lighter than a feather. In Confucian culture, there is also a saying that Qu Yuan is loyal to the monarch, patriotic, and committed suicide in the river, which is respected by people. In Western culture, individual life and personal value hold a supreme position, especially in Christian culture where suicide is strictly prohibited, and the guilt of a suicide victim is even equivalent to that of a murderer. The values of collectivism and individualism, as well as the different attitudes towards suicide, have influenced our views on Qu Yuan's decision to commit suicide. Secondly, New Zealand is an island country surrounded by the sea on all sides, and almost everyone can swim. At the same time, it is also an immigrant country with frequent population mobility and the coexistence of different races and cultures. Therefore, although these questions may sound funny, considering the actual social and cultural situation, there is actually evidence to follow.

The course lasted only half an hour. As long as the children can remember this story, or learn to say the word "Zongzi", or enjoy the process of making paper dragon boats, she will feel very satisfied. But at the same time, she also understands that in future teaching, more attention needs to be paid to cultural commonalities and differences. Through gradual introduction, they can have a better understanding of some core concepts of Chinese culture, and have a greater understanding and respect for different value orientations.

(***Source:*** 朱勇. 跨文化交际案例与分析[M]. 北京：高等教育出版社，2018）

Case in Chinese:

陈艺是一位在新西兰教授汉语的中国老师。有一年端午节，她想借节日这一机会向新西兰小学生介绍中国文化。

作为中国重要传统节日，端午节显然是国际汉语教学中不容错过的一个文化教学机会。提到端午节，我们自然会想到粽子、龙舟、屈原及其他端午节元素。但考虑到教学对象是对此节日毫无了解的新西兰小学生，她还是选择了将屈原的故事作为切入点来介绍这个节日，根据不同年龄段小朋友的特点，通过实物展示、设计海报、动手做纸龙舟等教学活动来调动小朋友的积极性。同时，端午时节正值当地毛利新年（新西兰原住民和少数民族的节日），通过赛龙舟的故事寻求与毛利文化中 waka（独木舟）的相似之处，也可以增加小朋友对文化知识的熟悉度与认同感。不出意料，一个有趣的介绍屈原的故事动画吸引了他们。然而看完故事后，陈艺被小朋友们的种种提问给包围了。看到屈原投江的画面，有的小朋友会感慨"那太傻了"。"他不会游泳吗？""他为什么不移民去别的国家？"等问题，真是让她哭笑不得。

讨论

Questions for discussion:

1. If you were Chen Yi, how would you feel when you heard the comments of New Zealand children on Qu Yuan? How would you explain Qu Yuan to New Zealand children?
2. What caused such cultural differences?
3. In the diplomatic field, how to deal with such culture shocks?

分析

矛盾冲突

在中国人看来，屈原毫无疑问是一位值得尊敬的伟大的爱国诗人。作为一名爱国的楚国臣子，屈原之死令人悲伤而又无可奈何，百姓感谢这位忧国忧民的诗人，便用端午节纪念屈原。而新西兰的小学生却对屈原的经历不以为然，他们不能理解屈原以身殉国的文化内涵，认为屈原选择自尽是愚蠢的行为，这和中国人的认知可谓是大相径庭，所以陈艺对学生的问题一时不知如何解释。

原因分析

在本案例中，矛盾冲突的原因之一在于中西方的价值观不同。根据霍夫斯特的"个体取向和集体取向"的文化维度，在"个体取向"的国家，人们会将个人利益置于首位，强调个体的权利、价值和"自我"的概念。而在倾向于"集体取向"的国家，人们默认集体利益高于个人利益，强调的是"我们"的概念。中国是一个倾向于"集体取向"的国家，强调个人利益服从集体利益，人们在做出选择时，总是将集体利益放在第一位。而且在中国传统文化中，忠义始终是比生命更重要的存在，儒家文化中就有杀身成仁、舍生取义的说法。屈原投江自尽是为了以身殉国，他所体现的爱国精神就是集体主义文化的一种重要延伸，向来是中国传统文化所推崇的，因而受到了一代代中国人的尊敬。

屈原一生忧国忧民，勇敢高尚，虽然他后来不再被楚王信任，屡次进谏却不被采纳，后来又遭到了流放，但是他依然心系楚国。屈原目睹了楚国被灭，君主被贼臣愚弄，不忍坐视，而又无力改变现状，最后在秦国大将白起攻破楚国时，毅然决然地投汨罗江自尽，死后被人们奉为爱国诗人的代表流芳百世。屈原的故事正是中国集体主义取向文化模式和价值观的体现。作为一名来自中国的教师，国家这一集体自然也占据了陈艺内心最重要的位置，因此她完全能理解并赞同屈原的选择。

新西兰的文化模式则属于西方文化。自启蒙运动以来，西方文化一直围绕着个人权利而建构，政治生活、经济制度和社会安排都是以自我至上为基础的。在个体主义文化的国家，人们倾向于关注自身、关注个体。而且据统计，新西兰超45%的居民信仰基督教。基督教也坚持个人主义的世界观，更加关注个体的价值，认为个人是世界的中心，是所有已知事物的来源。对于新西兰的小学生而言，他们接受的教育是个体生命是至高无上的，每个人都有独一无二的个体价值，拥有通过行为实践改变个人和世界的能力。在新西兰小朋友看来，个人生命与个体价值才是至高无上的，而且在基督教文化中，自杀是被严厉禁止的行为，所以他们会质疑屈原，对屈原出于爱国之心而放弃了自己的生命感到困惑。

新西兰小学生认为屈原选择投江是愚蠢的，他其实还有别的选择。这还反映了一种影响跨文化交际的心理障碍——同质文化圈的理解限制。所谓同质文化圈的理解限制，指的是在跨文化交际过程中，在面对新事物时，人们总是倾向于不假思索地认为他人与我们有着相同的视角、相同的意涵，而这样的“相同”假设在很大程度上会成为我们了解其他文化的障碍。在本案例中，新西兰小学生在观看讲述屈原的动画时，就下意识地假定屈原和他们有着类似文化环境，忽略了中国传统文化和价值观给屈原带来的影响，所以他们才会质疑、否定屈原的选择。

此外，新西兰学生对屈原不“移民”这一疑问，和新西兰的历史背景有一定关系。新西兰是一个移民国家，人口流动十分频繁，人们出于个人或家庭原因，考虑移居他国是一个普遍现象，而且新西兰的国民大都会游泳，所以他们也不能理解屈原为什么要以投江的方式结束自己的生命。而在以小农经济为主的古代中国，人们出于经济、地缘和血缘等原因，常常秉持着安土重迁的传统，除非发生严重的饥荒，或有政策强制人口迁徙，人们一般是不愿意搬家的，因为移民到别的国家对中国人的含义远不止换一个环境继续生活这么简单。更何况屈原这样的爱国之人又怎能忍受作为一个亡国之徒，余生客居他乡？

文化沟通

作为一名以汉语为母语的教师，陈艺在工作中面临的最大障碍可能并非专业水平不足，而是跨文化交际障碍。

在本案例中，陈艺的教学方法有值得肯定的地方。她想到将赛龙舟这一端午节元素和毛利新年中的独木舟比赛联系起来，激发当地学生的兴趣，而且赛龙舟和独木舟比赛有异曲同工之妙，这样有助于新西兰孩子们更好地理解这一中国传统节日，同时认识到不同文化的共通与差异之处，进而引导学生理解并尊重不同文化体系的价值取向。

但是考虑到新西兰人民的价值观与中国人民的价值观有所不同，陈艺老师可以在尊重西方文化价值取向的同时，首先向学生们普及一些中国古代爱国的精神及其渊源，让学生们关注到中西方文化的差异，对中华文化的核心概念有所了解，再让他们观看有关屈原生平的动画。这样，新西兰的学生或许能够在一定程度上理解屈原，理解他为什么选择投江自尽，而不是到其他国家继续生活，进一步明白为何中国人专门用一个节日来纪念这位伟大的爱国诗人。

65 China in South Korean Students' Eyes
韩国学生看中国

在韩国的孔子学院，一位汉语国际教育老师开设了初级会话班。学习者年龄较大，最年轻的学员 56 岁，最年长的学员已近 70 岁。他们之间会发生什么样的文化碰撞呢？

案例

Case description:

The studying time of these South Korean students was limited to every Tuesday and Thursday, two hours a day, so the actual learning effect was not ideal. But they were very interested in Chinese society and culture. They often asked a variety of questions, some of which fully demonstrated their misperceptions of China and misinterpretations of Chinese culture.

A retired civil servant in his 60s raised a question—whether Chinese people could afford to buy rice. He had never been to China and generally thought it was as poor and weak as the movie "Not One Less" described.

But about a week later, another student posed an even more surprising question: Can people from north China marry people from south China? The student had been to China's Anhui Province before, but he didn't know much about China. And many other students in the class had similar doubts.

The teacher asked the reasons for their misgivings, saying that north and south China are culturally very different and that China has a strict household registration system. The teacher also replied, "China's household registration system is indeed very strict, but it has nothing to do with whether people from the north and south can get married or not. Of course, there are cultural differences between the north and the south, but as descendants of the Yellow Dynasty, people share the same social psychology and values. In fact, there are also differences between different parts of the north and different parts of the south." At this time, the questioner added a point, "There are many ethnic minorities in the north of China, and the majority of ethnic minorities in the south are Han. Is that the reason? Can different ethnic groups marry? In our country, you can't marry a North Korean."

(***Source:*** 范笛，张琴凤，张幼冬. 中韩跨文化冲突案例分析[J]. 文教资料，2019(07): 73—74+39.)

Case in Chinese:

这些韩国学员的学习时间仅限于每周二和每周四，每天两小时，实际学习效果并不理想。不过他们对中国社会文化倒是十分感兴趣。他们经常提出各种各样的问题，有些问题充分体现了他们对中国的错误认知和对中华文化的误读。

一位 60 岁左右的退休公务员提出了中国人能否吃得起米饭的问题。他从来没有去过中国，认为中国像电影《一个都不能少》那样，还处于积贫积弱的状态。

然而大约一周之后，另一个学员提出了一个更加令人意外的问题：中国北方人和南方人能不能结婚？这位学员以前去过中国的安徽省，不过对中国的了解很少。而且其班上的很多人都有类似疑问。

这位老师问他们疑虑的原因，他们回答：中国南北方人在文化上差异很大，而且中国的户籍管理较为严格。这位老师解释说："中国的户籍管理确实很严格，不过这和南北方人能不能结婚没有关系。南北方当然有文化差异，不过同为炎黄子孙，人们有着共同的社会心理和价值观，实际上北方不同地区之间、南方不同地区之间也有差异。"这时，提问的学员补充了一点："中国北方有很多少数民族，南方绝大部分是汉族，这是不是原因，不同民族之间可以结婚吗？在我们国家，就不能和朝鲜人结婚。"

讨论

Questions for discussion:

1. How do you understand these students' misunderstanding about China?
2. Do you think these students have ethnocentrism?
3.What can we do when facing others' misunderstanding about our country?

分析

➡ 矛盾冲突

孔子学院学习汉语的韩国人对中国文化很感兴趣，但他们对其缺乏基本的了解，导致了一些在中国人看来不可思议的发问。他们对中国社会状况的认知仍然停留在能否吃饱饭的阶段，甚至怀疑中国的南方人和北方人不能结婚。此类问题和误解令汉语教师非常惊讶，这些学生虽然在学汉语，但是对中国文化的了解如此之少。在此案例中，韩国学生误读中国文化，以自己国家的民族文化解读中国文化。

➡ 原因分析

1. 对异域文化的片面认知

人们在没有获得真实体验的情况下，只通过猜测和推断容易受到间接经验的影响，对一种文化产生先入为主的印象，这是造成对异域文化成见的主要原因。学习者与目的语和目的语文化之间存在一定的心理距离和社会距离，如果无法很好地习得目的语文化，也会对目的语的语言习得造成负面影响。因此，身处跨文化交际环境中，我们应该在学习语言知识和语言技能的基础上对目的语文化有全面深入的认知，深入学习目的语及目的语文化的精髓。

2. 民族中心主义的负面影响

民族中心主义最常见的表现是把自己的文化摆在中心位置，并用自己的文化衡量其他文化，以显示自己文化的优越性，同时不自觉地评判他国文化。民族中心主义是普遍的，每个人都有民族中心主义倾向，并且它是无意的，伴随着人的成长而形成。民族中心主义是一把双刃剑，积极民族中心主义是弥合两种文化的润滑剂，可以有效地避免文化冲突。消极民族中心主义往往起反作用，使人产生偏见、矛盾、冲突。在跨文化交际大环境中，我们应该以开放的态度对待民族中心主义，发挥积极作用，避免消极作用，促进世界范围内的跨文化交际顺利进行。

文化沟通

1. 立足于本民族文化，客观评价他国文化

在跨文化交际中，我们会遇到多种文化，有些甚至被认为是陋习。但世界因为丰富多样的文化而精彩，我们不能采取抵触的态度。本民族文化在个人成长过程中如润物细无声般根植于个人的价值观之中，并带有深远的影响，一种文化的存在必定有其合理之处。因此，对待不同文化要做出客观评价，取其精华。

2. 摆正心态，有效避免跨文化冲突

在面对跨文化冲突时，不同的人会有不同的选择。有人选择硬碰硬，致使跨文化冲突加剧，结果无疑是两败俱伤。有人选择跳出文化限制，用积极的心态理解文化冲突并尝试用积极的方法解决它。我们应该采取第二种方式，对本民族文化和异域文化采取求同存异的态度，这样做不仅有利于维护文化的多样性，还可以有效避免文化冲突。

66 Negotiating with Japanese Businessmen
和日本人做生意

日本是个岛国，人口密集，资源匮乏，因而发展外向型经济是其基本国策之一。日本文化受我国传统文化的影响很深，崇尚儒学。在众多的谈判风格中，日本商人的谈判风格颇具特色。美国博士伦公司的一个推销员向日本的一位眼科医生推销一种新型的隐形眼镜，这笔生意能做成吗？

案例

Case description:

Bausch & Lomb's Japanese subsidiary was marketing a new type of soft contact lens in Japan. The company started with influential ophthalmologists everywhere, and the assumption was that once those reputable doctors started using the new lenses, it would be much easier to promote the products to other ophthalmologists.

A salesman went to visit an ophthalmologist with great influence in a certain place, but was promptly sent out of his office by the doctor without even a chance to explain. The doctor spoke highly of Bausch & Lomb's products, but preferred to give his clients regular contact lenses. The salesman did not leave the clinic immediately. He talked to a few of the clinic's assistants, and then had a talk with the doctor's wife. In Japan, the internal affairs of the clinic often run by the doctor's wife.

The next morning, the salesman went to the clinic again and found the doctor busy, so he talked to the doctor's assistant and to his wife again. While the doctor's wife was cooking, he talked to her about food. When the doctor's young son came home from kindergarten, the salesman played with him and even went out to the street to buy a toy for the boy. The doctor's wife was very pleased with the kind "nanny" and later explained to the salesman that the doctor was too busy to listen to presentations on the product's properties during the day. She invited him to her house for an evening talk.

In the evening, the doctor had obviously listened to his wife's good words and received the salesman warmly. They enjoyed the Japanese food together. After listening carefully to his product, the doctor decided not to use it on his patients right away, but to let his assistants try it first. On the third day, the salesman went to the clinic and asked the doctor's assistants to try the contact lenses. After that, the assistants agreed that the lenses were good. Finally, the doctor decided to buy a batch of the new products.

（***Source***：徐子建. 国际商务文化差异管理[M]. 北京：对外经济贸易大学出版社，2009，214－215.）

Case in Chinese:

美国博士伦公司（Bausch & Lomb）在日本的子公司要在日本推广一种新型的柔软隐形眼镜。该子公司首先与各地有影响的眼科医生打交道，公司的设想是，一旦这些有名望的医生开始使用这种新型的隐形眼镜，向其他眼科医生推销这种产品就容易得多。

有一位推销员去拜访一位在某地有很大影响力的眼科医生，但见面后很快就被这位医生打发出了办公室，连解释的机会都没有。这位医生对博士伦的产品评价很高，但还是喜欢给自己的顾客配置普通的隐形眼镜。这位推销员并没有马上离开诊所。他与诊所的几个助手聊了聊，然后与医生的妻子谈了会儿。在日本，诊所通常是由医生的妻子管理内务的。

第二天早展，这位推销员再次来到诊所，发现医生正在忙。于是他又与医生的助手和妻子交谈，医生的妻子在做饭时，他还和她聊起了食物。医生年幼的儿子从幼儿园回来，这位推销员就和他一起玩，甚至还到街上给孩子买了个玩具。医生的妻子对这位好心的“保姆”十分满意，她后来向这位推销员解释说，医生很忙，白天没有时间听有关产品性能的介绍。她邀请他晚上到家里谈。

晚上，医生显然已听了妻子的美言，很热情地接待了这位推销员，并一起享用了日本美食。医生认真听了他的产品介绍后，决定先不马上把这种产品用于他的病人身上，而是先由他的助手试戴。因此第三天，这位推销员又来到诊所，让医生的助手试戴这种隐形眼镜。试戴后，助手们一致认为这种镜片很好。于是，这位医生决定购买一批这种新型产品。

讨论

Questions for discussion:

1. Why did the doctor refuse the salesman's presentation at the first attempt?
2. How do you find the negotiation style of Japanese?
3. What contributed to the salesman's success in promoting his products?

分析

矛盾冲突

美国博士伦公司的一个推销员向日本的一位眼科医生推销一种新型的隐形眼镜，但见面后很快就被这位医生打发出了办公室，连解释的机会都没有。虽然这位医生对博士伦的产品评价很高，但是他还是愿意给病人推荐普通的隐形眼镜。

原因分析

1. 谈判风格——耐心、谨慎

日本商人对谈判的准备极为认真，丝毫不允许有随意性。他们在谈判前注意吸收企业智囊团的建议，还要由谈判小组就谈判计划与设想在企业员工中广泛征求意见，求得共识后将统一的意见在企业内进行广泛而详尽的阐述，直至形成谈判的基本方针和基本目标，以减少谈判失误，提高谈判成功率。该案例中，眼科医生第一次拒绝了推销员的产品推销，后来和推销员建立了友好的私人关系，但仍然谨慎地将产品拿给同事试用，当然推销员的耐心对促成生意的谈成也起到了关键性的作用。

2. 私人关系——信任的基础

和中国人一样，日本人也非常注重私人关系。推销员和眼科医生初次见面就推销隐形眼镜，在医生看来，肯定不可信，所以遭到了拒绝。日本企业在寻找合作伙伴时十分慎重和正规，他们往往很重视与业务伙伴的初次接触。为此日本商人经常喜欢通过介绍人（一般是熟人）来取得首次接触，而且特别看重介绍人的身份或名望。介绍人名望高就认为信誉可靠，日本商人就易与对方迅速确立友好的关系，这几乎是谈判成功的一半。

➡ 文化沟通

在本案例中，推销员抓住日本人在生意场合上对私人关系的重视，于是和医生的妻子拉近关系，在她做饭时讨论食物，还给医生家年幼的儿子买礼物，这就瞬间取得了医生一家的信任。有了这一层友好的私人关系，推销员获得了给医生详细介绍产品的机会，打开了推销员销路的大门。这启示我们，在跨文化交际中，尤其是在商务场合，要想沟通顺利进行下去，就需要找到对方的谈判风格和特点，尽力想办法使自己成为对方信任并想合作的对象。

有人这样总结日本商人的谈判风格："笑脸讨价还价""任劳任怨做细致准备（或方案）""吃小亏占大便宜""卡关键放长线，创造新的贸易机会""抓关键人物，以促成交易"。

总之，日本人在生意场合上注重双方关系的建立，谨慎严谨，准备充分，博得他们的信任以及友好关系的建立是做成交易的关键。

二、非言语行为方式

67 Monochronic Americans and Polychronic Mexicans
单时制的美国人和多时制的墨西哥人

一家美国电信公司和一家法国公司为了与一家墨西哥公司建立合作关系而互相竞争。美国公司对自己的产品很有信心，精心准备了演示稿，自以为胜券在握，却无法得到这家墨西哥公司的青睐……

案例

Case description:

A large American telecommunication company introduced a technically superior product on the world market. It planned to focus specifically on increasing sales in Latin America, where it had not been very successful previously. The only serious competitor was a French company which had an inferior product, but whose after-sales support was reputedly superior.

The Americans went to great pains to prepare their first presentation in Mexico. "Judgment Day" would begin with a video presentation of the company and its growth potential in the medium-long term. After this the vice-president of the group would personally give a presentation to the Mexican minister of communications. The two-hour lunch was also meticulously planned. Knowing Mexican culture, they believed this was where the battle would be fought. The afternoon session was reserved for questions and answers. The company jet would then be ready to leave Mexico City in the last departure "slot". It was tight, efficient and appreciated, right?

Wrong. The Mexican team threw off the schedule right away by arriving one hour late. Then, just as the Americans were introducing the agenda for the day, the minister was called out of the room for an urgent phone call. He returned a while later to find that the meeting had gone on without him. The Mexicans were upset that the presentation had proceeded, that the after-sales service contract was separate from the sales contract and that the presentation focused only on the first two years after installation rather than the long-term future together.

The French, on the other hand, prepared a loosely structured agenda. They determined some of the main goals to be attained by the end of the two-week visit. The timing, the where and the how were dependent on factors beyond their control, so they left them open. A long presentation on the historical background of the French state-owned company was prepared for the minister and his team. It had done business with Mexico's telephone system since as early as the 1930s and wanted to re-establish a historic partnership. As far as the French were concerned, the after-sales service, which extended indefinitely, was part of the contract. It was the French who received the order for a product known in the industry to be technologically less sophisticated.

(***Source:*** Trompenaars and Turner. Riding the waves of culture[M]. New York: McGraw-Hill, 1998.)

Case in Chinese:

一家美国电信公司推出了一种新产品，并想把它推向国际市场。因为此前公司在拉美国家并没有打开太大的市场，因此，此次公司的主要目标是增加该产品在拉美国家的销量。唯一有实力的竞争来自一家法国公司，他们的产品质量稍逊一筹，但其周到的售后服务人尽皆知。

为了能进入墨西哥市场，这家美国电信公司决定派人到墨西哥进行谈判。公司在墨西哥的日程安排非常紧密，在正式谈判的那天，将展示精心准备的演示稿，讲述公司的历史以及公司在中长期的发展潜力。紧接着，公司代表团副团长将亲自向墨西哥主管电信事务的一位部长汇报具体情况。他们精心安排了两个小时的午餐，因为略知墨西哥文化，他们深知饭桌上是能否做成生意的关键。下午是墨西哥潜在客户提问和公司代表回答问题的时间，之后公司代表团将离开墨西哥市，飞回美国。这样的日程安排听起来是不是非常紧凑、高效，值得提倡呢？

不，你错了。墨西哥人根本就没把美国人的时间安排当回事儿，早上一开始，墨西哥代表团就迟到了一个小时。会议刚刚开始一会儿，那位墨西哥部长就出去接电话了，当他返回来时发现美国人竟然没有等他，会议一直在继续着，这显然是对他的不尊敬。美国公司坚持售后服务合同和销售合同分开，这使墨西哥人感到很失望，更让墨西哥人不满的是，美国人的售后服务只限于安装使用产品后的两年时间。

与美国人不同，来自法国的竞争对手日程安排非常松散。他们只是明确了在墨西哥呆两星期后的主要目标，即拿到订单。在这两周内，具体在什么时间、什么地点、做什么事情以及怎么样做，都视具体情况而定。法国人准备的演示稿很长，重点是在讲述他们这家公司和墨西哥人合作的历史，早在20世纪30年代，他们就和墨西哥建立了合作关系。让墨西哥人更满意的是，法国人的售后服务事宜是销售合同的一部分，而且和那家美国公司不同，他们的售后服务是无限期的。最后，尽管技术上不如美国公司，法国人还是拿到了订单。

讨论

Questions for discussion:

1. What had gone wrong for the Americans?
2. What differences can you find in terms of the time concepts of Americans and Mexicans?
3. What was the key for the success of the French company?
4. What should the American company have done to win the contract?

分析

矛盾冲突

和法国公司相比，美国这家电信公司的产品从技术角度讲更有优势，但结果输给了产品不如自己的法国公司。美墨双方的矛盾冲突主要表现在以下几方面：美国公司认为要战胜来自法国的竞争者，赢得墨西哥公司的订单，主要在于产品质量，于是他们精心准备了产品介绍的演示稿。美国人按照他们的想法制定了一份十分紧凑的日程安排，上午介绍产品，中午有两个小时的午餐时间，下午是关于产品的提问环节，之后他们就飞回美国，他们认为这样的高效安排对双方都有好处。但墨西哥人并不领情，先是迟到了1小时，之后在介绍产品的过程中，墨西哥的电信部长出去接电话，回来后发现他不在场时产品介绍仍在继续，美国公司这样做显然是对他的不尊重。结果墨西哥人把订单给了法国公司，因为法国公司准备用2周的时间而不是美国公司打算的1天来和墨西哥公司建立关系。

原因分析

这样的结果是美国公司始料不及的，究其原因主要是美国和墨西哥两国在时间观念上的差距造成的。美国人类学家霍尔按照人们时间观念的不同划分了“单时制和多时制”两种文化（Monochronic—M-time and Polychronic—P-time），Trompenaars &Turner 称这两种文化为“历时性和共时性”（sequential and synchronic）。根据霍尔的研究，“单时制”取向的国家主要是德国、奥地利、瑞士和美国，“单时制”时间观念认为时间是线性的且可以分割，因为时间是有限的资源，所以必须提前安排合理利用，在某一时间段只做一件事情，最重要的是时间不能浪费。而“多时制”取向的多为亚洲、阿拉伯和拉美国家，墨西哥便是典型的“多时制”国家，他们认为在某一时间段同时可以和多个人交谈或同时处理几件事情，因为对他们来说人与人之间的关系比较重要，所以时间安排也更为松散随意，从而保证和谐的人际关系。

时间观念上的不同取向是导致美国公司失利的主要原因，美国属于典型的单时制文化，为了提高工作效率，美国公司习惯制定紧凑的日程安排，强调守时的重要性，他们认为不能同时处理多件事情，开会就是开会，不应该有任何的打断。而墨西哥属于典型的多时制文化，他们认为没有必要把时间安排得那么紧凑，随时都可以有变化，如果有更重要的事情可以不守时，因为和睦的人际关系比工作本身更重要，如案例中墨西哥人就迟到了 1 小时，而且他们可以同时处理多件事情，如电信部长在开会时出去接电话，美国人对这些都感到无法理解，同时墨西哥人也无法忍受美国人的做法，居然在部长不在场的情况下继续介绍产品。

最后双方不欢而散，尽管美国公司产品更好，但法国公司显然做得更符合墨西哥人的文化传统。

文化沟通

从本案例可以看出，两个国家的公司在进行商务合作之前了解彼此的文化取向是非常重要的，在这点上美国公司应该向法国人学习，了解墨西哥人的时间观念，入乡随俗：时间安排弹性要大，以应付墨西哥人时间上的多变性；对他们不守时或不时打断工作进程要表示理解；要舍得花时间和墨西哥人建立长期和谐的人际关系，而不只是一味地讲工作……就墨西哥公司来讲，如果他们要到美国做生意，也需要了解美国人的时间观念，要注重守时，要在同一时间只做一件事情，不要随意改变日程安排，要提高工作效率，因为工作比人际关系更重要。

68 Cultural Clash in a Multicultural Team
多元文化团队的文化冲撞

会议原定于上午 9 点开始，可等人来齐正式开始已经 9:45 了，开会过程中，美国人和印度尼西亚人、日本人之间又有很多不愉快的插曲……

案例

Case description:

Mike Burgess is a program manager from Texas who is in charge of a multicultural team in Indonesia. He expects his team members to be at the Friday morning meeting at 9:00 a.m. At 9:20 a.m., the final three of the six Indonesian members arrive, each accompanied by three uninvited members of their staff. Half an hour late already, Mike must now change the meeting seating to accommodate the extra participants.

While the meeting co-coordinator brings in nine extra chairs, Mike notices that the four members of the Japanese team have reorganized their seats so they can sit together. Everybody is still waiting for Mr. Budi, the senior Indonesian member, to arrive and deliver the formal opening remarks. When he begins, he exceeds the five-minute allotment by ten minutes. The 9:00 a.m. meeting is finally under way at 9:45 a.m.

Mike presents the agenda and objectives of the meeting and invites any questions from the participants. To his surprise, no one volunteers with a first question. Then he recognizes that Mr. Budi is addressed, and afterwards his team joins in.

Initially, Mike manages the discussion well. However, he is soon annoyed by side conversations by the Indonesian members. As a rule, he likes meetings to maintain focus on final results and objectives.

Then, halfway through the discussion, Mike and Robert, the U.S. technical director, have a disagreement. The openness of the heated disagreement surprises the Indonesian and Japanese teams. By 10:30 a.m., both the Indonesian and Japanese teams are irritated and suggest a break, during which the Indonesians express surprise that Mike has ordered coffee without any snacks. Surprisingly, he has worked in Indonesia for several months and continues to ignore the most basic Indonesian norms.

When the meeting reconvenes, Mike wants to conclude with a decision. He wants to make a decision by voting on an item they had been discussing. Furthermore, he wants Mr. Yamaguchi, the Japanese team leader, to agree to a vote.

Mr. Yamaguchi asks for a week to consult with his headquarters in Tokyo. Mike becomes frustrated, as his project schedule will, at the very least, lag behind by a week. Yamaguchi decides this is an opportunity to reciprocate the frustration.

(***Source:*** www.emeraldinsight.com)

Case in Chinese:

迈克·伯格斯是来自美国德克萨斯州的一位项目经理，他在印度尼西亚负责领导一个来自不同文化背景的工作团队。他要在周五上午9:00召开会议，希望团队成员能准时参加。在这个团队中，有六人来自印尼，但到了9:20，最后的三位印尼人才姗姗而来，而且每人还带了三个本没有受到邀请的工作人员，由于他们的到来，迈克不得不重新安排会议室里的座位，让人再多拿几把椅子来。

当会务人员又拿来九把椅子之后，迈克发现四个日本人为了能够坐在一起已经更换了座位。大家都在安静地等待一位印尼高级成员布迪先生的到来，等他为会议致开幕词。布迪先生来了，可他的发言比原定的五分钟多出了十分钟，九点的会议终于在9:45正式开始了。

迈克先向大家宣布了这次会议的日程安排和开会的目的，然后问大家都有什么问题。出乎他意料的是，没有人主动提出第一个问题，后来他发现有人在问布迪先生问题，接着来自印尼的成员都参加讨论了。

开始，迈克还能很好地引导他们的谈话，然而，没过多久，几个印尼成员就开始不着边际地闲扯了，迈克对他们的这种做法感到很生气，通常他希望在开会时，大家能够集中精力讨论需要解决的问题。

在会议进行到一半时，迈克和来自美国的技术主管罗伯特就某个问题发生争执，两人展开了激烈的争论，一向不习惯在公开场合表示不同意见的印尼人和日本人都惊呆了。到了上午 10:30 时，印尼人和日本人都很生气，提议要休息一会儿，在休息过程中，迈克只给大家要了咖啡而没有任何小吃，印尼人对此表示惊讶，因为在印尼，会议中途休息时，咖啡和小吃是必备的。令人惊讶的是，迈克在印尼工作了几个月，仍然无视印尼最基本的规范。

当会议重新开始时，迈克希望就所讨论的一个问题进行投票表决，以一个决定作为结束。可日本代表团的团长山口先生却说他还需要征求一下日本总部的意见，大概要一周的时间，迈克很沮丧，因为他的项目进度要至少耽误一周的时间了。山口先生认为这是一个回报挫折的机会。

讨论

Questions for discussion:

1. Did the Indonesians get to the meeting on time? What are the differences in Indonesian and American time concept?
2. Was Mike comfortable with silent reaction when he invited questions from the participants? Why?
3. Did Mike conclude with a final decision on what they had been discussing? Why? How do you explain the answer of Mr. Yamaguchi?
4. If the participants were Chinese, do you think the same story could happen? Why?

分析

➡ 矛盾冲突

在整个会议过程中，美国人和印度尼西亚人、日本人之间有许多不愉快的插曲发生，最后会议不欢而散。他们之间的矛盾主要表现在以下几方面。

会议原定于上午 9:00 开始，可印度尼西亚的三个成员晚到了 20 分钟，另一位印尼高级成员布迪先生来得更晚，而且他本来只有 5 分钟的会前致辞却延长了 10 分钟，致使会议到 9:45 才正式开始。在后来的讨论过程中，让迈克更生气的是印尼成员竟然在一边扯一些和议题无关的闲话，这些对于非常讲究准时和高效率的美国人来说自然无法接受。

迈克·伯格特主持会议，他先讲了这次会议的日程安排和目的，并欢迎大家就此提出自己的想法，但使他感到意外的是没有一个人愿意主动发言。而后来迈克和罗伯特激烈的争论也让在场的日本人和印尼人难以接受，在这么多的同事面前怎么能公开争吵呢？

迈克本想尽快就讨论的问题做出最后的决定，但山口先生表示他还需要征求一下日本总部的意见，大概要一周的时间，迈克无奈只得等待，就这样这次会议并没有达到预期的目的。

原因分析

印尼人之所以会迟到或者开会时聊天，主要是因为他们和美国人的时间观念有很大的差异。根据霍尔的“单时制与多时制”文化模式，美国属于典型的“单时制”国家，他们认为时间是稀有的资源不能浪费，因此在工作中守时是非常重要的一项原则，印尼人开会迟到或布迪先生致词超出规定的时间都是不守时的表现，而且美国人认为在同一时间段只能做一件事情，开会就是开会，不应该有任何打断，如出去接电话或像案例中的印尼人不讨论会议内容却在一起聊天。印尼属于“多时制”国家，他们认为建立和保持和谐的人际关系比制定或严格遵守时间安排更重要，因此为了当前更重要的事情，可以不守时，同一个时间段可以同时做几件事情，如开会时和同事聊天。美国和印尼双方在时间观念上的差异是会议不成功的一个重要因素。

当迈克想让大家就会议的日程安排和目的提议时，没有人愿意主动发言，而后来迈克和罗伯特的公开争论也让日本人和印尼人受不了，这点主要是由于美国人和东方人对沉默和公开争论的看法迥异。植根于古希腊文化的国家都深受亚里士多德、柏拉图和苏格拉底的影响，喜欢交谈和辩论，他们认为这是追求真理的渠道，不认为辩论会伤害双方关系，反而沉默是不受欢迎的，它会被人解释为对所谈的事情没有兴趣或不满等。美国深受欧洲文化的影响，很多研究也指出多数美国人喜欢交谈和辩论；而东方民族如案例中的日本和印尼深受佛教的影响，相信“沉默是金”的说法。特别是在日本沉默有几种意思，一是可信，善于交谈的人反而让人觉得不可信，二是沉默用来避免冲突或使人尴尬，在日本、印尼和中国等亚洲国家“面子”很重要，如果在别人面前争论显然是不给对方面子，而沉默是最好的可以避免这种人际冲突的办法。

到最后会议即将结束了，迈克希望能就最后的决定达成一致，但日本的山口先生表示他还需要征求一下日本总部的意见，大概要一周的时间，这让本来就不耐烦的迈克更为恼火。根据霍夫斯特的“个体主义与集体主义”文化维度的区分，美国和日本分属个体主义和集体主义的两端，这关系到应该由谁做最后决定的问题。推崇个体主义的美国人认为个人有权力做出决定，并要对所做的决定负责，既然来参加会议你就应该是全权代表，有权做出决定。而推崇集体主义的日本人认为个人属于集体，重要的事情应该由集体协商再做出决定。这样比较谨慎。但在美国人看来，这样做会花费太多的时间，工作没有效率。

文化沟通

这个案例综合了美国和一些亚洲国家由文化差异带来的工作上的冲突，双方只有互相理解、互相包容才能使这样的摩擦最小化。

在和美国等西方国家的人进行商务往来时，印尼人应该尽量准时到达，专心做好一件事情，不要一心多用，这样做可以表示对对方的尊重；同样美国人对印尼人的不守时也应该有思想准备，时间安排不能太紧，要给对方留有余地。

在和日本人或印尼人讨论问题时，美国人应该耐心地引导，要理解对方沉默的意义，沉默不一定代表通常认为的不同意或不感兴趣，而是为了维持双方的面子以避免冲突的一种方式。同样日本人或印尼人也应该理解讨论甚至争吵并不一定会有损于双方的人际关系，反而这是寻找问题解决方案的一种方式，他们也应该试着把自己的想法说出来，而不是保持沉默让别人去猜测。

关于做决定，美日双方的方式都各有利弊。美国的个人负责方式会缩短做决定需要的时间，提高做事效率；日本的集体决定方式需要花费更多的时间，但这样做会考虑多方意见，更为谨慎一些，执行起来阻力也会相对较小。因此，双方应该尊重彼此的选择，甚至可以互相学习。

69 Senior Female Secretary PK Her Boss—The Email-Gate Case of EMC
高级女秘书向老板叫板——EMC的邮件门事件

一封高级女秘书向她的老板叫板的电子邮件在中国各大外企传得沸沸扬扬。老板与员工之间发生冲突本来也是不可避免的事情，为什么这件事情吸引了那么多人的眼球呢？

案例

Case description:

In April 2006, almost all of the foreign-owned enterprises in China were forwarded an email from the EMC headquarter of Beijing. EMC is the biggest American-based network information memorizer in the world. The e-mail was about the fact that Loke Soon Choo, the EMC Greater China regional CEO, disputed with his senior secretary because of trivia on working and the secretary was forced to resign. Although it should be resolved internally, this incident had become the hot topic among the employees of foreign companies and on the Internet within only several days.

Loke Soon Choo is a Singaporean and the EMC Greater China regional CEO. It is reported that he possesses an MBA degree of Singapore University and is a senior IT professional. He took up the post of the Oracle Greater China regional CEO before he came to EMC. Rebecca was Loke's senior secretary. She had worked with several EMC Greater China regional CEOs and was a relatively high-level secretary.

On April 7, 2006, Loke returned to his office at night to get some things. However, he found that he had forgotten to bring his key when he just reached his office. At that moment, his private secretary Rebecca had finished work and left the office. Loke tried to contact Rebecca many times, but to his disappointment, he failed. Hours later, Loke was so angry that he sent an email in a severe diction and blunt tone to Rebecca by intranet at 1:13 midnight. The email reads as follows:

From: Loke, Soon Choo

Sent: Saturday, April 08, 2006 1:13 a.m.

To: Hu, Rui

Cc: Ng, Padel; Ma, Stanley; Zhou, Simon; Lai, Sharon

Subject: Do not assume or take things for granted

Rebecca, I just told you not to assume or take things for granted on Tuesday and you locked me out of my office this evening when all my things are all still in the office because you assume I have my office key on my person.

With immediate effect, you do not leave the office until you have checked with all the managers you support—this is for the lunch hour as well as at end of day, OK?

More unfortunately, the CEO sent the email not only to Rebecca but also to his four colleagues who were also managers. Rebecca thought it was not her mistake, so she replied the CEO like for like two days later. She replied to her boss in Chinese at least in the same diction and blunt tone as the original email, and then she forwarded her email with her boss's email to all of the employees of EMC in China, such as China All in Beijing, Chengdu, Guangzhou, and Shanghai. To Rebecca's surprise, the email spread far and wide by such an order: EMC—Microsoft—MIC—HP—SAMSUNG—Honeywell—Thomson—Motorola—Nokia—GE..., which are all famous foreign enterprises. With so widely divergent action, Rebecca won the title of the "greatest" female secretary in history on the Internet. As a result, Rebecca had to resign and leave EMC. Here is her email replied to her boss:

From: Hu, Rui [Hu_Rui@emc.com]

Sent: April 10, 2006　13:48 p.m.

To: Loke, Soon Choo

Cc: China All (Beijing); China All (Chengdu); China All (Guangzhou); China All (Shanghai); Lai, Sharon

Subject: FW: Do not assume or take things for granted

Soon Choo,

第一，我做这件事是完全正确的，我锁门是从安全角度上考虑的，北京这里不是没有丢过东西，如果一旦丢了东西，我无法承担这个责任。

第二，你有钥匙，你自己忘了带，还要说别人不对。造成这件事的主要原因都是你自己，不要把自己的错误转移到别人的身上。

第三，你无权干涉和控制我的私人时间，我一天就 8 小时工作时间，请你记住中午和晚上下班的时间都是我的私人时间。

第四，从进入 EMC 的第一天到现在为止，我工作尽职尽责，也加过很多次的班，我也没有任何怨言，但是如果你们要求我加班是为了工作以外的事情，我无法做到。

第五，虽然咱们是上下级的关系，也请你注意一下你说话的语气，这是做人最基本的礼貌。

第六，我要在这儿强调一下，我并没有猜想或者假定什么，因为我没有这个时间也没有这个必要。

(***Source***: http://bbs.southcn.com/nfsq/lnpl/ptwx/200604260455.htm;
http://www.qglt.com/ bbs/ReadFile?whichfile=2836119&typeid=21.)

Case in Chinese:

下班锁门引起总裁不满

2006 年 4 月，几乎所有在中国的外资企业都收到了 EMC 北京总部的一封电子邮件。EMC 是世界上最大的美国网络信息存储器。这封电子邮件是关于这样一个事实：EMC 大中华区首席执行官 Loke Soon Choo 因工作琐事与他的高级秘书发生争执，秘书被迫辞职。虽然应该在内部解决，但这一事件在短短几天内就成为了外企员工和互联网上的热门话题。

Loke Soon Choo（中文名：陆纯初）是一名新加坡人，也是 EMC 大中华区首席执行官。据悉，他拥有新加坡大学 MBA 学位，是一名资深 IT 专业人士。在加入 EMC 之前，他曾担任 Oracle 大中华区首席执行官。瑞贝卡是洛克的高级秘书。她曾与几位 EMC 大中华区首席执行官共事，是一位级别相对较高的秘书。

4 月 7 日晚，EMC 大中华区总裁陆纯初回办公室取东西，到门口才发现自己没带钥匙。此时他的私人秘书瑞贝卡已经下班。陆纯初试图联系后者未果。数小时后，陆纯初还是难抑怒火，于是在凌晨 1 时 13 分通过内部电子邮件系统给瑞贝卡发了一封措辞严厉且语气生硬的“谴责信”。

陆纯初在这封用英文写就的邮件中说，“我曾告诉过你，想东西、做事情不要想当然！结果今天晚上你就把我锁在门外，我要取的东西都还在办公室里。问题在于你自以为是地认为我随身带了钥匙。从现在起，无论是午餐时段还是晚上下班后，你要跟你服务的每一名经理都确认无事后才能离开办公室，明白了吗？”陆纯初在发送这封邮件的时候，同时传给了公司几位高管。

秘书回了咄咄逼人的邮件

但是瑞贝卡的做法与中国传统文化大相径庭，并最终为她在网络上赢得了“史上最牛女秘书”的称号。两天后，她在邮件中回复说，“第一，我做这件事是完全正确的，我锁门是从安全角度上考虑的。如果一旦丢了东西，我无法承担这个责任。第二，你有钥匙，你自己忘了带，还要说别人不对。造成这件事的主要原因都是你自己，不要把自己的错误转移到别人的身上。第三，你无权干涉和控制我的私人时间，我一天就 8 小时工作时间，请你记住中午和晚上下班的时间都是我的私人时间。第四，从进入 EMC 的第一天到现在为止，我工作尽职尽责，也加过很多次的班，我也没有任何怨言，但是如果你们要求我加班是为了工作以外的事情，我无法做到。第五，虽然咱们是上下级的关系，也请你注意一下你说话的语气，这是做人最基本的礼貌。第六，我要在这儿强调一下，我并没有猜想或者假定什么，因为我没有这个时间，也没有这个必要。”

邮件被数千人转发

近一周内，该邮件被数千外企白领接收和转发，从邮件的转发过程中，可以发现这样一个顺序：EMC→Microsft→MIC→HP→SAMSUNG→Honeywell→Thomson→Motorola→Nokia→GE……这些大名鼎鼎的外企大多为 IT 或电子类相关企业。

女秘书已离开公司

邮件被转发出 EMC 后不久，陆纯初就更换了秘书，瑞贝卡也离开了公司。目前，EMC 内部对此事噤若寒蝉，一些参与转发邮件的员工挨个儿被人事部门找去谈话。

讨论

Questions for discussion:

1. What do you think about Loke Soon Choo and Rebecca’s behavior? What are the reasons behind such behavior?
2. Is this issue about attitude and manners between boss and employee, or is it a matter of cultural clash? What is your perspective?
3. Conflicts between management and employees might happen every day, but why did this case become a hot spot and trigger some heated discussions on the Internet?

分析

➡ 矛盾冲突

在网络上，陆纯初和瑞贝卡之间是否有私人恩怨已经成为一个有趣的热门话题。但这并不是本案里要讨论的重点。根据外企文化，中方雇员出于礼貌最好用英语回复上司的信件，因此，瑞贝卡用汉语回复老板 Email 的事实就被认为是两种文化的故意冲撞。

原因分析

第一，从原文“瑞贝卡，我在星期二曾告诉过你，想东西、做事情不要想当然”，以及陆要求瑞贝卡无论是午餐时段还是晚上下班后，都要跟她服务的每一名经理确认无事后才能离开办公室可见，他们之间存在着沟通问题。另外，据说陆在甲骨文任职的时候就和员工有过冲突并最终导致了许多优秀员工离职。后来，陆离开甲骨文来 EMC 担任大中华区总裁，由于有限的管理经验，公司内怨声载道，很多内行人说陆瞧不起大陆人。他一到 EMC 就开始重新安排人事，让中国香港人和中国台湾人担任重要职务。另一方面，瑞贝卡在 EMC 是一个相当高级的秘书并且经历了几任总裁，她的能力应该是毋庸置疑的，而且和同事的关系也应该不错。从她的回信中我们可以得出她是一个很有逻辑并且很理智的人。所以除了 Email 冲突，一定还有其他的令瑞贝卡不能再忍的原因。如果不是这样，瑞贝卡不可能不顾后果地转发信件。

第二，对陆纯初而言，只因为被锁在门外面便给瑞贝卡发邮件是没有必要的。他完全可以在周一的时候和瑞贝卡就这件事进行私人交谈。然而，他却在午夜 1:13 写了邮件，这就说明他的情绪已经失控。如果他想表达个人对瑞贝卡的不满，可以仅给瑞贝卡一个人发邮件。那他为什么会转发给其他的几位经理呢？他这样做是为了建立一个瑞贝卡只有确认每个经理没事之后才能离开的新规矩吗？事实上，如果他想建立这个新规矩，他应该在周一的时候和其他经理讨论后再告诉瑞贝卡。另外，就瑞贝卡的能力而言，尽管她不知道老板已经离开，可是她应该检查老板是否在办公室，所以从某种程度上看她还是有一点失职的。

第三，瑞贝卡故意用汉语回复老板的英文邮件在网络上被认为是两种文化的故意冲突。在大陆的外企中确实存在文化冲突。一般而言，外方老板比较傲慢且对本地员工不太友好，他们中的大多数根本就不理解中国文化。事实上，由于多种原因在外企的大多数员工是很郁闷的，如老板恃强凌弱，员工无法忍受。在这个时候突然有人站出来攻击老板，也正好替他们出气了，所以邮件也就被广泛转发了。

第四，根据当今一般的外企文化，外国老板评价一件事办得好坏，如果用 good，就是在批评你了，如果用 not bad，你就可以卷铺盖了。陆的 e-mail 光是最后的“OK?”就已经是非常粗暴的邮件了。至于说到瑞贝卡转发那么多人，本来是不应该的，但事实是陆先把 e-mail 转发给了几个高层，意思就是说：该炒她鱿鱼，给我换个听话的聪明秘书。在公司里面，私人秘书（PA）和老板是最贴心的人，有什么问题老板一般都会私下讲，这就是为什么公司里面 PA 级别虽不高但实际上谁都会买他/她账的原因。陆的这种做事方式已经超越了常规，也让瑞贝卡觉得无法忍受，但是邮件会在各大外企传播如此之广，这也是出乎她意料之外的。

第五，这件事颇具回味之处并不在事件本身，而是它被定性为“中西文化的冲突”。“老板总是对的”这句话是相对美国当地社会的具体情形而言，人的弱点是相同的，中国老板、美国老板都喜欢被赞颂。但是在美国有两样不同：一是法律的约束，二是文化的约束。就法律方面而言，任何美国公司老板如果写了陆先生这样的信件，就可以被告上法庭，而且肯定败诉。最后的结果是陆先生一定会被公司开除，瑞贝卡不但可以保住工作，很可能还会得到赔偿，并且成为公众英雄。在中国这就不可能，因为中国人觉得这样得罪老板不应该而且也不可能。而在文化方面，美国强调的是人与人之间的平等，在一个美国公司看到的普遍景象是：一个上司站在其下属的办公桌边同下属讨论问题，下属不但依然坐着，而且可能把腿放在桌子上，环境相当宽松。瑞贝卡的行动恰恰冲破了中国传统文化对老板的唯唯诺诺，这也是她得到了众多网友的喝彩的一个原因。值得一提的是，美国文化的紧箍咒是念给上司的，职位越高，对于品德和举止的要求就越高。上司不但要加班加点，还要关心下属，节假日往往要买礼品对下属表示感谢。任何颐指气使的公司主管都会遭到普遍的蔑视，被认为品德不良，其提升机会将大大受到影响。其实，许多多年供职于美国在华分支机构的中国人都会感到在海外华人管理之下的在华机构的文化与美国母公司文化之间存在明显差异。相比之下，倒是中国传统的尊卑文化加上优厚的待遇，使来华工作的洋人、华人们感到了前所未有的尊贵——数十倍于本土员工的工资、佣人的全天候服侍、本地员工的顺服及羡慕。尊贵产生优越感，表现出来的行为就是骄横。陆先生的这封信大概是最好的写照了。

第六，总的来看，此次邮件门事件可以称得上是一次中西方文化的冲撞，但值得玩味的是冲撞双方戏剧性的文化换位。我们从陆先生身上没有看到西方文化的平等观念，反倒看到了极富优越感的华人老板在中国传统的尊卑文化中所显现出的蛮横，及其引起的不良影响。许多来自中国香港、中国台湾、新加坡等地的老板身上都有东西方文化交融的影子。他们大部分都是在东方文化中有过童年的经历，青年的时候又都到了美国等西方国家接受了很多西方社会的影响，他们的办事风格都比较相似。一方面，具有很高的职业素质，对待工作热情、投入。另一方面，东方家长化的倾向严重，在管理公司的时候，方式、风格简单粗暴的较多。这样管理的结果必然会出现邮件门这样的事件。其实，由于本身文化的原因以及缺乏很好的交流沟通，西方国家对中国内地的认识也是带有偏见的，他们更愿意信任这些有海外背景的人，于是他们首先选择了中国台湾人和中国香港人、新加坡人管理大陆本土的公司，让他们充当东西方文化沟通的桥梁。但是通过这件事，可以看出这种桥梁的作用值得怀疑。

➡ 文化沟通

综上所述，EMC 的邮件门事件可真的是“一石激起千层浪”，EMC 在华的形象会或多或少地受到影响，但本事件更有意义的影响是它会使西方企业家重新审视他们在大陆的人才定位，重新考虑本土化问题。

70 What Is Dinner at a Friend's
家宴的尴尬

詹妮丝·里兹维是在武汉一家生产泵类产品的合资公司工作的一名年轻工程师。她的丈夫乔治·卡特随她一起来到中国，对他们的新生活感到满意。詹妮丝在工作上与中国同事相处融洽，但她希望能跟他们走得更近。因此当她的同事、工程师刘玲玲邀请詹妮丝和她的丈夫去她家做客时，詹妮丝感到非常高兴。她们的聚餐会成功吗？她们之间的交往会愉快吗？

案例

Case description:

Janice Linzwe was a young engineer working for a pump manufacturing joint venture operation in Wuhan. She had studied Chinese for two years at college and felt her competency in Chinese was growing rapidly; she was even learning a little of the local dialect. She felt lucky that her husband, George Carter, had been willing and able to make the move in her and that he, too, seemed to be enjoying his English-teaching job and their new life in Wuhan.

Janice felt that she got along well professionally with her Chinese colleagues, but she wished she could get friendlier with them; they seemed a little distant and cautious. She was really pleased, therefore, when Liu Lingling, another engineer, who seemed slightly less shy than the rest, invited Janice and George to her home for dinner one Friday night after work.

Lingling met them at the bus stop and took them to her home, a sparsely furnished but very clean two-room apartment. She briefly introduced them to her husband, Yang Feng, who was busy in the tiny kitchen, and then invited Janice and George to sit down in a room where there was a table with eight plates of various cold dishes on it. She served them some tea and then disappeared for fifteen minutes. Just when Janice was about to get up and go ask if anything was wrong, Liu Lingling returned and added hot water to their tea. In answer to their offers, Liu Lingling assured them that she and her husband didn't need any help in the kitchen. She pointed out a new CD player that she and Yang Feng had recently purchased and their thirty-five-inch color TV set and invited the American couple to have a look at them. Then she disappeared again. After nearly three quarters of an hour, Lingling reappeared. The three of them sat down and began to eat. Yang Feng came into the room from time to time to put a hot dish on the table. Most of the food was wonderful, but there was far too much of it. Janice passed on the eel and the sea cucumber, and George skipped from one dish to another. Both George and Janice were full before half the dishes had been served. Also, they couldn't help wishing that Yang Feng would sit down, so that they could get a chance to talk to him. When he finally did come in from the kitchen, he ate a bit and then turned on the TV, fiddling with knobs to show them all of the features. Lingling proceeded to demonstrate the CD player, and then it was late and time to go home.

Although they felt vaguely depressed by their first social encounter with Liu Lingling and Yang Feng, they felt that they should return the dinner invitation, so they invited the Chinese couple over two weeks later. George and Janice decided to introduce their new friends to an American meal. George scoured the hotels and grocery stores that catered to Western tastes. He was excited to find some black olives, tomato juice, soda crackers, and even some tolerable cheese. They set these out as appetizers along with some Chinese peanuts and small crackers. Janice made spaghetti and a salad. She even concocted some dressing from oil, vinegar, and some sweet-smelling but unidentified herbs she found in the market. George and Janice were pleased with their efforts. When Liu Lingling and Yang Feng arrived, they were obviously impressed by the apartment. They asked the prices of the carpet, CD/tape player, TV set, and the vacuum cleaner. They pressed every button on every appliance, and Janice was glad the food processor was tucked away in a kitchen cupboard. They nibbled without enthusiasm at the appetizers, but Janice was pleased that they seemed to be having fun. She did, however, refuse politely their questions about the cost of everything.

The Chinese couple seemed a little confused when both Janice and George sat down to the meal, and Liu Lingling asked who was doing the cooking. She still looked confused, even after Janice and George had explained who had prepared the food and dishes. The two Chinese ate just a tiny bit of spaghetti and didn't finish the salad on their plates. George urged them to eat more, but they continued to refuse and to look expectantly. George and Janice explained the origin of each of the foods served, found out where Liu Lingling and Yang Feng's families were from, and learned quite a bit about Yang Feng's job as a physics professor. They also answered questions about their own families and hometowns. When it seemed everyone was done, George cleared the table and Janice served coffee and some chocolate pastries she had found in a hotel bakery. Liu Lingling put four spoonfuls of sugar in her coffee and drank about a third of it. Yang Feng took one sip and left the rest. Neither ate more than two bites of pastry.

After they left, George said to Janice, "At least we had a chance to talk," but Janice replied in a dismayed voice, "We left their place so full that we couldn't walk, but they're going to have to eat again when they get home. What went wrong?"

As a friend of George and Janice's, how would you explain to them what cultural assumptions were at work that kept them from having a successful dinner party with their new friends?

(***Source:*** LINELL D. Doing culture: cross-cultural communication in action[M]. Beijing: Foreign Language Teaching and Research Press, 2001.)

Case in Chinese:

詹妮丝·里兹维是在武汉一家生产泵类产品的合资公司工作的一名年轻的工程师。在大学学习了两年汉语之后，她发现自己的汉语水平提高很快；她甚至还学了一些当地的方言。让她感到幸运的是，她的丈夫乔治·卡特愿意与她一起来到中国，而且很喜欢他的英语教学工作和他们在武汉的新生活。

詹妮丝觉得自己在工作上与她的中国同事们相处融洽，但她希望能跟他们走得更近，因为他们对她似乎有一些距离感并且常常小心翼翼。因此，当同公司的另一位工程师刘玲玲邀请詹妮丝和她的丈夫乔治在周五晚上去她家共进晚餐时，詹妮丝感到非常高兴。

玲玲从车站把詹妮丝夫妇接回家，她的家是一套家具不多但非常整洁的两居室。把詹妮丝夫妇简单地介绍给正在狭小的厨房里忙着做饭的丈夫杨峰之后，她把詹妮丝夫妇带进一个房间，那里的桌子上摆了八个不同的凉菜。她给他们沏好茶之后 15 分钟内都没有露面，就在詹妮丝正要起来看是否出了什么问题的时候，刘玲玲又来给茶添了一些热水。当詹妮丝夫妇要帮忙时，刘玲玲说他们自己能忙得过来，她指指自己和丈夫最近买的 CD 和 35 英寸的彩电，让这对美国夫妇自己看，然后又出去了。将近 45 分钟之后，玲玲回来了，他们三个人坐下开始吃饭，杨峰则一次又一次地端上一个个热气腾腾的菜。大多数菜都很可口，但实在是太多了。詹妮丝吃了黄鳝又吃海参，乔治则尝尝这个，又尝尝那个。菜只上了一半，詹妮丝和乔治就已经吃得很饱了，他们希望杨峰也能坐下来和他们聊一聊，他好不容易才从厨房出来，但只吃了一点点就打开电视，摆弄着按钮向他们展示这台电视的各种功能。随后玲玲又展示了他们的 CD 机，最后时间太晚了，詹妮丝夫妇不得不回家。

虽然与刘玲玲和杨峰的第一次接触有点不愉快，但詹妮丝夫妇仍然觉得应该回请他们。因此，他们邀请这对中国夫妇两周后到自己家做客。乔治和詹妮丝决定让他们的新朋友尝试一下美国大餐。乔治走遍了适合西方人口味的饭店和杂货店，很惊喜地买到了一些番茄汁、苏打饼一类的东西，还有一些味道很不错的芝士。他们把这些与一些中国花生和小点心放在一起作为开胃品。詹妮丝做了意大利面和沙拉，她还用油、醋和从市场上买到的不知名的味道甜甜的香草调制了沙拉酱。他们对自己的准备工作感到很满意。刘玲玲和杨峰来了之后对詹妮丝夫妇的房子赞叹不已，他们不断地问地毯、CD 机、电视以及吸尘器的价格，并在每件电器的按钮上按来按去。詹妮丝很庆幸她的食品加工机正藏在厨房的柜子里。他们毫无兴致地吃了一点点开胃品，但让詹妮丝高兴的是他们看上去很开心。

当詹妮丝和乔治都坐下来一起用餐的时候，这对中国夫妇看起来有些诧异，刘玲玲还问由谁来做饭。在詹妮丝和乔治解释了各自都准备了什么之后，她还是有些疑惑。这对中国夫妇只吃了一点意大利面，连盘里的沙拉都没吃完，乔治请他们多吃一点，但他们拒绝了，并用期待的眼神看着周围。乔治和詹妮丝解释了每道菜的起源，知道了刘玲玲和杨峰都来自哪儿，并对杨峰物理学教授的工作有了一定的了解。他们也告诉了刘玲玲和杨峰他们的家庭和故乡。大家都吃得差不多了以后，乔治收拾了桌子，詹妮丝则端上咖啡和在一家饭店面包房买的巧克力点心。刘玲玲在自己的咖啡里放了4勺糖，并只喝了三分之一。杨峰则只尝了一小口。他们都只吃了不到两块点心。

刘玲玲夫妇走后，乔治对詹妮丝说："至少这次我们有机会聊天了。"但詹妮丝却沮丧地说："我们从他们家离开的时候都饱得快走不动了，但他们回家之后还得再吃一顿。到底是哪里出了问题呢？"

作为乔治和詹妮丝的朋友，你会怎样向他们解释是什么文化上的误解使他们不能与自己的新朋友进行一次成功的聚餐呢？

讨论

Questions for discussion:

1. What are the differences between Chinese and Americans when entertaining a guest?
2. What topics should you avoid when talking with Americans?
3. What went wrong in this case?

分析

➡ 矛盾冲突

本案例讲述了一位美国工程师詹妮丝和一位中国工程师刘玲玲分别邀请对方及其丈夫到自己家里做客的情况。在詹妮丝和丈夫乔治去刘玲玲家做客的时候，刘玲玲先是让他们自己欣赏影碟，后来才过来与他们一起吃饭，而她的丈夫则一直在厨房里忙着做菜，最后只吃了一点，便开始向詹妮丝夫妇展示他们家电视机的各种功能。这对美国夫妇虽然吃得很饱，却一直没有机会与男主人交流。

出于礼貌，詹妮丝夫妇回请刘玲玲和其丈夫到自己家做客。这对中国夫妇先是不停地摆弄詹妮丝家的各种家用电器，好奇地询问它们的价格，随后又对詹妮丝夫妇同时坐下来陪他们吃饭表示不可理解。虽然在餐桌上的聊天让他们彼此加深了了解，但刘玲玲和丈夫杨峰似乎对美国的饭菜并不太感兴趣，只吃了一点，最后聚会还是不欢而散。詹妮丝对此迷惑不解，不知道问题到底出在哪儿？

原因分析

造成中美这两对夫妇的两次聚会都不欢而散的主要原因是他们对彼此文化的忽视。虽然生活在中国，詹妮丝夫妇显然对中国的文化和习俗知之甚少，而刘玲玲和丈夫在与这对特殊的外国朋友交往时也没有意识到与他们之间的文化差异。因此，对于交流和沟通的失败，他们不知道问题所在。

在待客之道方面，美国人喜欢把自己的家人也介绍给对方认识，并且共同准备聚会需要的食物、用具及环境的布置。他们往往在客人到之前就准备好饭菜，以便一同陪客人聊天。而中国人则喜欢夫妇两个分管不同的事情，一方在外面陪客人，另一方则在厨房准备饭菜。在聚会时，美国人看中的是通过会餐提供一次交流的机会，以加深彼此的了解，所以吃饭只是聚会的开始，他们在用餐过后才开始真正的交谈。而中国人聚会的一项重要内容就是吃一顿可口的饭菜，大家会在用餐期间进行简短的交流。

在生活和交往中，美国人和中国人也有着不同的习惯。美国人习惯于把影碟机一类的电器放在自己的卧室里，并且只有在跟家人或很亲近的朋友一起时才会以此为娱乐。他们在跟客人交谈时，不会打开电视破坏良好的聊天氛围，并且也只有主人负责电器的开关，客人如果随便动主人的东西则被视为不礼貌的行为。在中国，情况恰恰相反。中国人喜欢向客人展示自己的电器，尤其是蕴涵着高科技的新产品。他们喜欢在交谈中打开电视，一边看电视，一边聊天，客人也可以自己选择想看的电视节目。此外，中国人喜欢询问朋友东西的价格，而这在美国人看来也是不可接受的，因为他们把价格看作是很私人的问题。

文化沟通

在这种情况下，詹妮丝和刘玲玲该怎么做呢？

詹妮丝与刘玲玲都应意识到文化在人们沟通与交往中的重要作用，她们可以通过读书、看电视等多种渠道了解对方的文化，也可以通过深入的交谈来讨论彼此文化的差异，以发现问题到底出在什么地方。

在了解了彼此文化的基础上，詹妮丝与刘玲玲在以后的交往中除了向对方介绍自己的文化不同寻常的一面，还应充分考虑到对方的文化习惯和传统，在相互尊重的前提下进一步交往。

71 Private or Public?

隐私或公开？

马克是英孚英语培训机构的培训师，他只身住在上海，因此他的个人生活受到中国同事的关心，同事们积极地为他安排娱乐活动，关心他的终身大事。可是让同事们不理解的是，他对大家的关心竟然毫不领情，而且仅因为一点小事就在公众场合对大家发火，这究竟是为什么？

案例

Case description:

Mark was a native English speaker from Britain. As a teacher of English, first he had chances to work in some Asian countries such as Singapore and Japan. In 2001, he was offered to work in Shanghai as a senior trainer. He was glad to accept the offer and was full of confidence to develop the huge potential market. He left for Shanghai with an expectation that he would start a brand new life, for he believed that he had known a lot about oriental culture to communicate with local people.

Just as what he had expected, he received a warm welcome from the hospitable Chinese colleagues when he arrived in Shanghai. With the help of the Chinese colleagues, he was able to open three new training centers downtown during the first several months. When he received a large bonus, he treated his Chinese colleagues to show his gratitude for their cooperation and hard work. At the dinner, he was thrilled with excitement and ambition.

Cooperative and hard-working as they were, the Chinese colleagues annoyed Mark in several ways. First, they seemed to care too much about his private life. They, several days after they met, began to ask private questions while chatting, including age, family and marriage. When they knew that he was still single, they now and then introduced female friends to him in spite of his opposition. He was quite embarrassed on such occasions.

Another offence was unexpected arrangement of off-work entertainment. The Chinese colleagues seemed to arrange things on pulse and informed him at last minute of going to karaoke or outgoing. At such a moment, he was at the edge of breaking down to re-arrange his timetable to narrowly leave time for it since he did not want them to lose face. However, seeing there was no hope for them to respect his personal schedule, Mark chose to refuse unexpected invitations.

Mark sensed that the relationship between them had undergone a subtle change, for his Chinese colleagues began to treat him in a deliberately polite way. When he entered the office, they nodded with a routine smile. They did not invite him to dinner or karaoke any longer. At office they gathered together and whispered in Chinese. Mark sometimes felt lonely at office and intended to break the ice between them but he did not know how to start.

Mark indulged himself in work and tried to neglect the tense atmosphere in office. But, one day he broke the tension by a burst of anger.

It was a tradition that the staff took medical examination every year, and they just had it two weeks before. The personnel manager put a notice on the bulletin that the medical report had come out. Mark got his report with the doctor's comment that there was something wrong with his stomach and he would better eat more vegetables and drink less wine.

To his astonishment, every one in the office seemed to know his situation and asked him to take good care of himself and even recommended him to take Chinese herbal medicine. To make things worse, they volunteered to help him with his curriculum design and teaching materials. Surrounded by them like a fool, Mark could not bear it any more and stormed into the Personnel Department for an explanation.

"How can they have my medical report?"

Stunned at his fury, the personnel manager stammered that this was a usual practice to put the medical reports on the table of the reference room. Suddenly he didn't know what to say but stared at his Chinese colleagues who came to see what had happened.

At that moment, he wished he had never been there at all.

He asked to transfer to another country. After he left, his Chinese colleagues commented that Mark was too arrogant and far from maturity. Till now, they did not understand why he lost his temper at such a trifle thing.

(***Source:*** Based on the writer's own experience.)

Case in Chinese:

马克是一位来自英国的小伙子，他多年来在著名的英语培训机构英孚做培训师，曾经到新加坡和日本等亚洲国家工作过。2001年，他被派到上海做高级培训师，他很高兴获得这次机会，同时他也很有信心，因为以他对东方文化的了解，他相信一定能与当地的同事合作愉快。

他的上海同事对他的到来报以热烈的欢迎，在工作中，他们积极配合，在头几个月里，居然连续在市中心开了三家培训中心，老板对他的努力予以肯定，并给了他丰厚的奖金。

但是，与同事相处总是有些不愉快。他们不知为什么，对他似乎过于关心了，刚认识没几天，就聊些私人的话题，如年龄、家庭、有没有女朋友等。他们知道了马克没有女朋友，就不顾他的反对，时不时地介绍女孩子给他，每当这时候，马克就非常尴尬。

另一个使他烦恼的是：他们经常安排些临时活动，打乱他的时间安排。他们的安排总是过于随意，通常在下班前几分钟通知他去卡拉OK等。他这时候就只好匆匆忙忙地把他的时间重新安排，抽出时间和他们一起去，因为他不想让他们觉得没面子。但是后来，他觉得要他们尊重自己的时间无望，就开始拒绝任何计划外的娱乐活动。

这样一来，他感觉到和同事们的关系有些微妙的变化，他们突然对他客气起来。他们不再邀请他参加他们的私人活动，见到他礼节性地微笑一下，而且聚在一起讲中文。马克在办公室里觉得很孤独，他想缓和与同事们的关系，却不知道怎样去做。

他只好埋头工作，不理会这种隔膜。可是有一天，他竟然发了火，打破了办公室的沉闷。

公司有一个惯例，每年为员工体检一次，两个星期前，他们进行了体检。这天，人事部通知说体检报告出来了。马克拿到了他的体检报告，医生说他的胃不好，要多吃蔬菜，少喝酒。

可是让他感到震惊的是，全公司的人似乎都知道了他的体检结果，许多人见了面都叮嘱他好好照顾自己，还有人向他推荐治胃病的中药。而且大家都不约而同地要替他代课，他被这些热心的同事们包围着，觉得自己像一个傻瓜。马克再也忍不住了，冲向了人事部。

他大声地责问经理："他们怎么可以看到我的体检报告？！"。

人事部经理从来没看到过他发那么大的火，结结巴巴地解释说，他们通常把所有的报告都放在会议室的桌子上，让员工自己取。他明白了，看着那些来看热闹的同事，不知道说什么好。

不久，马克就申请离开上海。他走后，同事们提起他时都说他太傲慢，不成熟，而且他们至今也搞不明白：为什么为了那么点小事他发那么大的火？

讨论

Questions for discussion:

1. Why did his Chinese colleagues arrange entertainment without notification beforehand? Do you think it is acceptable in British culture?
2. Do you think it's proper for Mark to lose temper with his colleagues? If not, what is the proper way in this situation?
3. If Mark wanted to stay in Shanghai office, what remedy should he take to improve his image of losing temper in public?
4. If you are the personnel manager, what will you do to harmonize the conflict between overseas employees and local ones?

分析

➡ 矛盾冲突

本案例讲述了跨国公司里国外员工与本地员工的冲突与矛盾。这些矛盾虽然微不足道，但是导致了外国员工的离开和中国员工的不满。马克为了保护自己的隐私，与热情的当地员工发生了巨大的冲突。

中国人以热情好客著称，当地员工自然对来自异乡的年轻人体贴关怀，可是这种关心对于来自不同文化的马克来说太过分了，已经侵犯了他的私人生活，因此他采取了消极措施，尽量避免与本地员工接触。但是这种方法显然伤害了本地员工的感情，他们对马克敬而远之。这种不畅通的交流最终导致了矛盾的激化，以至于马克就体检报告一事发火，而本地员工却不知何故。

➡ 原因分析

中英两国的文化有很大的差别，两种文化中，个人交际圈的范围完全不同。在中国以及许多亚洲国家，很多人际关系都是重叠的。比如，公司的同事可能也是生活中的朋友，家庭成员之间可以既做同事又做朋友，这种重叠交互的关系圈导致人们期望在工作中的同事关系亲密，在工作中除了工作的事情还可以讨论私人的话题。而英国文化中，个人的关系圈相对封闭，同事的定义就只限于工作中的合作关系，除此之外，同事没有权利过问私人的问题。马克的中国同事显然没有意识到这种差别，他们用对待中国同事的方法对待马克，关心他的私人生活，这已经严重触犯了他的私人领域，因此他感到困窘，为了保护自己的私人空间，他就只好不断把自己的私人关系圈缩小，尽量不与其他关系圈重叠，但是对他的同事们来说，这意味着他不愿意与他们交朋友，很容易激起不满。

第二个矛盾是关于工作后的娱乐活动的安排，双方抱怨的对象其实是不同的。马克的理由是同事们不尊重自己的时间，抱怨他们总是临时做决定，使他的计划总是被打乱。而中国同事抱怨马克不顾他们的面子。中国文化非常重视面子，对于中国人的面子问题，有些英国人有所了解，但是他们有时并不理解面子的重要性。在如何拒绝别人的邀请方面，马克采取了直接的方式，而且多次拒绝同事的邀请，这对于中国同事来说是难以接受的。

在体检报告的问题上，马克激烈的反应是中国同事无法理解的，因为在中国文化中，关心一个人的身体状况，是同事之间关系融洽的体现。在中国，领导和同事到医院看望生病的员工，了解具体情况是非常普遍的，而对同事的病情不闻不问被视为不近人情。而在英国文化中，个人的身体状况和体检报告是绝对隐私，除了本人，医生应该对其病情保密。如果病情未经允许泄漏，当事人甚至有权起诉追究有关人员的法律责任。因此，当得知自己的病情被公开，马克发火也就不足为奇了。

➡ 文化沟通

在此案例中，马克始终采取消极回避的态度，对与中国同事的矛盾一味地回避，最终使矛盾激化而不可收拾。即使在这样的情况下，他也没有采取积极解决矛盾的方法，而只是选择了离开。那么马克应该如何处理与中国同事的关系呢？在产生矛盾时，应该采取何种应对措施呢？作为中国同事，应当如何把握与来自不同文化的人的交往呢？

在谈话中，马克应该掌握主动权，对于自己不愿意谈的话题，应该尽力避免。如果谈到隐私问题，应该掌握一些技巧巧妙避开，而不应总是处于被动地位，接受提问。

在安排娱乐活动时，马克可以有选择地拒绝而不应该对同事的邀请一概拒绝，也可以主动安排活动，邀请同事参加，或委婉地建议同事今后有活动安排时早点通知他，这样既考虑了同事的面子，又解决了自己的时间安排问题。

当冲突产生时，要保持冷静。中国文化最忌讳在公共场合发火，因为这直接体现一个人的素养，也是最伤面子的事情。中国人讲究和谐，尽量把冲突限制在最小范围内解决。比如，马克可以和人事部经理交谈，在两个人之间解决类似的问题，而不要把冲突扩大化。

中国员工也应该注意到在跨文化交际中，不能以自己的文化为中心，期待对方完全与自己融合。在对待个人隐私方面尤其应该注意，要充分尊重对方的文化传统和交往方式，必要时应该保持一定的距离。

72 Who Caused the Toyota Advertisement Trouble?
什么造成了丰田广告的麻烦？

两则平面广告就能引起轩然大波，类似丰田广告的事件发生了不止一次，是商业问题、历史问题、政治问题，还是文化问题？这恐怕很难一言以蔽之，但广告与文化似乎是商业营销中一个永恒的话题。

案例

Case description:

From November 2004, two advertisements appeared on 19 magazines and 11 newspapers nationwide. In one of the advertisements, a *land cruiser* of Toyota brand was going up a slope, dragging a lumpish "East Wind" truck. Another piece of advertisement was a *Prado* of Toyota brand, going through a bridge and attracting the eyes of two stone lions aside. One of them raised his right claw to greet the car, with an advertising slogan *"Prado, you have to respect it"*.

Regarded as an imputation of the quality of East Wind truck though, the first advertisement didn't incur severe criticism. What aroused great anger from the Chinese was the second one.

Some people argued that stone lion had been a traditional symbol of Chinese nation. In the advertisement, however, it was designed to greet a Japanese-brand car, which reminded Chinese of the stone lion on the Lugou Bridge and the anti-Japanese war, stirring extreme rage. For a period of time, it blazed intense responses and arguments on the Internet, that claiming that the advertisement had severely hurt the feeling and dignity of Chinese people.

In the media meeting, the general manager of Toyota company said that this was the first time that he encountered such a trouble since he worked for Toyota 27 years ago. "I was stunned when I heard the matter of advertisement. It was such a sudden for me. I didn't expect it at all. I am facing great pressure now. This is caused by our carelessness. I feel extremely sorry."

He explained that Toyota wished to give an impression of mighty and grandness. To achieve this end, they thought it was better to use the stone lion scheme and didn't realize there was anything inappropriate.

There were generally two types of attitudes toward this matter. One of them believed that the whole matter was commercial exploitation by Toyota company with a purpose to advertise its products. Another view held that Toyota lacked enough knowledge about Chinese culture while the incident was only about business. Whatever the truth, the Toyota advertisement trouble really gave us a lesson.

(***Source:*** http://auto.qq.com/a/20031211/000010.htm.)

Case in Chinese:

从 2004 年 11 月下旬开始，在全国范围内的 19 家杂志和 11 家报纸上出现了两则平面广告：一辆丰田“陆地巡洋舰”迎坡而上，后面的铁链上拉着一辆看起来笨重的“东风”大卡车；另一则广告为一辆行驶在路上的丰田“霸道”引来路旁石狮的侧目，一只石狮还抬起右爪敬礼，旁边还标明“霸道，你不得不尊敬”的字样。

第一则广告被认为是诋毁“东风”卡车的质量不行，目前反响还不是很激烈。引起强烈反应的是后一个广告。

有人认为，石狮子是中华民族传统的一个象征，“丰田霸道”广告中却设计成让它们向一辆日本品牌的汽车“敬礼”“鞠躬”，让人联想到卢沟桥、石狮子和抗日战争三者之间的关系，让人更加愤恨。一时间，互联网上出现了强烈的反响和争论，认为丰田公司的两则广告侮辱了中国人的感情，伤害了国人的自尊。

在媒体座谈会上，丰田汽车销售有限公司总经理说，他在丰田工作的 27 年中，公司从没有发生过这样的事情：“刚刚听说广告的事，我仿佛后脑勺上挨了一闷棍，事情发生得太突然了，完全没有准备，我现在的压力很大。这完全是我们工作不周造成的，非常对不起。”

他解释说，丰田希望给消费者留下一个雄伟有气势的深刻印象，觉得用石狮来表现的广告方案较好一些，当时并没有想到有什么不妥。

对于此事大致有两种观点，一种认为这是丰田汽车有意为之，是一种炒作。另一种观点认为，丰田汽车公司太无知，事件本身只是商业行为。不管事情真相究竟怎样，丰田的广告事件留给了我们不少的启示。

讨论

Questions for discussion:

1. When you read the advertisement, will you feel insulted by its design?
2. In your opinion, do you think the Toyota company had designed the advertisement on purpose?

3. What do you think is the major reason for this matter?
4. What lesson can we learn from this matter?

分析

矛盾冲突

本案例涉及的问题和矛盾似乎比较复杂。因为它不仅仅是商务交流中的简单误解，而是牵扯到了民族感情，丰田广告的问题总体看来有历史的矛盾。由于中日之间的特殊关系，消费者对这类内容的广告极为敏感，在众多的合资汽车企业里，日本企业一向自诩最了解中国市场。与欧美企业相比，同属于亚洲的日本企业在文化和思维方式上更趋近于中国人，这也是日本企业在中国几十年来发展良好的原因。也正源于此，当年“车到山前必有路，有路必有丰田车”的广告才那般脍炙人口。然而今天，在日本汽车大举进军中国市场的序曲里，却传出这样不和谐的音符，让消费者难以接受。究其原因，正是丰田公司在广告创意中错用了石狮这个符号，只考虑到产品的宣传效果，而忽略了石狮在中国文化中的象征意义。同时，石狮极易使人联想起卢沟桥的石狮，从而激发了如此大的民愤。

原因分析

丰田广告风波主要是由于广告忽略了文化因素。因广告忽视文化因素而导致失败甚至引起麻烦的例子不在少数。石狮是中华民族文化的象征，而丰田在发布广告时用“石狮敬礼”来描述自己的产品很显然忽视了文化背景，在中日两国现阶段的特殊关系下不经意间触碰到了消费者深厚的爱国情怀，以致遭受了无数中国人的指责。

广告需要创意，而创意要使人产生联想。国际市场的广告创意要在东道国的消费者心理基础上进行。每个国家都有自己的价值观念、风俗禁忌等，广告策划者在进行策划前一定要考虑到广告内容会让人产生什么联想，以及如何激发正确有利的联想。丰田的广告可以说具有很好的创意，可是没有考虑到文化差异，以致消费者对产品和企业都产生了抵触情绪。

类似的问题广告在国外也有先例。例如，加拿大的一家广告公司利用罗马天主教一名修女的形象大做广告，让修女抹上了鲜红的口红，戴上皮头巾和硕大的耳环以及十字架，另外肚脐还大露特露。这一广告引起了天主教民权组织的强烈不满，纷纷批评该广告公司将天主教修女打扮成妓女的模样有损天主教的形象。

综合来看，这个事件应该是纯商业行为，只是在特殊的背景下引起了上述问题。可见，对文化因素的忽视不仅会给商业运作和营销带来损失，有时甚至会引起更严重的风波。

文化沟通

中日之间的文化背景还是较为相似的，有着很多的相通之处。但作为外方在中国开发市场，要把所有细节都考虑全面也是很困难的事情。而且历史原因使中日之间的关系非常特殊，这就需要日本商家在营销策略和手段的运用上尤为小心谨慎。不妨在广告的设计上多方征求意见，不但要注重广告的创意，更要注意这样的广告是否与当地文化相冲突，是否会引起消费者的逆反心理。因为广告一旦形成，就要大范围地投放和发布，面对亿万消费者和读者观众的审视。所以广告中如果有冒犯文化的因素，其影响格外严重。不过有了这么多类似的教训，以后的商家，包括丰田在内，应该会有前车之鉴，格外小心了。

73 Falling Dragon Rising Anger
日本的“立邦漆”广告惹怒中国人

事实上，日本“丰田霸道”广告的余波尚未完全消失，中国人民被戳伤的心尚未完全愈合，这则立邦漆“龙篇”的广告又引起了中国人民广泛的愤怒，无疑再一次向中国人民心口上撒盐。让我们走进这则广告，看看它为何再次激怒了中国人。

案例

Case description:

In September 2004, a highly creative but controversial advertisement aroused a national fury upon the well-known Japanese Nippon Paint. The picture named “Dragon” was initially published in the *International Advertisement*, which vividly presented the audience with an inspiring advertisement but its glaring shortfalls unconsciously resulted in an earthquake among the public and fundamentally ruined its creativity as a whole.

In a typical Chinese gazebo, there were a couple of columns standing tall and upright.

The color of the left one was bleak on which a symbolic dragon could clamber. Yet, the color of the right one coated with the Nippon Paint was significantly shinning, where consequently the dragon fell down. The accompanying footnotes interpreted this image as the competitive edge of Nippon Paint products.

The originality of the mentioned picture was highly evaluated by advertisement specialists. However, the falling dragon strongly offended Chinese national dignity and surely annoyed the overwhelming majority. Fresh evidence provided us that according to an online survey conducted by China Advertisement, by 15:06, September 28, among 1,053 voters, 36.1% suggested advertisement originality should respect Chinese national culture; 38.27% thought this advertisement ignored the bond between advertisement and cultural elements; 2.66% criticized that the advertising staff were lacking in basic knowledge of Chinese history.

(***Source:*** China Daily (2004-12-22)[2021-10-20]. http://www.chinadaily.com.cn/english/doc/2004-12/22/content_402392.htm.)

Case in Chinese:

2004年9月，日本著名公司立邦漆的一则富于创造力但充满争议的广告激起了全中国人民的愤怒。这幅名为“龙篇”的广告最初刊登在《国际广告》杂志上，它生动地向读者展示了一幅灵动四溢的画面，但它明显的缺陷在中国公众里引起了轰动，并最终毁掉了它最初的创意。

在一个具有中国特色的凉亭里，笔直而高挺地树立着两个圆柱子。左边柱子的颜色比较暗淡，上面攀附着一条具有象征意义的龙。但是涂了立邦漆的右边柱子的颜色则分外耀眼，上面是一条滑落的龙，紧跟着的注脚把这个意向解释为立邦漆产品的功效。

这幅广告的创意得到了广告专家的高度评价。然而，滑落的巨龙严重地伤害了中国人民的自尊，不可避免地激怒了广大中国人民。根据中国广告协会于9月28日15:06分的在线调查，在1 053名被调查者里，36.1%的人认为广告创意应该尊重中华民族文化，38.27%的人认为这幅广告忽视了广告与文化因素的关系，2.66%的人批评了广告工作人员，认为他们对中国历史基本知识缺乏了解。

讨论

Questions for discussion:

1. In your view, why does this advertisement bring about so many debates?
2. What are the negative effects if a company is unaware of cultural differences in advertising?

分析

矛盾冲突

《国际广告》杂志刊登的名叫“龙篇”的立邦漆广告里涉及的“盘龙滑柱”是借助龙的形象宣传产品还是公开藐视中国人民，损害中国人民感情？杂志社的工作人员解释说，刊登广告没有任何特别想法，看重的是作品的创意；立邦漆涂料（中国）有限公司的市场总监认为这完全是场误会。但广告刊登后在网上掀起的轩然大波反映了中国人民对此广告的指责与愤怒。

原因分析

事实上，这是继“丰田霸道”广告后又一起与日本相关的针对广告中文化因素的争论。作为当今广泛使用的促销手段——广告，尤其是商业广告，以其快速、有效、生动、形象、信息量大等特点，深受企业欢迎，被频繁且不惜重金地用来宣传产品。

然而，因对象而变，因时间而变，突出广告主题，这才是广告策略的核心问题，也就是说广告不是无所顾忌地“广而告之”，它要对其所在国家的文化、民族心理有充分了解，并充分考虑、尊重民族的文化习惯和文化传统，是包涵丰富感情因素的。

众所周知，立邦漆涂料公司有日本企业的背景，鉴于日本与中国之间复杂的历史纠葛，以及2004年年底出现的“丰田霸道”广告引起的风波，立邦漆公司本应该特别注意其产品宣传广告的内容。可是，以中国传统凉亭为陪衬，以在中国有图腾象征意义的“龙”作为主角，这本身就具有充分的暗示作用，但这条“盘龙”因右边柱子涂了立邦漆新产品“木器清漆”而滑落，与左边色彩暗淡却紧紧攀附的龙形成鲜明对比。

任何一个国家都有自己的文化禁忌，即使在更开放的西方，也会由于宗教、道德、文化、法律等因素对广告这类事物有一定的底线。稍对中国文化有所了解的人都知道，这条“盘龙”在日本企业广告中“滑倒”象征着什么？在崇尚民族精神、有强烈民族情感、对民族象征尊重深入骨髓的中国人眼里，“龙”在中国人心中的地位是至高无上的，不容得他人践踏，更不要说是与我们至今依旧没算清历史账的日本了，由此引起的强烈反感与群起而攻之的现象就不难理解了。

文化沟通

不管是杂志社的解释，广告设计公司的无意，还是立邦漆涂料公司的误会，这件事事实上已经产生不良影响，又在中国人伤口上洒了盐。对立邦漆公司而言，行之有效的措施是迅速采取危机公关，搞好与新浪等门户网站和其他主流媒体的关系，不要大肆炒作此事。同时，应立即在有关媒体上发表致歉申明，把此事的影响降到最小。此外，对于立邦漆这样有鲜明日本特殊背景的公司，今后在做广告宣传其产品时要充分吸取教训，真正考虑中国人的民族心理，尊重中国的传统文化，不要想当然地触碰任何文化禁忌，充分理解广告与文化的关系，并在实践中注意广告的文化功能。

74 Baby Boom to Baby Bust: Procter & Gamble in Japan
帮宝适在日本的广告“失策”

宝洁的帮宝适一次性尿布风靡全球，给无数家庭带来了方便，至今也为人们所称道。但许多人不知道，宝洁在日本市场推出这款产品时，却遭遇了“滑铁卢”，原因就出在广告的创意与设计上。面对日本这样文化敏感的国家，宝洁的一次性尿布广告到底犯了什么错？

案例

Case description:

In 1961, Procter & Gamble introduced the world's first disposable diaper, and landfill owners have been rejoicing ever since. But P&G's biggest overseas advertising blunder occurred a decade later when the firm introduced its Pampers brand in Japan. The corporation's ad team used an advertisement that had done well in the U.S. market, and one quite familiar to most Baby Boomers: an animated stork delivering Pamper diapers to a happy home.

Unfortunately, when dubbed into Japanese for broadcast, this cutesy commercial failed to do the trick. Japanese consumers were utterly confused as to why a bird was delivering disposable diapers. Contrary to Western folklore, storks in the Orient are not supposed to deliver babies. Instead, babies allegedly arrive in giant peaches (*momo*) that float on the river to deserving parents. According to a 14th century Japanese legend, a childless couple opened a floating momo and a baby came out from inside. They named this baby *Momotaro*—a boy from a peach.

(***Source:*** http://www.sfgate.com/cgi-bin/article.cgi.)

Case in Chinese:

在 1961 年，宝洁公司推出世界上首个一次性尿布时，垃圾处理商对此欢欣不已。然而，十年后，当宝洁在日本推出帮宝适品牌时，却遭遇了该公司历史上最大一次的广告失策。公司的广告团队采用了其在美国市场反响极好的广告，一则对出生于美国婴儿潮时期的美国人异常熟悉的广告，这则广告展示的是一只活灵活现的鹳给一个幸福家庭送来了帮宝适尿布。

没想到的是，当这则商业广告首次在日本播出时，并没有引来叫好声。日本消费者十分困惑，为什么一只鸟会送来一次性尿布呢？与西方民间传说里描述的不同，东方传说里的鹳与“送子”无关。相反，日本传说里描述的是一个顺水漂流的桃子会给企盼子女的家庭送来福音。一个 14 世纪的传说讲到一对无儿女的夫妇打开一个漂流的桃子时，一个婴儿从里面蹦出来。他们为这个婴儿取名为“桃太郎”——桃所生的小孩。

讨论

Questions for discussion:

1. Why did the advertisement confuse Japanese consumers while it was a huge success among American baby boomers?
2. Can you figure out the cultural elements in this case? Explain in detail.
3. What could be done in terms of the advertisement to meet Japanese consumers' psychological and cultural needs?

分析

➡ 矛盾冲突

当宝洁在日本首次推出帮宝适品牌的一次性尿布时，宝洁公司遭受了意料之外的困惑。由于忽视了广告所传达的文化因素，不同文化背景的消费者对同一广告有不同的理解，宝洁在美国大获成功的一次性尿布广告在日本却遭遇了“滑铁卢”，引起了日本消费者的大惑不解，直接影响了广告提供信息、刺激购买欲的功能。

➡ 原因分析

从某种程度上来说，广告是一种文化的投影。任何一个广告都或多或少地折射出一个地区、一个国家的文化。在制作广告、推广广告时，文化因素是必须充分考虑的。在某些文化背景下成功的广告，在另一种文化环境下不一定能同样成功。广告在传达产品信息时，应当反映并适应当地的文化特点和文化习俗，因为文化禁忌、文化规范存在于任何一种文化形态中，更何况是在文化根基深厚且有着很强的文化敏感性的日本社会。对广告形象的不同文化诠释直接影响着消费者的心理动机和购买欲，从而进一步影响其消费行为。

在美国大受欢迎的帮宝适广告中，一个活灵活现、充满动画效果的鹳送来一次性尿布，为正为此烦恼的家庭排忧解难，给家庭带来了方便和快乐。而同样生动活泼的“鹳”却失宠于日本消费者，这是为什么呢？答案很简单。在日本的文化意象中，“鹳”并没有被赋予“送子”的文化含义，它不过是一种普普通通的鸟而已。这就不难理解日本消费者对这一广告的困惑与不解。事实上，根据日本的民间传说，“桃”正好有“送子”的寓意，顺水漂流的桃子给企盼小孩的家庭送来了希望。在日语中，“momotaro”恰好是“桃太郎”的意思，可见桃在日本文化中更符合大众的文化趋同意识，更能为大众接受。了解了“鹳”和“桃”在帮宝适尿布广告的不同文化意象的背景知识，我们就不难理解日本消费者的困惑了。

文化沟通

我们设想，如果宝洁在日本推出这一广告时，真正了解了日本消费者的需求，听取了相关文化机构的意见，对日本市场做了充分的调查与划分，与当地广告代理机构做了及时全面的沟通，宝洁公司就应该能在第一时间发现这个“失策”的广告及其存在的问题，及时用“桃”替换“鹳”做广告，就能尽早避免由此带来的广告鸿沟，为公司减少不必要的损失。对于想开辟国外市场的公司，广告作为宣传产品的重要媒介，务必与当地文化相融合，这样才不至于出现帮宝适尿布在日本面临的尴尬。

75 China Bans Nike Commercial: An Insult to National Dignity
耐克广告中国遭禁

由 NBA 球星詹姆斯主演的耐克广告片“恐惧斗室”从 2004 年 11 月底开始在中央电视台体育频道和各省市电视台相继播出，之后即引起轩然大波，于当年 12 月被国家广电总局叫停，这究竟是为什么呢？

案例

Case description:

China has banned a Nike television commercial showing Cleveland Cavaliers star LeBron James in a battle with an animated cartoon kung fu master, saying the ad has insulted Chinese national dignity.

The commercial, titled “Chamber of Fear”, was broadcast on local Chinese stations and on state TV station’s national sports channel before being pulled out. It shows James, the Cleveland Cavaliers’ reigning NBA rookie of the year, in a video game-style setting defeating the kung fu master, two women in traditional Chinese attire and a pair of dragons, considered a sacred symbol in traditional Chinese culture.

The advertisement "violates regulations that mandate that all advertisements in China should uphold national dignity and interest and respect the motherland's culture," the State Administration for Radio, Film and Television said on a statement posted Monday on its website.

It did not say why the advertisement was considered offensive, but Chinese officials are sensitive about the use of Chinese cultural symbols by Westerners, and might have been especially angered that the Nike advertisement showed the foreigner winning the fight.

James and Nike based the ads for the 19-year-old's Air Zoom LeBron II sneakers on films featuring martial arts icon Bruce Lee. James, who is a fan of Lee's work, said he was sorry that some found the ads offensive. "It was never intended to hurt anybody or any culture or anything like that," James said following practice in Cleveland on Monday. "We put the ads together basically for kids".

Maurice Zhou, a spokesman in Shanghai for Beaverton, Oregon-based Nike Inc. said the company had no response except to say that it "respected the government's decision." (***Source:*** Adapted from *The Associated Press* (2004-12-04).)

Case in Chinese:

中国国家广电总局最近叫停了一则表现NBA球星勒布朗·詹姆斯与代表中国功夫形象的卡通老者“争斗”的耐克电视广告，因为该广告涉嫌侮辱了中国的民族尊严。

该广告名为“恐惧斗室”，被禁播之前曾在地方电视台和央视体育频道播出。广告由克里夫兰骑士队的NBA年度最佳新秀詹姆斯主演，片中他连续击败了一位功夫老者、两位身穿中国传统服饰的女性和两条中国龙，而这些被詹姆斯打败的对手，尤其是龙，是中国传统文化中神圣的形象。

这则广告违反了“中国国内的所有广告都应该维护民族尊严和利益、尊重祖国文化的规定”，国家广电总局周一在自己的网站上如是声明。

该声明没有明确说明该广告为何被认为是侮辱性的，但是中国官员对西方人使用中国的文化象征很敏感，尤其是在这则耐克广告中外国人击败中国形象获得胜利，这可能激怒了他们。

耐克公司说该广告的创意来自功夫明星李小龙主演的电影。詹姆斯本人是李小龙的影迷，在获知广告被叫停后，他表示为广告中的侮辱性的内容感到抱歉。周一在克里夫兰参加完训练后，詹姆斯说：“这个广告的用意绝不在于要伤害某人或某种文化，它主要是为孩子们拍的。”

莫瑞斯·周是耐克公司的上海发言人（耐克总部位于美国俄勒冈州），他说公司除了说“尊重政府的决定”没有对该事件做出其他答复。

讨论

Questions for discussion:

1.Why do you think the Chinese authority has banned the Nike commercial “Chamber of Fear”?

2. What’s the reaction of the Nike Inc. and the star James? Do they oppose to the ban?

3. What should multinational corporations pay much attention to when producing ads for overseas markets?

分析

矛盾冲突

名为“恐惧斗室”的最新耐克篮球鞋广告片的男主角是NBA球星——勒布朗·詹姆斯。广告共长90秒，内容主要描述詹姆斯在“恐惧斗室”里面临的五道闯关考验，分别是“夸张失实”“诱惑”“嫉妒”“狂妄心魔”及“自我怀疑”，片中詹姆斯一路过关斩将，最终战胜最大的敌人——自己。很多人认为该广告有涉嫌侮辱中国人之意，主要是因为片中出现了以下三个场景。第一，詹姆斯与身穿长袍中国人模样的老者“争斗”，詹姆斯将老者击倒。第二，身穿中国服装的妇女（与敦煌壁画中的飞天造型极其相似）暧昧地向詹姆斯展开双臂，随着詹姆斯扣碎了篮板，“飞天”形象随之粉碎。第三，篮板旁出现了两条中国龙的形象，二龙吐出烟雾和阻碍詹姆斯的妖怪，詹姆斯晃过所有障碍后投篮得分。2004年12月3日，国家广电总局发出通知停播此广告。

耐克公司认为“恐惧斗室”的广告创意借助了包括中国香港20世纪70年代功夫片等不同电影风格并融合了武术、漫画、嘻哈音乐和篮球等多种当今青少年文化的时尚元素。“恐惧斗室”广告宣扬了一种积极的人生态度，虽然广告以勒布朗·詹姆斯为主角，但是耐克公司希望借此鼓励亚洲青少年直面恐惧，勇往直前，表现个人篮球风格。耐克公司表示，“广告的初衷在于鼓励青少年勇敢地突破障碍，并无意损害中国文化，也并非有意伤害中国人的感情。”同时，广告片中的男主角詹姆斯也认为这则广告所传递的精神就是要勇于战胜并展现自我，用他的话说就是“我要做的就是做勒布朗·詹姆斯，创造我自己的高峰”。

原因分析

耐克“恐惧斗室”广告只是近几年一系列“问题广告”中的一个。2003年12月的“中国狮”向日本丰田轿车敬礼的“丰田霸道”广告和2004年9月的立邦漆“盘龙滑落”广告，都因其带有“侮辱性”色彩而引起轩然大波。跨国公司“侮辱性广告”事件为何近来屡屡发生？事实上，在不同文化背景下就会产生不同的想法，因广告引起争议是常有的事情。其实商家的本意也并不想伤害消费者，但是不经意间表现出的文化上的差异产生了不好的结果。耐克广告事件根本原因是文化上的冲突。

在很多中国观众眼中，广告片中的“中国老者”“飞天”“龙”都应被视为“中国元素”，他们是体现国家尊严和民族利益的形象、符号，凝结着中华民族传统文化精神。而在片中他们却成了男主角詹姆斯走向成功的障碍，而最终被一一打败。这样的情节很容易使中国观众认为“中国元素”失去了应有的严肃性和庄重性，并且被歧视甚至亵渎。

就广告发布者而言，没有谁愿意自己的广告产生副作用，从而影响自己产品的形象。耐克公司不是什么政治或文化组织，而是一个在全世界做生意、想办法多赚世界钱财的跨国大公司，耐克发布“恐惧斗室”广告的初衷肯定是想扩大产品的影响。就像耐克公司所说，他们一直非常重视中国消费者，无意表达对中国文化的任何不尊重，这则广告宣扬的是一种积极的人生态度。同时广告创意总监约翰·简（John Jey）也表示，这则广告的概念是如何应对外在的压力，它讲述的是每个人都会遇到的东西——最终的恐惧是对自己的怀疑，而年仅 19 岁的詹姆斯是克服了这些恐惧后才成为领袖的，这就是这则广告要表达的。它有助于向年轻人传递“无畏”的信息。植根于重视“个人”和“年轻”的美国文化，这则广告本无可厚非，但遗憾的是它忽视了受众的文化习惯，恐怕难逃文化霸权之嫌。遭遇禁播后，对于已经和各大电视媒体签订广告合同的耐克公司来说可能是一笔不小的损失，虽然之后产品被销售一空，但是“恐惧斗室”仍可算一个失败广告案例。

➡ 文化沟通

耐克广告不仅在中国市场遭遇尴尬，2004 年 8 月，耐克曾经被迫撤销其在澳大利亚播出的一则电视广告。广告中描绘几个少女试着讨好一名男性网球教练，当地部分群众抗议该片有涉及恋童癖的嫌疑。同年 11 月，耐克在新加坡 700 多个巴士站张贴的“詹姆斯和涂鸦”的广告在这个极其讲究卫生的国家也激起了公众的反感。同时，不仅只有耐克一家跨国公司的广告在中国被禁播，还有前面提到的丰田汽车和立邦漆，因此由于文化因素而引发对广告的不同理解是所有跨国公司都需要面对的问题。

跨国公司在进入海外市场之前，就应该学习和了解当地的文化传统、民风民情、偶像人物、忌讳，等等。在广告创意和品牌传播中，无论是创意的内容还是表达方式，都要考虑到当地的现实因素，广告必须尊重受众的文化习惯，否则就会陷入此等尴尬境地。很多跨国企业在进入中国市场时，虽然都采取了本土化的传播策略和营销方案，但“水土不服”的例子仍然常见，让人感到十分遗憾。过分追求新奇的创意及注意力效果，往往会给广告主带来市场认同的风险，因此，广告公司必须学会控制广告创意风险。

76 The Chinese Road, the Volkswagen's Heart
大众公司的"中国心"

大众进入中国市场二十年有余，是国人所熟悉和喜爱的汽车品牌，那么注重逻辑和理性的德国大众公司与注重感觉和艺术感的中国文化结合将会迸发出什么样的火花……

案例

Case description:

This is a brand image advertisement for Volkswagen in 2004, which aroused great empathy among millions of Chinese audience and is still remembered as one of the classic advertisements in Chinese people's mind.

This ad is composed of a series of scenes of daily life, in all of which the Volkswagen automobiles stay with Chinese people. In each scene, there is a calligraphic Chinese character containing a *xin* at the bottom (namely, 忠、志、恳、态、聪、惠、悠、想、感、惹、爱). In Chinese culture, characters with a *xin,* or heart always have the meaning of good quality or fine spirit. Volkswagen values them very much in its ad.

It is impressive that a dog led by a man is put into the scene. In another scene, a man is teaching his son how to ride a bike and letting him ride forward by himself. And the image of Volkswagen always appears in the scenes picturing the ups and downs of life. Moreover, the landscapes in the ad shift from China's remote Tibetan area to the eastern coast, from ancient palaces to ordinary courtyards. It implies that Volkswagen has been popular almost everywhere in China. Finally, the ad blends Western lifestyle with Chinese lifestyle. It advocates modern Western lifestyle to Chinese people, which is exactly what the younger generation's dream is like.

Volkswagen has already grasped the essence of the lives of Chinese people as well as Chinese culture. The script used in the ad is clearly Chinese culture-loaded. It shows Volkswagen is holding great love for China, Chinese consumers and China's auto industry. It is also a reflection of the theme of marketing strategy of Volkswagen—"The Chinese road, the Volkswagen's heart".

(***Source:*** http://www.vwheart.cn/index_cn.html.)

Case in Chinese:

德国大众公司 2004 年发布的品牌形象广告激起了众多中国观众的心灵共鸣，被视为经典的广告之一。

这则广告由多幅中国人的生活场景构成，每个场景都有大众汽车相伴，并且都会出现代表每一幅画面精神的以“心”字为底的汉字，如忠、志、恳、态、聪、惠、悠、想、感、惹、爱等。在中国文化中，有“心”的汉字代表着高贵品质和精神，而这正是大众公司矢志追求的目标。

其中，有个画面是一位男士牵着人类忠实的朋友——狗，还有一个画面是一位父亲教儿子骑车。大众汽车总是伴随您身边，尽管人生起起伏伏。画面从青藏高原飞到东部沿海，从皇城宫殿到日常百姓家，大众的身影出现在中国各地。同时，这则广告还融合了中西方的生活方式，而这种现代的生活方式也是许多中国年轻人所梦想的。

大众汽车掌握了中国人民生活的精髓以及中国文化，广告中使用的脚本明显带有中国语言化色彩。更感动中国观众的是广告词“中国路，大众心”——它深刻反映了大众公司的营销战略，即给予中国消费者及汽车产业无限关爱。

讨论

Questions for discussion:

1. Have you ever seen this ad before? If yes, what is your impression of it? Do you like it?
2. What do you think is the basic difference as regards the way of thinking between Chinese and Germans?
3. What are the key reasons that make this ad such a great success compared to those which failed, e.g. the “Chamber of Fear”? What lessons can we draw from these two different examples?

分析

矛盾冲突

这是跨文化交际中一个成功的典范，与日本立邦漆、美国的耐克广告在中国市场上的惨败形成了鲜明对比。

原因分析

究其原因，主要是大众公司的品牌广告不仅注意到了广告本土化的重要作用，更重要的是它正确地抓住了中国传统文化的精髓，并且在广告中处处体现出对中国文化的尊重与欣赏。它不像日本立邦漆、美国的耐克广告一样仅仅只是将其产品与中国文化的某些元素勉强地糅合在一起，而实质却在贬低中国文化。

所谓本土化，即当外来文化进入时，为了从视觉上、心理上、感情上获取本国人的熟悉感和亲切感，而特意融入本国家特色的文化元素进行传播。对广告受众来说，要接受某种产品和广告，最重要的是让观众从心理上和感情上接受。人们往往对熟悉的东西、信仰的东西、尊重的东西怀有好感，并能从一个新的环境中把它们识别出来，进而引起对这一新事物、新环境的注意和关注，从而拉近该产品和广告与本国观众的距离。

作为最先进入中国的跨国公司之一，大众公司深谙本土化之道。2004年的品牌形象广告便是突出的例子。片中运用了代表中国文化的汉字和书法，感性地传达了大众汽车对中国、中国消费者和中国汽车工业的拳拳爱心。广告以“中国路，大众心”为主题，随着广告中不同情节画面的切换而不断变换由“心”组合而成的文字(如“忠”“志”“态”“爱”“惠”等)。汉语中以“心”为偏旁的字通常是与美好的事物联系在一起的。对于“忠诚”来说，人类的朋友“狗”的确是一个再适合不过的形象了，并且在中国文化中“狗”更是忠诚的象征，而大众也很好地利用了狗的形象来突出大众汽车无论是从技术上还是服务上都为客户着想。虽然人生路上总是坎坷不断，但是大众总是陪伴在我们身边。其中还有一幅画面是父亲正在教自己的孩子骑自行车，当父亲放开双手让儿子自己向前骑去的时候，正是父母对子女爱的一种体现，而这种家庭之爱更是中国传统文化中的重要组成部分。虽然德国公司凭借其高质量产品、理性和逻辑闻名于世，但大众公司在极其注重感觉和艺术感的中国文化中能尝试将优美、柔和的中国书法文字与其有着冰冷、刚硬外表的汽车巧妙地结合起来，不仅在广告艺术上是一种创新，也引起了国人共鸣，感动了无数中国观众。

文化沟通

综上所述，大众2004年的品牌形象广告所获得的巨大成功，不仅在于运用了中国人所熟知的文化元素，而且将中国文化中最优秀的部分呈现给观众，尊重和欣赏本土文化。曾经失败的日本立邦漆和美国的耐克广告应该可以从大众成功的案例中吸取经验。对于跨出国门开拓海外市场的中国企业来说，大众公司的广告成功案例无疑也是可以借鉴的。